诺/贝/尔/经/济/学/奖/获/得/者/丛/书

Library of Nobel Laureates in Economic Sciences

市场波动

Market Volatility

罗伯特·J·希勒（Robert J. Shiller） 著
文忠桥 卞东 译

中国人民大学出版社
·北京·

序　言

人们对所有投机性市场如股票市场、债券市场、住房市场、土地市场、商业组织市场、商品市场、收藏品市场和外汇市场价格变化的根源还知之不详。为什么股票价格常常在一年的时间里上升或下降20%甚至更多？为什么长期债券有时也会出现这样的状况？为什么我们有时会发现住房市场经过多年的价格稳定之后以一年跳跃式上升 20%或更多繁荣起来？

这本书对投机性市场中价格波动的根本原因——有合适经济意义的原因和起源于心理或社会的原因——做出了一些基础性的研究。最近十几年所进行的研究有的是我自己独立完成的，有的是与约翰·坎贝尔、卡尔·E·凯斯、桑福德·J·格罗斯曼和杰里米·J·西格尔共同进行的。

本书的研究明确地涉及股票市场、债券市场和住房市场，其目标是揭示应该对投机性价格的变化负责的人类行为模式。因此，本书涉及异常广泛的领域，如应对投机性市场、为投机性市场制定政策或研究投机性市场中几乎与每个人都有利害关系的状况。

为了使本书更具有可读性，我仔细地对各章内容进行了组织，以使得本书能够为那些没有什么数学或经济理论背景的人所阅读。而本书更有技术性的部分以指导读者通读这一部分剩余章节的概述章开始，概述章并不包含数学内容。另一方面，某些章节有相当强的技术性。这些章节包括对支持本书中一些有争议的理论的统计方法和模型的完整描述。

不需探究技术细节，只需要对这些基本结论有一个大致了解的人的阅读方案可能是从导言开始，然后阅读第 1 章中 1.2 节前面的内容，再阅读第 2 章的所有内容。这些内容给出了这本书的理论、这些理论与其他理论的对比、这些相互抵触的理论所争论的基本观点。接着读者可能要阅读第 3 章，这一章以完全直观的方式提出了本书随后要提到的事前—事后价值（ex-post value）和方差边界的概念。读完这些内容以后，读者可能要通读论述债券市场的第 12 章、论述房地产市场的第 17 章、论述商业波动的第 19 章和第 20 章、论述舆论变化和市场影响的第 22 章、论述 1987 年股票市场崩溃的第 23 章、论述最近房地产价格暴涨的原因的第 24 章和提出总结性意见的第 25 章。

本书大约三分之二的内容由我（常常有合作者）以前在各种专业杂志上公开发表的论文构成。我把以前公开发表的论文保持原样，没有删减或大量改动。这样做的部分原因出于尊重有些文章的合作者的意见。此外，因为有些论文已经激起了巨大的争论，所以我认为把这部分研究成果的重要论文不作实际改变地重印是有益的。唯一的改动是校正印刷和研究错误、增加本书内相互引用的参考文献、对文章进行编辑以使论文布局符合本书的总体要求；论文没有被更新过。因为文章保持原貌，所以存在一些不可避免的主题上的重复，但我已经尽可能降低内容的重复性。

本书其余的三分之一是以前不曾发表的内容，我认为它们是对基本结论、文献综述、批评者的讨论、可选择方法的讨论、剔除不严密的结论的详尽阐述和拓展。这些新内容的目的是使基本原则具有一般性，以及完善一直处于争议中的思想。

致谢

本书涉及的许多研究是和我的同事共同完成的：本书论文的合作者有约翰·坎贝尔、卡尔·E·凯斯、桑福德·J·格罗斯曼、杰里米·J·西格尔；相关研究的合作者有弗朗哥·莫迪里亚尼、皮埃尔·佩龙和约翰·庞德。这本书要为这种研究提供解释、总结和参考资料。然而，合作者可能不会同意我这里的所有观点。

我想要感谢这里包括了十几年研究的许多研究助手，他们投入巨大的努力使得这本书的出版成为可能。克里斯廷·阿姆斯勒、波拉·安德列斯、莱斯利·阿普尔顿、戴尔·鲍罗、杰伊·考、凯瑟琳·克里斯滕森、莫拉·多伊尔、维多利亚·埃文斯、珍妮特·汉诺塞克、罗杰·黄、爱德华·亨德里克、米歇尔·W·尤万、安吉洛·梅里诺、查尔斯·普洛塞和埃伦·沃尔夫森值得特别的感谢。我还要感谢洛伊丝·贾森和格里纳·阿姆斯在准备手稿方面提供的帮助。

约翰·坎贝尔仔细阅读了手稿，这极大地完善了手稿。我还要感谢安德瑞·贝尔特拉蒂、吉安卡洛·科塞蒂、迈克尔·霍布斯、吉曼·朱恩、伍希恩·丽、格里高利·萨顿和马丁·沃纳在最后改正本书中的缺陷方面提供的帮助。对这里重印的一些论文提出有益的评论或建议的其他人包括唐纳德·安德鲁斯、彼得·伯恩斯坦、奥莉维尔·布兰查德、威廉·布瑞纳德、费雪·布莱克、菲利普·卡甘、格里高利·邹、迈克尔·达比、罗伯特·英格尔、本杰明·弗里德曼、欧文·弗里恩德、加里·吉卢姆、斯蒂芬·勒劳伊、米尔顿·弗里德曼、阿诺德·克林、理查德·米斯、伯顿·麦基尔、阿莉西亚·穆勒尔、格里高利·佩里、彼得·菲利普斯、理查德·罗尔、斯蒂芬·罗斯、肯尼思·罗森、理查德·塞勒和肯尼思·威斯特。在数据收集方面帮助过我们的其他人包括布赖恩·阿尔沃西、乔治·巴尔克雷、彼得·加伯、弗米科·科恩亚、鲁道夫·里奇特、安娜·舒瓦茨和伊恩·通克斯。

我还要感谢有效市场检验的统计研究的各种各样的批评者和评论者，他们既指出了这里应用的方法的缺点，也指出了这些方法的优点。其中有些作者在随后的正文中被引用了。而在专业学术会议、研究生课堂和研讨班上直接向我得出建议的那些人没有被引证。向我提出建议的人数太多以致不能按名字一个一个列举，所以必须用一个总括的感谢才能满足需要。

这里的研究是在过去 12 年时间里国家科学基金授予我的一系列研究授权的支持下完成的。我还要感谢耶鲁大学的考沃勒斯基金会、波士顿联邦储备银行、费城联邦储备银行和国家经济研究局的进一步支持。

我感谢下列版权拥有者授权重印：

第 1 章，布鲁金斯研究所（© 1984）；

第 2 章，牛津大学出版社（© 1988）；

第 3 章的某些部分，美国农业经济学会（© 1988）；

第 5、18、20 和 21 章，美国经济学会（© 1981，© 1989，© 1987，© 1981）；

第 7、14、15 和 16 章，芝加哥大学（© 1988，© 1977，© 1979，© 1987）；

第 6、8 和 10 章，美国金融学会（© 1981，© 1988，© 1989）；
第 9 章和第 19 章的某些部分，爱思唯尔科学出版社（© 1989）；
第 24 章，波士顿联邦储备银行（© 1988）；
第 26 章的序列 1、2 和 3，标准普尔/麦格劳-希尔。

导　言

这是一本关于投机资产、股票、债券、住房和至少在某种程度上因不确定的投资可能性而持有的其他资产的价格波动性的根源的书籍。这里提出的基本问题是：从根本上说，日常价格波动背后隐藏着什么？我们能从逻辑意义上将价格变化的根源追溯到影响经济的基本冲击和对科学技术、消费者偏好、人口统计、自然资源、货币政策或者政府控制的其他工具的冲击吗？价格变化可以看作是舆论或心理——也就是信心、投机热情或投资者世界观的其他方面——的变化，或者说从根本上看成是由来自人们心灵的冲击所引起的吗？大多数分析师并没有将他们的研究工作直接针对这样的基本问题，也没有注意问题的细节，似乎这个问题已经有规定好的答案。

但事实上，这个问题并没有现成的答案；在茫茫大众面前，就这个问题的答案根本没有达成一致意见。

从我的研究和我与其他作者的共同研究出发，这本书提出了经济基本面变化和舆论或心理变化对投机性价格变化的重要性证据，目的是为了提出一种均衡的观点、每种变化相对重要性的见解。与其他研究投机性价格的学术著作相比，这本书最非同寻常的方面是它致力于严肃认真地研究引起价格变化的舆论或心理变化的作用。这里，经济基本因素对价格冲击理论的许多检验是用社会心理可选择理论实施的。在书中，我指出即便有效市场假设（投机性价格往往很好地传递了关于真实经济价值的信息）的某些含义能够被数据资料所证实，投资者的看法在投机性资产的价格决定过程中也具有重要作用。价格在极大的范围内发生变化，因为投资者全体反复无常地改变他们的主意。

这种没有充分理由的价格变化在许多方面具有重要的意义。投机性资产的价格引导着我们社会的许多经济行为。当资产定价过低时，会刺激投资者忽视或滥用这种资产。而当资产定价过高时，又会刺激投资者在这种资产上投入过多的资源。资产价格呈现没有明显原因的重复变化趋势的可能性不仅对那些管理金融资产组合的人特别重要，而且对监管者、立法者、律师、公司经理、施工人员、房产所有者、收藏家、管理人员和其他人也很重要。更好地理解这种价格变化的重要性，可以从根本上搭建人们采取行动以降低价格变化冲击的舞台。

投资者见解变化引发资产价格变化，这根本不是一个新思想。本书的研究在提出统计证据挑战有效市场假设方面具有新意，有效市场假设宣称所有价格变化从逻辑上都源于这些基本冲击。金融学术研究的推断一直是：统计证据压倒性地支持有效市场假设。这里的研究结论提出了一些新观点：有效市场假设的哪些方面为证据所支持。本书揭示的研究还表明，对引起市场波动的投资者见解变化的系统研究已经开始。实际上，一直没有理论研究针对如何制定指导投资者变化中的世界观的一般原则。

本书第一部分提出有关价格因投机原因而引发变化的所有市场的基本问题；第二部分分析股票市场；第三部分分析债券市场；第四部分分析房地产市场；第五部分探究这些投机性价格与宏观经济行为之间的关系，并且将投机性市场本身以外的某些分析推广到宏观经济分析。

股票市场和债券市场部分的内容包括我写的引起极大争议的论文。

这些论文中提出的最有争议的主张是相对于有效市场理论的预测，存在价格过度波动的证据，股票市场尤其如此。斯蒂芬·勒劳伊（Stephen LeRoy）和理查德·波特（Richard Porter）分别提出了同样的主张，尽管他们对过度波动的解释看起来有很大的区别。就过度波动而言，我的意思是假定经济基本因素的变化程度比较低并给定经济基本因素与价格的相关性，价格变化程度太大以致不能用有效市场模型做出合理的解释。过度波动意味着如果价格变化在某种限定的意义上缩减以致变化程度不那么大了，那么价格应该能够更好地预测经济基本面。

同时，当过度波动是有效市场模型失败的证据时，可能仍然存在被数据资料证实的有效市场模型。例如，我们将看到当股票价格指数主要由有效市场模型不能解释的噪声驱动时，在某种意义上长期利率呈现出与有效市场模型预期一致的明显趋势。由此得出的结论并不是我们不应该进一步参照有效市场理论，而是我们应该把它看成我们可以有选择地应用的帮助我们理解真实市场的极端例子。

为了发展有效市场理论的替代理论，我们的下一个任务是研究我所称的流行模型。流行模型是广大公众支持的经济模型。这些模型不是方程组模型，因为方程组模型是经济学家的模型。和流行音乐或流行期刊杂志一样，流行模型通常简单、清晰易懂、质朴自然。流行模型由原因、可能要发生什么事情的暗示一样的传闻、推测的相关性、经济周期或者经济变量的其他简单变化方式的定性描述所构成。与流行模型的传播和应用相关的是投资者的行为方式，如通信方式、反应滞后、习惯和社会规范，这些都是我们要研究的内容。本书第六部分介绍了直接瞄准收集这些流行模型和行为方式的信息的研究。这个研究由询问投资者在1987年股票市场崩溃和20世纪80年代某些城市房地产价格暴涨这两个戏剧性事件中的想法和行为所构成。

作为流行模型的例子，将1929年10月28日股票市场崩溃前后的价格变化序列作为可能要再次发生的事情的模型来考虑。那些使用流行模型的人认为，这些价格变化可能会在以后某个日期按某种类似的顺序重复出现。普通公众对这种模型是极容易理解和应用的；之所以容易是因为这些模型允许忽略任何异常的经济变量，或者允许忽略1929年股票市场崩溃后异常变化的经济变量。这种流行模型恰好在1987年股票市场崩溃前受到极大的关注；股票市场崩溃的早期，在1987年10月19日的《华尔街日报》上，甚至有一篇文章提出了这个问题（用 20 世纪 20 年代和 20 世纪 80 年代的股票价格图）。1924—1929 年股票市场崩溃时期和 1982—1987 年股票市场崩溃时期确实是两个股票价格相当稳定地上升的时期，但两个时期的短期波动实际上并没有很好地匹配，所以这两个时期的相似性没有引人注目到驱使作者注意到这种现象。单独挑选出受到许多关注的 1929 年实际上是相当随意的，即使那年人们确实目睹了单日股票价格变化的新记录产生。历史提供的可能用以比较的情节比实际留在公众记忆中的更多。其他戏剧性的股票市场情节（如 1932 年 7—8 月道琼斯工业股票平均价格指数 83％的月度增长记录）大多被忘记了，与这些情节类似的事情普遍地被忽视了。

在本书中，研究流行模型是为了帮助我们解释投机性市场上明显的过度波动。流行模型使人们对经济数据错误地作出反应，并且改变流行模型本身导致了与基本面没有关系的价格变化。例如，如果人们相信 1929 年股票市场崩溃时期的价格变化序列可能要重现，那么人们对某些事件——如使人想起 1929 年股票市场崩溃情形的初始价格变化——作出反应就可能使市场发生这样的变化。有时流行模型可能会导致反馈圈或恶性循环，即人们对价格变化的反应引起价格进一步发生变化，从而引起人们更大的反应，依此类推。这并不意味着在所有时间或所有市场都存在过度波动：流行模型也可能导致人们对基本面方面的信息反应不足。

流行模型必须被直接检验，因为在理解人们有目的地采取行动的经济行为时，如果我采取这种行动或者其他人采取这种行动将发生什么，描述他们的看法是很重要的。理解经济行为要求更多的观察方式和行为相关性。人是有目的的动物；他们的行为是带有一定的意图的。当我们说我们想知道为什么他们像他们做的那样行事时，我们正是在问什么意图引导他们的行为，他们行为的根本逻辑是什么。

从某种意义上说，流行模型的这种研究是超越经济学理性预期革命的一个步骤，经济学一直以经济学家模型和流行模型是相同的这一近似为基础。这种近似允许理论家不需要收集关于经济学领域的公众模型的信息，就能将人类行为模型化，并允许经济学家构造完整而优雅的理论模型。这种近似具有明显的局限性，这一点在对投机市场的研究中表现得最明显。

目　录

第五部分　总体经济

第六部分　流行模型和投资者行为

第一部分

基本问题和可选择模型

第1章　股票价格与社会动态①

风尚是世界上最伟大的统治者：它不仅在服装和娱乐中起主导作用，而且还在法律、医学、政治、宗教和其他所有最严肃的事情中起主导作用；确实，要很好地解释为什么所有这些事物的特定形式在某些时代一直广泛地被接受，而在另一些时代却普遍地被抛弃，即使对最聪明的人来说这也是一个很大的难题。

亨利·费尔丁（Henry Fielding）[1]

在投机性资产上进行投资是一种社会行为。投资者花费大量的闲暇时光讨论投资问题、阅读关于投资学的书籍或者谈论其

① 在下文基础上编辑重印：*Brookings Papers on Economic Activity* 2（1984）：457—498；© 1984 the Brookrings Institution。

他投资者成功或失败的投资传闻。因此，投资者的行为（因此投机性资产的价格）可能受社会动态的影响似乎是合情合理的。态度或风尚看起来在许多其他流行的话题，如食物、服饰、健康或政治等方面摇摆不定。这些态度上的起伏波动常常广泛地发生在全体居民身上，而且常常没有任何明显符合逻辑的理由。关于投资的态度或风尚还可能自发地发生变化或对某些广受关注的事件作出随意的社会反应，也是合情合理的。

在投机市场购买或出售资产的大多数投资者好像认为社会动态极大地影响价格变动是理所当然的。我们观察到的对周期性衰退的主流解释，常常包含消费者信心或者乐观态度的转变会对商业周期的其他方面如利率、库存等产生影响的思想。然而，20 世纪 50 年代，大约经济学预期效用革命爆发的时候，市场心理方面的理论研究似乎已或多或少地消失了。今天撰写关于金融市场文章的研究者通常非常小心地使他们远离市场心理可能很重要的任何见解，似乎市场心理的概念已经被怀疑为非科学的。[2]相反，最近出现了大量以有效市场假设的各种形式之一为研究动机的金融文献，以及有关的以理性预期假设为基础的宏观经济学文献。学术人员确实对有关投机泡沫的研究表现出很大的兴趣，但大多仍然以不变的风格在理性预期模型的框架下进行探究。[3]

在有效市场假设的大量文献中找到涉及金融市场社会心理的可选择假设的任何讨论是很困难的。[4]但我一直有这样的感觉，即这些文献和讨论中存在相当强有力的论据与社会心理理论相抵触。局限于口头讨论的各种论据虽然心照不宣地被所有各方所接受，但没有在学术文献中讨论的论据始终存在“隐患”。因此，明确地论证这些论据违反大众心理在金融市场中的重要作用是很重要的。

投机性资产的收益几乎是不可预测的，这是口头讨论中违背投机市场中大众心理作用的最重要论据的基础。这种论据的一种形式声称：因为实际收益几乎是不可预测的，所以股票的实际价格接近股票的内在价值，即以未来实际红利的最优预测为常数贴现率的现值。有效市场假设的这种论点代表了经济学思想史上的最引人注目的错误之一。这种错误的引人注目体现在其逻辑错误的直接性和结论的范围与意义方面。我将讨论有效市场假设的这个论据以及其他论据，而且主张大众心理因素很可能是总体股票市场价格波动的决定性原因。

我将我的讨论分成四个主要部分：从金融市场中有关风尚的重要性的社会心理观点出发的论据，对有效市场假设的论据的评论，基于社会心理理论提出的可选择模型，以及由可选择模型提出的探究性数据分析。

根据日常生活经历、社会心理学与社会学研究以及第二次世界大战后股票市场发展的历史证据，第一部分讨论我们所了解的正在发生变化的风尚或态度。这不应该是人们违背预期效用最大化原理的直接证据，也不是判断在其他经济学领域我们应当在多大程度上认同理性假设（虽然我认为社会心理学在理解商业周期方面具有价值）的巨大价值的证据。相反，我可能对为什么投机性资产的价格波动程度和它们应该波动的程度一样大这个比较精细的问题更加着迷。

第二部分提出并评价有效市场模型，以及违反社会心理在决定价格中的作用的想当然的证据。根本问题是区别有效市场模型与其他重要的替代模型的统计检验的有效性。如果统计检验不够显著，那么我们应该应用第一部分讨论的定性证据评价有效市场模型。

第三部分提出一个简单、然而相当不完整的认可社会心理因素的重要影响的股票价格替代模型。这个模型涉及“机智钱①投资者”与“普通投资者”，并且论证金融市场模型将怎样更好地提供收益的近似不可预测性的计量经济学证据，这些证据被普遍认为支持有效市场模型。

第四部分应用美国股票市场的数据探索替代模型提出的某些关系。利用标准普尔综合股票价格指数，我检验了实际收益的各种预测方程。我探讨了股票价格变化是否遵循简单的模式，如对红利或盈利消息反应过度，以及这种过度反应是否会导致收益的可预测性。在这个过程中，我提出了与标准普尔综合股票价格指数有关的实际总红利序列的时间序列模型。应用关于美国机智钱投资者最近一直在做什么、可以用股票市场内外机智钱交易解释的总交易量的一部分、普通投资者可能影响股票价格的程度的替代模型，我还提出了一种假想情境。

1.1　风尚和金融市场的证据

日常生活中的风尚

那些阅读本书的人发现自己可能陷入反复无常的风尚变化中不合情理吗？我们当中卷入跑步锻炼的流行时尚的人可以说，我们进行锻炼是因为锻炼对健康有好处，但这种锻炼对健康的好处在几十年前就

① 机智钱的真正意义是内幕消息交易资金，现已成为约定俗成的概念。考虑本书前后有许多地方应用，就照直译出了。——译者注

已为人所知。[5]与跑步者的交谈表明，人们从事这项运动远远不是对医学杂志上几篇文章的逻辑反应。为什么20年前跑步的作用没有为人们所欣赏？为什么我们这段时间更喜欢跑步而不是曾经流行但现在过时的休闲活动，如做童子军或看西部影片？[6]

通常，一个国家的风尚朝这个方向发展，而另一个国家的风尚却往另一个不同的方向发展。例如，我们已经看到过去10年某些西方国家政治上出现保守主义的趋势，而另一些国家政治上却出现了社会主义的趋势。赞成或反对社会主义的客观证据不可能在两个方向推演。在这些国家，有关社会环境、集体记忆或领导能力的某些事物是不同的，而且随着时间的推移在发生不同的变化。有何理由认为社会发展动向对投资的影响没有社会发展动向对其他行为的影响强烈呢？我们知道对投资的态度在不同文化之间是很不同的。在联邦德国，投资者的小心谨慎是引人注目的；要筹集风险资本是很困难的，股票市场本身规模很小。不同国家不断变化的投资态度也应该在这个国家随着时间推移发生变化，这是合情合理的吗？

有些人可能会争辩，他们认为投资不太可能比其他行为受风尚的影响更大，因为人们往往基于他们自己对收益前景的洞察力而私下地作出投资决策，他们通常不关注其他人的看法。然而，对收益的洞察本身就代表正在改变的风尚，这个说法是有道理的。费尔丁提到的正在改变的“医术”风尚也与此类似。费尔丁时代的病人要求医生给他们放血，是因为他们认为他们会因此而好起来，而不是因为他们认为给自己放血将使其他人对自己留下深刻的印象。治疗方法上的放血是关于风尚的一个出色的例子，因为这种做法从来就没有任何科学依据；对其功效的信念完全是由社会环境引起的。

谁控制股票投资

首先，弄清楚公司股票投资者的特征是很重要的。人们普遍而错误地认为：(1) 机构投资者持有大多数股票；(2) 大多数富裕的个人已经授权代理人管理投资；(3) 机智钱在市场上占主导地位。通过认识了解到市场更加专业化，这些错误观念给市场非常有效的观点提供了虚假的合理性。

战后时期，机构投资者的重要性确实一直在提升。纽约证券交易所机构投资者的持有量在股票总市场价值中的比例从1955年的15.0%上升到1980年的35.4%。[7]然而，1980年纽约证券交易所将近65%的股票被个人投资者持有。

持有公司股票的个人大多数属于富裕者。1971 年，1%的具有最高个人收入的美国家庭（包括个人）的股票价值占所有美国家庭拥有的股票市场价值的 51%，而 10%的具有最高个人收入的美国家庭的股票价值占所有美国家庭拥有股票的市场价值的 74%。[8]富裕的个人当然和我们其他个人一样是社会的一部分。他们和我们一样，读同样的报纸，看一样的电视节目。然而，他们在一个重要的方面是不同的。对他们而言，信息成本相对于他们从投资获得的收入而言是相当低的。人们可能倾向于认为他们实际上将授权专家管理他们的投资。

布鲁金斯研究所 1964 年的一个研究（Barlow，Brazer and Morgan，1966）就投资习惯访问了 1961 年收入超过10 000美元（或者按 1984 年的价格大约34 000美元）的1 051个人。该研究样本中的中等收入大约是40 000美元（或者按 1984 年的价格大约135 000美元）。“仅有十分之一的被访问者报告授予专家部分或全部权限管理他们的投资；对收入超过300 000美元的个人，这一比例仅仅上升到四分之一。所有高收入者仅有 2%的人说他们授予专家全部权限管理投资。”[9]与授权投资相反，大多数人接受某些咨询，然后自己作出投资决策：“管理自己资产的高收入者大约有四分之三回答说他们在作出投资决策时从其他人那里得到了建议。三分之一的寻求咨询者说他们投资时‘总是’向别人咨询，而三分之二的寻求咨询者说他们只是‘偶尔’向别人咨询。”[10]三分之二的投资者说他们试图保持消息灵通，而超过一半的投资者说他们参考商业杂志，但是“只有十分之一的试图保持消息灵通者说，他们阅读正在考虑投资的公司发布的财务报表和其他报告”[11]。

人们对金融市场的看法真正重要的方面并非与机构投资者或富裕的个人主宰市场的程度直接相关，而是与机智钱主宰市场的程度直接相关。一个普遍的观点是，可以假定聪明的个人投资者通过有利可图的交易积累财富进而控制市场。但这种论点忽略了个人会消耗财富，最后也会死亡的事实。而当他们死亡时，他们将财富给予其他人，这些人可能只有很小的概率也是聪明的投资者。在评估这种概率时，我们必须记住机智钱投资者并非严格对应于全体人口中聪明的那部分人。在机智钱背后，起作用的不仅是智慧，还有投资兴趣和及时性等因素。很可能继承人是聪明投资者的概率相当低。[12]

有几个因素可以用来减轻高收益对机智钱投资者的平均财富的影响。一个因素是大多数人直到生命晚期才获得他们所能拥有的最大财富价值的较大比例，因此他们没有同样多的时间积累财富。另一个因素是正在增长的总人口中，一直没有什么时间积累财富的年轻人将在财富总量中占有更突出的地位。还有一个因素是因制度原因，在生命周期的早期，储蓄倾向于采取投资房地产而不是投机性资产的形式。

粗略地说，人们可以期望在接受父母的遗产后再生活 30 年。如果最初继承的财富是相等的，那么以（比典型普通投资者快的）速度 n 赚钱和积累财富的典型机智钱继承人在 30 年中间大致平均有$(1+n)^{15}$倍的财富。如果 n 是每年 2%，这个倍数是 1.3；如果 n 是每年 5%，这个倍数是 2.1。只要聪明投资者的财富积累速度足够小，按这个数量级增加的收益就不会导致机智钱在市场盛行。

当然，机智钱投资者不可能是纯粹的财富积累者；因为我们缺乏机智钱投资者和普通投资者各自储蓄模式的数据，所以要具体地说出聪明投资者积累多少资金是不可能的。如果聪明投资者像好的家庭财产受托管理人那样行事，并且恰好按照能保持家庭财富的实际价值的速度消费，那么不管机智钱赚取多少收益，机智钱也不会累积起来。

股票价值的模糊性

股票价格可能是对纯社会动态比较脆弱的价格，因为不存在被普遍接受的理解股票价值的理论，也不存在改变人们投资的明显可预测的结果。

普通投资者没有模型或者充其量只有很不完全的关于投机资产的价格、红利或盈利性的模型。联邦预算中未来巨大的赤字规模意味着长期债券价格将上升还是下降？保守的美国总统当选意味着通用汽车的盈利将增加还是减少？石油价格上升将导致 IBM 股票价格上升还是下降？普通投资者没有了解这些信息的客观方法。

普通投资者面临着弗兰克·奈特（Frank Knight）1921 年所称的“不确定性”，而不是“风险”：

> 风险和不确定性这两个概念的实际差别是，对于有风险的一组情况，其结果的分布是已知的（或者从计算先验概率知道，或者从过去经验的统计数据知道），而不确定性却不是这样，这通常是因为不可能构建一组情况，因为涉及的情况具有高度的独特性……正是这种真正的不确定性——通过在理论上防止竞争倾向的理想表现——将“企业”这一独特形式给予经济组织总体，并解释了企业家的独特收入。[13]

普通投资者也不可能按照其他专业人员的方式判断投资顾问的投资能力。要知道一家地图公司是否正在生产正确的地图是很容易的：所以我们理所当然地认为别人生产的地图是准确无误的，并且任何出售的地图都可用来指导我们。但是要评估就个人投资者的投资组合构成提出建议和声称帮助个人投资者获得高收益的投资顾问却困难得多。大多数投资者缺乏关于投资顾问咨询建议的过去结果和现在的建议是否基于产生这些结果的同样方法的数据资料。此外，大多数投资者不理解进行数据分析、风险矫正或者数据评估所必备的知识。

改变人们在投资上的看法比改变人们在商品消费上的看法要容易得多。前者对人们的福利没有明显的直接影响，而改变人们的商品消费时，人们必须放弃某些习惯或者消费他们从前没有尝试过的某些东西。

受暗示的影响和群体压力

因为投资者缺乏关于投机资产价格的任何客观证据的明确感觉，所以他们的意见的派生过程可能尤其具有社会性。有大量的社会心理文献论述了个人受暗示的影响和群体压力。而其中大部分文献都通过精心选择的实验描述个人意见是怎么受其他人意见影响的。这种实验的一个代表作可参见穆扎弗・谢里夫（Muzafer Sherif，1973）利用“自动运动效应”的经典论文。在谢里夫的实验中，参加实验者被安置在完全漆黑的屋子里，并被问及通过一个金属盒子的小孔对五米距离外的光点的看法。他们被告知光点将开始移动，并要求向实验者报告光点移动的英寸数。实际上，光点并没有移动，而观察者在漆黑的屋子里没有任何参照物判断光点如何移动。当按组安排使得参加实验者能够听到同组其他人的答案时，在没有任何讨论的情况下，所有个人的回答在移动量上达成一致（不同组别不同）。在随后的访问中，接受实验者关于群体影响对个人决策的影响知之甚少。

在另一个著名的实验中，所罗门・阿斯赫（Solomon Asch，1952）比较了单个和成组的线段长度。线段长度具有足够的差别，当单独回答时，接受实验者没有几个给出错误的答案。然而当按组提问，且所有其他成员都被训练给出同样的错误答案时，个别接受实验者也常常给出错误答案。通过重复提问，阿斯赫发现即使接受实验者知道正确答案，而答案又是完全不令人讨厌的，接受实验者还是害怕与同组人的答案不一致。

这个研究显示了在有社会压力但又不放弃理性的个人判断的前提

下，公然决策错误的证据。它确实有助于理解公众意见摇摆的可能根源。阿斯赫的实验表明，当人们自己的意见与集体意见不一致时，集体压力在最低限度内会导致个人保持沉默，这种沉默将阻止可能会强化他们的意见的相关信息的传播。

舆论的传播

社会动向发生的动态过程是社会心理学和社会学方面大量文献的主题，而其基本机制是广为人知的。代表一种动向的思想可能在这种动向开始很久以前就隐藏在人们的心中了。一种思想直到个人从几个朋友或政府当局处听说后，才会成为让人确信的事或积极的思潮。这个过程需要耗费时间。如果某些生动的新闻事件引起人们普遍的关注，人们讨论相关事件，那么这种过程可能会加速，而如果新闻事件转移了人们的注意力，这种过程可能会放慢。

社会动向可能在战争爆发这样强烈的事件后几个小时发生。而态度的变化则可能需要花几十年时间通过全体人口扩散，这可以由许多服装时尚的变化好像发生得非常缓慢的事实得到证实。如果注意力集中在某些新闻事件，大众传媒可能会加快传播速度。然而，关于说服力的研究的基本发现是“大众传媒对舆论变化的任何影响都小于人们与家庭成员、朋友、同事和邻居等的非正式面对面交流产生的影响”[14]。这个事实被大量的电视广告者所认同，他们在推销他们的产品时常常试图利用演员创造这种交流的幻觉。卡托纳（Katona）利用**社会学习**这个术语指代“通过同类团体口头方式（很多人对新刺激出现同样反应的主要条件）的信息交流相互强化”[15]的缓慢过程。因此，20世纪50年代和20世纪60年代的问卷调查中“‘你拥有股票吗’和‘你有拥有股票的同事或朋友吗’这两个问题的答案实际上是一样的”[16]就不足为奇了。

新闻或谣言的这种扩散过程已经由数学社会学家利用传染的数学理论更规范地建立了模型。[17]例如，在通常所说的“基本传染模型”（Bailey，1957）中，首先假定新闻（如有关疾病的新闻）的新载体按照速度等于“感染速度”β乘以载体的数量再乘以感染的数量被创建，其次该载体按照“排除速度”τ停止载体职能。第一个假设是产生Logistic曲线的熟悉模型的假设条件，而第二个假设导致流行或社会动向永久地结束。在这个模型中，一个新的传染力量或被解释为重要新闻的事件可能具有两种基本结果。如果传染速度低于排除速度除以感染数量的临界值，则载体数量将单调下降。如果传染速度高于该临界值，那么载体数量将呈现隆起形状的曲线，首先上升然后下降。

排除速度和传染速度可能因为一个社会动向与另一个社会动向的差别而显著不同，这取决于消息提供者、媒介、消息接受者的特征。在进行有说服力的交流后，论述排除速度的文献综述断定“‘典型的’有说服力的交流具有 6 个月的半衰期”，但是不同的实验产生了大不相同的半衰期。[18]传染速度或排除速度的变化可能是解释某些社会动向的意外表现的原因。例如，传染速度上升可能导致长期隐藏在人们心中的态度像滚雪球般扩张成社会动向。

我们可以期望看到社会动向的许多模式：缓慢建立（低排除速度和传染速度）或者快速上升和下降（高排除速度和传染速度）的长期持久“隆起形”；传染者数量单调下降（零传染速度）或传染者数量单调增加（零排除速度）的新闻事件。当然，这些模式可能不会在投机资产价格中直接观察到，正如本章后面我提出的“替代模型”将予以证明的一样。

社会动向和战后股票市场

用平减标准普尔综合股票价格指数（图 1—1）衡量的公司股票的实际价格，显示了 20 世纪 40 年代后期到 20 世纪 60 年代后期之间看起来显著的上升趋势和自此以后的下降趋势（或者，更精确地说，1973—1975 年间单纯的重要下降）。战后上升趋势时期，最后一个重要的牛市，常常被刻画成具有传染性的和不断增长的过度乐观的市场。那时存在这种社会动向的任何证据吗？存在这种社会动向在 20 世纪 60 年代后期结束的证据吗？

这种证据不会证明人们应该明白不能将股票价格确定为股票的实际市场价格。战后时期是实际盈利和实际红利快速增长的时期之一，而且预期这种增长一定会被继续的主张为如下似乎有道理的理由所支持：

> 为了削减成本和生产更新、更有竞争性的产品而进行的商业研究在稳定地加速；商业扩张规划到更远的将来，这意味着不管商业趋势如何变动，这种计划都要向前推进；抵消季节性波动影响的业务技术的改进；联邦储备委员会货币管理方法的更新；对政府税收和其他经济政策的影响的普遍理解的深化。[19]

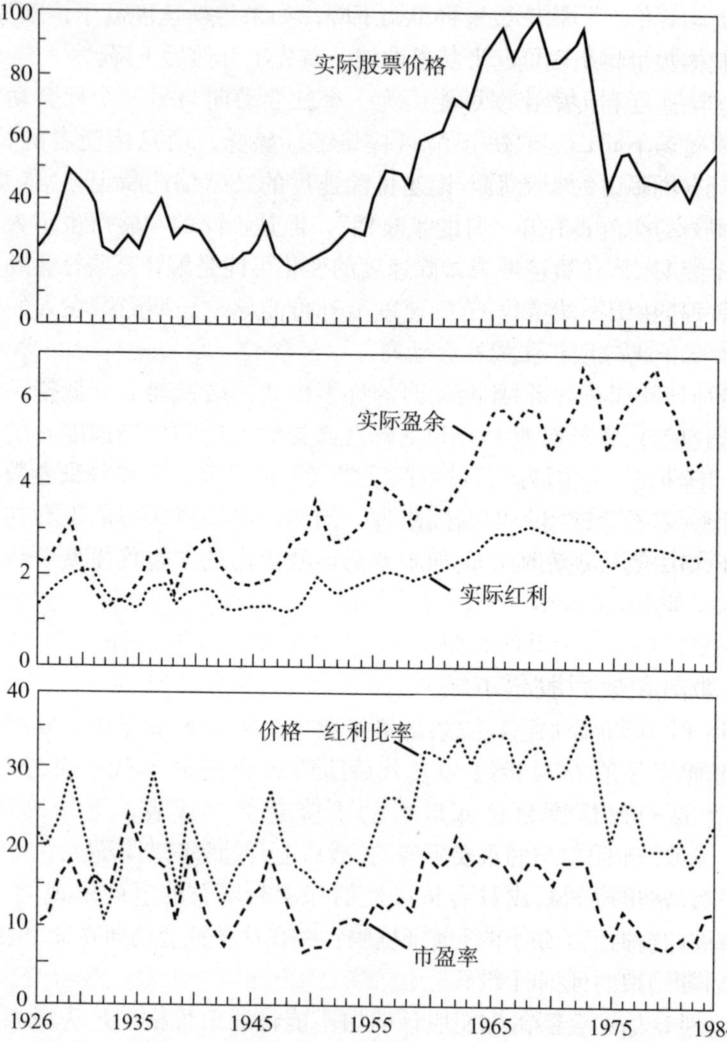

图 1—1

1926—1984 年标准普尔的数据资料；年度数据，1926—1984 年共 59 个观察值。上图表示 1 月份（1941—1943=100）综合股票价格指数除以 1 月份生产者价格指数，所有条目都乘以 100。中间图形（实际盈利）代表按股票价格指数调整的第四季度每股标准普尔四个季度盈利总和，除以 1 月份生产者价格指数，再乘以 100。中间图形（实际红利）表示按股票价格指数调整的第四季度每股标准普尔四个季度红利总和，除以 1 月份生产者价格指数，再乘以 100。下图（价格—红利比率）表示用股票价格序列除以前一年的红利序列进行计算（用名义值）。下图（市盈率）表示与价格—红利比率的计算方法一样，用盈利代替红利。

资料来源：根据标准普尔统计服务公司和美国劳工统计局的数据计算而得。

人们怎么知道这些理由是否是正确的呢?

社会动向驱动牛市的证据则通过其他方式来体现。这种证据可能是参与市场、对市场感兴趣或了解市场的人数的增长;投资者和代理商之间关系的变化;可能合理地影响股票价值的态度的变化。这些证据不是想要提出一种股票价格动态的严格理论,而是要说明巨大的社会动向看起来已经存在,并且这种社会动向对股票价格可能已经合理地产生了巨大的影响。事实上,市场波动存在过多貌似合理的理由。

参与市场的不断增长的个人数量的证据当然可以从机构投资者正在上升的持股数量中最直接地找到。这种增长最重要的部分是养老基金。战后时期雇员养老基金的上升甚至可以被认为是很可能引起股票需求增长的社会动向。个人通过自我储蓄的减少,可以抵消公司为他们进行的储蓄;但因为大多数人不拥有任何股票,他们(没有卖空)不可能通过持有更少的股票来抵消机构的股票需求。机构需求的这种变化在决定资产价格时可能非常重要,但不是我这里的主要关注点。其他人(如 Friedman,1982)利用资金流方法研究了这种变化。

股票价格不断上升的时期也大致与直接参与(不是通过机构参与)股票市场的人数急剧上升的时期一致。纽约证券交易所股票所有权调查显示,个人股票所有者总数占美国总人口的百分比从 1952 年的 4%上升到 1959 年的 7%,再上升到 1970 年的高峰 15%。[20]1975 年、1980 年和 1981 年的相应数字从 11%到 12%不等。[21]

个人股票所有者数量的增加看起来对应于投资者对市场了解的增加和对市场兴趣的提高。由数千人的访问构成的 1954 年纽约证券交易所投资者态度调查提出了如下的问题:为什么“5 个医生、律师、大小主管、工程师和推销员中有 4 个没有持有公众公司的股票?”(纽约证券交易所,1955,p. 54)。该调查给人的感觉是人们普遍对股票市场缺乏了解和兴趣,甚至让人隐约觉得人们对股票市场存在偏见。只有 23%的成年人具有足够的知识,将公司股票定义为“可以分享利润”,“可以公开地出售和购买,任何人都能购买”,或者“非优先股或者债券”。

到 1959 年,出现了一种“将证券交易所看成国家的市场的(更进一步的)观点”。能够“解释交易所功能”的美国人数量上升了将近 20%。知道“交易所允许公司股票上市交易前,公司必须符合某种标准”的美国人数量在同一个 5 年时间里上升了 36%(纽约证券交易所,1960,p. 67)。

了解或者完全进入股票市场的人数的增加,是除重新评估未来红利的长期路径的最优预测外，还有某些因素促进了牛市形成的重要证据。将股票价格上升归因于贝叶斯学习过程的任何模型，都不符合大多数投资者在牛市的高峰期还没有进入市场，或者投资者在市场开始上升时对市场根本不感兴趣的见解。

关于个人投资者与其代理人之间关系变化的证据有两种形式：关于股票经纪人及其宣传活动增加的证据，以及关于投资俱乐部动向的证据。

1954—1959 年间，股票经纪人的声誉在上升。1954 年纽约证券交易所的调查显示，30%的成年人说他们将首先求助于经纪人获得投资建议；到 1959 年，这个数字已经上升到 38%。在 5 年时间里，股票经纪人取代银行成为投资建议的首要来源。大约有 900 万成年人说他们在 1959 年与经纪人有接触，而 1954 年这个数字还不到 500 万（纽约证券交易所，1960，p. 14）。

作为更广泛的股权所有者计划的一部分，纽约证券交易所发起了投资者教育计划。该计划于 1954 年开始，到 1959 年已经在 85 个城市举办了2 500场讲座。作为成年人教育计划的一部分，这些讲座在当地的高等学校举办，演讲者“专心致志地将投资真理带到……任何有耳朵听的地方”[22]。

到 1959 年，该计划已经举办了4 500个讲座课程，参加讲座的人数达到525 000人，是 1959 年股票持有者总数的 4%。投资者教育计划利用了所有的媒体，包括报纸、杂志和电台广告。早在 1954 年初，当这个计划刚推行 6 个月时，就已经有 5%的美国成年人能够识别纽约证券交易所的标语口号“拥有美国公司的股票”（纽约证券交易所，1955，p. 10）。

与之相对照，20 世纪 70 年代是纽约证券交易所利润低迷的时期，而且报纸和杂志的广告也被中止了。1975 年，规定了竞争性佣金，且证券法修正案威胁到纽约证券交易所的存在。交易所席位的价格下降。为了应对这些问题，1977 年纽约证券交易所大幅缩减投资者教育计划，并且中断了成年人教育计划。公众对该计划缺乏热情也是缩减教育计划的一个原因。引起纽约证券交易所终止投资者教育计划的因素同样也导致个别经纪人推销公司股票的努力程度下降。像竞争性佣金——它降低了常规经纪业务的利润——这类因素已经“趋向于导致试图鼓励个人投资者进入股票市场的人数减少”[23]。

投资俱乐部是小团体人群一起探究投资兴趣的社会性俱乐部。这种俱乐部内的兴趣很好地给出了某些指标，如多少只股票被讨论，多少人喜好投资等。全国投资俱乐部协会的俱乐部数量从 1954 年的 923 家上升到 1970 年的最多 14 102 家，然后下降到 1980 年的3 642家。[24] 直接加入俱乐部的人数以及他们的财富总额当然很小。然而，投资俱乐部动向是没有反映在会员资格登记册中的国家动向的合理证据。

战后，存在行为发生巨大变化的证据，其变化之大足以对市场产生重大的冲击。例如，认为宗教在他们生活中“很重要”的人数百分比从 1952 年的 75%下降到 1978 年的 52%。[25] 整个 20 世纪 50 年代，出生率在 2.5%处徘徊，然后开始逐渐下降到 20 世纪 70 年代的大约 1.5%。这些变化可能反映了关于家庭、继承人或对其他人的个人责任的重要性的态度正在变化。

在所有这些变化中，也许对战后时期股票需求具有重要价值的要数牛市以后人们对各种社会机构的信任普遍下降。根据民意调查分析家丹尼尔·扬科洛维奇（Daniel Yankelovich）的研究：

> 我们已经看到对我们国家机构的不信任程度在稳定上升……对政府的信任从 20 世纪 50 年代后期的差不多 80%戏剧性地下降到 1976 年的 33%。对商业机构的信任从 60 年代后期的将近 70%下降到现在的 15%左右。对其他机构——新闻媒体、军队、包括医生和律师在内的专业人士组织——的信任从 60 年代中期到 70 年代中期急剧下降。[26]

在扬科洛维奇的名单中，我们还可以加上股票经纪人。纽约证券交易所 1977—1978 年调查的发现之一是，“经纪人和公司负面形象弥漫于所有基层组织，甚至高质客户也对这个行业有不良印象”（纽约证券交易所，1979，p. 5）。正是由于这种普遍性，对机构的消极态度代表的是一种偏见，而不是充分信息下的判断。

1.2　有效市场模型

学者普遍认为，股票收益很难预测意味着投资者心理不可能是金融市场的重要影响因素。为什么这样认为呢？如果投资者风气影响股票价格这个结论成立，那么好像这些风气导致的股票价格波动在某种程度上是可预测的。此外，因为红利本身在一定程度上是可预测的

（事实上，公司不时地宣布红利变更的消息），且虽然我们因而不能准确预测收益的任何变化，但在某种意义上，股票价格由预期红利支付决定应当是正确的。所以，股票价格是由红利的最优预测值决定的。

我们可以用 $E_tR_t=\delta$ 表示收益的不可预测性从而将上面的论点规范化，这里 E_t 表示以时间 t 时公开可以获得的信息为条件的数学期望，R_t 是某种股票在时间 t 到时间 $t+1$ 之间（根据通货膨胀率修正）的实际收益率（既包括红利收益，也包括资本收益），而 δ 是常数。此外，$R_t=(P_{t+1}-P_t+D_t)/P_t$，其中 P_t 是时间 t 时股票的实际价格，D_t 是该时期可能支付的实际红利。这是文献中相当熟悉的稳定边界条件下利用迭代方法可以求解的一阶理性预期模型。[27]不考虑看起来我们不可能预测收益这个否定结论，我们得到强有效市场模型[28]：

$$P_t=\sum_{k=0}^{\infty}\frac{E_tD_{t+k}}{(1+\delta)^{k+1}} \tag{1—1}$$

方程（1—1）表明，实际价格是预期未来红利的贴现值，而且在这个意义下，价格理想地（也就是说，考虑到所有公开可以获得的信息）预期到该股票将来可能支付的红利流。

有效市场模型的这种论断存在一个根本性错误：它忽视了统计检验没有证明收益不是可预测的这一事实；它们仅仅证明了收益是不大可预测的。“不大”这个词在这里非常重要，因为价格主要由风气决定的可选择模型（如下面将讨论的模型）也包含收益是不大可预测的意义。

我们能够从违反显著不同的替代模型的有效市场模型的回归检验的显著性特征中获得某些启发。考虑一种可选择模型，该模型关于某些信息变量基础上的公司股票总收益的回归的准确（理论上的）R^2 是 0.1。假定总股票市场实际年收益的标准差大约为 18%，这种 R^2 意味着收益中可预测因素的标准差为每年大约 5.7%。因此，在这种可选择模型下，我们不妨预测一年的实际收益为 14%，而另一年的实际收益为 2%（这些预测偏离平均收益一个单位标准差）。在异常年份，我们可能预测实际收益为 19%或者−3%（这些预测偏离平均收益两个单位标准差）。然而，如果可选择模型对 30 个观察值（30 年的数据）和一个预测变量正确，在 0.05 的显著性水平下常规 F 检验拒绝市场有效性的概率仅有 0.42。如果有两个预测变量，则拒绝的概率是 0.32，而解释变量的数量进一步增加时，拒绝的概率就变得微不足道了。[29]正如我在与皮埃尔·佩龙（Pierre Perron）的一篇论文中已经证明的一样，在使数据年度区间保持不变的条件下，通过更频繁地取样增加观察值数量，可能不会大大提高统计检验的显著性，甚至有可能降低统计检验的显著性。

有人完全可以怀疑是否也不存在股票价格按方程（1—1）表示的方式真实地预期未来红利的直接证据。存在一些鲜为人知的证据，红利被预测下降到零（破产）或猛增到一个新水平（突破性进展）的某些公司的股票价格确实预期到了这些变化。但是这些鲜为人知的证据没有证明不存在引发价格波动的其他因素，这些因素可能主导红利的可预测性较差的股票的价格波动。对整个股票市场来说，根本没有股票价格变化一直被相应的红利变化所伴随的证据（Shiller，1981，chapter 5）。

有些人可能会争辩说，方程（1—1）中贴现率的恒定不变性可能不是普通市场有效性模型的合适特征。当然，这种模型存在许多变化，如近来的“消费 β”模型。[30] 这里不可能列出所有可选择模型。方程（1—1）是作为有效市场理论最普通的形式和看起来最突出地描述了反对市场心理的论断的形式而被选择的。此外，关于方程（1—1）的统计检验显著性的论点，完全可以推广到有效市场假设的其他变化形式。

1.3　可选择模型

让我们假设存在机智钱投资者，他们受其财富限制的约束，并迅速而恰当地对公开可获得的信息作出反应。考虑一个讲述他们可能怎样改变对普通投资者行为的市场反应的故事。毫无疑问，这个故事过于简单且有局限性，但与之对照的简单有效市场模型也是如此。

模型中机智钱投资者对理性预期收益作出反应，但反应的程度受他们的财富限制。假定他们的股票需求是下一个时期市场预期收益的线性函数（或者，如果模型适用于单个公司，该公司一股股票的预期收益）：

$$Q_t = \frac{E_t R_t - \rho}{\varphi} \tag{1—2}$$

其中，Q_t 是时间 t 机智钱对股票的需求，它是发行在外股票总数的一部分，而 $E_t R_t$ 是时间 t 开始的预期收益，其定义和上面的定义相同。ρ 和 φ 表示常数。因此，ρ 是使机智钱对股票没有任何需求的预期实际收益率。$Q_t=1$ 时的实际收益是 $\rho+\varphi$；也就是说，φ 是可能导致机智钱持有所有股票的风险溢价。ρ 和 φ 既反映机智钱的风险厌恶性，也反映已经评估股票价格、股票的风险和可选择投资的特征的机智钱投资者的实际总财富。

普通投资者包括没有对理想地预测到的收益作出反应的每个人。让我们假定他们对新闻反应过度或者他们难以抵挡风气的冲击。我们根本不会对他们的行为作出任何假设，仅仅将 Y_t 定义为这些投资者要求的每份股票的总价值。[31] 市场均衡要求 $Q_t+Y_t/P_t=1$。就像我们推导方程（1—1）一样，求解所导出的理性预期模型可以得到如下模型：

$$P_t=\sum_{k=0}^{\infty}\frac{E_tD_{t+k}+\varphi E_tY_{t+k}}{(1+\rho+\varphi)^{k+1}} \tag{1—3}$$

所以，实际价格就是预期的未来红利支付和 φ 乘以普通投资者预期的未来需求按比率 $\rho+\varphi$ 贴现的现值。当 φ 趋近于零时（也就是说，机智钱变得越来越有影响力），表达式（1—3）的极限是使价格等于预期红利的现值的普通有效市场模型。当 φ 趋近于无穷大时（也就是说，机智钱变得越来越没有影响力），表达式（1—3）的极限是模型 $P_t=Y_t$，即普通投资者决定价格。

方程（1—3）和有效市场模型［方程（1—1）］可能同样与事件研究文献中的通常发现一致，一旦信息公开通告就会对收益产生影响，而此后再也没有什么可预测的效应。然而，方程（1—3）对与通告一致的价格跳跃有完全不同的解释。机智钱认为，价格跳跃不仅仅表明通告意味着未来红利，而且机智钱认为，通告意味着普通投资者的股票需求。方程（1—3）表示如果 Y_t 不受这些变化的影响，未来红利前景变化的价格效应将由方程（1—1）决定。可是，如果 Y_t 总是正的，则方程（1—3）中的贴现率 $\rho+\varphi$ 必然高于或者等于市场的预期收益，它是方程（1—1）中的贴现因子。如果 $\rho+\varphi$ 高，那么影响远期红利预期的因素将对今天的价格具有比较小的影响。

更持久的是变量 Y_t 随时间变化的行为（也就是说，我们预期 Y_t 的变化被随后反方向变化抵消得越少），一般地说，方程（1—3）中移动平均值减少的方差越少，移动平均值对 P_t 的影响就越大。

我上面论证了舆论传播模型提出过许多可能的反应模式，其中有 Y_t 首先上升再趋向水平然后回到正常水平的隆起形反应模式。Y_t 对新闻的隆起形反应模式中实际价格 P_t 的意义取决于对贴现率 $\rho+\varphi$ 反应的时间框架。假定预测隆起形状被迅速建立起来并在几周时间里解体。那么，方程（1—3）则意味着对价格的冲击将相当小。方程（1—3）比较长的移动平均值将消除 Y_t 的隆起形状以致全面观察时仅仅看到一个很细的形状。普通投资者的股票需求将说明隆起模式，机智钱投资者将股票仅按现实不变的价格卖给普通投资者，而在普通投资者亏损后将股票买回来。

如果隆起形模式要花费较长的时间演进，则对价格的影响将较大。一旦引起隆起形模式的新闻为机智钱所知晓，那么股票价格将断断续续地发生跳跃。这种跳跃将是瞬时的，机智钱一旦认识到价格将来会更高，就会发生作用。在初始的跳跃后，当 Y_t 趋近于它的高峰值时（在考虑较低的红利—价格比率后，不是如此之快以致高于正常收益），新闻效应将引起股票价格逐渐上升；价格将稍先于 Y_t 达到峰值然后下降。可见，在价格上升期收益将倾向处于低位。

按这些方式，更明确而简单的例子将描述为什么即使市场完全被风尚或风气所驱使，市场有效性的检验也可能只具有低显著性。假定某段时期内红利 D_t 是常数，所以按照有效市场模型［方程（1—1）］的价格将总是常数。还假定 $Y_t = U_{t-1} + U_{t-2} + \cdots + U_{t-n}$，其中 U_t 是白噪音；也就是说，对所有不等于 0 的 k，U_t 与 U_{t-k} 不相关。假定 U 的当前值和滞后值都在机智钱的信息集中。这里，Y 以先上升然后下降（或者直角形的隆起形）方式对观察到的冲击 U 作出反应。在这些假设下，基于时间 t 的信息，$Y_{t+1} - Y_t$ 是完全可预测的。可是，根据时间 t 的信息，$P_{t+1} - P_t$ 几乎是不可预测的。从方程（1—3）得到 P_t 将等于一个常数加上 U_t 带有巨大权数的 U 的移动平均值。在 $n=20$、$\rho = 0$ 和 $\varphi = 0.2$ 的情况下，$P_{t+1} - P_t$ 关于 P_t 进行回归的理论 R^2 值只有 0.015。如果回归中包括所有信息（现在的和 20 个滞后 U 值），则 R^2 的理论值将上升，但只能上升到 0.151。如果对每个 t，U_t 服从从 0 到 1 的均匀分布，而且如果常数红利是 0.5（所以平均红利—价格比率是 4%），那么在收益 R_t 关于 D_t/P_t 的回归中，R^2 的理论值（蒙特卡罗实验的估计值）只有 0.079。

现在让我们考虑 Y_t 行为的其他三种可选择的极端观点：其行为对与相关经济数据无关的外生风尚作出反应，其行为对滞后收益作出反应，其行为对红利作出反应。

第一种极端的观点是 Y_t 与现在和滞后的红利无关：它是反复无常的风尚或风气引起的外生噪音。在这种观点中，Y_t 可以对生动的新闻事件（如，总统患心脏病）而不是对我们观察到的任何时间序列数据作出系统性反应。假定 Y_t 是倾向于回复到平均值的平稳随机过程也是合理的。因此，如果普通投资者的需求相对于 Y_t 的平均值较高，则可以预期需求最终要下降。如果红利在整个时期变化比较小，则可以作出暗示收益与红利—价格比率 D_t/P_t 正相关的论断。下一部分我们将用数据检验这个相关性。

第二种极端的观点是 Y_t 对过去的收益做出反应，也就是说，Y_t 是 R_{t-1}、R_{t-2} 等的函数。结合方程（1—2）可以给出唯一的外生变量为红利 D_t 的简单理性预期模型。如果我们要确定 Y_t 关于过去收益的函数并确定 D_t 的随机特性，我们可能得到价格 P_t 由 D_t 唯一决定的模型。依赖函数性质和 D_t 的随机性，价格可能对与方程（1—1）有关的红利作出过度反应。

第三种极端的观点是 Y_t 对当前和滞后的红利直接作出反应，也就是说 Y_t 直接表现为 D_t、D_{t-1}、D_{t-2} 等的函数。例如，在已经知道 D_t 的随机性质时，股息增长可能产生没有根据的未来实际股息增长的预期。这种预期也可能导致价格对与方程（1—1）有关的股息作出过度反应。这种过度反应（相对于股息和盈利）将在下面以计量经济学方法进行研究。

关于 Y_t 的可能行为，我的意见可能太极端和特殊，以致不能为现在的严肃计量经济学建模奠定基础。但是，这些可能性再加上方程（1—3）为某些探索性数据分析提供了动力。

1.4 探索性数据分析

股票价格好像对红利反应过度

总体实际股票价格与总体实际股息自始至终是高度相关的。1926—1983 年之间，年度（1 月份）实际标准普尔综合股票价格指数 P 与相应的年度实际股息序列 D 之间的简单相关系数是 0.91（图 1—1）。[32]这种高度相关性部分是由于两个序列之间的共同趋势，但这种共同趋势绝不是全部原因。实际股票价格指数 P 和相同样本的线性时间趋势之间的相关系数只有 0.60。[33]因此，总体股票市场的价格与红利显著相关，而我们常常看成莫名其妙的许多股票市场变化可能都可以追溯到红利的变化。我们大多数人不适应按这种方式思考股票市场的一种原因是，大多数数据序列只覆盖较小的时间间隔（数年而不是图中显示的几十年），并且更频繁地（如每月而不是图中显示的每年）提取数据样本。用更小、更频繁地提取样本的时间间隔数据得到的实际价格和实际红利之间的相关系数要低得多或者看起来更被趋势所支配。

1926—1983 年间实际价格 P 和实际盈利序列 E 之间的相关系数是 0.75。这个数字接近于价格 P 与线性时间趋势之间的相关系数。虽然 P 与 D 之间的相关系数相当高，但实际价格比实际红利要反复无常得多。如果在 1926—1983 年的样本期内，价格 P 关于 D 进行带常数项的回归，D 的系数是 38.0 而常数项是 −0.28。在这个样本期里，平均价格—红利比率 P/D 是 22.4。实际价格的变化比实际红利的变化更相称，结果 P/D 倾向于与实际价格一起变化。在这个样本中，P/D 与 P(0.83)和 D(0.67)的相关性足够强，这可以从图形中看出来。股票价格相对于红利的波动性是我们倾向于不把股票市场看成由红利紧密地驱动的另一个原因。

我们可能认为如果有效市场模型［方程（1—1）］是正确的话，当实际红利收益高时（相对于趋势或者相对于最近历史的红利平均值），价格—红利比率应该低，而当实际红利收益低时，价格—红利比率应该高。我们也可能认为根据方程（1—1），从长期看实际价格代表实际红利，它相对于实际红利应该变化缓慢。因此，实际红利的短期变化应该对应于价格—红利比率的短期反方向变化。

观察到的价格—红利比率的反常现象可能被看成股票价格对红利的过度反应，如果假定红利倾向于回到趋势或者回到最近历史的平均水平是正确的话，这种股票价格行为可能与一些心理学模型一致。心理学家已经在实验中证明个人可能会对表面看起来有道理的证据连续反应过度，即使他们的反应没有统计检验基础（Tversky and Kahneman，1974）。这种过度反应假设未必意味着公司盈利或红利应该是股票价格变化的最终根源，因为红利是由经理们控制的。[34]在对单个公司的红利分配行为进行调查后，约翰・林特纳（John Lintner，1955）断定公司不仅从盈利水平出发有一个目标支付比率，而且它们认为自始至终应该试图使红利保持在相当稳定的状态。在这么做的时候，经理们像社会公众一样预测公司的盈利状况，并且可能变得过度乐观或悲观。实际上，红利和股票价格可能都被同样的社会乐观主义或悲观主义所驱动，而“过度反应”可能仅仅反映风气比红利对价格的影响更大。价格对盈利的明显反应也可能在某种程度上归结于同样的效应，披露的盈利状况受会计操纵的影响。费希尔・布莱克（Fisher Black，

1980）声称，会计实践随时间的变化可能被看成努力使盈利成为公司价值而不是现金流的指标。单个公司受自身会计实践的巨大约束，但常规会计方法的会计行业思想可能受适度总盈利的概念的影响，而这些概念可能受社会乐观主义或悲观主义的影响。（观察到的价格变化比红利变化更大的趋势主要是由第二次世界大战后的价格隆起导致的，它比相应的红利隆起大。约翰·坎贝尔（John Campbell）和我在第 16 章讨论了这个问题。）

实际价格和实际红利之间的关系也许可以从 P 关于 D 的滞后分布回归，即将 P 预测为当前和滞后的 D 的加权移动平均值回归中更满意地看出来。我们从表 1—1 的第 1 行和第 2 行可以看出，当实际价格用 30 年的滞后分布对当前和滞后的实际红利进行回归时，当前实际红利的回归系数比平均价格—红利比率（这个样本的价格—红利比率是 22.6）要大，而且滞后实际红利的系数之和是负的。当前和滞后的实际红利的所有系数之和大约等于平均价格—红利比率。因此，这个方程意味着过去 30 年里当实际红利相对于加权平均实际红利很高时，价格倾向于非同寻常得高，而当红利相对于这个加权平均值低时，价格也低。

表 1—1 的第 5 行和第 6 行显示同样的回归，但是用实际盈利作为自变量。当前盈利项的系数低于平均市盈率（这个样本的市盈率是 13.0）。与红利相比，盈利显示更短时期的可变性；因此，这些结果并没有与价格既对盈利反应过度也对红利反应过度的看法相矛盾。这个回归中较低的 $\bar{R}^2$ 可能被认为是对红利没有真正用林特纳模型（Lintner，1955）恰当描述的事实的反映，林特纳模型将红利表示成盈利的简单滞后分布值。$\bar{R}^2$ 足够高，股票价格的一些重要变化都可以用这个回归解释。例如，1929—1933 年之间的盈利下降或多或少地解释了这段时期 P 的下降（这个回归在所有年份都有正的残值）。而 1929 年这个特殊时间里市场下降的原因可能永远都是一个谜，萧条期整个市场下降被相当恰当地解释为对盈利的反应（或过度反应）。

在假定方程（1—1）成立时考察表 1—1 第 1 行或第 2 行（或第 5 行或第 6 行）的系数模式是否可能最优是重要的。由这里证明的实际价格对实际红利的反应模式暗示，方程（1—1）最容易的检验是把未来收益对当前和滞后红利进行回归。方程（1—1）的有效市场模型意味着收益不可预测，而过度反应的可选择模型却认为 D 可以用来预测收

表 1—1　　实际股票价格或收益对实际红利或盈利的滞后分布回归，样本期为 1900—1983 年[a]

样本期	因变量[b]	常数	当前自变量的系数	滞后自变量的系数和[c]	滞后误差的系数	样本统计量				
						F	F 的显著性水平	$\bar{R}^2$	德宾-沃森统计量	标准误差
自变量是实际红利[d]										
1900—1983	P	−0.08	34.64	−11.79	—	257.3	0.00	0.90	0.82	0.07
		(−2.95)	(14.16)	(−4.34)						
1900—1983[e]	P	−0.07	28.25	−5.37	0.66	44.49	0.00	0.68	1.86	0.06
		(−1.20)	(9.13)	(−1.14)	(7.89)					
1900—1982	$R(t+1)$	0.09	−6.57	9.62	—	2.72	0.05	0.06	2.06	0.19
		(1.21)	(−1.03)	(1.40)						
1926—1982	$R(t+1)$	0.17	−7.62	5.17	—	1.52	0.22	0.03	2.05	0.20
		(1.33)	(−0.94)	(0.57)						
自变量是实际盈利[f]										
1900—1983	P	0.10	11.73	−5.83	—	57.59	0.00	0.67	0.27	0.13
		(2.61)	(5.61)	(−2.29)						

续前表

样本期	因变量[b]	常数	当前自变量的系数	滞后自变量的系数和[c]	滞后误差的系数	样本统计量				
						F	F 的显著性水平	$\bar{R}^2$	德宾-沃森统计量	标准误差
1900—1983[e]	P	0.17	7.98	−2.58	0.90	10.74	0.00	0.32	1.61	0.06
		(1.07)	(6.52)	(−0.48)	(18.35)					
1900—1983	$R(t+1)$	0.09	−5.77	7.45	—	2.19	0.09	0.04	1.97	0.19
		(1.51)	(−1.90)	(1.91)						

a. 括号中的数是 t 统计量。自始至终都应用基于远端点为 0 的 30 年的二次多项式的滞后分布值。除特别说明以外，回归方法是普通的最小二乘法。股票价格指数自始至终都是标准普尔综合股票价格指数。

b. 因变量 P 是 1 月份的股票价格指数除以 1 月份的生产者价格指数。因变量 $R(t+1)$ 是基于股票价格指数和标准普尔综合红利序列的下一年 1 月份到此后两年的 1 月份的实际收益（用生产者价格指数平减）。

c. 和是 29 个滞后值相加但是没有包括分别说明的当前自变量的系数。

d. 按股票价格指数调整的每股标准普尔红利四个季度总和除以 1 月份生产者价格指数。

e. 方法是科克伦-奥卡特（Cochrane-Aocutt）序列相关修正法，而样本统计量是变形回归的统计量。

f. 按股票价格指数调整的每股标准普尔红利四个季度总和除以 1 月份生产者价格指数。

益。这种滞后分布值出现在表 1—1 的第 3 行。当前红利的系数是负的，而其余滞后红利系数的和是正的。事实上，正如我们的过度反应理论所揭示的，当红利相对于加权平均滞后红利很高时（以致按照这种解释，股票定价过高），存在低后续收益的倾向。除常数外所有系数的 F 检验在 5%的置信水平上显著。[35] 当用 E 代替 D 回归时（第 7 行），类似的系数模式揭示出盈利有类似的过度反应，但回归结果仅在 9%的置信水平上显著。

通过观察实际红利的时间序列性质，我们能够更好地明白为什么价格对红利的反应模式导致收益变得可以预测。利用自回归积分移动平均模型（ARIMA）的博克斯和詹金斯（Box and Jenkins，1977）模型已经非常流行，而且弄明白实际红利序列能够用这类模型来表示是有启发的。不幸的是，时间序列建模方法只具有部分判别作用，而且没有将所有的研究者引导到同样的模型。在应用这些方法时，我们应该决定在数据分析前是否剔除数据趋势（detrend the data）。在前面的研究中，我估计了确定性线性趋势的滞后红利的一阶自回归模型。在这个模型中，用和这里相同的年度实际红利序列，1872—1978 年的滞后对数红利系数是 0.807，这意味着红利总是被预测大约 3 年后处于回归该趋势的半途（Shiller，1981b，chapter 6）。这个结果好像对用于平减红利的价格平减指数选择不敏感。考虑到自回归系数的最小二乘估计的向下偏差，我们能够利用狄克-富勒（Dickey-Fuller）检验在 5%的显著水平拒绝围绕某种趋势的一阶自回归模型的对数红利随机游走的零假设。但是，有些人发现带有确定性趋势的模型没有吸引力，而偏爱使红利不平稳的模型。利用非平稳的红利模型，通过对数据求一阶差分，我们能够处理明显的趋势问题。下面的模型是利用标准普尔 1926—1983 年的实际年度红利数据进行估计的：

$$\begin{aligned} \Delta D_t &= 3.285 \times 10^{-3} + 0.850 \Delta D_{t-1} + u_t \\ &\qquad (1.498) \qquad\qquad (11.753) \\ u_t &= a_t - 0.981 a_{t-1} \\ &\qquad (-69.434) \end{aligned} \tag{1—4}$$

其中，a_t 是零均值的序列不相关随机变量。这就是博克斯和詹金斯所称的 ARIMA(1，1，1) 模型。它仅仅证明了实际红利的变化是它的滞后值和误差项 u_t（也就是 a_t 的移动平均值）的线性函数。小括号中的 t 统计量使人产生误解，这个模型的似然函数具有其他模式，似然值几乎相同但具有相当不同的参数估计。但是，这个模型将足以说明当已知过去的红利行为时，预测未来红利是合情合理的。利用通常的龙格-博克斯（Ljung-Box）Q 检验，这个模型在通常的显著性水平下不能被拒绝。值得注意的是，当同样的模型利用样本期 1871—1925 年的数据进行估计时，几乎出现了同样的参数值，ΔD_{t-1} 的系数是 0.840，而 a_{t-1} 的系数是−0.973。

这个估计模型是表现近似参数冗余性的模型：a_{t-1} 的系数如此接近于−1 以致关于 a_t 的移动平均值差不多与一阶差分算子相抵消了。换句话说，这个模型看起来几乎像滞后红利系数为 0.850 的一阶自回归红利模型。将这个模型描述成围绕变化的平均值的一阶自回归模型可能更精确，变化的平均值本身是过去红利的移动平均值。我们能够将方程（1—4）隐含的 D_t 向前一步的最优预测写成如下形式：

$$E_t D_{t+1} = 0.869 D_t + 0.131 M_t + 0.173$$

$$M_t = (1-0.981)\sum_{k=0}^{\infty}(0.981)^k D_{t-k-1} \tag{1—5}$$

这里，M_t 是总和等于 1、按指数方式下降的权数的红利移动平均值。因为 0.981 如此接近于 1，定义 M_t 的移动平均模型极长（0.981 即使到 25 次幂也是 0.619），所以 M_t 项在这个样本期不会改变太多。因此，对向前一步的预测而言，这个模型非常类似于剔除红利趋势的一阶自回归模型。

如果实际红利根据方程（1—5）进行预测，那么方程（1—1）（贴现率 $\delta = 0.080$）将意味着（利用预测的链式原理）股票价格应该是方程（1—6）给出的红利的移动平均值：

$$P_t = 5.380 D_t + 7.120 M_t + 11.628 \tag{1—6}$$

注意，遥远的过去在决定今天的价格时（延伸到无限将来的预期红利的加权平均值）比决定下一期的红利具有更大的权重。因而，这个模型与预测最近的将来只需要回顾最近的历史但预测遥远的将来我们就需要回顾遥远过去的直观看法一致。方程（1—6）意味着 P_t 像 D_t 一样也是 ARIMA(1，1，1) 过程。[36]如果我将实际红利序列构建成围绕某种趋势的一阶自回归模型，那么 P_t 将是 D_t［用方程（1—6）中大致相同的权数］和某种趋势的加权平均值。

方程（1—6）完全不同于 P 和 D 的估计关系。方程（1—6）中 D_t 的系数是 5.380，它远远低于表 1—1 第 1 行或第 2 行的估计值。滞后红利的系数之和是一个正数而不是负数。

总之，在过去几十年里，股票价格看起来并没有像它们应该表现的那样，像红利的平滑变换那样行事。相反，红利看起来好像是背离这种变换的放大。投资者的乐观主义好像太反复无常了，它受与趋势背离的影响而不是受趋势本身的影响。

利用红利—价格比率和盈利—价格比率的预测性回归

方程（1—1）最自然的检验是将收益 R_t 关于在时间 t 公众可以获得的信息进行回归。有关模型的类似检验可以将超额收益关于时间 t 的信息进行回归，或者将风险修正的收益关于时间 t 的信息进行回归。如果回归的 F 统计量（也就是说，除常数项外所有系数都是零的零假设）显著，那么我们将拒绝该模型。最简单的这种检验仅仅用价格本身（比如说，通过将它分成盈利或红利来衡量）作为解释变量，且利用常规的 t 统计量检验。如果风气导致股票有时定价过高，有时定价过低，而如果这些风气结束，那么我们可以期待高红利—价格比率或高盈利—价格比率预示着高收益，而低红利—价格比率或低盈利—价格比率预示着低收益。这可能表示最天真的投资策略，当价格相对于红利或盈利低时买进股票，而当价格相对于红利或盈利高时卖出股票。

但是，要实施这种简单的检验并不容易。我们面临着大量的计量经济学问题：自变量不是“非随机的”，以致普通的 t 统计量不是严格有效的；误差项似乎是非正态的或至少是条件异方差的；如果应用风险矫正的话也不是一件简单的事。处理这些问题还没有一致的方法，这里我不会试图严格地处理这些问题。但是，值得注意的是，高红利—价格比率或高盈利—价格比率好像确实与高收益相关。

具有高盈利—价格比率的股票是否将具有比较高的收益一直是很多文献中讨论的主题。据证实，各公司这些比率与收益之间存在简单的相关性（Nicholson，1968）。由此产生的问题是，如果这些比率和股票的贝塔系数恰好正相关，这种现象能够在资本资产定价模型框架中得到解释吗？或者与比率相关的公司规模影响预期收益吗？最近，桑乔·巴苏（Sanjoy Basu，1983）断定即使控制公司规模后，风险调整收益仍与盈利—价格比率正相关。但是，正如巴苏提到的，他的检验依赖于所采用的风险测度方法。

预期收益既在各种股票之间随时间发生波动也有起伏是现在金融界普遍接受的观点。这些结论被解释为“风险溢价”的时间变化性。

在这些文献中，红利—价格比率或盈利—价格比率并没有被突出地描绘。相反，被选择作为预测变量的是如通货膨胀率（Fama and Schwert，1977）、低级债券和高级债券之间的利差（Keim and Stambaugh，1984）、长期债券和短期债券之间的利差（Campbell，1984）这些因素。

表 1—2 显示高红利—价格比率（前一年标准普尔总红利除以前一年 7 月份标准普尔综合股票价格指数）确实是高后续收益的指针。[37]例如，第 1 行的方程表明若红利—价格比率（或“当前的收益”）超过平均值 1 个百分点，股票的预期收益将超过平均值 3.588 个百分点。因而，高当前收益被预期资本利得放大，预期资本利得戏剧性的是当前收益的 2.5 倍。与之相比，方程（1—1）可能预测高当前收益应该对应于预期资本损失，以抵消当前收益。因此，根据这个回归，有效市场假设看起来明显出错了：股票价格朝红利—价格比率预测的反方向变化。这个结论对每一个考察的子样本期都是正确的。[38]

表 1—3 的第 1～5 行显示了用盈利—价格比率代替红利—价格比率（前一年的标准普尔总盈利除以前一年 7 月份标准普尔综合股票价格指数）进行的类似回归。这些预测性回归按同样的方法进行是可行的（价格相对于盈利低意味着高收益），但显著程度较低。[39]

表 1—2　基于红利—价格比率预测的实际收益，样本期为 1872—1983 年[a]

样本期	常数	红利—价格比率的系数	样本统计量		
			$\bar{R}^2$	德宾-沃森统计量	标准误差
1872—1983[b]	−0.01 (−1.52)	3.59 (2.85)	0.06	1.85	0.17
1872—1908[b]	−0.02 (−0.02)	2.26 (0.96)	0.00	2.05	0.14
1909—1945[b]	−0.14 (−0.88)	3.89 (1.42)	0.03	1.46	0.21
1946—1983[b]	−0.16 (−1.70)	5.23 (2.62)	0.14	1.80	0.17
1889—1982[c]	−0.13 (−1.94)	4.26 (3.15)	0.09	1.85	0.17

续前表

样本期	常数	红利—价格比率的系数	样本统计量		
			$\bar{R}^2$	德宾-沃森统计量	标准误差
1926—1982[d]	−0.17	5.26	0.10	2.01	0.21
	(−1.73)	(2.71)			

a. 括号中的数是 t 统计量。全部股票价格指数都是标准普尔综合股票价格指数。因变量是当年 1 月份到下一年 1 月份（月平均值）股票价格指数的实际收益（特别说明的除外）。收益是股票价格指数的变化加上按股票价格指数调整的每股标准普尔四个季度综合红利总和除以股票价格指数。自变量是前一年的总红利（它是按股票价格指数调整的四个季度标准普尔综合红利的总和）除以前一年 7 月份的股票价格指数。

b. 价格平减指数是生产者价格指数。

c. 价格平减指数是非耐用品和服务的消费平减指数。

d. 名义收益由当年 1 月末直到下一年 1 月末的"普通股票总收益"的月度数据累积而得。价格平减指数是 1 月份生产者价格指数。

表 1—3　基于盈利—价格比率预测实际收益，样本期为 1872—1983 年[a]

样本期	常数	盈利—价格比率的系数	样本统计量		
			$\bar{R}^2$	德宾-沃森统计量	标准误差
1872—1983[b]	0.01	0.85	0.01	1.90	0.18
	(0.24)	(1.41)			
1872—1908[b]	0.00	1.28	−0.02	2.16	0.15
	(0.02)	(0.63)			
1909—1945[b]	0.08	0.03	−0.03	1.59	0.21
	(0.72)	(0.02)			
1946—1983[b]	−0.09	1.86	0.09	1.71	0.17
	(−1.09)	(2.13)			
1889—1982[c]	0.01	0.78	0.01	1.96	0.18
	(0.19)	(1.24)			

续前表

样本期	常数	盈利—价格比率的系数	样本统计量		
			$\bar{R}^2$	德宾-沃森统计量	标准误差
1901—1983[b]	−0.04 (−0.68)	1.57[d] (2.38)	0.05	1.81	0.19

a. 括号中的数是 t 统计量。因变量、自变量和价格平减指数同表 1—2，但用盈利代替红利。

b. 价格平减指数是生产者价格指数。

c. 价格平减指数是非耐用品和服务的消费平减指数。

d. 盈利—价格比率用前 30 年平均实际盈利（没有计算当前年度）除以当前年度 1 月份实际股票价格指数计算。

股票价格的过度波动

有效市场模型的回归检验可能没有完全刻画出该模型失败的状况。通过观察股票价格好像表现出太大的波动性以致与简单模型不一致，可以得到理解方程（1—1）描述模型失败之处的更简单且更有吸引力的方法。[40]过度波动见解最主要的批评集中在股票价格围绕红利序列的某种趋势是平稳的这种假设上。[41]这里，我根据这个批评讨论了波动性检验，并用能够更好地处理非平稳性问题的略有不同的方式进行了检验。

我证明了如果红利 D_t 是平稳随机过程，那么有效市场模型［方程（1—1）］隐含着方差不等式：

$$\sigma(P - P_{-1}) \leqslant \frac{\sigma(D)}{(2\delta)^{0.5}} \tag{1—7}$$

也就是说，价格变化 $P - P_{-1}$ 的标准差小于或等于红利 D 的标准差除以贴现因子 2 倍的平方根（Shiller，1981a，chapter 5）。如果我们知道 D 的标准差，那么若方程（1—1）在所有时间都成立，$P - P_{-1}$ 能够变化多少是有限制的。如果市场是有效的，那么描述红利预测变化的价格变化不可能很大，除非红利实际上变化很大。贴现因子 δ 等于预期收益 $E(R_t)$，它可以通过平均收益进行估计。在我们能够用这个不等式检验有效市场模型之前，我们应该对红利看起来具有某种趋势的事实稍加处理：在一篇较早的文章中，我利用指数衰变因子乘以价格和红利作为剔除红利趋势的方法处理这个问题。这种剔除趋势的方法已经成为争论的根源。事实上，正如我原来文章中提到的，红利趋势可能是虚假的，而红利可能具有另一种没有被这种趋势剔除掉的非平稳性（Shiller，1979，chapter 15）。因此，这些检验违背不等式（1—7）不应该被单独地看成违反方程（1—1）的决定性证据。对方差边界不等式的大多数批评一直集中在这个观点上。[42]另一方面，如果有效市场模型成立，违反方差不等式确实说明红利波动性应该有可能大大高于实际观察到的历史记录（围绕某种趋势或围绕历史平均值）；而这个事实在判断有效市场模型合理性时应该包含在其他因素中。

表 1—4 列出了上述不等式的各个元素，但用不同而可能更令人满意的方式剔除趋势的数据，这种方式仅仅信赖历史信息。让我们定义剔除趋势的价格序列 $P5$、$P15$、$P30$ 和相应的红利序列 $D5$、$D15$、$D30$：

$$Pk_t = \frac{P_t}{Nk_t},\quad k=5,\ 15,\ 30 \tag{1—8}$$

$$Dk_t = \frac{D_t}{Nk_t} + P_{t-1}\left(\frac{1}{Nk_t} - \frac{1}{Nk_{t+1}}\right),\quad k=5,\ 15,\ 30 \tag{1—9}$$

其中

$$Nk_t = \prod_{j=1}^{k} E_{t-j}^{1/k},\quad k=5,\ 15,\ 30 \tag{1—10}$$

表 1—4　剔除趋势的价格和红利序列的样本统计量，样本期为 1871—1984 年[a]

样本期	不等式的左边	不等式的右边
1877—1984	$\sigma(P5-P5_{-1})=2.83$	$\sigma(D5)/(2\delta)^{0.5}=3.52$
1887—1984	$\sigma(P15-P15_{-1})=2.93$	$\sigma(D15)/(2\delta)^{0.5}=1.64$
1902—1984	$\sigma(P30-P30_{-1})=3.39$	$\sigma(D30)/(2\delta)^{0.5}=1.38$

a. 变量 $P5$、$P15$ 和 $P30$ 是剔除趋势的实际股票价格指数分别除以 5 年、15 年和 30 年滞后实际盈利的几何平均值；σ 表示样本标准差。变量 $D5$、$D15$ 和 $D30$ 是正文定义的相应的红利序列。常数 δ 等于 0.08，即 1871—1984 年间标准普尔综合股票价格指数的实际平均收益。

资料来源：方程（1—7）至方程（1—10）。

剔除趋势的价格和红利序列具有下列性质：在收益 R_t 的公式中以 Pk 和 Dk 代替 P 和 D 计算的收益与用 P 和 D 计算的收益是一样的。因此，如果方程（1—1）对 P_t 和 D_t 成立，那么用 Pk_t 和 Dk_t 代替 P_t 和 D_t 时方程（1—1）仍然成立，而且同样的方差不等式（1—7）对 Pk 和 Dk 也应该成立。我们可以将 Pk 和 Dk 分别看成共同基金份额的价格和红利，该共同基金保持同样固定的组合（价格是 P_t 而红利是 D_t），但买回或卖出基金本身的份额使得共同基金总是拥有 Nk_t 股未清偿的份额。变量 Nk_t 是滞后实际盈利的几何移动平均值。这可能导致共同基金的红利是平稳的，即使红利 D_t 是非平稳的。例如，$D30$ 的图像没有显示出明显的趋势，而且看上去也不是非平稳的。例如，如果 E 的自然对数是高斯随机游走的，因而是非平稳的，又如果 $D_t = E_t$，那么 Pk_t 将是一个平稳的对数正态过程，而 Dk_t 将是平稳对数正态过程的和。[43]我们从表 1—4 中看到 $k=5$ 时不等式（1—7）并没有被违背，但 $k=15$ 和 $k=30$ 时该不等式不成立。当 k 增加时，剔除趋势的因子 Nk_t 变得更平滑了。

与有效市场模型有关的预测方程的意义

如果我们选择方程（1—2）中 ρ 和 φ 的一些假设值，我们就能够利用预测 R_t 和表 1—1 至表 1—3 产生的方程之一估计贯穿 Q_t 到 Y_t 的时间路径。这种估计被公认是十分随意的，当然，这些预测性回归不是像这里假设的那样行事是“聪明的”的显而易见的证据。考虑这些估计可能只是给出了其他可选择模型合理性的一些见解。我们这么做就立即可以认识到：如果 Q_t 的波动、机智钱投资者持有股票的比例不是非同寻常得大，φ 应该很大。这个问题出现是因为股票价格实际上是完全可预测的：隐含在许多预测方程中的预期收益的标准差是如此之大，除非方程（1—2）中的 φ 很大，Q_t 的变化将时常远远超出 0～1 的范围。

图 1—2 显示了一个用方程（1—2）隐含的 Y_t 和 Q_t 的估计值、基于 $\rho=0$ 与 $\varphi=0.5$ 及表 1—2 第 1 行的红利—价格比率的预测方程构造的假想例子。同样显示的还有实际价格 P_t。对这些 ρ 和 φ 值，Q_t 总是正的，因而 Y_t 总是小于 P_t。普通投资者的股票需求 Y_t 从总体上看起来相当类似于价格 P_t 本身。出现这种现象是因为预测方程与红利—价格比率有关而且红利相当稳定，以致 Q_t 本身像 P_t 的倒数。但是，Y_t 比 P_t 的波动程度稍微大一点，显示出低价区具有更低的比例性，而高价区具有更高比例性的倾向。Y_t 比 P_t 对红利的过度反应更显著。因而机智钱的存在缓解了普通投资者的过度反应。这在 1933 年突出表现为有一个很大比例的机智钱投资者和低比例的普通投资者。就是这一年，红利—价格比率到达一个极端的高位而最高收益也被预测到了。20 世纪 50 年代末期和 60 年代早期是机智钱投资者需求低的时期：那时的红利—价格比率低，所以他们事前“机智地”退出市场了，虽然事后他们会喜欢待在市场。机智钱对股票的需求当前既不高也不低，因为红利—价格比率没有远远偏离历史平均值。1926—1983 年的加权平均收益（$\sum Q_t R_t / \sum Q_t$）是

12.9%，与之相比，当前时期的平均收益（R_t 的平均值）是 8.2%。

时间 t 到 $t+1$ 之间机智钱买进和卖出股票的变化隐含的交易量是 $|Q_{t+1}-Q_t|$；图 1—2 所显示样本的这个测度平均值是 0.055。在这个样本中，纽约证券交易所的换手率（年股票交易股数除以上市股票的平均数）介于 9%（1942 年）到 42%（1982 年）之间，除早期的萧条年代外，股票换手率极高（纽约证券交易所，1983，p.68）。因而，图 1—2 描述的事实不是一个毫无理由的高交易量。因为公司股票只占所有财富不足三分之一的比例，而且我们没有就机智钱讨论不合理的巨大财富变化情况。[44]当然，并非所有的家庭财富都是充分流动的。公司股票的市场价值与家庭持有的存款和信贷市场工具的比率介于 1948 年的 47.7%到 1968 年的 136.2%之间。[45]

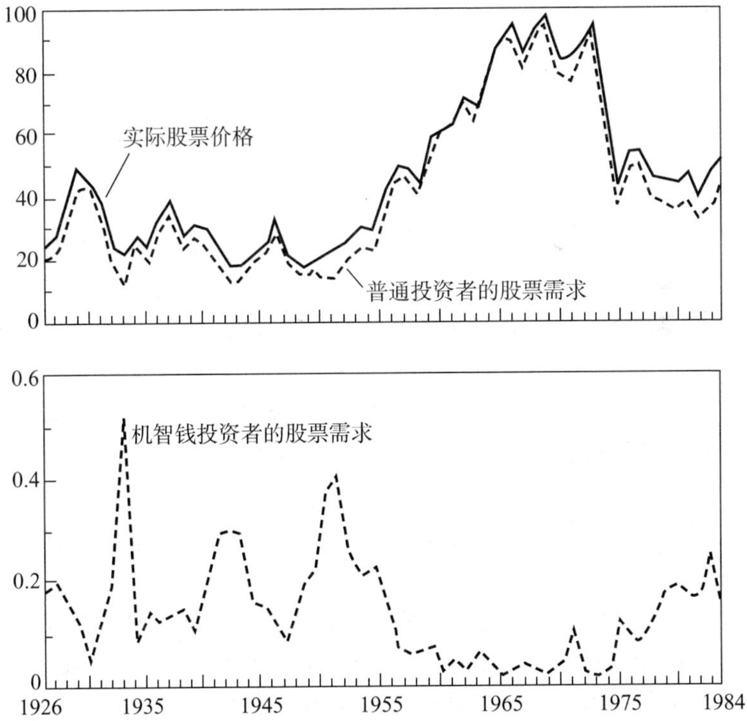

图 1—2

普通投资者和机智钱投资者的假想需求。（上图，实际股票价格）实际股票价格指数（P_t）如图 1—1。（上图，普通投资者的股票需求）普通投资者假想的股票需求等于 $P_t(1-Q_t)$，这里 Q_t 是机智钱投资者假想的股票需求。（下图，机智钱投资者的股票需求）变量 Q_t 来自方程（1—2），其中 $\rho=0$，$\varphi=0.5$，且基于表 1—2 第 1 行收益的预测方程。

图 1—2 显示的结论并非对预测方程的选择不敏感，尽管只要预测方程是关于红利—价格比率的简单回归（如表 1—2），改变方程并不比改变 ρ 和 φ 的值具有更显著的效果。如果用盈利—价格比率（表 1—3 的第 6 行）预测的方程计算 E_tR_t，贯穿 Q 的时间模式稍有不同：1933 年的 Q 仍然很高（尽管不如图 1—2 高），而 20 世纪 50 年代后期和 20 世纪 60 年代早期 Q 值较低。这段时期机智钱的加权平均收益是 11.4%。

方程（1—3）中 $\rho+\varphi$ 的 50%贴现率可能意味着也可能并不意味着完全可预测的收益，这取决于 Y_t 的随机性质。在假想的例子中，Y_t 的行为被收益的长期（低频）因素充分控制，而这个收益并不比表 1—2 中预测性回归隐含的收益更可预测。每年 50%的贴现率每天达到 0.1%（对比每天大约 1 个百分点收益的标准差），所以就每天股票价格数据的事件研究而言，贴现率仍然很小。如果将方程（1—3）应用于单个股票，我们可以选择一个更小的 φ 值从而得到更小的贴现率。

1.5 小结和结论

这一章的许多内容都仰仗读者良好的判断力。这里提出的大量证据认为社会动向、风尚或风气可能是投机资产价格变化中重要的甚至是支配性的原因；但没有一份证据是无可指责的。

预期股票价格严重受社会动态影响的最重要原因来自于市场参与者的观察和社会心理学、社会学和市场营销学文献中呈现出来的人类天性。战后时期有关美国股票市场历史的研究认为，这段时期正在发生的社会动向可能对总股票需求合理地产生重要的影响。我们应该倚仗这些证据创造反对市场有效性的例子吗？是的；在理解人类行为方面没有其他事物能够代替人类判断力。

股票价格的随机游走行为仍将一以贯之的原因可能是两方面的。首先，普通投资者的总需求本身可能并非完全不像随机游走。风尚也许天生是相当不可预测的，而普通投资者可能对盈利或红利消息反应过度，这些行为也可能使他们的需求相对不可预测。

其次，另一方面，如方程（1—3）的模型显示的，经济中有限的机智钱防止了普通投资者可预测的行为方式造成巨大的短期盈利机会，以致收益可能几乎是不可预测的，而市场有效性的检验可能没有什么显著性。但是，在防止巨大的盈利机会上，机智钱可能不会防止普通投资者造成市场的重大波动，甚至成为市场波动的源泉。

股票价格数据显示了对红利过度反应的证据，而收益的预测方程与这种过度反应是一致的。但是，价格与红利相关性的另一种可选择解释可能是分配红利的公司要受影响社会其余公众的同一社会动向的影响。这种相关性也存在其他可能的解释；这就是我仅仅提出证实计量经济证据提出的过度反应见解与数据一致的数据分析的原因。

还应该强调方程（1—3）的模型涉及预期红利的现值，而且它具有有效市场模型的一些性质。尽管市场有效性见解具有种种不足之处，现代理论金融确实提出了许多洞悉实际市场行为的观点。像这些模型的许多变化的可靠性是值得我们进一步关注的事情。

注　释

[1] Henry Fielding, *The True Patriot*, No. 1, 1745, in James P. Browne, ed., *The Works of Henry Fielding, Esq.*, vol. 8 (London: Bickers and Son, 1903), p. 69.

[2] 最近的与调查研究有关的行为经济学文献明显没有大量触及投机市场。它们的某些发现是恰当的而且下面将会引用。

[3] 例如，戴维·卡斯和卡尔·谢尔（David Cass and Karl Shell, 1983）在激发他们的外部不确定性讨论时提到了市场心理，但那时他们假定经济行为主体是带有不变偏好的预期效用最大化者。但是，存在某种感觉，他们和其他人仔细思考某些与本文有关的同样问题。

[4] 文献中有一些反对大众心理作用的非正式论据。引用最多的可能是 Eugene F. Fama（1965）。这个论据只不过是指出“老练的投资者”可能排除盈利机会的几个段落，从而倾向于使得“实际价格更接近内在价值”(p. 38)。

[5] 花几分钟时间浏览定期刊物索引将证实，经常锻炼有助于预防心脏病的思想是 20 世纪 50 年代中期传统智慧的组成部分。

[6] 与解释 1973 年以来股票市场的下跌一样，看起来同样存在极多的理论解释同期童子军活动的减弱。参见“Whatever Happened to... Boy Scouts: Trying to Make a Comeback,” *U. S. News and World Report* (May 7, 1979), pp. 86－87。那些认为人们简单地厌倦

西方的人将不得不解释为什么他们花了一代人的时间才这么做。

[7] 参见纽约证券交易所报告（1983，p. 52）。其中提到1980年第四季度机构投资者占纽约证券交易所所有公开交易量的65%。因此，机构投资者比个人投资者交易要频繁得多。机构持股情况更精确的数据见 Irwin Friend and Marshall Blume（1978）；他们估计机构投资者和外国投资者持有的股票占所有股票的比例从1960年的17.9%上升到1971年的24.9%（p. 32）。

[8] 参见 Marshall E. Blume，Jean Crockett and Irwin Friend（1974）。1981年，7.2%的家庭收入超过50 000美元（*Statistical Abstract of the United States*，1982—1983，p. 430）。

[9] 参见 Robin Balow，Harvey E. Brazer and James N. Morgan（1966，p. 26）。

[10] Ibid，p. 68.

[11] Ibid，p. 71. 这些发现也在其他调查中得到证实。参见 George Katona（1975，p. 269）。

[12] 父母和他们孩子智商的中位数的相关系数是0.50。参见 H. J. Eysenk and Leon Kamin（1980，p. 50）。

[13] 参见 Frank H. Knight（1964，pp. 232—233）。

[14] William J. McGuire，"The Nature of Attitudes and Attitude Change，" in Gardner Lindzey and Elliot Aronson，eds.，*Handbook of Social Psychology*（Addison Wesley，1969），p. 231.

[15] 参见 Katona（1975，p. 203）。

[16] Ibid，p. 267.

[17] 例如，参见 David Bartholomew（1967）。

[18] McGuire（1969，p. 253—254）. 市场营销杂志对排除率的最新研究可见巴葛奇和西尔克（Bagozzi and Silk，1983）的文章。参见巴索罗缪对传染率的实证研究的讨论。

[19] George Shea，*Wall Street Journal*. October 12，1955，reprinted in Shea（1968，pp. 42—43）.

[20] New York Stock Exchange，*Share-ownership 1952—1970*（NYSE，1953—1971）.

1970年以前股票所有权的上升涉及一种更平均主义的股票分布的倾向。1958年，83.2%的股票价值被10%的收入最高的个人拥有。到1970年，这个比例下降到75.4%。参见 Blume，Friend and Crockett

(1974，p. 27)。

[21] NYSE，1976，1981 and 1982.

[22] 参见 *New York Times*，1959-9-20。

[23] 雷诺兹（Reynolds）证券公司主席罗伯特·M·加德纳(Robert M. Gardiner）的这些话引用在纽约证券交易所《1975 年的股票所有权》(NYSE，1976）第 21 页。

[24] 数据来源于全国投资俱乐部协会。

[25] 参见“Religion in America,” *The Gallup Report*，no. 222 (March 1984)。

[26] 引自塞默尔·M·里普塞特和威廉·施奈德（Seymour Martin Lipset and William Schneider）1977 年 4 月的演讲《信任的鸿沟：公众心目中的商业、劳工和政府》，第 15 页。盖洛普民意调查也证明 1973—1983 年间对所有主要机构的信任出现了相当稳定的下降。参见《盖洛普调查报告》，No. 217。

[27] 重新整理这个方程得到 $P_t = bE_tD_t + bE_tP_{t+1}$，其中 $b = 1/(1+\delta)$，然后应用若 $k>0$ 则 $E_tE_{t+k} = E_t$ 的事实。代入上面 P_{t+1} 的理性预期方程得 $P_t = bE_tD_t + b^2E_tD_{t+1} + b^2E_tP_{t+2}$。连续代入右边的价格项，重复这个过程。正文中每期的条件假设是当 n 趋于无穷时，价格项 $b^nE_tP_{t+n}$ 趋于 0。

[28] 保罗·萨缪尔森（Paul Samuelson，1977）解释了这个模型与随机游走模型之间的关系。当然，应该强调在术语“有效市场模型”的精确定义或它是否与方程（1—1）一致上没有达成一致。例如，在尤金·法玛（Eugene Fama，1970）著名的调查中，他仅仅说“价格总是‘充分反映’可以获得的信息的市场被称为‘有效的’”。然而，他讨论的实证研究检验了价格变化或收益不可预测的假设。

[29] 这些统计检验显著性的估计是基于通常的正态残差假设：结果在可选择假设下，常规的 F 统计量是非中心参数为 $(n/2)R^2/(1-R^2)$、自由度为 $k-1$ 和 $n-1$ 的非中心 F 分布，其中 R^2 为可选择假设下的理论决定系数。

[30] 我自己对这些论点和根据数据体现的合理性的讨论可以在希勒（Shiller，1982）中找到。

[31] 也就是说，Y_t 是以当前价格需求的总股数乘以当前的价格再除以发行在外的股票份额。如果我们假定普通投资者的需求弹性是一致的，我们可以认为 Y_t 是这个模型的外生变量。

[32] 1871—1925 年 P 和 D 的相关系数是 0.84。这一章 1926 年以前的股利和盈利序列来自考沃勒斯（Clowles，1938）扩展到 1871 年的标准普尔综合股票价格指数：序列 Da-1 和 Ea-1。所有序列都用生产者价格指数（1 月份始于 1900 年，1900 年以前为年度序列）平减，其中 1967=100。

[33] 1871—1925 年 P 和时间的相关系数为 0.43。

[34] 马什和默顿（Marsh and Merton，1983）声称股利由长期盈利的管理的最优预测决定。

[35] 对戈里瑟（Glejser，1969）提出的异方差性的检验是应用 D、时间和以时间作为解释变量的三次多项式实施的。显而易见，这个回归不存在异方差性。

[36] 对这个结果而言，更一般的形式可以参见 John Y. Campbell，"Asset Duration and Time-Varying Risk Premia"（1984）。

[37] 存在持有高股利—价格比率股票的策略实际上已经使那些遵循这种策略的投资者获益的证据。参看 Lewellen，Lease and Schlarbaum（1979）。

[38] 同样的回归是应用不同的价格平减因子（表 1—2 的第 5 行）和结果没有什么变化的收益（表 1—2 的第 6 行）的不同测度实施的。

[39] 更低的显著性好像是由于年度盈利序列的比较嘈杂的行为。如果盈利—价格比率被计算为前面 30 年的平均年度标准普尔综合指数除以当年 1 月份标准普尔综合指数（表 1—3 的第 6 行），那么收益和盈利—价格比率之间的关系看起来给人的印象更深刻。

[40] 金融市场过度波动的论点由勒劳伊和波特（LeRoy and Porter 1981）与我（Shiller，1979，chapter 15，1981a，chapter 5）独立地提出。

[41] 在勒劳伊和波特（LeRoy and Porter 1981）的情况下，假定盈利序列而不是股利序列为平稳的。

[42] 例如，参看 Flevin（1983），Kleidon（1983）和 Marsh and Merton（1984）。

[43] 如果 $\log D_t - \log D_{t-1} = u_t$，其中 u 是序列无关的均值为 0、方差为 s^2 的正态分布，那么 $E_t D_{t+k} = D_t h^k$，其中 $h = \exp(s^2/2)$。我们认为 $g = 1/(1+\delta)$，则如果 $hg<1$，那么根据方程（1—1）推出 $P_t = gD_t/(1-hg)$。将这个结果代入方程（1—8）并应用方程（1—10）将得出正文中指出的 Pk 和 Dk 的平稳性结果。

[44] 1945—1980 年之间，家庭和私人金融机构持有的公司股票作

为包括有形资产和政府债务的家庭财富净价值的一部分，从 1948 年的 12.6%发展到 1968 年的 31.8%。参看联邦储备银行理事会的报告（1981）。

[45] Ibid.

参考文献

Asch, Solomon E. 1952. *Social Psychology*. Prentice Hall.

Bailey, Norman T. 1957. *The Mathematical Theory of Epidemics*. London: C. Griffin.

Bagozzi, Richard P., and Alvin J. Silk. 1983. "Recall, Recognition, and the Measurement of Memory for Print Advertisements," *Marketing Science* 2: 95—134.

Barlow, Robin, Harvey E. Brazer, and James N. Morgan. 1966. *Economic Behavior of the Affluent*. Washington: Brookings.

Bartholomew, David J. 1967. *Stochastic Models for Social Processes*. New York: Wiley.

Basu, Sanjoy. 1983. "The Relationship between Earnings' Yield, Market Value, and Return for NYSE Common Stock: Further Evidence," *Journal of Financial Economics* 12:129—156.

Black, Fischer. 1980. "The Magic in Earnings: Economic Earnings vs. Accounting Earnings," *Financial Analysts Journal* November/December: 19—24.

Blume, Marshall E., Jean Crockett, and Irwin Friend. 1974. "Stockownership in the United States: Characteristics and Trends," *Survey of Current Business* 54: 16—40.

Board of Governors of the Federal Reserve System. 1981. *Balance Sheets for the US. Economy*. Washington: Federal Reserve Board.

Box, George E. P., and Gwylim M. Jenkins. 1977. *Time Series Analysis, Forecasting and Control*. Oakland California: Holden Day.

Campbell, John Y. 1984. *Asset Duration and Time-Varying Risk Premia*, unpublished Ph. D. dissertation.

Campbell, John Y. 1984. "Stock Returns and the Term Structure," unpublished paper, Princeton University.

Cass, David, and Karl Shell. 1983. "Do Sunspots Matter?" *Journal of Political Economy* 91:193—227.

Cowles, Alfred, and Associates. 1938. *Common Stock Indexes*, 1871—1937. Bloomington Indiana: Principia Press.

Eysenck, H. J. , and Leon Kamin. 1980. *The Intelligence Controversy*. New York: Wiley.

Fama, Eugene F. 1965. "The Behavior of Stock Market Prices," *Journal of Business* 38:34—105.

Fama, Eugene F. 1970. "Efficient Capital Markets: A Review of Empirical Work." *Journal of Finance* 25:383—417.

Fama, Eugene F. , and G. William Schwert. 1977. "Asset Returns and Inflation," *Journal of Financial Economics* 5:115—146.

Flavin, Marjorie A. 1983. "Excess Volatility in the Financial Markets: A Reassessment of the Empirical Evidence," *Journal of Political Economy* 91: 929—956.

Friend, Irwin, and Marshall Blume. 1978. *The Changing Role of the Individual Investor*. New York: Wiley.

Friedman, Benjamin M. 1982. "Effects of Shifting Saving Patterns on Interest Rates and Economic Activity," *Journal of Finance* 37: 37—62.

Glejser, H. 1969. "A New Test for Heteroskeclasticity," *Journal of the American Statistical Association* 64: 316—323.

Katona, George. 1975. *Psychological Economics*. Elsevier.

Keim, Donald G. , and Robert F. Stambaugh. 1984. "Predicting Returns in the Stock and Bond Markets," unpublished paper, University of Pennsylvania.

Kleidon, Allan W. "Variance Bounds Tests and Stock Price Valuation Models," unpublished paper, Stanford University.

Knight, Frank. 1964. *Risk, Uncertainty and Profit*. Augustus M. Kelley.

LeRoy, Stephen F. , and Richard D. Porter. I981. "The Present Value Relation: Tests Based on Implied Variance Bounds," *Econometrica* 49:555—574.

Lewellen, Wilbur G. , Ronald C. Lease, and Gary C. Schlarbaum. 1979. "Investment Performance and Investor Behavior," *Journal of Financial and Quantitative Analysis* 14:29—57.

Lintner, John. 1955. "Distribution of Incomes of Corporations among Dividends, Retained Earnings and Taxes," *American Economic Review* 46: 97—113.

Lipset, Seymour Martin, and William Schneider. 1983. *The Confidence Gap: Business, Labor, and Government in the Public Mind*. Free Press.

McGuire, William J. 1969. "The Nature of Attitudes and Attitude Change," in Gardner Lindzey and Elliot Aronson, eds. , *Handbook of Social Psychology*. Addison Wesley.

Marsh, Terry A. , and Robert C. Merton. 1983. "Aggregate Dividend Behavior and Its Implications for Tests of Stock Market Rationality," Working Paper 1475—1483, Cambridge: Sloan School of Management, M. I. T.

Marsh, Terry A. , and Robert C. Merton. 1984. "Dividend Variability and Variance Bounds Tests for the Rationality of Stock Market Prices," Working Paper No. 1584—1584, Cambridge, Sloan School of Management, M. I. T.

New York Stock Exchange. 1960. *The Investors of Tomorrow*. New York: NYSE.

New York Stock Exchange. I983. *New York Stock Exchange Fact Book*. New York: NYSE.

New York Stock Exchange. 1955. *The Public Speaks to the Exchange Community*. New York: NYSE.

New York Stock Exchange. 1979. *Public Attitudes Toward Investing: Marketing Implications*. New York: NYSE.

Nicholson, Francis. 1968. "Price Ratios in Relation to Investment Results," *Financial Analysts Journal* 24:105—109.

Samuelson, Paul A. 1977. "Proof that Properly Discounted Present Values of Assets Vibrate Randomly," in Hiroaki Nagatani and Kate Crowley, eds. , *The Collected Scientific Papers of Paul A. Samuelson*, Cambridge: MIT Press.

Shea, George. 1968. *Forty Years on Wall Street*. Princeton: Dow Jones.

Sherif, Muzafer. 1937. "An Experimental Approach to the Study of Attitudes," *Sociometry* 1: 90—98.

Shiller, Robert J. 1982. "Consumption, Asset Markets, and Macroeconomic Fluctuations," in Karl Brunner and Allan H. Meltzer, eds. , *Economic Policy in a World of Change*, Carnegie Rochester Conference Series in Public Policy, Amsterdam: North Holland.

Shiller, Robert J. 1981a. "Do Stock Prices Move Too Much to be Justified by Subsequent Changes in Dividends?" *American Economic Review*, 71:421—436.

Shiller, Robert J. 1981b. "The Use of Volatility Measures in Assessing Market Efficiency," *Journal of Finance* 36: 291—304.

Shiller, Robert J. 1979. "The Volatility of Long-Term Interest Rates and Expectations Models of the Term Structure," *Journal of Political Economy* 87:1190—1219.

Shiller, Robert J. , and Pierre Perron. 1984. "Testing the Random Walk Hypothesis: Power vs. Frequency of Observation," unpublished paper, Yale University.

Tversky, Amos, and Daniel Kahneman. 1974. "Judgment Under Uncertainty: Heuristics and Biases," *Science* 185:1124—1131.

第2章 风尚、风气和金融市场的泡沫①

在几百年的时间里，投机性市场中的资产价格受投资者情绪反复无常的变化、正在改变的风尚、风气或泡沫影响一直是人们普遍接受的观点。在过去几十年里，这种观点一直受到金融学术研究者的强烈挑战。他们提出了另外一种观点，即市场有效性假设以代替这种见解，而且他们声称这种假设得到了广泛的统计检验支持。

在基础性金融教材中给出的市场有效性的通常定义虽然不像我们喜欢的那样精确，但它可能抓住了最普遍理解的含义。夏普（Sharpe，1985）写道：“完全有效市

① 改编自 *Knight，Raiders and Targets*，edited by J. Coffee，S. Ackerman，and L. Lowenstein，1988，Oxford University Press，pp. 56－68；© 1988 Oxford University Press。

场是每种证券的价格总是等于其投资价值的市场。”[1] 布雷利和梅耶斯（Brealey and Myers，1984）写道：“我们建议财务管理人员接受资本市场有效的观点，除非他们有强有力的具体原因相信其他结论。这意味着相信市场价格并且相信投资者能够认识真正的经济价值。”[2]

我希望在这里证明市场有效性这个基本概念并非十分准确，而且事实上存在某些证据表明风尚、风气或泡沫确实极大地影响投机资产的价格。但是，我希望证明的投机市场的观点并非仅仅是 30 年或更久以前的一般观点的回归；事实上，我的观点显著地受到有效市场文献的影响。

当然，投资者对投资的理解各不相同。普通投资者在投资决策时受外部信息或风尚的影响，而且会过度强调某些投资而忽略其他投资。其他投资者，我们可以称之为“机智钱”，系统地寻找有异常收益的投资机会。后面这些投资者，受本身财富的限制，将防止普通投资者的需求直接进入资产价格，但没有阻止他们影响价格。“机智钱”可能没有与投资专业人员紧密对应：他们中既有普通投资者也有机智钱。在研究（Pound and Shiller，1987）中发现的调查证据表明，在机构投资者中，我们既能找到被人际交流所刺激对单个股票的投资感兴趣的“扩散投资者”，也能找到其他“系统投资者”。

风尚、风气或泡沫对金融市场产生影响的一个比较正规的模型在我早期的一篇文章（Shiller，1984，chapter 1）中讨论过。在这个模型中，价格是预期未来红利（机智钱）的现值加上与普通投资者未来需求期望值（机智钱）的现值成比例的一项。

利用这样一个模型，我们能够预期至少在某些情况下，按照管理无效性、协同作用或文献中讨论的信息效应理论，接管时目标公司的价格增长完全可以被理解。但是，这个模型也将表明公司可能是被接管目标，因为它们被普通投资者所忽视，或者接管时由于无视普通投资者的行为，它们的价格增长没有被理解。

2.1　金融市场风气的传统证据

过去的金融市场风气观点为轶闻性的证据所支持。某些轶闻是如此闻名以致它已经成为大众文化的一部分：17 世纪郁金香狂热的故事、南海诸岛泡沫和 18 世纪约翰·劳（John Law）的密西西比工程泡沫、美国股票市场20世纪20年代后期的繁荣、20世纪20年代佛罗里达的土地价格泡沫、20世纪50年代和20世纪60年代早期的大牛市、20世纪50年代加拿大股票市场繁荣、1959—1961年的成长股疯狂、20世纪80年代早期的高技术繁荣。

所有这些逸闻的共同特征是人们有时对某些投机性资产过度热情，而那时人们的判断力不健全。例如，谈及17世纪的郁金香狂热，梅克（Mackay，1841）写道："1634年荷兰人对拥有它们（郁金香）的疯狂是如此超乎寻常，以致国家的普通行业被忽略了，而且全体居民最大限度地从事郁金香贸易。随着狂热的上升，直到1635年许多人投资100 000弗罗林购买40株郁金香为止，其价格一直在上涨。房子和土地以毁灭性的低价卖出，用于郁金香交易的付款。"[3]

谈及20世纪20年代的股票市场繁荣，加尔布雷斯（Galbraith，1972）写道："到1929年夏天，市场不仅控制了新闻，还控制了文化。那些从前承认兴趣在圣·汤姆斯·阿奎纳斯（Saint Thomas Aquinas）、普劳斯特（Proust）、精神分析法、和健康相关的医学的宝贵的少数人那时也谈及联合公司、联合奠基者和钢铁……大街上总是有一个老练地说买进或卖出股票的居民。现在他成了预言者。"[4]

谈及1959—1961年的"成长股疯狂"，马尔凯（Malkiel，1981）写道："成长性具有几乎不可理解的重要性，而且像过去发生的事情一样，怀疑这种定价方法的性质的人几乎变成了异端。按照公司的基本原则，这些价格不可能是合理的。"[5]

这些逸闻基本上都涉及极端和非同寻常的事件，选择这些事件是因为它们具有戏剧效应。这些故事的讲述者希望我们相信人类的判断能力有时是有瑕疵的，而且如果有缺陷的判断很快就显而易见了，那么他们不得不选择极端的例子。但是，怀疑这种极端的例子是否正确地被报道是很自然的，当时它一定处于正常的交易过程，而不那么具有戏剧性的风气或风尚才是价格变化的重要原因；各种投机资产有时被定价过高，因为它们风云一时而吸引了过多的注意力，而其他投机性资产受不利偏见的影响或正好被忽视从而定价过低。

市场有效性的倡导者正确地指出，这种逸闻性证据没有构成人类判断能力总是出现错误的严格证明。逸闻带来的问题是他们以故事讲述者（或者故事讲述者引述的其他人）的判断能力为转移，人们没有充分的理由像过去那样行事。即使我们相信讲述者的主张：人们异常地激动或乐观，他们没有证明他们这样认识也是不正确的。预期未来价格上升没有实现的事实并没有证明他们的预测方法是不完善的。好的预测方法有时也会失败，而选择这些失败引起人们的特别关注可能不是评价这种方法的好途径。

2.2　市场有效性的证据

尽管逸闻性证据存在缺陷，但这种证据确实表明金融市场一时的狂热行为存在重要的影响。那么，为什么金融学术界有这么多研究人员坚定地坚持相反的立场，难道风尚对金融资产价格没有影响?

在金融理论中没有任何观点意味着市场价格不应当受一部分投资者正在变化的风尚或风气的严重影响。有些人似乎认为存在这样的理论论据：如果这种风尚或风气影响价格，那么就会存在机智钱的“盈利机会”。通过有利可图的交易，机智钱将战胜市场从而消除盈利机会。达到这种可能还存在一些距离，但它确实提出了怀疑存在可观的盈利机会的理由。但这种论据并没有强大到排除实际价格变化不受正在改变的风尚或风气的严重影响的可能性。如果风尚或风气的未来路径不是完全可预测的，这种风尚或风气可能不会创造可观的盈利机会。如果仅仅存在中等的（而且不确定的）机智钱盈利机会，那么通过有利可图的交易，机智钱积累财富的趋势将是缓慢的，而且可能跟不上通过全体居民扩张财富的其他趋势。考虑美国 20 世纪 50 年代后期和 20 世纪 60 年代早期那些认为牛市已经持续了太长的时间而且股票定价过高的人。即使他们知道市场最终将下跌，他们也没有办法从这个认识中迅速致富。他们不得不等待许多年才能证明；他们不能预测牛市什么时候结束。事实上，那些认为市场可能下跌的人几乎不可能战胜市场。

如果有效市场模型存在任何证据，那么它一定是实证的。事实上，确实存在大量与市场有效性问题相关的统计学文献。但是，这种文献与将要讨论的问题具有不可靠的相关性，因而存在一些根本问题。第一个问题是市场有效性定义中不存在一致的方法来定义投资价值或真实的经济价值，由于价格偏离这些价值，在定义异常收益方面也没有达成一致。市场有效性零假设的界定也不恰当。第二个问题是事实上一直没有明确地考虑预期风尚或风气怎样影响市场的文献。其他可选择的假设也仍然有界定不恰当的问题。大量的统计证据也不能够解决这种界定不恰当的假设存在的问题。

在没有精心定义"这种盈利机会"是什么时，市场有效性的零假设不可能被正好定义为不存在"异常盈利机会"。不能认为某些投资策略产生的平均收益比其他投资策略产生的收益多就是盈利机会的证明。投资于股票的策略产生的收益平均来说多于投资于债券所产生的收益。更高的收益可能被看成是投资股票比投资债券具有更高风险的补偿。为了证明市场不是有效的，我们必须找到没有承担更高风险而实现更高平均收益的投资策略。为了证明这一点，我们应该依赖风险—收益关系的模型。

作为许多研究基础的资本资产定价模型在许多理论研究领域（Roll，1977）一直受到批评，因而否定资本资产定价模型并不能证明市场不是有效的。金融理论家一直试图检验相当不同且新颖的模型，如用收益与消费相关性度量风险的布瑞登（Breeden，1979）基于消费的资本资产定价模型；但关于这些模型也没有形成一致意见。很明显，金融界在如何度量风险或甚至是否能够利用现存数据度量风险方面没有达成一致的意见。

除风险问题以外，还存在税收问题。投资者很关心税后收益（不同的股票受红利—价格比率的影响有所不同），但投资者在税收等级和资本利得的持有期方面有差异。因而，应该是有效市场研究基础的"税后收益"是不可度量的。

在不存在恰当界定的零假设时，市场有效性基本概念的批评家处于困难的地位。事实上，他们应当展示市场无效的惊人证据，市场无效是如此显著以致好像与任何其他的假设矛盾。但是，如果惊人的证据意味着惊人的盈利机会，它可能只是我们不希望找到的惊人证据。

用现存文献检验市场有效性的第二个问题是，对描述金融市场风尚或风气的其他恰当界定的选择缺乏考虑。有效市场文献常常被认为仅仅发现与市场有效性"微不足道"的背离。但是，如果风尚或风气事实上确实主宰金融市场，我们希望发现的"异常收益"有多大？和萨默斯（Summers，1986）的主张一样，我在其他地方也证明过（Shiller，1984，chapter 1），巨大的定价误差可能仅仅产生"微不足道"的异常盈利机会。要弄明白这种可能并不难。比如说，如果红利收益为4.5%的股票由于热情的投资者出价而使得该股票的价格翻了一番，而且如果热情是不可预测的因而没有理由认为股票价格在不远的将来会下跌，那么预期收益仅仅下降到2.25%。通过卖空或期权市场，这个收益不会产生任何戏剧性的无风险盈利机会。类似地，如果该股票被忽视从而它的价格下降了三分之一，那么其预期收益上升 2.25%达到 6.75%。购买这种股票不会使人迅速致富。在给定的各种不确定性下，“机智钱”将实施有效的行为响应 2.25%的收益差异，以防止股票定价错误几乎不是显而易见的。

但是，有效市场文献确实找到了许多我们可能希望发现风尚或风气是否控制金融市场这类“微不足道”的异常现象。这里我将仅仅列举与公司价值简单度量相关的价格有关的那些异常现象。甚至考虑贝塔以后，还是发现收益与盈利—价格比率表现出较弱的相关性。巴苏（Basu，1983）发现，按盈利—价格比率处于最高五分位数的公司每年有超过市场 4.4%的异常收益（例如，风险修正的超额收益）。[6]高盈利—价格比率的股票倾向于收益状况稍好一些，似乎由于投资者不感兴趣而价格下降的股票定价过低从而变成一个好的投资选择。低盈利—价格比率的股票倾向于收益状况稍差一些，似乎这些股票的低比率常常是风气推动股票价格上升的结果，以致该股票定价过高从而这是糟糕的投资选择。其他的研究（如 Black and Scholes，1974；Blume，1980；Litzenberger and Ramaswamy，1982；Morgan，1982）已经证明，红利—价格比率像盈利—价格比率一样预测异常收益，虽然这种证据有点模棱两可，因为红利—价格比率也有价值依赖于投资者的税收等级的税收后果。更近一步，罗森博格（Rosenberg，1985）已经证明具有高（按他的标准）账面价值—价格比率的股票收益状况稍好一些，每年有 4.4%的异常收益。德庞特和塞勒（DeBondt and Thaler，1985）证明了过去三年里价格戏剧性下降（按他们的标准）的股票在随后三年里显示每年 6.1%的异常收益。

另一组研究考察了专业分析师是否有能力击败市场。如果市场是无效的，那么看起来一些专业投资者应当能够从这种信息中系统地盈利。但是，靠偶尔阅读探究风尚或风气是否存在的文献来估价是靠不住的。文献中的大多数研究给出了某些特殊的投资者在相对较短的日历时间间隔里的每周或每月的平均收益。在许多研究中，为长期打算正在做正确事情的投资者完全可能由于偶然性做得糟糕。此外，即使金融市场存在风尚或风气，也并非所有专业投资者都会从风尚或风气中获利。不过，我们可能认为他们作为一个团体不是那么容易受到风尚的冲击，因而他们会做得更好一些。

狄姆森和马什（Dimson and Marsh，1984）审视了 27 个经纪人顾问服务建议绩效的研究。这些研究给出了提出每个建议后各种期限的收益。所有这些超过建议前价格的加权平均收益分别是公布日为0.6%，1天后为1.5%，1周后为1.1%。[7]对受过金融培训的人来说，很自然要问的下一个问题是交易成本是否可能会大大地压缩盈利机会，或者我们是否能够在不消除这些盈利机会时以大量资金利用这些盈利机会。如果不是为了证实风尚或风气影响金融市场，这些考虑是不相干的。

然而，大多数有效市场文献出现“异常收益”并没有为我们提出关于定价误差根源的清晰的见解，另一种研究途径实际上说明，过去一个世纪整个股票市场的变化几乎完全归因于风尚或风气的看法与数据资料一致。这种研究（Shiller，1981b，chapter 5；1981c，chapter 6；类似的研究有 Shiller，1979，chapter 5；LeRoy and Porter，1981；West，1984；Mankiw et al.，1985 等）说明总的实际股票价格指数比相应的实际红利序列现值的变化要大得多，现值行为表现出更像随时间变化的趋势。这些作者所得出的结论的某些解释一直受到批评（Flavin，1983；Kleidon，1986；Marsh and Merton，1987）。但是，这些批评并没有否认过去一个世纪总的实际股票价格变化没有成功预测基本面的变化。相反，如果数据已经证明实际的总股票价格变化成功地预测了基本面，我们确实应该拥有有效市场假设的证据。既然它们没有成功地预测，那么很难弄明白怎样进一步建立统计检验以证明总股票市场的有效市场假设。

投机性资产价格的变化好像受基本面以外的其他因素影响的观点进一步被罗尔（Roll，1984）及弗瑞恩奇和罗尔（French and Roll，1986）的研究工作所提出。罗尔证明了关于天气的新闻似乎支配了引用的关于橘子汁期货的新闻，然而橘子汁期货的大多数价格变化好像与天气无关。此外，橘子汁期货价格变化的方差并不像周末那么大，而周末关于天气的新闻有很多，正像它应该有的那么多。弗瑞恩奇和罗尔发现从星期二到星期四，股票价格变化的方差在股票市场星期三闭市的时候更低，即使当时看起来有许多消息要发布了。

2.3 扩散模型和风尚、风气及泡沫

投资者对有关投机资产的例子或联系的可获得性是受许多因素影

响的随机过程。让人们想起股票的新闻故事或人们普遍关注的事件也许更容易使个人谈论股票。例如，国家某一地区恶劣天气的新闻可能引起关于总部在那里的公司的谈话。对一只股票的兴趣的传播可能被对另一只股票的兴趣的传播所阻止，因为在既定的时间里人们只能严肃认真地谈论有限数量的股票。例如，一个不同公司的巨大盈利预告可能转移关于该股票的交谈。媒体注意力的参差不齐也是引致扩散交易者行为随机性的一个因素。与其他人严肃地讨论某种股票可能受到随时间而无规律变化的社会相互作用方式的影响。对新兴趣的接受程度可能依赖于经济或其他环境而发生变化。

如果风气的传染通过价格发生，那么风气就是泡沫；人们被观察到的价格上升所吸引。观察过去的价格上升意味着观察到大量投资于该资产的其他人变得富有，而这种观察可能会使其他潜在投资者感兴趣或兴奋。在最简单的泡沫模型中，价格上升本身会引起更大的后续价格上升直至遇到某些障碍；然后泡沫破裂而价格急剧下降，因为那时没有进一步的高涨的需求以支撑价格上升。这个模型与数学社会学家如巴索罗缪（Bartholomew，1982）提出的简单态度传递模型形成对比，该模型中风尚的强度与涉及的（不是增加的）人数和潜在涉及的人数有关。这些风尚模型倾向于产生隆起形模式，风尚的强度逐渐增大，然后逐渐降低。

过去的价格上升对股票需求的影响变化不确定是相当合理的。有时，人们被过去的价格上升所鼓舞；而在另外一些场合，人们却对过去的价格上升感到沮丧。通过暗示该资产定价过高，过去的价格上升可能使投资者失去信心，是否确实暗示这种含义可能取决于时不时发生变化的流行理论。风尚或风气是比泡沫更普通的术语，而且证实前者的存在性也更容易。

2.4　来自心理学的证据

前面讨论的与逸闻有关的投机过度的看法是固有的心理学问题。更确切地说，它们是社会—心理学问题，它们是关于群体的行为，而不是孤立个体的行为的问题。因此，从心理学文献中寻找团体判断理性的证据是符合逻辑的。推测起来，金融市场的风气或风尚可能只是在各种环境下能够证明的人类倾向性的表现。

事实上，确实存在大量关于人类判断过程和团体中的个人行为的心理学文献。出于几个原因，这种文献对金融没有产生很大的影响。一个原因是心理学家常常不关心他们的被试做出理性决策的可能性，而且没有构造可以证明他们不是完全理性的实验。实验心理学家经常向被试提出在经济学家看来是设计糟糕的问题，以致不可能知道他们是否正在理性地作出反应。与试图排除被试理性行事的可能性相反，心理学家常常试图将不直接符合经济学家兴趣的行为方式制成表格进行比较。关于态度感染的文献（参见 Wheeler，1966）已经强调了态度传递者的权威或性别是否对传递速度有影响，或者饥饿、缺乏社会责任或最近的惩罚这类事情是否影响个人对态度变化的敏感性。对群体行为感兴趣的心理学家也集中关注群体联系牢固而耗费参与者大部分注意力或感情能量的现象。他们常常对愤怒民众的行为、试图使其成员与社会其余成员隔绝的边缘宗教团体的行为或者超凡魅力领袖人物的政治运动行为感兴趣。大多数投资者之间的非正式交流既不会发生在街角的庞大民众间，甚至也不会发生在许多实验者的紧张团体会议里。

如果读者愿意将相当不同环境中的人类行为一般化，那么很明显还能从心理学文献中学到很多东西。

2.5 赌博行为

当理论经济学的预期效用革命产生时，有一些关于赌博行为对经济学重要性的讨论。既然预期效用最大化假设已经坚实地扎根于传统经济理论中，有关赌博行为的讨论在经济学杂志里看起来已经平息，而且没有与心理学研究保持一致的步调。对赌博行为的研究揭示了可能对理解金融市场特别重要的人类行为的某些方面。

赌博行为揭示了人类行为的普遍方面而不是个别文化的个别方面："在所有文化、所有年龄段，赌博行为以各种形式普遍地发生，而且所有社会团体和社会阶层广泛参与赌博行为。人类学研究表明赌博行为频繁发生在最原始的团体中，而我们现代的机会博弈常常是我们祖先曾经玩过的游戏的更复杂的版本。"[8]

凯立克等人（Kallick et al.，1975）在密歇根大学的赞助下于1975年进行了一项关于赌博的研究，随机选择 2 000 多个美国人，每个人就他们的赌博行为和对赌博行为的态度接受了 1 个多小时的采访。他们发现 1974 年 61%的成年人在某种形式的赌博上投注；48%的人口在一种或更多种流行的盈利性赌博中下注，（这些赌博中）平均总赌注为 1974 年的 387 美元（或按 1985 年价格，大约 850 美元）。

通过观察许多人的欲望变成难以抗拒的冲动，我们应该强调赌博欲望的重要性。难以抗拒的赌博是一种足够重要的现象，已经出现赌博者匿名这样的团体来应付这种现象。

难以抗拒的赌博被喀斯特（Custer，1975）描述为“带有频繁赌博行为的对赌博的全神贯注和欲望……对赌博的全神贯注、欲望和行为特性是渐进的，而且在有压力的时期会大幅度增加。赌博行为引起的问题导致赌博行为的强化”[9]。

凯立克等人（Kallick et al.，1975）断定，根据对难以抗拒的赌博的描述，1.1%的美国男人和 0.5%的美国妇女是“可能难以抗拒赌博者”，另有 2.7%的男人和 1%的妇女是“潜在的难以抗拒赌博者”[10]。

心理学家伊哥·库西兹恩（Igor Kusyszyn，1977）将赌博描述为成年人游戏产生“高潮”的一种形式：“在他开始冥思苦想进行第一次赌博时，赌博者常常很快地将他自己带进了一个游戏世界、一个虚幻的他暂时停滞的世界，直到最后一次比赛结束或者他的金钱消失而受刺激回到现实……事件的不确定性和作为事件不可分割部分的风险为唤醒个人的认识—感情—肌肉做准备。”[11]

投资于投机性资产明显地与赌博一样带有游戏成分。在一项针对在一个大的全国性零售经纪公司开有账户的2 500个个人投资者的调查中，里兹等人（Lease et al.，1974）要求被调查者评价关于在等级 1 到等级 5（1 意味着强烈反对，5 意味着坚决支持）进行投资的许多态度陈述。被调查者给陈述“我喜欢投资并且我期望将来进行更多的投资”打 4.09 分。其他 10 种态度［包括“我比一般投资者的消息要灵通得多”（3.31）和其他种种陈述］没有一种得到这样的高分。

赌博产生的满足程度与个人的自我参与行为有关；因此，个人投资者应该自己赌博达到满足，大多数人没有依赖其他人进行决策。里兹等人（Lease et al.，1974）发现，对陈述“全部依赖共同基金投资降低了我自己进行投资获得的满足程度”的平均评价是 3.94 分。回答者仅有 20%说他们“主要依赖经纪公司或账户主管提出的建议”，而仅有 7%说他们“主要依赖付费投资资讯或投资顾问的建议”。依赖其他人进行决策的类似结果出自于巴罗等人（Barlow et al.，1966）和卡托纳（Katona，1975）的调查。

在表面上没有可以与个人投资者调查相比较的机构投资者调查时，甚至更可能是赌博方面的因素刺激机构投资者。机构投资者是已经选择把投资作为一种职业的那些人，因而假定他们喜欢投资的最低程度是非常喜欢，且他们的自我参与程度与普通投资者一样是合理的。

如果在某种程度上投资是游戏且出于这种动机进行投资，那么我们将预期投资者的判断失误像赌博者的判断失误一样。冒险的人可能不会要求存在确实完美的理由期望取胜。当然，赌场上难以抗拒的赌博者没有被损失所阻挡，而且应该根据过去的经历理性地认识到他通常能够预期到失败。[12]因此，甚至进一步分析表明他们投资于投机性资产的初步理由实际上并不充分后，兴趣被投机性资产激发出来的投资者可能更进一步而再投资于该投机性资产也是合理的。游戏并不总会导致一种心理上令人失望的问题。

投机泡沫可以提供这种行为的明显例子。如果一种资产的价格已经上升并且使某人的一些朋友相当富有，那么某人的注意力就会被吸引到该资产上来。因投资于该资产而形成的赌博看起来非常有趣。经过考虑后，某人完全可能认识到他没有办法知道该资产的价格是会继续上升，还是发生逆转而价格下降。投机泡沫的“连锁信”性质对市场参与者甚至可能很快就显而易见。但是，等到这个人认识到这一点时，游戏可能已经抓住此人的想象力而且这个人被痛苦地诱惑进行游戏且自陷其中。

罗尔（Roll，1986）关于接管的傲慢理论可能看起来也与这种效应有关。在他的理论中，由于“过度戒除的傲慢”，如他们的自我卷入，完全能够理解“赢者的诅咒”的经理们坚持他们的信念。

如果某人屈服于赌博的诱惑，那么他很可能觉得需要证明决策理由而不是赌博欲望的正当性。他可能告诉他的朋友投资具有美好的前景。因此，将建立一种屏障隐瞒决策的赌博因素。

作为游戏的一种形式，赌博提供的满足程度受到赌博怎样充分抓住人们的想象力的影响。对卷入赌博的朋友的观察、围绕某一特定投资的故事和流言，所有这些都可能归因于愉悦程度从而归因于所导致的判断“错误”。调查研究中心（Survey Research Center）关于赌博的研究断定：“我们已经反复发现，按不同的游戏形式进行赌博的发生率与和其他赌博者的接触相关。”[13]因此，虽然赌博本身并非总是社会行为，但产生这种判断的偏见可能倾向于具有社会性。

2.6 特色与判断力

前面讨论的风尚或风气的扩散模型依赖于人们没有系统地行事，而且人们承认他们的判断受偶然吸引他们注意力的事物影响的见解。

特韦尔斯基和卡尼曼（Tversky and Kahneman，1974）在他们所称的“获得性启发”中宣称，判断受“例子或联系被人想起来的容易程度”影响。许多实验试图证实更生动地描述的论据（涉及图片、逸闻等，可能看起来使这些论据更容易记住）对人类判断力具有更大的影响。但是，“生动性”文献并没有证实人类判断力的许多明显失败。在这种文献回顾中，泰勒和汤姆森（Taylor and Thompson，1982）断定“生动性效应，至少已经研究到这样的程度，如果确实存在也是微弱的”[14]。

但是，“生动性”文献已经在一些可能排除相关行为的狭猛领域起作用。泰勒和汤姆森注意到，在他们引用的实验中，实验的设计保证接受实验者平等地接触被生动描述或没有被生动描述的论据。证实“特色”对判断力影响的实验与生动性实验的区别在于，前者允许生动的和不生动的描述进行比较以吸引接受实验者的注意。泰勒和汤姆森发现，特色影响判断力的证据要强有力得多。因此，一个被完全证明的人类判断错误是由于人们未能系统地搜集证据，而且承认他们自己被摄人心魄的事件转移了注意力。

2.7 态度的团体两极分化

许多选择困境实验和对人们赌博行为的观察表明，结成团体的个人比脱离团体的个人倾向于冒更大的风险。正如克拉克（Clark，1971）调查的那样，这种现象一直被称为“风险的转移”。但是，进一步的实验研究并非总是证实存在这种风险转移，而且有些实验中团体的行为比个人更谨慎。[15]虽然发现单个成员相对于全体人口的平均水平谨慎的团体甚至倾向于变成更谨慎的团体，但单个成员相对于全体人口的平均水平不那么谨慎的团体甚至倾向于变成大体上更不谨慎的团体。因此，风险—转移假设被抛弃并且被“团体两极分化”假设所取代："普通的组团后反应将趋向于更极端，并且与组团前反应的平均值处于同一个方向。"[16]大量的研究已经证实许多决策问题中都存在态度的这种团体—诱导型两极分化，而不仅仅在风险决策问题中存在。一个关于团体两极分化影响的调查推断说："在社会心理学历史上，很少有这样一种不明显的现象如此坚实地扎根于许多种文化和从属测度的数据。"[17]

态度的团体—诱导性两极分化现象可能提出了社会变化也许会因任何事件而开始，这些事件导致全体人口的基层团体组织起来讨论有疑问的事情。例如，如果广告宣传引起已经喜欢某产品的基层团体交谈，提醒人们想起该产品的广告宣传可能加强喜欢该产品的态度。（它可能完全对称地促使不那么积极地对待产品的基层团体产生非常消极的态度。）当事件停止强化团体互动时，社会动向可能要结束。

关于两极分化效应的许多文献可能经济学家看起来都不满意，经济学家倾向于询问任何可观察到的人类行为是否会与优化问题的范例一致。实际上，如果团体共享个人成员的信息，那么许多实验中观察到的"态度的团体两极分化"完全符合理性决策理论。如果实验要求团体估计每个成员拥有某些信息的参数，并且如果团体的成员是最优贝叶斯决策者，那么团体估计值可能像团体的成员没有给出共享信息的平均估计值的放大变换那样行事。这种信息—共享论据被伯恩斯坦等人（Burnstein et al.，1971）和波德利（Bordley，1983）用于驳斥所有关于团体两极分化的文献仅仅发现了理性行为。

对团体两极分化文献的批评在反对所有证明团体两极分化的研究中并不是有效的，因为在许多研究中并没有可以隐瞒的信息需要共享。许多实验要求人们不要对事实的怀疑作出反应但要作出决策。例如，存在不可能有任何信息根据的过程分析。

这类文献还有其他一些理由认为团体两极分化现象可能与贝叶斯决策不一致。例如，存在以观察到的团体两极分化现象发生为依据的某种过程分析。已经发现在支持团体主要态度的事实和论据的讨论中，团体存在集中的趋势（参见 Lamm and Myers，1978）。对作出灾难性拙劣判断的真实世界团体进行一系列案例研究后，詹尼斯（Janis，1972）发现，自我任命的检查员好像有试图抑制与新出现的团体判断相反的论据的趋势。

2.8　结论与概要

过去几十年里，人们广泛证明了市场有效性是金融文献中一个有用的概念。在许多方面，它是对以前概念的巨大改进。但金融学术界把这个概念推进得太远，以致在某种程度上基于这一章讨论的心理学研究的其他概念在金融学术杂志中几乎全部被忽视了。因为心理学的其他概念实际上在金融学术杂志从来没被讨论过，所以金融行业对这些概念的认识基本上是一致的。金融行业普遍地没有把关于市场有效性的各种“异常证据”和这些概念联系起来，并且习惯于将这些异常现象描述为“微不足道的”，即使它们可能是巨大定价误差的结果。

现代心理学没有将人类行为变成理论金融基础的预期效用模型这样的简单模型。论述赌博行为的文献证明了一般传闻中有时对某些金融资产过度热衷因而其他资产被忽视的主张的合理性。论述特色和人类判断力的文献使传闻中大众对某些投机性资产的注意力反复无常的主张变得合理。论述态度的团体两极分化的文献给传闻中个人团体可能倾向于共同行动、大约在相同时间作出相同决策的主张进一步提供了合理性。

有多大的价格变化方差可以归结于正在变化的风尚，而多大的价格变化方差可以归结于用未来红利信息衡量的基本面？答案可能是一种投机资产与另一种投机资产不同，它取决于一直以来红利的变化有多大。就过去一个世纪的总股票市场而言，总红利流已经充分地趋势化，我们可能将大部分价格变化归因于风尚或风气。另一方面，就某些单个股票而言，红利或基本价值的其他测度方面一直存在非常剧烈的变化，这些变化有时横跨几个数量级。显然，这些股票的价格变化主要反映基本面。

我们应该在多大程度上相信论述目标公司“定价过低”和接管期之后短期内的价格变化取决于基本面的信息理解的接管理论文献？当然，这个答案每个公司都将不同。例如，当存在目标公司管理不善而且接管将显然意味着设置新管理方式的明显证据时，用文献描述的管理不善理论的术语解释接管时向目标公司支付的溢价是完全合理的。但我们不应该觉得按照这些基本面解释价格是迫不得已的，例如，我们可能正好对事情发生有完全不同的解释。定价过低可能是由于投资者忽视该股票，或接管溢价可能反映购买该公司的人对它定价过高的地方有信心。

注　释

[1] Sharpe（1985，p. 67）.

[2] Brealey and Myers（1984，p. 784）.

[3] Mackay（1841，pp. 141 and 147）. 梅克指出 100 弗罗林当时可以购买 10 头肥羊、一套衣服或一张完整的床（p. 143）。

[4] Galbraith（1972，pp. 79—80）.

[5] Malkiel（1981，p. 53）.

[6] 里恩加纳姆（Reinganum，1981）反而断定“规模效应”（小公司倾向于显示异常收益）主要归入 E/P 效应。然而巴苏发现，对较大的公司稍微弱一点的盈利—价格比率预测的异常收益在所有五分位数的公司规模中都存在，而且他批评里恩加纳姆未能根据风险进行矫正。皮维和古德曼（Peavey and Goodman，1983）发现 P/E 效应在 1980 年市场价值超过100 000 000美元和控制“行业效应”以后的一组公司中甚至更加显著。

[7] Dimson and Marsh（1984，p. 1260）.

[8] Bolen and Boyd（1968，p. 617）.

[9] 卡斯特（Custer，1975）引用凯立克等人（Kallick et al.，1975）的文章。

[10] Kallick et al.（1975，p. 75）.

[11] Kusyszyn（1977，pp. 25—26）.

[12] 注意，前三名分享全部赌金的跑道赌注（赛马是美国最流行的商业竞技运动）和股票的挑选包括与市场上其他参与者直接竞争和随后观看马匹（价格）运动的紧张激动。

[13] Kallick et al.（1975）.

[14] Taylor and Thompson（1982，p. 172）.

[15] 库西兹恩（Kusyszyn，1977）证明了这些分组实验没有精确地描述现实世界的赌博，是因为它们没有产生自我参与和现实中的赌博者的热情。

[16] Myers and Lamm（1976，p. 603）.

[17] Lamm and Myers (1978, p. 146).

参考文献

Barlow, R., H. E. Brazer, and J. N. Morgan 1966. *Economic Behavior of the Affluent*. Washington. D. C.: Brookings Institution.

Bartholomew, David J. 1982. *Stochastic Models for Social Processes*. 3rd ed. New York: Wiley.

Basu, Sanjoy 1983. "The Relationship between Earnings, Yield, Market Value and Return: Further Evidence," *Journal of Financial Economics* 12:129—156.

Bishop, G. D., and D. G. Myers 1974. "Informational Influence in Group Discussion," *Organizational Behavior and Human Performance* 12:92—104.

Bjerring, J. H., J. Lakonishok, and T. Vermaelen 1983. " Stock Prices and Financial Analysts Recommendations," *Journal of Finance* 38(1):187—204.

Black, Fisher and Myron Scholes 1974. "The Effects of Dividend Yield and Dividend Policy on Common Stock Prices and Returns," *Journal of Financial Economics* 1:1—22.

Blume, E. 1980. "Stock Returns and Dividend Yields: Some More Evidence," *Review of Economics and Statistics* 62:567—577.

Blume, E., J. Crockett, and I. Friend 1974. "Stockownership in the United States: Characteristics and Trends," *Survey of Current Business* 54:16—74.

Bolen, D. W., and W. H. Boyd 1968. "Gambling and the Gambler: A Review and Preliminary Findings," *Archives of General Psychiatry* 18(5): 617—629.

Bordley, R. F. 1983. "A Bayesian Model of Group Polarization," *Organizational Behavior and Human Performance* 32:262—274.

Brealey, R., and S. Myers 1984. *Principles of Corporation Finance*. New York: McGraw-Hill.

Breeden, Douglas 1979. "An Intertemporal Asset Pricing Model with Stochastic Consumption and Investment Opportunities," *Journal of Financial Economics* 7:265—296.

Burnstein, E., H. Miller, A. Vinokur, S. Katz, and J. Crowley 1971. "Risky Shift is Eminently Rational," *Journal of Personality and Social Psychology* 20:462—471.

Clark, R. D., III 1971. "Group-Induced Shift Toward Risk: A Critical Appraisal," *Psychological Bulletin* 76:251—270.

Custer, R. L. 1975. *Description of Compulsive Gambling*. Manuscript prepared for the American Psychiatric Association Task Force on Nomenclature.

DeBondt, Werner, and Richard Thaler 1985. "Does the Stock Market Overreact?" *Journal of Finance* 40:793—805.

Dimson, E. , and P. Marsh 1984. "An Analysis of Brokers' and Analysts' Unpublished Forecasts of UK Stock Returns," *Journal of Finance* 39 (5): 1257—1292.

Figlewski, S. 1981. "The Informational Effects of Restrictions on Short Sales: Some Empirical Evidence," *Journal of Financial and Quantitative Analysis* 16: 463—476.

Flavin, Majorie 1983. "Excess Volatility in the Financial Markets: A Reassessment of the Empirical Evidence," *Journal of Political Economy* 91:929—956.

French, Kenneth R. , and Richard Roll 1986. "Stock Return Variances: The Arrival of Information and the Reaction of Traders," *Journal of Financial Economics* 17:5—26.

Friend, Irwin, and Marshall Blume 1978. *The Changing Role of the Institutional Investor*. New York: Wiley.

Galbraith, J. K. 1972. *The Great Crash*, 1929. 3rd ed. Boston: Houghton Mifflin.

Hall, Robert E. 1985. Intertemporal Substitution in Consumption. Reproduced, Stanford University.

Janis, I. L. 1972, *Victims of Groupthink*. Boston: Houston.

Jarrow, R. 1980. "Heterogeneous Expectations, Restriction on Short Sales, and Equilibrium Asset Prices," *Journal of Finance* 35:1105—1113.

Kallick, M. , D. Suits, T. Dielman, and J. Hybels 1975. *A Survey of American Gambling Attitudes and Behavior*. Ann Arbor: Survey Research Center. Institute for Social Research, University of Michigan.

Katona, George 1975. *Psychological Economics*. New York: Elsevier.

Kleidon, Allan W. 1986. Variance Bounds Tests and Stock Valuation Models. *Journal of Political Economy* 94:953—1001.

Kusyszyn, I. 1977. "How Gambling Saved Me from a Misspent Sabbatical,"*Journal of Humanistic Psychology* 17:19—34.

Kydland, Finn E. , and Edward F. Prescott 1982. "Time to Build and Aggregate Fluctuations,"*Econometrica* 50: 1345—1370.

Lamm, H. , and D. G. Myers 1978. "Group-Induced Polarization of Attitudes and Behavior." In *Advances in Experimental Social Psychology*, Vol. 11, ed. L. Berkowitz, 145—195. New York: Academic Press.

Lease, R. C. W. G. Lewellen, and G. G. Schlarbaum 1974. "The Individual Investor: Attributes and Attitudes," *Journal of Finance* 29:413—433.

LeRoy, Stephen, and Richard Porter 1981. "The Present Value Relation: Tests Based on Variance Bounds,"*Econometrica* 49: 555—574.

Litzenberger, R. L., and K. Ramaswamy 1982. "The Effects of Dividends on Common Stock Prices: Tax Effects of Information Effects," *Journal of Finance* 37: 429—443.

Lucas, Robert E. 1978. "Asset Prices in an Exchange Economy," *Econometrica* 46: 1429—1445.

McGuire, W. J. 1969. "The Nature of Attitudes and Attitude Change." In The *Handbook of Social Psychology*, 2nd ed., Vol. III, ed. G. Linzey and E. Aronson. Reading, Mass.: Addison-Wesley.

Mackay, C. 1841. *Memoirs of Extraordinary Popular Delusions*. London: Bentley.

Malkiel, Burton G. 1981. *A Random Walk Down Wall Street*. 2nd ed. New York: Norton.

Mankiw, N. G., D. Romer, and M. Shapiro 1985. "An Unbiased Reexamination of Stock Price Volatility," *Journal of Finance* 40: 677—687.

Marsh, T. A., and R. C. Merton 1984. "Earnings Variability and Variance Bounds Tests of the Rationality of Stock Market Prices," *American Economic Review* 76: 483—498.

Morgan, I. G. 1982. "Dividends and Capital Asset Prices." *Journal of Finance* 37, 1071—1086.

Myers, D. G., and H. Lamm 1976. "The Group Polarization Phenomenon," *Psychological Bulletin* 83: 602—627.

New York Stock Exchange 1960. *Investors of Tomorrow*.

New York Stock Exchange 1979. *Public Attitudes Toward Investing: Marketing Implications*.

New York Stock Exchange 1955. *The Public Speaks to the Exchange Community*.

Paget, E. H. 1929. "Sudden Changes in Group Opinion," *Social Forces* 7: 440—444.

Peavey, J. W., III, and D. A. Goodman 1983. "The Significance of P/E's for Portfolio Returns," *Journal of Portfolio Management* 9:43—47.

Pound, John, and Robert J. Shiller 1987. "Are Institutional Investors Speculators?" *Journal of Portfolio Management*. Spring, 46—52.

Reinganum, M. R. 1981. "Misspecification of Capital Asset Pricing: Empirical Anomalies Based on Earnings Yields and Market Values," *Journal of Financial Economics* 9: 19—46.

Roll, Richard 1977. "A Critique of the Asset Pricing Theory's Tests. I. On Past and

Potential Testability of the Theory," *Journal of Financial Economics* 4: 129—176.

Roll, Richard 1984. "Orange Juice and Weather," *American Economic Review* 74: 861—880.

Roll, Richard 1986. "The Hubris Hypothesis of Corporate Takeovers," *Journal of Business* 59:197—216.

Rosenberg, Barr 1985. "Persuasive Evidence on Market Inefficiency," *Journal of Portfolio Management*. 11:9—16.

Sharpe, W. F. 1985. *Investments*. 3rd ed. Englewood Cliffs, N. J. : Prentice-Hall.

Shiller, Robert J. 1979. "The Volatility of Long-Term Interest Rates and Expectations Models of the Term Structure," *Journal of Political Economy* 87:1190—1219.

Shiller, Robert J. 1981a. "Alternative Tests of Rational Expectations Models: The Case of the Term Structure," *Journal of Econometrics* 16:71—87.

Shiller, Robert J. 1981b. "Do Stock Prices Move Too Much to Be Justified by Subsequent Changes in Dividends?" *American Economic Review* 71:421—436.

Shiller, Robert J. 1984. "Stock Prices and Social Dynamics." In *Brookings Papers on Economic Activity*, 457—497. Washington, D. C. : Brookings Institution.

Shiller, Robert J. 1981c. "The Use of Volatility Measures in Assessing Market Efficiency,"*Journal of Finance* 36:291—304.

Shiller, Robert J. , and P. Perron 1985. "Testing the Random Walk Hypothesis: Power Versus Frequency of Observation," *Economics Letters* 18:381—386.

Summers, Lawrence H. 1986. "Does the Stock Market Rationally Reflect Fundamental Values?" *Journal of Finance* 41:591—602.

Taylor, S. E. , and S. C. Thompson 1982. "Stalking the Elusive 'Vividness' Effect," *Psychological Review* 89:155—181.

Teger, A. I. , and D. G. Pruitt 1967. "Components of Group Risk Taking," *Journal of Experimental and Social Psycholgy* 3:189—205.

Tversky, Amos, and Daniel Kahneman 1974. "Judgment Under Uncertainty: Heuristics and Biases," *Science* 185:1124—1131.

West, Kenneth. D. 1984. "Speculative Bubbles and Stock Price Volatility." Memo No. 54, Financial Research Center. Princeton University, Princeton, N. J.

Wheeler, L. 1966. "Toward a Theory of Behavioral Contagion," *Psychological Review* 73:179—192.

第二部分

股票市场

第3章 概 述①[1]

股票市场的价格变化看起来表现出过度波动性；也就是说，根据有效市场假设的简单统计来表述这些变化多半不能证明其合理性。本书这一部分的这一章将提出关于价格、红利、盈利和短期利率历史数据分析主张的证据。

舆论变化是价格波动的根源及流行的模型倾向于引起人们对某些信息作出不恰当的反应，这些基本观点本身并不意味着一定存在过度波动。在某些时间或某些市场，流行模型可能会导致价格变化不如应该的那么大。但论述过度波动的证据确实有助于否定有效市场模型总是运行得极好的看法，而且有助于告诉我们股票市场已

① Portions of this chapter © 1988 the American Agricultural Economics Association.

经盛行的流行模型的某些性质。

根据利用有效市场模型检验价格是否合理，本书这一部分的章节描述了大量背离大多数金融文献中已经司空见惯的分析方法的现象，这些文献倾向于强调对收益数据的分析而不是对价格或价值数据的分析。当然，收益数据可以积累起来产生价值度量，但这种累积一直不是金融文献中大多数统计分析的重点。在本书的这一部分，我们将比较价格和被称为事后价值的价值度量。实际价值尽管非常简单，但不是一个人们很熟悉的概念。

3.1 事后价值或精确—预见价格

这里将资产的事后价值定义为考虑该投资将产生的未来实际回报和该投资者将收到的未来实际红利后在该资产上投资的价值。[2]如果该投资在下一年将产生很好的绩效，也就是说将产生高红利收益，那么我们说现在的事后价值高。显然，我们一般都不知道今天一项投资现在的事后价值——虽然我们有事后价值不怎么精确的指标——因为我们不知道未来红利。事后价值不应该与更普通的术语“经济价值”或“投资价值”相混淆，它指的是假定今天只有关于该资产的信息可以获得时，我们配置于该资产的价值。

在本书中，P_t 将表示某资产在时间 t 的价格，而 P_t^* 将表示事后价值。而且，事后价值始终是现在和未来红利 D_t，D_{t+1}，D_{t+2}，… 的某种现值。如果投资者知道未来的红利，那么可能不存在预测的问题，而按照有效市场理论，价格 P_t 应该等于事后价值 P_t^*。由于这个原因，我们也可以称事后价值为“精确—预见价格”或“事后理性价格”[3]。

因此，定义事后价值后，我们可以宣称有效市场理论阐述了价格等于事后价值的最佳可能预测值。正式地，$P_t = E_tP_t^*$，它可以理解为“P_t 是 P_t^* 以时间 t 可以获得的信息为条件的（数学）期望”。数学期望意味着考虑从时间 t 的盈利点观察到的概率的最优预测。

当事后价值 P_t^* 在现在（时间 t）不知道时，红利为人所知后，事后价值可以在稍后（大于 t 的时间）进行计算。注意到以后计算真实的事后价值时，我们理想地没有应用资产价格（虽然有时期末价格用于事后价值的近似计算）。如果一项投资在价格大幅上升的情况下表现良好，这也并不意味着事后价值高。真实的事后价值只包括该投资本身产生的回报，而不包括投资者把股票出售给将支付更高或更低价格的其他投资者获得的资本利得或损失。如果有效市场理论正确，这些资本利得或损失只不过是事后价值或关于事后价值正在变化的信息的反映。如果有效市场理论错误，这些资本利得或损失可能与事后价值毫无关系。

应该清楚在有效市场理论下股票价格可能因两种原因而改变。第一，它可能因为 P_t^* 随时间变化而变化。一个公司可能经历暂时支付高红利的时期，在公司表现糟糕后支付很低的红利。事后价值 P_t^* 高仅仅发生在高红利支付前，因为那时该股票的投资者将收到这些红利支付。在高红利支付后事后价值低，因为那时购买该股票的投资者不会收到这些红利。第二，价格可能因为有关 P_t^* 的新信息出现而改变。投资者可能了解引起他们修正对未来红利预测的某些信息，而且即使 P_t^* 本身不发生变化，这些信息也会使 P_t 发生变化。

在接下来的一些章节里，作为了解有效市场模型的一种方法，P_t^* 被描绘成时间和实际价格 P_t 的各种形式的图形。例如，参见图 5—1。这里，剔除趋势的事后价值被看成是利用常数贴现率的未来红利的简单现值，假设样本期末收到红利。

最起码，根据上面提到的第一个理由，也就是说根据事后价值的短期变化，我们能够从图 5—1 了解到围绕平稳盈利趋势的实际总股票价格变化不可能被证明是合理的。人们（如新闻记者）正在犯一个巨大的错误，即常常将股票市场的下跌解释成对暂时影响公司盈利和红利的即将来临的衰退消息的理性反应。P_t 的巨大变化有可能为 P_t^* 的巨大变化所伴随，但并非总是如此。例如，当股票市场从 1929 年的顶峰下降到 1932 年的谷底时，并没有证实 P_t^* 也有下跌：盈利和红利仅仅下降了几年，这几年对红利的现值只产生了相对较小的影响；几年的红利对事后价值的影响比较小，因为它取决于所有的未来红利。紧随 1929 年而来的萧条只是一个微不足道的暂时事件以致不能对 P_t^* 产生很大的影响。从来就没有一个足够重大的短期事件能够证实这种价格下降的合理性。

看起来没有一个人怀疑理论上价格 P_t 的短期变化可能符合但实际上并不符合事后价值 P_t^* 的短期变化。我们知道 P_t^* 本身是红利的长期移动平均值；否则除非红利变化非常剧烈，P_t^* 不会产生急剧的变化，但红利的变化并不剧烈。更有争议的问题是能否从这些数据中了解更多的信息，也就是说，根据事后价值的变化或关于事后价值正在变化的信息，P_t 的变化是否太大以致不能证明其合理性。就这一点而言，我们需要更多的理论性解释。

3.2 预测的可变性

这里的基本思想是，好的预测值应该不如被预测量可变，或者至多是预测值与被预测量同样可变。可变性的大小取决于该预测有多好。很糟糕的预测，例如，预测值与结果没有什么关系，预测值应该比被预测量的可变性大得多。另一方面，如果预测值不包含误差，那么该预测值应该与被预测量具有相同的可变性，但可变性不会更大。

这样一来，根据必要条件可以知道不可能预言最优预测的预测误差。假定随机变量 x_t^* 在时间 t 的预测值 x_t（比如，x_t 是上述所说的 P_t 或其变形）和 x_t^* 具有同样的可变性，但是 x_t 与 x_t^* 并没有很高的相关性。那么，当 x_t 取一个异常大的值时，由于 x_t 和 x_t^* 之间的弱相关性，变量 x_t^* 的值也可能不是异常大。因此，x 的一个很大的预测值可能倾向于预示一个负的预测误差。当然，x_t 的大预测值不需要始终对应于负的预测误差，但预测误差可能存在某种趋势，并且这种趋势与最优预测不一致。我们能够利用对这种趋势的认识来改善预测。相反，当 x_t 出现一个异常小的值时，变量 x_t^* 也可能不是异常小，而且可能出现正的预测误差。

应该懂得最优预测 $E_t x_t^*$ 不需要与被预测的变量 x_t^* 高度相关。就最优预测而言，我们意指某种预测最大可能地利用了可获得的信息。如果关于 x_t^* 的可获得信息仅仅与 x_t^* 弱相关，那么在最优预测程序中这些信息仍然应该应用，从而预测值应该只与 x_t^* 弱相关，但是预测值 x_t 应该比 x_t^* 更加不具有可变性。而且，尽管 x_t 和 x_t^* 之间弱相关，高预测值 x_t 也不会倾向于与负的预测误差相关。这是因为假定 x_t^* 具有更大的可变性时，当 x_t 值高时，最优预测值 x_t 和被预测变量 x_t^* 之间的弱相关性足以引起 x_t^* 值倾向于与 x_t 值一样高，而当 x_t 低时结论刚好相反。虽然这种预测不是非常成功，但这种预测值 x_t 确实是最优的。在没有人能够预测出预测误差的情况下，这种预测是最优的，而在（绝对）预测误差巨大的情况下则不是很成功。

本书这一部分的章节将事后价值的各种变形看成 x_t^* 及价格的相应

变形 x_t，这被看成是评价市场有效性的方法，目的是为了弄明白 x_t 是否像 x_t^* 的最优预测值那样表现。

可是，这种分析基本上比只考虑评价有效市场模型那样的图形包含更多的内容。由于忽视对统计模型的任何考虑，这种方法可能有点冒险。事实上，如果股利行为的潜在可变性没有边界或者样本期那么短，甚至在有效市场模型下都可能存在 P_t^* 的图形看起来不如 P_t 可变的虚假趋势。考虑这些图形仅仅是市场波动性分析的一部分。

3.3 本书第二部分的安排

第二部分的内容是在几年的时间里写成的，各章以各种不同的方式提出问题。这一部分的下一章将以更专业的方式介绍这些章节的内容，并且将这些内容与它们受到的批评进行比较。

这一部分最前面的章节，即最初出版于1981年的第5章和第6章，将价格的简单方差度量与基本面的方差度量进行比较。这些章节探究的内容类似于斯蒂芬·勒劳伊（Stephen LeRoy）和理查德·波特（Richard Porter）的独立研究工作。后来我与约翰·坎贝尔（John Campbell）的研究，即这里第8章描述的内容，考虑的问题远不只价格、红利和其他信息变量的简单方差和估计向量自回归模型。[4]

股票价格显示过度波动性的主张遇到了强烈的反对意见；许多论文都是批评这一观点的。批评意见常常使我们思考我们指的可变性究竟是什么意思，我们是否希望时间序列是均值回复的，或者统计检验在判断与通常假设的某种偏离时是否可靠等基本问题。本书这一部分的第7章包括我对批评者之一的回答。第8章是约翰·坎贝尔和我所做研究的一个例子，在一定程度上也是对批评者的回答。此外，与约翰·坎贝尔合写的第9章明确地提出了仍然适用于第8章的批评的一些问题。

这些结论的一些基本原理将在这一部分的其他两章简要说明。第10章将方差边界分析推广到价格向量，以致协方差和方差一样可以得到考虑。这一章说明我们在股票市场观察到的过度波动也可以被认为是单只股票价格的过度共同变化，并且也说明了不同国家（英国和美国）的总股票价格同时变化的程度太大。第11章考虑了标准普尔综合价格指数的分指数的主要成分，并且发现有关过度波动存在其他主要影响因素的证据更弱。

注　释

［1］这一章的部分内容来自于我发表的“The Volatility Debate,” published in *American Journal of Agricultural Economics*, 70 (1988): 1057-1063。

［2］应用实际价值研究有效市场模型的思想是从 1969 年杰里米·西格尔没有发表的研究成果引申出来的。我们在希勒和西格尔（Shiller and Sigel，1977，chapter 14）的文章中基本上应用了这个概念（没有用这个名称）。斯蒂芬·勒劳伊和理查德·波特独立地应用了这个概念。

［3］最近，联邦储备委员会对术语 P 和 P^* 的不同定义已经使其引起公众极大的注意。杰弗里·J·霍尔曼、理查德·D·波特和戴维·H·斯默尔（Jeffery J. Hallman，Richard D. Porter and David H. Small）已经将 P 定义为隐含平减指数的 GNP，将 P^* 定义为货币存量（M2）乘以货币的 GNP 速度的长期价值再除以潜在的实际 GNP。

［4］在下面论述债券市场的部分，第 16 章包括对股票市场的分析。这里包括第 16 章主要是因为它设计了一些基本概念，并包括对利率期限结构的分析。

第4章　股票价格波动：初步评述

这一章是我自己和其他人关于股票价格统计分析的相关研究以及对这种研究的批评的评述。它将充当本书第二部分其他章节的导言。本章从考虑关于过度波动的文献提出的一些基本问题开始，然后将这些文献中看起来不是如此显而易见的简单基本概念加以拓展，并且用比第二部分其他章节更一般的术语描述这些概念。本章还将对有关过度波动主张的争论给出一个解释。

4.1　有效市场模型和数据的初步考察

术语“有效市场模型”还没有被普遍接受的定义。可是，与这个模型有关的理论通常指某些形式的预期现值关系。像这一部分的各章系统阐述的那样，简单有效市场模型表明长期资产（我们以股票为例，虽然也可能是债券、土地、建筑物或其他东西）的价格 P_t 是未来股利（或利息、租金或单位资产自然累积给所有者的其他收入）$D_{t+k}(k\geqslant 0)$ 用未来单期利率 $r_{t+k}(k\geqslant 0)$ 贴现的预期贴现价值。与第 5 章和其他章节一样，我们可以将简单有效市场模型写成如下两个方程：

$$P_t = E_t P_t^* \tag{4—1}$$

$$P_t^* = \sum_{k=0}^{\infty} D_{t+k} \prod_{j=0}^{k} \gamma_{t+j} \tag{4—2}$$

其中，P_t^* 是事后价值，或者是事后理性或精确预见价格，而 γ_{t+j} 是等于 $1/(1+r_{t+j})$ 的实际贴现因子，r_{t+j} 是 $t+j$ 时的短期（1 期）贴现率。

既然评价简单模型时存在严重的问题，也就是说，甚至在时间 t 后很长时间 P_t^* 不是完全可观察的，因为方程（4—2）的求和式延伸到无穷大，但我们始终只有有限个红利和贴现率数据记录。可是，在方程（4—2）的贴现使时间 T 后未来红利的现值足够小以致在决定 P_t^* 时无关紧要的假设下，我们可以得到时间 t 以后的时间 T 时 P_t^* 的近似值。我们可以利用方程（4—2）求得 P_t^* 的估计值，如果我们只愿意作出我们拥有红利数据的期末红利现值的假设。

出自我 1981 年论文的图 5—1 说明了利用 1979 年后的红利假设得出的 1871—1979 年实际价格 P_t 和事后价值 P_t^*。这个图形描述了常数贴现率 $(r_t=r)$ 的情况，并应用了标准普尔综合指数的数据。通过除以指数趋势线，该图描述了剔除趋势的 P_t^* 和 P_t。剔除趋势的 P_t 好像比剔除趋势的 P_t^* 的波动程度大得多。这个图形吸引了许多人的注意力，因为它好像用使人印象非常深刻的术语证明了股票市场太过反复无常，以致无法根据基本面进行解释。

图 4—1 基本上是同样的图形，只是利用生产者价格指数（1982=100）平减的标准普尔综合指数更新到 1988 年。图 4—1 与我原来的图形（它更密切地对应于第 1 章描述的表 1—4 的数据）稍有不同：图中显示的不是按指数函数方式剔除趋势的实际价格 P_t 和剔除趋势的事后价值 P_t^*，而是 $\widetilde{P}_t \equiv P_t/E_t^{30}$ 和 $\widetilde{P}_t^* \equiv P_t^*/E_t^{30}$，这里 E_t^{30} 是 30 年实际盈利的移动平均值。E_t^{30} 是 $t-1$ 年到 $t-30$ 年标准普尔指数的实际盈利的移动平均值；它与第 8 章应用的度量方法是类似的，而且它也与勒劳伊和波特（LeRoy and Porter，1981）应用的度量方法类似。[1] 就

图 4—1而言，P_t^* 是通过假设 1988 年未来实际红利的现值等于 1988 年的价格得到的。这也是 1988 年底 $\widetilde{P}_t$ 和 $\widetilde{P}_t^*$ 恰好一致的原因。实际贴现率 r 取 8.32%，即样本实际平均股票收益率。P_t 和 P_t^* 除以 E_t^{30} 基本上只是稍有不同的剔除趋势的方式。因为 30 年实际盈利的移动平均值非常平滑，几乎是一条趋势线，这个图形与我 1981 年论文（虽然平均失去了图形的前 30 年部分）中的那个图形好像没有非常不同的地方。利用 30 年的间隔进行平均并不是该图形的形状所必需的；除以实际盈利的任意长时间的平均值都会产生形状类似的图形，就像实际红利或实际价格的任意长时间的平均值产生的结果一样。我利用长时间的移动平均值剔除趋势，以消除利用时间 t 未知的信息得到时间 t 剔除趋势的价格的任何反对意见。[2]

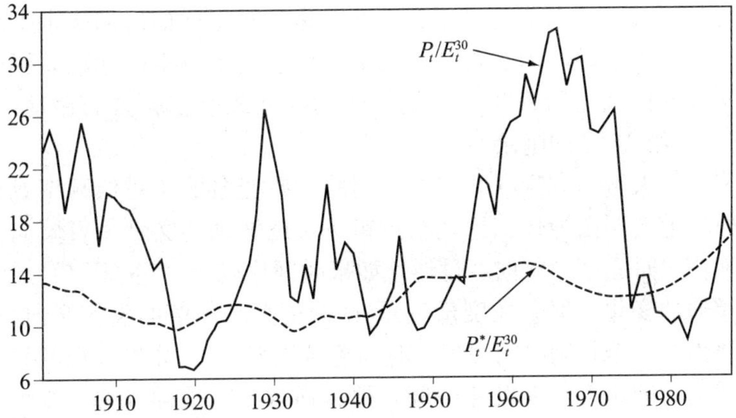

图 4—1

1901—1988 年在常数贴现率情况下，价格—盈利比率 $\widetilde{P}_t \equiv P_t/E_t^{30}$，事后价值—盈利比率 $\widetilde{P}_t^* \equiv P_t^*/E_t^{30}$。盈利 E_t^{30} 是 30 年实际盈利的移动平均值；方程（4—2）用于计算 P_t^* 的贴现率是 8.32%。

看起来，图 4—1 描绘的变量 $\widetilde{P}_t$ 不像 $\widetilde{P}_t^*$ 的最优预测值，而这就是这里分析的基本动机。利用方差边界可以更正式地说明这种直观见解。

4.2　价格的可变性和方差边界

如果 $x_t = E_t x_t^*$，这里 E_t 表示以时间 t 所有公开可获得的信息为条

件的数学期望，那么

$$\sigma(x_t) = \rho(x_t, x_t^*)\sigma(x_t^*) \qquad (4—3)$$

其中，σ 表示标准差，而 $\rho(x_t, x_t^*)$ 表示 x_t 和 x_t^* 之间的相关系数。前一章描述的直观见解正式形成的这种关系说明，除非 x_t 和 x_t^* 之间的相关系数很高，否则预测值 x_t 的可变性应该大大低于 x_t^* 的可变性。

在解释方程（4—3）时，应该记住的是 x_t 或 x_t^* 的标准差意味着什么。实际上，我们将研究时间序列数据，而且还有许多可以选择的方法度量这些数据的波动性。方程（4—3）应用的度量方法——时间序列的简单无条件标准差，不应该与画图时时间序列看起来多么参差不齐或多么不连贯的度量方法相混淆。事实上，如果 x_t 倾向于大幅度偏离其平均值，那么 $\sigma(x_t)$ 很大。如果 x_t 画在纵轴，而时间画在水平轴，且平均值画成一条水平线，那么标准差是时间序列如何偏离水平线的度量。从技术上讲，标准差是平均平方离差的平方根。标准差可能和对水平线的偏离是否发生在长期缓慢的摆动或急剧频繁的振动一样。(也可参见第 15 章的附录。)

当一个人考虑方程（4—3）应用的一些变量的相对低频率或长期变化时，他会明白为什么论述金融市场过度波动的文献一直倾向于利用长期历史时间序列数据。显然，如果时间序列 x_t 产生了贯穿始终的长期缓慢的变化，那么在度量变量 x_t 偏离其平均值的真实倾向之前，我们将需要一个长期时间序列（时间跨越许多年）。如果我们的数据包含的总的时间跨度仅有几年时间，那么通过频繁抽样（如，按每周甚至每天抽取观察值）得到许多观察值也不会给我们很强的力量度量标准差 $\sigma(x_t)$ 或 $\sigma(x_t^*)$。这就是很难对股票以外的资产如土地或房地产作类似的波动性检验的原因，因为有效的价格数据和相当于红利的租金常常只涵盖较短的时间范围。

4.3　方差关系的正式推导

为了推导方程（4—3），注意到 $x_t = E_t x_t^*$ 隐含着 $x_t^* = x_t + u_t$，其中 u_t 是与在时间 t 市场所有可以获得的信息不相关的零均值预测误差，从而与 x_t 不相关。因而，$\text{cov}(x_t^*, x_t) = \text{cov}(x_t + u_t, x_t) = \text{cov}(x_t, x_t) + \text{cov}(u_t, x_t) = \sigma^2(x_t)$。利用相关系数的定义，即 $\rho(x_t, x_t^*) = \text{cov}(x_t,$

$x_t^*)/(\sigma(x_t)\sigma(x_t^*))$，可以直接得出这个结果。理解方程（4—3）正确性的另一种方式是从如下命题开始的：如果 x_t 是 x_t^* 的最优预测，那么当 x^* 关于 x 和常数项回归时，x 的系数应该等于 1.000。x 的回归系数是 $\mathrm{cov}(x,x^*)/\mathrm{var}(x)$，令它等于 1.000，就可以直接得到方程（4—1）。

在假定条件 $x_t = E_t x_t^*$ 下，应该为正值的相关系数不能超过 1.000。因而，在给定 x_t^* 的可变性时，价格 x 的可变性存在上界：

$$\sigma(x_t) \leqslant \sigma(x_t^*) \tag{4—4}$$

我们考察方程（4—3）或方程（4—4）是否成立来评价 x_t 是否确实是 x_t^* 的最优预测。通过方程（4—3），根据 $\rho(x_t, x_t^*)$ 考察 $\sigma(x_t)$ 是否太大以致不能证明其合理性等价于将 x_t^* 关于 x_t 和常数项进行回归，并考察 x_t 的系数是否小于 1.00。如果回归系数小于 1.000，它就意味着 x_t 的可变性应该降低；x_t 应该向它的平均值调整，以改进预测。可是，如果我们发现 x_t 的系数小于 1，在给定其他信息可能没有被恰当应用于 x_t 的预测的可能性时，我们仍然不知道是 x_t 的可变性本身太高。如果数据违背了方程（4—4），那么我们知道永远不会存在任何可以获得的信息能够证明 x_t 可变性的合理性。因而，违背方程（4—4）暗示模型 $x_t = E_t x_t^*$ 的替代模型比违背方程（4—3）暗示的替代模型更严格。

对于不等式（4—4）的一个共同批评是，对某些可选择的假设和在某些情况下有效市场零假设的检验，只不过与 $x_t^* - x_t$ 对 x_t 进行回归并用普通 t 检验检验 x_t 的系数显著性的普通回归检验一样显著。如果我们有 x_t 和 x_t^* 恰当组合的观察值，并且我们只对一般的可选择观察值感兴趣，那么我们确实可以期望只进行这种回归。这是弗兰克尔和斯托克（Frankel and Stock，1987）提出的观点，根据现货汇率对期货汇率的回归，他们考虑检验外汇市场有效性的适用性。[3]杰威克（Geweke，1980）和梅里诺（Melino，1980）也提出了类似的观点。[4]他们的论点没有直接应用于股票市场和其他应用领域，这里 x_t^* 是无限红利流的现值，且存在方差不等式的检验可能比回归检验更显著的情况（参见第 6 章 6.5 节）。回归检验没有利用这些信息：根据样本以外的红利现值应该证明样本期末价格的合理性，而样本外的红利现值是根据样本内红利的同样过程产生的。[5]

如果样本标准差被当作总体标准差，则图 4—1 描述的数据显著地违反了不等式（4—4）。1901—1987 年间 $\tilde{P}_t$ 的样本标准差是 6.706，而

$\widetilde{P}_t^*$ 的样本标准差只有 1.611。因而，根据不等式（4—4），$\widetilde{P}_t$ 太反复无常，波动性高出 4.163。对方程（4—3）的违反甚至更为显著，因为 $\widetilde{P}_t$ 和 $\widetilde{P}_t^*$ 之间的相关系数仅有 0.296。

当我们应用时变贴现率时，对不等式（4—4）的违反就没有那么明显了。图 4—2 描述了贴现率等于事后实际商业票据利率加上常数风险溢价（风险溢价的选择使得贴现率的样本均值等于实际股票收益的样本均值）时的图形。注意到时变贴现率导致 $\widetilde{P}_t^*$ 更大的波动性；图 4—2 中它的标准差是 4.657，以致仅仅 1.440 的因素就违反了不等式（4—4）。[6]可是，图 4—2 描述的两个序列之间的相关系数只有 0.048，而且暗示强烈地违反了方程（4—3）。

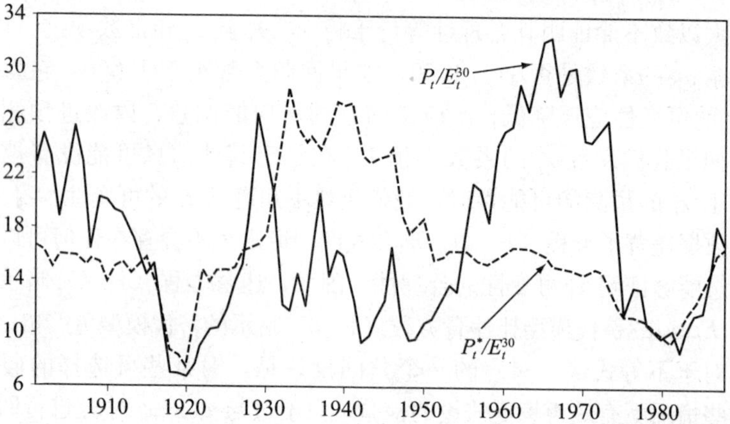

图 4—2

1901—1988 年在时变贴现率情况下，价格—盈利比率 $\widetilde{P}_t \equiv P_t/E_t^{30}$ ，事后价值—盈利比率 $\widetilde{P}_t^* \equiv P_t^*/E_t^{30}$ 。盈利 E_t^{30} 是 30 年现实实际盈利的移动平均值；商业票据利率加上常数风险溢价用于方程（4—2）贴现计算 P_t^* 。

4.4 收益或价格变化的方差边界

还存在其他方法来检验或者刻画股票价格的过度波动。我最初论述股票市场价格波动的论文实际上并没有强调这里描述的不等式（4—4）。在已经讨论的不等式中，不等式（4—4）是直观解释最简单的不等式，因此反响最大。类似于 1979 年论述期限结构（第 15 章）的论文研究的并在 1981 年论文（第 5 章）中强调得更多的是常数贴现率情况下的不等式，$\gamma_t = \gamma = 1/(1+r)$ 自始至终是常数：

$$\sigma(\delta_t P_t) \leqslant \sigma(D_t)/\sqrt{r_2} \tag{4—5}$$

$$\sigma(\Delta P_t) \leqslant \sigma(D_t)/\sqrt{(2r)} \tag{4—6}$$

其中，$\delta_t P_t$ 是定义为 $P_t - E_{t-1}P_t = P_t + D_{t-1} - (1+r)P_{t-1}$ 的价格新息（innovations），r_2 是两期利率 $(1+r)^2 - 1$，而 $\Delta P_t = P_t - P_{t-1}$。[7]当数据像第 5 章那样剔除趋势后，标准普尔的数据非常坚决地违反了这些不等式。这些不等式在没有涉及 P_t^* 即样本期末股利现值近似的情况下比不等式（4—4）更干净利落。而且我认为这些不等式也可能比利用不等式（4—4）的统计检验具有更好的抽样性质，因为这些不等式依赖于度量红利的标准差而不是平滑股利 P_t^* 的标准差。基于这些不等式的检验的实际抽样性质取决于剔除红利趋势（若有趋势的话）所使用的方法和红利呈现的随机性质。[8]

4.5　威斯特不等式

肯尼思·威斯特（Kenneth West，1988b）证实了检验过度波动的一种不同的方法。根据方程（4—1），我们很容易证明常数贴现率情况下（$\gamma_t = 1/(1+r)$ 自始至终是常数）$P_t^* - P_t$ 是价格新息（或预测误差）的现值[9]：

$$P_t^* - P_t = \sum_{k=1}^{\infty} \gamma^k \delta_{t+k} P_{t+k} \tag{4—7}$$

因为新息 $\delta_{t+k}P_{t+k}$ 不可能被预测，它应该与 $\delta_{t+j}P_{t+j}$（$j<k$）不相关，所以方程（4—7）和式的方差等于和式中所有项的方差的和，而且 $\mathrm{var}(P_t^* - P_t)$ 等于新息方差 $\mathrm{var}(\delta_t P_t)$ 乘以 $\gamma^2/(1-\gamma^2)$。于是，$P_t^* - P_{St} = (P_t^* - P_t) + (P_t - P_{St})$，这里 P_{St} 是基于公众利用的信息集的子集 S_t 的最优预测，$P_{St} = E(P_t^* \mid S_t)$。因为 $P_{St} - P_t$ 在时间 t 是已知的，所以它应该与预测误差 $P_t^* - P_t$ 不相关，从而 $\mathrm{var}(P_t^* - P_{St}) = \mathrm{var}(P_t^* - P_t) + \mathrm{var}(P_t - P_{St})$，因此 $\mathrm{var}(P_t^* - P_{St}) \geqslant \mathrm{var}(P_t^* - P_t)$。在威斯特看来，$P_{St}$ 是基于红利的历史纪录 D_t，D_{t-1}，…和红利的时间序列模型、自回归模型或积分自回归模型的 P_t^* 的最优预测。称 $\delta_t P_{St}$ 为 P_{St} 的新息，$\delta_t P_{St} = P_{St} - E(P_{St} \mid S_{t-1})$。将式（4—7）应用于 P_{St}，得到

$\mathrm{var}(P_t^* - P_{St}) = \mathrm{var}(\delta_t P_{St}) \times \gamma^2/(1-\gamma^2)$。这就得到威斯特（West，1988b）不等式[10]：

$$\mathrm{var}\ (\delta_t P_t) \leqslant \mathrm{var}(\delta_t P_{St}) \tag{4—8}$$

我们利用式（4—8）考察用以估计红利预测模型及根据隐含 $\mathrm{var}(\delta_t P_{St})$ 的模型计算的数据。这是不等式（4—5）的一种更强的表达方式：由于规定了 $\mathrm{var}(\delta_t P_t)$ 的上界，不等式（4—5）仅仅考虑红利的方差，而且根据未来红利的信息结构，不等式（4—5）取决于最坏的情况［例如，给定 D_t 的方差，使 $\mathrm{var}(\delta_t P_{St})$ 最大化］，而不等式（4—8）不仅允许我们利用限于红利的方差，还可以利用包括红利与滞后红利甚至其他信息变量的协方差。威斯特发现应用简单红利自回归模型的标准普尔综合股票价格数据显著地违反了这个方差不等式。简单地说，自回归模型预测 P_t^* 如此令人满意，以致将股票收益的方差归因于预测误差不可能合理。[11]

4.6 关于被指称的过度波动的争论

要概括这些相当广泛的文献是十分困难的。与大多数同行的争论一样，真正的问题是难以捉摸而且不易表达的。当它们事实上仅仅是强调一些微妙之处的重新描述时，参与竞争的概念倾向于由正好是对立面的争论者提出。我们可能常常发现批评的主旨在被批评的文章中已经提出来了。[12]

对被指称的过度波动的争论是就统计问题在争执。问题是观察到的标准差是否是式（4—3）、式（4—4）或其他类似表达式的总体标准差的恰当度量。在试图描述波动性争论时遇到的问题是实际上存在许多不同种类的检验方法，这些检验方法已经应用于检验相对于有效市场模型的过度波动，但批评者的焦点常常集中在各种检验的具体细节上。

在我 1981 年最初的论文（第 5 章）中，变量 P_t 和 P_t^* 除以一个简单的增长趋势 $\lambda^t = e^{bt}$ 而剔除趋势。因为参数 b 是关于整个样本进行估计的（将对数价格关于时间和常数项进行回归），时间 t 时剔除趋势的价格取决于时间 t 时没有获得的信息。许多人认为明显的过度波动也许与伪估计趋势或者回归的伪估计常数项或者两者兼而有之有关。

这个论点被各种各样的批评者提出来。为了说明他的观点，阿兰·克莱登（Allan Kleidon）找到了红利过程的波动性检验可能常常发出错误信号的一个特例［类似于弗莱文（Flavin，1983）研究期限结构方差边界应用的那个例子］。这是对数红利随机游走（正的常数预期变化）的情况。众所周知，因为随机游走的样本轨道是平滑的，即使随机游走根本没有趋势项，随机游走也能够用一条趋势线进行拟合。估计的趋势是虚假的，不应该进行推断。克莱登根据随机模拟方法断定，甚至在有效市场模型（4—1）是正确时，这个随机游走例子中我利用的方法（第 5 章）一般也会发现明显的过度波动。马什和默顿（Marsh and Merton，1986）解析地推出了类似的结果。他们推论的模型框架是单位根红利过程（Shiller，1986）。就单位根红利过程而言，他们假定（基于公司经理的红利平滑模型）像我第 5 章那样计算样本方差的方差不等式在任何有限样本里总是被违反的，甚至在模型（4—1）正确时也是如此。[13]迪伯维格和英格索尔（Dybvig and Ingersoll，1984）证明了方差边界在红利增长率是一阶自回归随机过程的模型中倾向于被违反。万德祖拉（Wandzura，1987）将克莱登的论点推广到对数红利和贴现率都是随机的情形。[14]勒劳伊和帕克（LeRoy and Parke，1988）证明了红利遵循几何随机游走的情况下，价格—红利比率的方差可以计算修正的方差边界，而且这个方差边界没有被数据违反。

克莱登、马什-默顿、迪伯维格-英格索尔、万德祖拉、勒劳伊-帕克的结果创立了有用的观点，对方差不等式（4—4）的简单违反不应该被看成是反对有效市场模型的简单明了的证据。实际上，虽然我早期对应用这个不等式进行检验的小样本性质表示过怀疑，但我从他们的运用中学到了许多东西：给定产生红利过程的假设，那个不等式的小样本性质可能比我猜测的更糟糕。然而，我们应该注意到这些论文中没有一篇提出预期原来方差边界的违反可能和我原来的论文（第 5 章和第 6 章）实际看到的违反同样显著的例子。在我对克莱登论文（第 7 章）的评论中，改正了他分析的几个错误后，我证明了克莱登的蒙特卡罗方法意指甚至在随机游走模型下，违反方差不等式的总概率低于 1%。[15]最初的论文（LeRoy and Porter，1981，chapters 5 and 6）引人注意从而被选出来的原因确实是违反方差不等式的显著性；这些论文认识到了偏离的可能性，就像后来被其他论文证明的那样。

批评者（弗莱文、克莱登、马什和默顿、迪伯维格和英格索尔、万德祖拉）的分析只解释了一部分过度波动的原因是，他们假定每年红利的任何变化倾向于导致所有预期未来红利出现重大变化。这是一个很强的假设，而且并非仅仅是红利不倾向于回复到任何固定趋势的见解，或者红利随机过程具有单位根的假设的意思。在红利的对数随机游走情况下，如果股利从一年到下一年增加10%，那么随后直至无穷的所有最优预测红利也增加10%。因而，用大量的价格波动建立了这些模型。批评者证明这些模型中剔除趋势的价格的样本标准差倾向于比剔除趋势的事后价值的样本标准差更大；这与有效市场模型是一致的。当剔除趋势的价格看起来太反复无常以致不能根据剔除趋势的事后价值的可变性证明其合理性时，允许更长的样本期、获得更多的红利数据可能会发现后者具有显著的波动性。看起来这不是利用实际红利数据出现的结果；例如，价格或事后价值的样本标准差好像没有像随机游走模型表示的那样随着样本期而增加。股利显示出与随机游走假设相反的短期振荡。与此相当的结论是实际红利的对数随机游走模型不是一个合适的模型。实际红利好像显示出回复到某种趋势或它们自身滞后值的长期移动平均值的倾向。这并不是说红利过程缺乏单位根［参见第1章、第6章及克莱登（Kleidon，1986）和佩龙（Perron，1987）就这些论点的讨论］。[16]

马什和默顿声称，有理由期望股利过程类似于他们的过程。他们宣称，约翰·林特纳就股利分配行为访问过许多经理，并指出经理们分配与“永久盈利”成比例的股利，而永久盈利与公司的“内在价值”成比例。因为在有效市场里，价格等于内在价值，实际上经理分配股利以对价格作出反应。因为内在价值是预期股利的现值，对股利的冲击存在着一种隐含的持久性。对股利的任何冲击被预期是持久的，因为它通过经理们的股利分配规则和价格的随机游走特征影响内在价值的估计从而影响价格，进而影响所有未来股利。马什-默顿模型好像是古怪的循环论证，因为该模型仅仅依赖经理们的股利分配行为和有效市场假设，并没有涉及公司的盈利潜力，而公司的盈利潜力好像已经是评价违反方差边界的中心（参见Shiller，1986）。应用莫迪里亚尼-米勒的股利政策无关论使得这种循环论证成为可能，只要经理们决定按那种方式行事。我认为他们声称林特纳的结果提供了经理们按这种方式行事的证据这个主张有点草率；林特纳发现经理们在决定他们的股利政策如投资机会时考虑了许多因素，而且从来没有明确地提出永久盈利理论。

股利分配行为中的另一个因素可能是熨平名义股利的愿望，简单地说就是不要使股利变化得太快。名义股利而非实际股利可能是经理们关心的事情；例如，他们可能吹嘘从来没有削减过名义股利。他们对名义股利的关心与许多没有恰当地考虑通货膨胀的流行模型是一致的。熨平名义股利会倾向于对实际股利过程施加短暂的噪音：对通货膨胀率的冲击可能倾向于产生实际股利的偏差，直到名义股利充分适应通货膨胀冲击。[17]

对方差边界检验的所有批评的基本含义是小样本性质可能不可靠，而且如果存在非平稳性，甚至过程的大样本性质也可能是不可靠的。处理这些批评的另一种方法是改变剔除趋势，所以剔除趋势的变量应当是非平稳的，而且使得未来的数据没有用于推断时间 t 时的趋势剔除因子。

每个时期只用过去的数据，我们可以重新估计趋势。巴尔克雷和通克斯（Bulkley and Tonks，1988）用英国的数据及有点独特的趋势估计方法发现，这么做没有违反简单的方差不等式（4—4）。应用不同的方法，他们还断定英国股票价格存在过度波动因素。为了对他们的研究作出回应，我利用美国 1871—1987 年的数据做了类似的研究。我所做的研究基本上重复了我 1981 年论文（第 5 章）的方法，但每年只用过去的数据重新估计时间趋势。利用这里的数据（第 26 章，序列 1、2 和 5），我以每期的实际价格作为每期的条件，利用样本平均实际收益进行贴现计算 P_t^* 。我用 1871—1987 年的数据将对数价格 p_t 关于时间进行回归，对 1900—1987 年每年的时间趋势进行了估计。P_t 和 P_t^* 都被 $\exp(\hat{p}_t)$ 除，其中 $\hat{p}_t$ 是时间 t 结束的样本回归在时间 t 的拟合值。1900—1987 年剔除趋势的 P_t 的标准差是 2.124 乘以剔除趋势的 P_t^* 的标准差。也许在我应用美国数据的结果中出现了违反方差不等式的情况，由于美国数据具有更长的样本期，但巴尔克雷和通克斯的英国数据没有出现违反方差不等式的情况。另外，我们可以通过仅仅减去或除以时间 t 已知的变量剔除趋势。对 r_t 是常数的情况，比较 $x_t^* = P_t^* - D_t/r$ 的方差和 $x_t = P_t - D_t/r$ 的方差表明 $P_t - D_t/r$ 的方差更大（Mankiw，Romer，Shpiro，1986，1989），尽管计算加权方差时（按解释异方差性的价格求加权）方差不等式的违反只是勉强的，它敏感地依赖 r 值的选择。[18]

图 4—3 描绘的是利用常数贴现率 r（等于 8.32%，即样本期的股票平均实际收益）计算的事后价值股利比率 P_t^*/D_{t-1} 和 P_t/D_{t-1}，两者都是 1 月份的。[19]图 4—3 描绘的 P_t/D_{t-1} 序列的标准差是 6.030，稍高于 P_t^*/D_{t-1} 的标准差 4.703，但两者的相关系数只有 0.133。[20]因而关系（4—3）被显著地违反了。图 4—4 显示了同样的图形，但 P_t^* 是用和图 4—2 一样的时变贴现率计算的。此时，P_t^*/D_{t-1} 的标准差是 7.779，稍高于 P_t/D_{t-1} 的标准差，但两个比率的相关系数是 0.060。

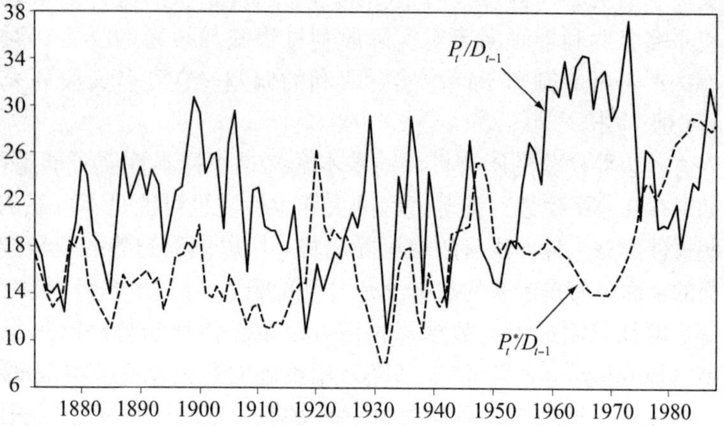

图 4—3

1872—1988 年，在常数贴现率情况下，价格—股利比率 P_t/D_{t-1}，事后价值—股利比率 P_t^*/D_{t-1}。方程（4—2）用于计算 P_t^* 的贴现率是 8.32%。

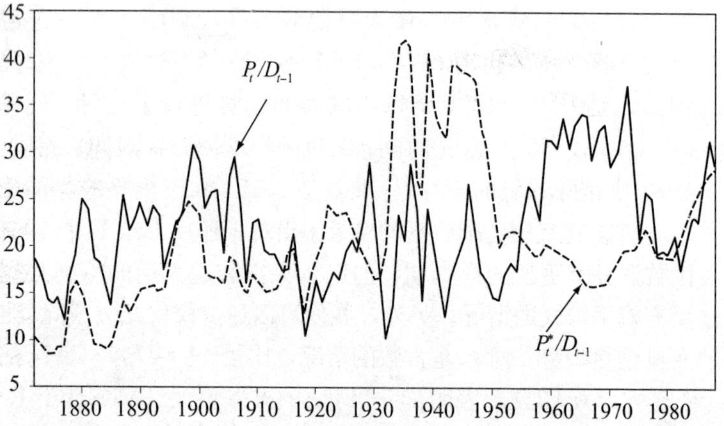

图 4—4

1872—1988 年，在时变贴现率情况下，价格—股利比率 P_t/D_{t-1}，事后价值—股利比率 P_t^*/D_{t-1}。方程（4—2）用商业票据利率（加常数风险溢价）贴现计算 P_t^*。

这些结果暗示，有效市场模型根本没有令人满意地拟合数据。实际观察到的价格—股利比率至少与应该预测的变量一样可变，但与应该预测的变量几乎没有相关性。在价格—股利比率向它的平均值进行调整以降低可变性从而改进预测的情况下，存在价格—股利比率的过度波动性。已经证明了如果 $x_t^* = P_t^* / D_t$ 关于 $x_t = P_t / D_t$ 和常数项进行回归，则 P_t/D_t 的系数几乎为 0（Scott，1985）。斯科特（Scott）利用汉森（Hansen）和豪德里克（Hodrick）的方法纠正了普通最小二乘回归的标准误差，得到的结果是斜率系数为 1 的假设被显著拒绝了。在简单股利分配模型的背景下，他做的蒙特卡罗实验提供了拒绝统计检验不是虚假的一些证据。

曼昆、罗默和夏皮罗或斯科特的研究揭示的违反市场有效性的现象，相当不同于我所发现的现象（参见第 5 章）。

我认为对有效市场而言，剔除趋势的价格好像变化太大。这与斯科特通过将股利—价格比率向其平均值调整可以改进股利—价格变量预测能力的结论根本不是一回事。即使股利—价格比率处于历史平均值，隐含实际价格的可变性也可能仍然很大，因为实际股利的可变性很大。此外，曼昆、罗默和夏皮罗通过除以价格处理异方差性，同时他们将价格波动性引入事后价值的度量。

价格或事后价值与平滑盈利的比率的比较对检验我所描述的（第 5 章）过度波动性更为中肯。上述通过除以盈利的长期移动平均值而剔除趋势的简单权宜之计使克莱登、马什和默顿特有的论据不适用，因为在剔除趋势时没有应用未来的数据。

可是，还是存在对可能使应用 E_t^{30} 剔除趋势的过度波动性检验无效的真实因素进行批评的情况。方程（4—2）使 P_t^* 成为股利的长期移动平均值。这种移动平均值没有什么短期可变性。因为 E_t^{30} 也是一个平滑序列，我们可以说 P_t^* / E_t^{30} 在短期样本中没有什么可变性是并不令人惊奇的。$\sigma(P_t^* / E_t^{30})$ 的有限样本估计将倾向于向下偏离准确的标准差测度。如果 P_t^* / E_t^{30} 在短样本期自始至终构成长期平滑摆动，我们不会观察到它的潜在可变性；我们可能只观察到长期摆动的一部分。因为图 4—1 中的 P_t 没有被熨平，P_t/E_t^{30} 可能不如 P_t^* / E_t^{30} 平滑，从而在短样本中倾向于显示巨大的可变性，尽管在充分长的样本中倾向具有更小的可变性。

为了评估潜在的偏差，依靠克莱登发现的波动性检验特别糟糕的相同的对数股利随机游走模型，我实施了蒙特卡罗实验。为了与图中描绘的数据一致，在每次重复实验中我都产生 118 个实际股利观察值。假定盈利与股利成比例，并且利用常数贴现率 8.32%计算 P_t^*。在1 000 次重复实验中，有 758 次 $\sigma(P_t/E_t^{30})$ 超过 $\sigma(P_t^* / E_t^{30})$；确实存在伪违反的倾向。但这种伪违反不如价格除以指数增长变量 λ_t 的情况那么显著。

在所有重复实验中，$\sigma(P_t/E_t^{30})$ / $\sigma(P_t^*/E_t^{30})$ 的平均值是 1.443，虽然大于 1.000 但大大低于实际数据表现的 4.163。在1 000次重复实验中只有一次是 $\sigma(P_t/E_t^{30})$ 超过 4.16 乘以 $\sigma(P_t^*/E_t^{30})$ 的。

模型（4—1）隐含着如果 P_t^*/E_t^{30} 关于 P_t/E_t^{30} 和常数项进行回归，那么斜率系数应该等于 1.000 而常数项应该等于 0。可是，斜率系数是 1 或常数是 0 的假设的普通 t 检验无效，由于残差的序列相关性，所以应该对这种序列相关性做出某种修正。

我实施的回归类似于斯科特利用 30 年盈利而不是股利平均值剔除趋势的回归（Shiller，1988）。我的结论证实了显著拒绝该模型。蒙特卡罗实验证明了可能存在对斜率系数的向下偏离，但这种向下偏离好像不足以解释拒绝的原因。

法玛和弗瑞恩奇（Fama and French）实施的回归基本上是斯科特型，并且强烈地拒绝有效市场模型。[21]他们所做的蒙特卡罗实验证实这种拒绝不是虚假的。他们明显没有注意到斯科特的研究工作，而且用完全不同的术语解释他们将长期收益对股利—价格比率进行回归的方法。约翰·坎贝尔和我已经证明了（第 8 章）法玛-弗瑞恩奇的长期收益类似于 $(P_t^* - P_t)/P_t$，这里利用样本期末的实际价格计算 P_t^*。他们的结果和我们的结果的主要差别是，他们的持有期是固定长度，而我们的持有期是到样本期末。有些描述成方差边界程序的修正以保持用于时间 t 开始（而不是样本期末）固定时间间隔计算 P_t^* 的每期条件的论文，甚至更加接近于法玛和弗瑞恩奇的方法（Joerding，1986；Mankiw，Romer and Shapiro，1989；Shea，1986）。

杜罗夫和霍尔（Durlauf and Hall，1989a，1989b，1989）已经利用斯科特型回归给出了股票价格噪音因素的估计。他们利用美国的数据获得了常数贴现率情况下估计的噪音因素的时间序列图；估计的噪音几乎像价格本身。

波特巴和萨默斯（Poterba and Summers，1987）发现了短期时间间隔收益的正序列相关性和长期时间间隔的负序列相关性，卡特勒、波特巴和萨默斯（Cutler，Poterba and Summers，1988）发现，战后 15 个国家中有 14 个国家 4 年总收益数据关于对数股利—价格比率进行回归，在统计上有显著的正斜率系数。德庞特和塞勒（DeBondt and Thaler，1985）发现，前几年表现不佳的股票的长期收益倾向于异常高，而前几年表现很好的股票的长期收益倾向于异常低。克拉克（Clark，1987）将美国股票价格用计量经济学方法分解成为平稳和非平稳趋势成分，并且发现股票指数围绕一个相对平滑的非平稳基本因素表现出广泛的平稳摆动。可是，平稳和非平稳成分的相关振幅没有被恰当地度量。

4.7　波动关系的对数线性向量自回归分析

因为大多数对过度波动文献的批评发表了，约翰·坎贝尔和我已经将更深入考察波动性问题并去掉广受攻击的平稳性假设的分析框架推广了。计量经济学文献的技术进展使这个推广成为可能：协整向量自回归模型的计量经济学理论发展。作为讨论，可参见我和坎贝尔的论文，即第三部分的第 16 章。我们推导出的向量自回归模型不受作为许多批评根据的平稳性关系的影响，而且我们将价格（的变形）包含在向量中，以致市场的全部信息集都包含在分析中。由于价格包含在向量自回归中，我们进行了被称为威斯特程序的向量推广的分析，因为市场的全部信息被加入到向量之中，该不等式变成了等式。

第 16 章陈述了基本概念，后面按年代顺序出现的第 8 章报告的计量经济学结论代替第 16 章的概念。这是因为第 8 章我们应用一个价格、股利和贴现因子的对数线性模型（Campbell and Shiller，1988）。（实际）股利的对数线性允许我们对同方差的股利变化建立时间序列模型并施加非负约束，尽管过去一个世纪市场规模不断扩大。贴现因子的对数线性消除了式（4—2）中 r_t 的非线性，它对时间序列分析是有帮助的。

模型（4—1）的对数线性近似是通过首先将对数收益 $\log((P_{t+1}+D_t)/P_t)$ 进行线性化得到近似对数收益 ξ_t 而推导的（Campbell and Shiller，1988）：

$$\xi_t = \rho(p_{t+1} - p_t) + (1-\rho)(d_t - p_t) + k \tag{4—9}$$

其中，p_t 是每股对数价格，d_t 是每股对数股利，ρ 是收益被线性化时的贴现因子（类似于第 5 章的 $\bar{\gamma}$），而 k 是常数。贴现因子 ρ 等于 $1/(1+\bar{r})$，其中 $\bar{r}$ 是平均股利—价格比率。近似收益只是大部分权数放在价格增长率上的价格（$p_{t+1} - p_t$）和对数股利—价格比率 $d_t - p_t$ 的增长率的加权平均值，再加上一个常数。坎贝尔和希勒（Campbell and Shiller，1988）在附录中用各种分析方法分析了近似误差。

一旦我们将对数线性关系式（4—1′）近似为式（4—1），我们就能得出使预期近似收益等于预期贴现因子的有效市场模型：

$$E_t\xi_t = E_t r_t \qquad (4\text{—}10)$$

其中，r_t 是贴现因子。如上所述，它是由下面的关系推导出来的：

$$p_t = E_t p_t^* \qquad (4\text{—}1')$$

$$p_t^* = (1-\rho)\sum_{k=0}^{\infty}\rho^k d_{t+k} - \sum_{k=0}^{\infty}\rho^k r_{t+k} + k/(1-\rho) \qquad (4\text{—}2')$$

根据式（4—2′），事后价值 p_t^* 等于未来对数股利的加权平均值减去与未来单期利率期望值的加权平均值成比例的一项。式（4—2′）的第二个求和式表示的这一项与精确预测长期（永久）利率的对数有关，在期限结构线性化预期假设下，长期利率的期望是市场长期利率。注意到式(4—1′)、式(4—2′)和统一公债收益公式的相似性，该公式说明统一公债的对数价格等于对数利息减去对数统一公债收益。[22]还可以重述同样的模型使得对数股利—价格比率取决于长期利率减股利的长期增长率，即动态戈登（Gordon）模型。

我们利用这个模型进行实证研究得到的基本结论（第 8 章）是，近似对数收益 ξ_t 的方差应该低于给定包括价格的信息向量时的方差。表 8—2 比较了 ξ_t 的标准差和时间 t 模型预测的理论对数收益 ξ'_t 的标准差。后者仅有前者的四分之一那么大。利用时变贴现因子，$\xi'_t - r_t$ 的标准差仍然只有 $\xi_t - r_t$ 的标准差的一半。此外，如果基本价值向盈利的长期移动平均值调整，结果价格是基本价值的更好的预测值。图 8—2 描述了价格以及从股利现值模型得到的最优预测；注意后者比前者稳定许多。

这个结论不可能因向量自回归中变量的非平稳性而受到攻击，因为这些变量是比率而不是前面分析的变量实际水平。可是，在应用小样本的渐近分布理论时仍然存在潜在的问题。蒙特卡罗实验（第 9 章）提出了一些消除疑虑的观点。[23]贝尔特拉蒂（Beltratti，1989）已经对第 8 章应用的技术作了更广泛的蒙特卡罗评估，涉及既麻烦又独立的正态残差，包括生成过程中的其他信息变量，并且扩大了滞后的数目。他发现增加滞后的数目对线性瓦尔德（Wald）检验特别有害；甚至利用估计的产生过程（与表 9－2B 比较），一个检验在 3 步滞后 5％的置信水平下拒绝复制的 29％。当他像坎贝尔和我第 8 章做的那样限制为 1 步滞后时，他的结果与我们第 9 章给出的结果大致是可以比较的。

约翰·坎贝尔和我第 8 章所做的研究值得讨论：当有效市场模型被拒绝，且 ξ'_t 不如 ξ_t 可变时，两者是高度相关的。在常数贴现率情况下，ξ'_t 和 ξ_t 之间的相关系数是 0.915。这看起来可能暗示当收益的变化太反复无常以致与市场有效性无法一致时，股票收益波动的根源不过是关于未来股利的信息。例如，这个结论提出 1987 年股票市场崩溃可能归因于关于未来股利的真实信息，而当时投资者的过度反应——可能是对基本面反应过度而不是相互之间反应过度——可能在起作用。在本书的其他地方，我证明了投资者相互作用是股票价格波动的一个可能根源；这个结论好像暗示这种相互作用在导致股票价格波动方面充其量只起很小的作用。

我认为这个结论太坚定以致不能从第 8 章的结果推出这个结论，而理由直指我们模型的缺陷。缺陷是当有效市场模型无效时，与我们的数据集相比，模型不能处理市场具有更多信息的情况。ξ'_t 和 ξ_t 之间的相关系数仅仅在相关系数应该等于 1.000 的零假设下的优越信息情况下被一致地估计。在有效市场假设［比如，第 1 章的方程（1—3）］的可替代假设下，相关系数的估计可能有偏差。

第 8 章的结论说明价格有助于预测未来股利，而价格在未来股利现值的预测方程中仅仅获得大约 1/4 的权数，因为价格变量比平滑的盈利变量要嘈杂得多，它的变化控制了最优预测 p'_t 的变化。然而，当价格携带信息时，它的短期噪音可能主要归因于风尚或风气，比如，如果自回归中包括另一个信息变量，即捕捉信息而非噪音的变量，则它可能会降低价格在预测方程中的权数，并且导致 ξ_t 和 ξ'_t 之间的相关系数显著地下降。[24]利用同样的记号，$\sigma(p'_t)$ 的估计可能不如优良信息坚定，与上面描述的简单方差边界不等式形成对比。

4.8 解　释

方程（4—1）和方程（4—2）描述的简单现值模型看起来并没有得到数据的支持。但是有许多方法解释这个结果，而其他人可能将这个结果解释成不同于流行模型或本书强调的舆论变化的某些东西的证据。[25]由于统计结论以外的原因——第 1 章和第 2 章给出的论据，我强调股票市场的投资者心理和流行模型。统计结果主要适用于推翻有效市场文献中统计检验证明投资者心理在投机市场中可能不起作用的模糊观念。

可是，我们仍有必要考虑这里的统计结论的其他可选择的解释。第 5 章和第 6 章讨论的一个选择是股票价格可能受有关重大灾难的信息（如国有化或我们的国家被外部势力击败）的严重影响。如果这种灾难很大，正在改变的概率可能足以导致股票市场出现重大波动，即使这个灾难在过去一个世纪没有发生过。正在变化的概率引起的价格变化可能与被观察的 P_t^* 没有关系，有理由怀疑灾难模型能挽救有效市场的概念。因为股利不可能为负，可能的最恶劣的灾难是驱动价格趋于零的灾难。正在变化的市场下降的概率可能不足以大到引起观察到的股票价格波动，除非发生灾难的概率常常很高。灾难发生的高概率可能与灾难从来没有发生过（Shiller，1985；Mankiw，Romer，Shapiro，1989）的事实不符。施瓦特（Schwert，1987）已经指出，美国战时一直不是股票价格波动性比较高的时期，即使这些时期与许多其他宏观经济变量的高波动性相对应。高股票价格波动性的时期看来与广泛讨论的有关潜在灾难的任何信息不相关。而且，对股利未被观察到的可变性的描述在解释明显的过度波动性时应当记在心里。即使用这些描述完全解释显著过度波动性听起来不合理，但可以想象这些描述可能解释一部分原因。

对过度波动性的另一个重要解释是价格被“理性泡沫”打乱了。众所周知，预期收益的不变性不是指价格不能表现出收益持续超过平均收益和收益持续低于平均收益的趋势。该模型只要求条件期望收益独立于过去的信息。可能的情况是高收益期后，随后的收益可能超过平均收益但超过平均收益不是很多，但如果低于平均收益期，随后的收益会低于平均收益很多。关于对这种可能性的讨论，可参看曼德尔布劳特（Mandelbrot，1966）的著作。由于“轻快精神”而出现这种可能性的观点是布兰查德（Blanchard，1979）提出的。[26] 理性泡沫模型已经被布兰查德和瓦特森（Blanchard and Watson，1983）、迪巴和格罗斯曼（Diba and Grossman，1988）、奎伊（Quah，1985）、威斯特（West，1987，1988b）研究过。弗拉德、豪德里克和卡普兰（Flood，Hodrick and Kaplan，1986）已经指出，金融市场过度波动的某些证据确实不是支持这种理性泡沫模型的真实证据。理性泡沫模型具有与有效市场模型共有的预期超额收益不可预测的性质。如果存在像布兰查德提出的理性泡沫，那么 P_t^*/D_t 到 P_t/D_t 的回归和 P_t^*/E_t^{30} 到 P_t/E_t^{30} 的回归的斜率系数将仍然倾向于等于 1.000，因为用于估计 P_t^* 的每期

价格条件引起 P_t^* 受影响 P_t 的同样的理性泡沫困扰。但也有不同的描述，坎贝尔和我指出（第 8 章）P_t^*（和它的变形）到（变形的）P_t 的回归和单位斜率系数的检验类似于假设长期持有收益不可预测的回归检验，而后者在理性泡沫中是不可预测的。而且，上面讨论的检验过度波动的其他方法［如基于方差边界式（4—5）、式（4—6）或式（4—8）或基于与第 8 章应用的向量自回归方法进行方差比较的检验］确实有理由反对理性泡沫模型。

我认为理性泡沫模型是一类太狭窄的模型以致不能倾注太多的注意力，给定更宽广的“近似—理性”（Akerlof and Yellen，1985）类可选择模型。[27]这些是股票价格与式（4—3）不一致的可选择模型，但超额收益仍然不是十分可预测。某些内容在第 1 章已经描述过；也可以参看萨默斯（Summers，1986）的论述。由于这些可选择模型，流行模型和投资者心理在决定价格变化中可能确实有重要作用。

然而，对过度波动的另一个合理的解释是波动性归因于商业周期对贴现率的影响。例如，在繁荣时期股票需求很高，所以股票价格达到高水平。在萧条时期，股票需求不大，所以股票价格一定会下跌。这种解释暗示式（4—2）的贴现率 r_t 的另一种表述可能以某种方式与总体宏观经济变量相关。这种理论是桑福德·格罗斯曼（Sanford Grossman）和我 1981 年写的论文（第 21 章）的主题，我将在第 19 章对它进行讨论。

注　释

［1］勒劳伊和波特（LeRoy and Porter，1981）没有将现值模型应用于股利，但应用于剔除趋势的盈利 E_t/k_t 和剔除趋势的价格 P_t/k_t，其中 k_t 是对公司股票所拥有的物质资本数量的估计。后者从初始条件 $k_1=1$ 通过公式 $k_t=k_{t-1}+(E_t-D_t)/P_0$ 依此类推地决定。吉勒斯和勒劳伊（Gilles and LeRoy，1988）基于公司价值由该公司拥有的“机器”数目表示的假设提出 k_t 一个不同的类推方法，而保留盈利被用于以股票价格决定的价格购买更多的机器。因此，$k_t=k_{t-1}P_t/(P_t+D_t-E_t)$。

［2］这种剔除趋势的方法没有处理好我对下面讨论的图形的解释的所有反对意见，而可能引入不同的小样本考虑。

［3］建立汇率模型的货币方法使货币成为未来货币增长率的现值的

函数。方差边界检验能够有益地应用于这些模型（Huang，1981；Meese and Singleton，1983；Vander Kraats and Booth，1983；Diba，1987；Froot，1987）。

[4] 杜洛夫和菲利普斯（Durlauf and Phillips，1988）和弗鲁特（Froot，1987）指出不等式（4—4）的检验也有一个回归解释。不等式（4—4）可以写成$b \geqslant -0.5$，其中b是x_t对$x_t^* - x_t$的回归的斜率系数。由于回归中还包括一个时间变量，菲利普斯（Phillips，1986，1987）发展的伪回归问题的渐近理论可以用于评估方差边界检验中剔除趋势的作用。在单位根零假设下，剔除趋势的x_t的样本标准差低于c乘以剔除趋势的x_t^*的标准差的概率可以从应用于$cx_t^* - x_t$对x_t的回归的菲利普斯理论推断出来。但不能推断式（4—3）和式（4—4）是等价的；杜洛夫-菲利普斯条件与式（4—3）中的相关系数ρ没有关系。

[5] 第6章提出的检验力度论据适用于不包括代替P_T^*的P_T——样本期末T的价格——的方差边界检验。杜洛夫和霍尔（Durlauf and Holl，1989）说明了没有利用P_T决定P_T^*的回归检验。

[6] 在第5章，已经指出只有实际利率比最近历史记录的波动程度大得多的时候，改变实际贴现率才能证明观察到的股票价格变化的合理性。但第二次世界大战以前的实际利率比二战以后的实际利率波动程度要大得多。

[7] 注意到$P_t = E_t P_t^*$并非意味着$\Delta P_t = E_t \Delta P_t^*$，所以$\sigma(\Delta P_t)$未必小于或等于$\sigma(\Delta P_t^*)$。作为不是这种情况的例子，把$D_t$看作不可预测的白噪音使得$P_t = \gamma D_t$。

[8] 我们将在下面看到（本章注释15）在某种意义上式（4—5）和式（4—6）的抽样性质可能比式（4—4）的抽样性质更糟糕。

[9] 这种思想的萌芽在勒劳伊和波特（LeRoy and Porter，1981）的文章中也能看到。

[10] 发表以前，威斯特最初的论文有一个更长的证明。这个较短的证明归功于约翰·坎贝尔。

[11] 杜洛夫和霍尔（Durlauf and Hall，1989）已经指出，不等式$\text{var}(P_t^* - P_{St}) \geqslant \text{var}(P_t^* - P_t)$相当于系数小于$P_t^* - P_t$对$P_{St} - P_t$的回归中的0.5；现值模型进一步意味着系数应该为0。

[12] 克莱登（Kleidon，1986）对我研究的批评的摘要中的所有三点在我较早的文章中提出。第一，P_t没有必要比P_t^*更平滑，在我1979年的文章（Shiller，1979，chapter 15，p. 278）中谨慎地提出。在那篇

文章中，上下文是利率期限结构，但数学模型是一样的。第二，非平稳性可能违反方差边界检验，我在 1981 年提出（Shiller，1981，chapter 6，p. 140）。第三，在非平稳性下有效的其他方差边界不等式存在而且不被违反，我在 1981 年的文章中提出（Shiller 1981，chapter 6，p. 139）。

[13] 克莱登和马什-默顿的批评没有直接应用于勒劳伊-波特（LeRoy and Porter，1981）的方差边界检验，因为他们应用了一种不同的剔除趋势的方法。参看 Christian Gilles and Stephen LeRoy（1988）。

[14] 万德祖拉的分析是基于连续时间的，从而理论上的价格可以写成用当前的股利和当前的利率作为论据的表达式（包括修正的贝塞尔函数）。克莱登、默顿和万德祖拉的结果依赖于我论文中衡量价格、事前理性价格的样本期相同的事实。利用随机游走，估计的标准差倾向于随着样本期增加。

[15] 利用其他不等式（4—5）和不等式（4—6），零假设下克莱登例子显著违反的概率可能要高得多。如果产生第 7 章表格的程序被改变为用不等式（4—5）或不等式（4—6）取代不等式（4—4），那么对 $r = 0.05$ 而言，带有显著违反（左边的样本估计根据 5 或更大的因子超过右边的样本估计）的复制的比例不等式（4—5）上升到 10.9%，不等式（4—6）上升到 9.0%。

[16] 其他一些观察是相关的。克莱登模型预测出我们没有观察到的常数股利—价格比率。因此，克莱登的例子留下一个股利—价格比率的无限数量的过度波动。

[17] 约翰·坎贝尔（Campbell，1988b，chapter 16）和我已经证明马什和默顿（Marsh and Merton，1987）主张的计量经济研究支持该模型可能是虚假的。他们的参数估计有一个仅仅按照他们数据的时间加总的股利持续性的简单刻画的解释。

[18] 曼昆、罗默和夏皮罗还利用蒙特卡罗方法研究他们方差边界检验的小样本性质。

[19] 根据滞后股利计算股利—价格比率使得分母在时间 t 的信息集中。在这一章，第 t 年自始至终连续收到的实际股利和实际盈利用第 $t+1$ 年 1 月份的生产者价格指数平减。这种方法计算的生产者价格指数排除了比率。

[20] 也可参看下面斯科特（Scott，1985）的讨论。

[21] K. C. 查恩（Chan，1988）已经指出如果萧条年份从他们的

样本中删除，他们的统计检验的显著性就消失了。

［22］注意到式（4—2′）中 d_{t+k} 的权数之和等于1，但 r_{t+k} 上的权数之和等于 $1/(1-\rho)$。后者之和大于1的原因是第二个和（加一个常数）是一种对数利率，但不是1加利率的对数。还注意到式（4—2′）的第二个求和符号中给未来利率的加权，未必与统一公债收益的预期模型中我们可能给未来一期利率的加权相同。这些权数反映了贴现因子和股票的股利增长率。

［23］实际上，谢（Shea，1988）已经像应用于股票市场一样就小样本偏差批评了我与约翰·坎贝尔的文章。我们第9章的研究应用了类似于下面描述的对数线性模型的谢的方法，我们认为对数线性模型优于第16章给出的股票价格模型。还可以参看 Mattey and Meese（1986）与 Campbell（1986）。

［24］贝尔特拉蒂（Beltratti，1989）已经探索了这个模型中其他一些信息变量的应用。

［25］事实上，勒劳伊已经对违反方差边界提出了一个完全不同的解释。他写道（LeRoy，1984，p. 184）："与占主导地位的解释相比较，我与理查德·波特（Porter，1981）的文章认为违反方差边界不等式是异常现象，仅仅如此。我们的结论不是已经提出的支持市场有效性的可选择模型的证据……如果方差边界检验的各种批评被给予比希勒的研究更令人满意的解释，这是因为这些批评支持勒劳伊-波特的结论而不是与该结论相冲突，这一定是检验出了问题，否则方差不等式可能不会被违反！"

［26］弗拉德和加伯（Flood and Garber，1980）谈到一个类似的但在泡沫可能无限期扩张的恶性通货膨胀的环境下的概念。

［27］威斯特（West，1987，1988a）提出了理性泡沫的检验，但断定检验"大概不能辨别泡沫和几乎是但又不大像泡沫的'噪音'"。

参考文献

Akerlof, George A., and Janet L. Yellen. 1985. "A Near-Rational Model of the Business Cycle, with Wage and Price Inertia," *Quarterly Journal of Economics* 100：823－838.

Baillie, Richard T. 1987. "Econometric Tests of Rationality and Market Efficiency," unpublished paper, Michigan State University.

Beltratti, Andrea. 1989. *Essays in Stock Market Efficiency and Time-Varying Risk Premia*, unpublished Ph. D. dissertation, Yale University.

Black, Fischer. 1986. "Noise," *Journal of Finance* 41: 529—43.

Black, Fischer, and Myron Scholes. 1973. "The Pricing of Options and Other Corporate Liabilities," *Journal of Political Economy* 81: 637—659.

Blanchard, Olivier J. 1979. "Speculative Bubbles, Crashes, and Rational Expectations," *Economics Letters* 3: 387—389.

Blanchard, Olivier J., and Mark W. Watson. 1982. "Bubbles, Rational Expectations, and Financial Markets," in Paul Wachtel, ed., *Crises in the Economic and Financial Structure*, Lexington Boos: Lexington, Massachusetts, pp. 295—315.

Bulkley, George, and Ian Tonks. 1988. "Are UK Stock Prices Excessively Volatile?" University of Exeter.

Campbell, John Y. 1986. "Comment," *Econometric Reviews* 5: 241—245

Campbell, John Y., and Robert J. Shiller. 1987. "Cointegration and Tests of Present Value Models," *Journal of Political Economy* 95: 1062—1088.

Campbell, John Y., and Robert J. Shiller. 1988a. "The Dividend-Price Ratio and Expectations of Future Dividends and Discount Factors," *Review of Financial Studies* 1: 195—228.

Campbell, John Y., and Robert J. Shiller. 1988b. "Interpreting Cointegrated Models," *Journal of Economic Dynamics and Control* 12: 505—522.

Campbell, John Y., and Robert J. Shiller. 1988c. "Stock Prices, Earnings, and Expected Dividends," *Journal of Finance* 43: 661—676.

Chan, K. C. 1988. "Production Uncertainty, Production Shocks, and Mean Reversion in Long Horizon Stock Returns," reproduced, Ohio State University.

Clark, Peter K. 1987. "Stationary Variation and Trend Reversion in U. S. Equity Prices," reproduced, Stanford University.

Cowles, A., 3rd, and Associates. 1939. *Common-Stock Indexes*, Second Edition, Bloomington Indiana: Principia Press.

Cutler, David M., James M. Poterba, and Lawrence H. Summers. 1988. "International Evidence on the Predictability of Stock Returns," reproduced, Massachusetts Institute of Technology.

DeBondt, Werner F. M., and Richard H. Thaler. 1985. "Does the Stock Market Overreact?" *Journal of Finance* 40: 793—805.

DeBondt, Werner, F. M., and Richard H. Thaler. 1989. "A Mean Reverting Walk Down Wall Street," *Journal of Economic Perspectives* 3: 189—202.

Diba, B. T. 1987. "A Critique of Variance Bounds Tests for Monetary Exchange Rate Models," *Journal of Money, Credit and Banking* 19: 104—111.

Diba, B. T., and Hershel I. Grossman. 1988. "Explosive Rational Bubbles in Stock Prices?" *American Economic Review* 78: 520—530.

Durlauf, Stephen N., and Robert E. Hall. 1988a. "Bounds on the Variances of Specification Errors in Models with Expectations," reproduced, Stanford University.

Durlauf, Stephen N., and Robert E. Hall. 1988b. "Determinants of Noise in the Dividends Based Stock Price Model," reproduced, Stanford University.

Durlauf, Stephen N., and Robert E. Hall. 1989. "Measuring Noise in Stock Prices," reproduced, Stanford University.

Durlauf, Stephen N., and P. C. B. Phillips. 1988. "Trends Versus Random Walks in Time Series Analysis," *Econometrica*: 56: 1333—1354.

Dybvig, Philip, and Jonathan Ingersoll, Jr. 1984. "Stock Prices Are Not Too Variable: A Theoretical and Empirical Analysis," Notes for the Finance Seminar, University of Chicago.

Fama, Eugene F., and Kenneth R. French. 1988a. "Dividend Yields and Expected Stock Returns," *Journal of Financial Economics* 22: 3—25.

Fama, Eugene F., and Kenneth R. French. 1988b. "Permanent and Temporary Components of Stock Prices," *Journal of Political Economy* 96: 246—273.

Flavin, Majorie. 1983. "Excess Volatility in the Financial Markets: A Reassessment of the Empirical Evidence," *Journal of Political Economy* 91: 929—956.

Flood, Robert P., and Peter M. Garber. 1980. "Market Fundamentals versus Price Level Bubbles: The First Tests," *Journal of Political Economy* 88: 745—770.

Flood, Robert P., Robert J. Hodrick, and Paul Kaplan. 1986. "An Evaluation of Recent Evidence on Stock Market Bubbles," NBER Working Paper No. 1971.

Frankel, Jeffrey A., and James H. Stock. 1987. "Regression vs. Volatility Tests of the Efficiency of Foreign Exchange Markets," *Journal of International Money and Finance* 6: 49—56.

Froot, Kenneth A. 1987. "Tests of Excess Forecast Volatility in the Foreign Exchange and Stock Markets," NBER Working Paper No. 2362.

Geweke, John. 1980. "A Note on the Testable Implications of Expectations Models," Social Science Research Institute, University of Wisconsin, Madison, #8024.

Gilles, Christian, and Stephen F. LeRoy 1987. "The Variance-Bounds Tests: A Critical Survey," unpublished paper, University of California Santa Barbara.

Gilles, Christian, and Stephen F. LeRoy. 1988. "Econometric Aspects of the Variance Bounds Tests," reproduced, University of California at Santa Barbara.

Hamilton, James D. 1986. "On Testing for Self-Fulfilling Speculative Price Bubbles," *International Economic Review*: 27: 543—552.

Hamilton, James D. , and Charles H. Whiteman. 1985. "The Observable Implications of Self-Fulfilling Expectations," *Journal of Monetary Economics* 16: 353—373.

Hansen, Lats Peter, and Robert J. Hodrick. 1980. "Forward Exchange Rates as Optimal Predictors of Future Spot Rates: An Econometric Analysis," *Journal of Political Economy* 88: 829—853.

Huang, Roger D. 1981. "The Monetary Approach to Exchange Rates in an Efficient Foreign Exchange Market: Tests Based on Volatility," *Journal of Finance* 36: 31—41.

Joerding, Wayne. 1988. "Are Stock Prices Excessively Sensitive to Current Information?" *Journal of Economic Behavior and Organization* 9: 71—85.

Kleidon, Allan W. 1986. "Variance Bounds Tests and Stock Price Valuation Models," *Journal of Political Economy* 94: 953—1001.

LeRoy, Stephen F. 1984, "Efficiency and the Variability of Asset Prices," *American Economic Review* 74: 183—187.

LeRoy, Stephen F. , and William C. Parke. 1987. "Stock Price Volatility: A Test Based on the Geometric Random Walk," reproduced, University of California, Santa Barbara.

LeRoy, Stephen F. , and Richard D. Porter 1981 "Stock Price Volatility: Tests Based on Implied Variance Bounds," *Econometrica* 49: 97—113.

Lintner, John V. , Jr. 1956. "Distribution of Incomes of Corporations among Dividends, Retained Earnings, and Taxes," *American Economic Review* 46: 97—113.

MandeLbrot, Benoit, 1966. "Forecasts of Future Prices, Unbiassed Markets, and Martingale Models," *Journal of Business* 39: 242—255.

Mankiw, N. Gregory, David Romer, and Matthew D. Shapiro. 1985. "An Unbiased Reexamination of Stock Market Volatility," *Journal of Finance* 40: 677—687.

Mankiw, N. Gregory, David Romer, and Matthew D. Shapiro 1989. "Stock Market Efficiency and Volatility: A Statistical Appraisal," reproduced, Harvard University.

Marsh, Terry A. , and Robert C Merton. 1986. "Dividend Variability and Variance Bounds Tests for the Rationality of Stock Market Prices," *American Economic Review* 76: 483—498.

Marsh, Terry A., and Robert C. Merton 1987. "Dividend Behavior for the Aggregate Stock Market," *Journal of Business* 60: 1—40.

Mattey, J., and Richard A. Meese 1987. "Empirical Assessment of Present Value Relations," *Econometric Reviews* 5: 171—234.

Meese, Richard A., and Kenneth J. Singleton. 1983. "Rational Expectations and the Volatility of Floating Exchange Rates," *International Economic Review* 24: 721—733.

Melino, Angelo. 1980. "Volatility Tests of the RE Model of the Term Structure: Some Comments," reproduced, Harvard University.

Pesaran, M. Hashem. 1988. "On the Volatility and Efficiency of Stock Prices," reproduced, Trinity College, Cambridge.

Phillips, P. C. B. 1986 "Understanding Spurious Regressions in Econometrics," *Journal of Econometrics* 33: 311—340.

Phillips, P C. B. 1987. "Time Series Regression with a Unit Root," *Econometrica* 55: 277—301.

Poterba, James M, and Lawrence H. Summers. 1988. " Mean Reversion in Stock Prices: Evidence and Implications," *Journal of Financial Economics* 22: 26—59.

Quah, Danny. 1985. "Estimation of a Nonfundamentals Model for Stock Price and Dividend Dynamics," unpublished manuscript, M. I. T.

Rhee, Woobeon. 1989. "The Power of Tests of the Present Value Model Based on Ex-Post Rational Stock Prices," reproduced, Yale University.

Roll, Richard, and Stephen A. Ross 1980. "An Empirical Investigation of the Arbitrage Pricing Theory," *Journal of Finance* 35: 1073—1103.

Schwert, G. William. 1987. "The Causes of Changing Stock Market Volatility," reproduced, University of Rochester.

Scott, Louis O. 1985. "The Present Value Model of Stock Prices: Regression Tests and Monte Carlo Results," *Review of Economics and Statistics* 67: 599—605.

Shea, Gary 1986. "Excess Volatility in the Stock Market: An Examination of Unbiased Test Methodology," reproduced, Pennsylvania State University.

Shea, Gary 1988. "Ex Post Rational Price Approximations and Empirical Reliability of the Present Value Relation," presented at the NATO Advanced Research Workshop, "A Reappraisal of the Efficiency of Financial Markets," Sesimbra, Portugal.

Shiller, Robert J. 1978. "Rational Expectations and the Dynamic Structure of Rational Expectations Models: A Critical Review," *Journal of Monetary Economics* 4: 1—44.

Shiller, Robert J. 1985. "Financial Markets and Macroeconomic Fluctuations," in James L. Butkiewicz et al. , eds. , *Keynes Economic Legacy*, New York: Praeger.

Shiller, Robert J. 1986 "The Marsh-Merton Model of Managers' Smoothing of Dividends," *American Economic Review* 76: 499—503.

Shiller, Robert J. , 1988. "A Scott-Type Regression Test of the Dividend-Ratio Models," forthcoming, *Review of Economics and Statistics*.

Shiller, Robert J. , and P. Perron. 1985. "Testing the Random Walk Hypothesis: Power Versus Frequency of Observation," *Economics Letters* 18: 381—386.

Shiller, Robert J. , and John Pound. 1989. "Survey Evidence on Diffusion of Interest and Information Among Investors," forthcoming, *Journal of Economic Behavior and Organization*.

Singleton, Kenneth J. 1980. "Expectations Models of the Term Structure and Implied Variance Bounds,"*Journal of Political Economy* 88: 1159—1176.

Summers, Lawrence H. 1986. "Does the Stock Market Rationally Reflect Fundamental Values?" *Journal of Finance* 41: 591—601.

Tirole, Jean. 1985. "Asset Bubbles and Overlapping Generations," *Econometrica* 53: 1499—1528.

Vander Kraats, R. H. , and L. D. Booth. 1983. "Empirical Tests of the Monetary Approach to Exchange Rate Determination," *Journal of International Money and Finance* 2: 255—278.

Wandzura, S. M. 1987. "Stock Price Volatility: Evidence of Excess?" reproduced, Hughes Research Laboratories, Malibu, California.

West, Kenneth D. 1987. "A Specification Test for Speculative Bubbles," *Quarterly Journal of Economics* 102: 553—580.

West, Kenneth D. 1988a. "Bubbles, Fads and Stock Price Volatility Tests: A Partial Evaluation," *Journal of Finance* 43: 639—655.

West, Kenneth D. 1988b. "Dividend Innovations and Stock Price Volatility,"*Econometrica* 56: 37—61.

第5章　股票价格变化太大以致不能由随后的股利变化说明其合理性?[①]

普遍用于解释公司股票价格指数变化的一个简单模型宣称，实际股票价格等于以常数实际贴现率贴现的理性预期的现值或未来实际股利的最优预测。这个定价模型（或其变形——实际贴现率不是常数但相当稳定）常常被经济学家和市场分析家那一类的人用作描述总股票市场指数的合理模型，并且被看成提供一种合理的描述告诉人们什么是解释股票价格突然变化的原因。于是，这种变化被归因于有关未来股利的“新信息”。我将这个模型称为“有效市场模型”，虽然我这个名字也适用于其他模型。

流行的讨论中一直认为股票价格指数

① 改编自 *American Economic Review* 71（1981）：421－435；© 1981 the American Economics Association。

好像太“反复无常”，也就是说，股票价格指数的变化不能现实地归因于任何客观的新信息，因为价格指数的变化与实际后续事件相比好像“太大”。最近，金融资产价格太反复无常以致不符合有效市场的见解已经得到了斯蒂芬·勒劳伊和理查德·波特（LeRoy and Porter，1981）论述股票市场和我自己（Shiller，1979，chapter 15）论述债券市场的一些计量经济学论文的支持。

为了从图形上描述为什么股票价格看起来太反复无常，我已经在图 5—1 中用它的事后理性价格 p_t^*（数据集 1）绘出股票价格指数 p_t。[1]股票价格指数 p_t 是实际标准普尔综合股票价格指数（通过除以一个与长期指数增长路径成比例的因子而剔除趋势），而 p_t^* 是随后的实际股利的贴现值（也是同样的长期增长因子的一部分）。[2]图 5—2 是修正的道琼斯工业股票平均指数的类似序列（数据集 2）。与实际价格序列相比较，事后理性价格序列 p_t^* 的平滑和稳定给人留下了深刻的印象。p^* 的这种行为可归因于现值关系将 p^* 和股利的长期加权移动平均值（权数相当于贴现因子）联系起来，而且移动平均值倾向于使序列平均值平滑的事实。此外，虽然样本期实际股利确实发生了改变，但这些改变不够长期或久远以致不能引起 p^* 的重大变化。例如，我们一

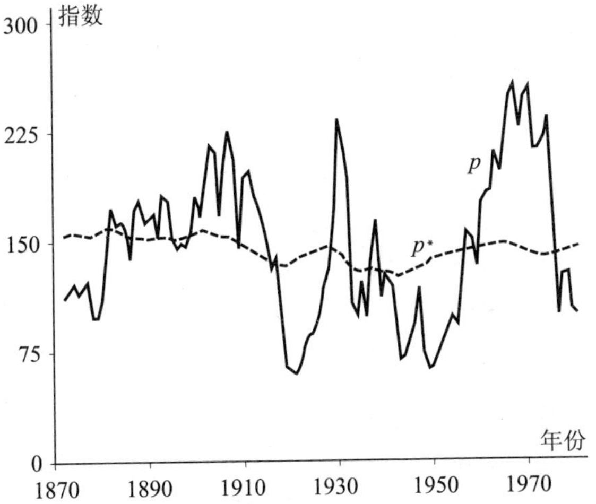

图 5—1

1871—1979 年，实际标准普尔综合股票价格指数（实线 p）和事后理性价格（虚线 p^*），两者都通过除一个长期指数增长因子而剔除趋势。变量 p^* 是随后剔除趋势的实际股利的现值，受 1979 年及此后股利现值假设的约束。数据来自本章附录的数据集 1。

般认为大萧条是生意糟糕的时期，实际股利大大低于长期指数增长路径（如，低于标准普尔序列增长路径 10～25%，低于道琼斯序列增长路径16～38%）的只有几个萧条年：1933 年、1934 年、1935 年和 1938 年。决定 p^* 的移动平均值将消除这种短期波动。显然，1929 年开始且 1932 年结束的股票市场下跌不可能根据随后的股利合理解释；它也不可能根据随后的盈利合理解释，因为在这个模型中盈利仅仅作为后来股利的指针是恰当的。当然，有效市场模型并没有说 $p = p^*$ 存在。我们仍然要假定股票市场的这种崩溃是一个理性错误，理性人可能存在预测误差吗？这一章将探讨正是 p 的波动性（如，p 的巨大变化一次又一次发生的倾向）暗含着答案是不。

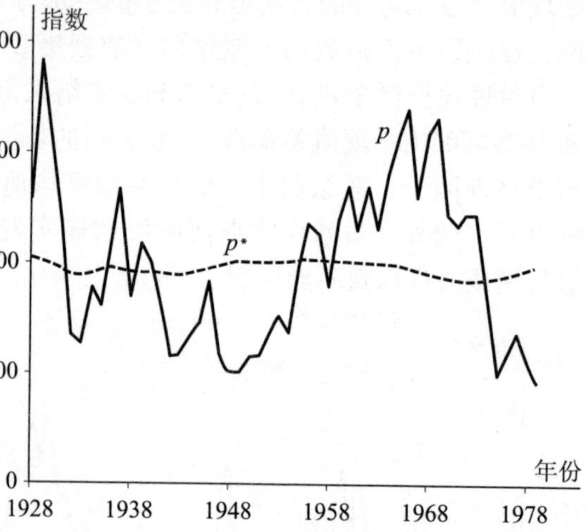

图 5—2

1928—1979 年，修正的实际道琼斯工业股票平均指数（实线 p）和事后理性价格（虚线 p^*），两者都通过除以长期指数增长因子而剔除趋势。变量 p^* 是随后剔除趋势的实际股利的现值，受 1979 年及此后股利现值假设的约束。数据来自本章附录的数据集 2。

为了提出比较波动性的基本思想，让我们考虑对波动性测度施加约束的最简单的不等式：p 的标准差。有效市场模型可以被描述为宣称 $p_t = E_t p_t^*$，如 p_t 是以时间 t 时所有可获得信息为条件的 p_t^* 的数学期望。换句话说，p_t 是 p_t^* 的最优预测。我们可以把预测误差定义为 $u_t = p_t^* - p_t$。最优预测的基本原则是预测误差 u_t 应该与预测不相关；也就是说，p_t 与 u_t 之间的协方差应该等于 0。如果预测误差显示出与预测本身一致的相关性，那么这实质上意指预测能够被改进。从数学上讲，根据条件期望理论可以证明 u_t 一定与 p_t 不相关。

如果我们应用两个不相关变量的和的方差等于其方差的和这个基本的统计原理，那么我们可以得到 $\mathrm{var}(p^*)=\mathrm{var}(u)+\mathrm{var}(p)$ 。因为方差不能为负，这就意味着 $\mathrm{var}(p)\leqslant\mathrm{var}(p^*)$ ，或者转化成更容易解释的标准差形式：

$$\sigma(p)\leqslant\sigma(p^*) \tag{5—1}$$

图 5—1 和图 5—2 的数据显著地违反了这个不等式（以前在勒劳伊、波特和我自己的论文中应用过），这在考察图形时马上就显而易见了。[3]

这一章将在 5.1 节发展有效市场模型以澄清关于不等式（5—1）可能出现的一些理论问题，对价格新息的标准差和价格变化的标准差施加约束时还将推出一些类似的不等式。这个模型以新息形式重新表述，以更好地理解该模型对股票价格波动施加的约束。特别地，这将使我们能够理解（5.2 节）当有关股利的信息平稳地披露时，Δp 的标准差最高，并且如果信息偶尔批量地披露时，价格序列可能具有较高的峰度（较肥的尾部）但将具有较低的方差。5.3 节讨论有些人表达的应该应用盈利数据而不是股利数据的见解。5.4 节说明实际贴现率的时变意义的评价方法。5.5 节利用数据比较不等式。

这一章作为我早期应用这种方法的出发点（Shiller，1979，chapter 15），它提出了长期债券收益太反复无常以致与利率期限结构的简单预期模型不一致的证据。[4]在那篇论文中，证明了有效市场隐含的短期利率和长期利率的交叉协方差函数的约束如何隐含刻画长期利率应该展示的平稳性的长期利率序列的不等式约束。在这篇文章中，我还推出了股票价格波动的类似意义，虽然这里应用了根据新息表述的模型更简单和直观上更有吸引力的讨论。这一章还受益于勒劳伊和波特（LeRoy and Porter，1981）较早的讨论，他们独立地推导出有效市场模型隐含的证券价格波动性约束，并且断定普通股票价格波动太大以致与该模型不一致。他们应用某些方面类似于这里应用的方法来研究二战后开始的样本期的股票价格指数和单只股票。

不精确地说，这一章试图反驳关于有效市场的大量文献［例如，库特纳（Paul Cootner，1964）论述股票价格随机特征的书籍，或法玛（Fama，1970）的评述］。[5]实际上，大多数文献考察证券价格的不同性质。非常少的有效市场文献与这里考虑的模型的独特特色直接相关：

总股票市场的预期实际收益自始至终是常数（或近似如此）。相当多的有效市场文献涉及（不同定义的）名义“盈利机会”的调查研究，以及交易成本是否阻止这些盈利机会的利用。当然，如果实际股票价格像这里定义的那样“太反复无常”，那么完全可能存在某种真正的盈利机会。预期实际利率的时变性本身并非表示任何交易规则都能主宰买入和持有策略，但预期收益的巨大变化确实可能看起来暗示存在这种交易规则。这篇文章没有调查研究这个问题，或者交易成本是否阻止利用盈利机会，而是关心（从经济视角看）更有趣的问题：什么可以说明实际股票价格变化的原因，什么事情可以用关于随后的实际股利的新信息解释？如果模型由于过度波动而失败，那么我们可能会发现简单模型失败的新特性。这种描述并不等同于模型失败的其他描述，如单期持有收益是可以预测的，或者近来股票一直没有合适的通货膨胀套期。

这里将要进行的波动性比较具有对价格和股利序列的排列错误不敏感的优势，因为利用收集程序不理想的较早的数据可能发生排列错误。在建立股票价格和股利指数时，检验也不受偶尔将某些股票从样本中剔除而代之以其他股票的惯例的影响，只要序列波动性没有被误报。因而，这些比较完全适应现存的股票价格平均数的长期数据。波动性比较的稳健性——随简明性成倍增加——可以解释它们在非正式论述中流行的原因。

5.1 简单有效市场模型

根据简单有效市场模型，时期 t 开始时股票的实际价格 P_t 由下式给出：

$$P_t = \sum_{k=0}^{\infty} \gamma^{k+1} E_t D_{t+k} \text{ , } 0 < \gamma < 1, \tag{5—2}$$

其中，D_t 是时期 t（如期末）支付的实际股利，E_t 表示以 t 时可以获得的信息为条件的数学期望，γ 是常数贴现因子（参见表 5—1）。我限定常数贴现率 r 使得 $\gamma = 1/(1+r)$ 。t 时的信息包括 P_t 、D_t 和它们的滞后值，一般还包括其他变量。

一期持有收益 $H_t \equiv (\Delta P_{t+1} + D_t)/P_t$ 是 t 时买入该股票并在 $t+1$ 时卖出该股票获得的收益。分子中的第一项是资本利得收益；第二项是 t

期末收到的股利。它们被 P_t 除从而得到收益率。模型（5—2）具有 $E_t(H_t)=r$ 的性质。

根据作为长期增长因子的一部分的序列，模型（5—2）可以重新表述：$p_t = P_t/\lambda^{t-T}$，$d_t = D_t/\lambda^{t+1-T}$，这里的增长因子是 $\lambda^{t-T} = (1+g)^{t-T}$，$g$ 是增长率，T 是基年。将式（5—2）除以 λ^{t-T} 并代入，我们得到[6]：

$$p_t = \sum_{k=0}^{\infty} (\lambda\gamma)^{k+1} E_t d_{t+k} = \sum_{k=0}^{\infty} \bar{\gamma}^{k+1} E_t d_{t+k} \tag{5—3}$$

如果式（5—2）得到有限的价格，增长率 g 应该小于贴现率 r，从而 $\bar{\gamma} \equiv \lambda\gamma < 1$，用 $\bar{\gamma} = 1/(1+\bar{r})$ 定义 $\bar{r}$，适应于 p_t 和 d_t 序列的贴现率是 $\bar{r} > 0$。原来，这个贴现率 $\bar{r}$ 只是被平均价格除的平均股利，如 $\bar{r} = E(d)/E(p)$。[7]

我们也可以将该模型按照事后理性价格序列 p_t^*［类似于杰里米（Jiremy）和我用于研究费雪效应，或我用于研究期限结构的预期理论的事后理性利率序列］写成上面的形式。也就是说，p_t^* 是实际后续股利的现值：

$$p_t = E_t p_t^* \tag{5—4}$$

其中，$p_t^* = \sum_{k=0}^{\infty} \bar{\gamma}^{k+1} d_{t+k}$。

表 5—1　　主要符号的定义

γ = 剔除趋势前的序列实际贴现因子；$\gamma = 1/(1+r)$
$\bar{\gamma}$ = 剔除趋势的序列实际贴现因子；$\bar{\gamma} = \lambda\gamma$
D_t = 股票指数的实际应计股利（剔除趋势前）
d_t = 剔除趋势的实际股利；$d_t = D_t/\lambda^{t+1-T}$
Δ = 一阶差分算子；$\Delta x_t = x_t - x_{t-1}$
δ_t = 新息算子；$\delta_t x_{t+k} \equiv E_t x_{t+k} - E_{t-1} x_{t+k}$；$\delta x \equiv \delta_t x_t$
E = 无条件数学期望算子；$E(x)$ 是 x 的真实（总体）平均值
E_t = 以 t 时的信息为条件的数学期望算子；$E_t x_t = E(x_t \mid I_t)$，其中 I_t 是 t 时已知信息变量的向量
λ = 价格和股利序列的趋势因子；$\lambda = 1+g$，g 是价格和股利的长期增长率
p_t =（剔除趋势前的）实际股票价格指数
p_t^* = 事后理性股票价格指数［式（5—4）］
r = 剔除趋势前的序列一期实际贴现率
$\bar{r}$ = 剔除趋势的序列实际贴现率；$\bar{r} = (1-\bar{\gamma})/\bar{\gamma}$

续前表

$\bar{r}_2$ = 剔除趋势的序列二期实际贴现率；$\bar{r}_2=(1+\bar{r})^2-1$
t = 时间（年）
T = 剔除趋势和批发价格指数的基年；$p_t=P_T=T$ 时的名义股票价格指数

因为求和延伸到无穷，我们永远不能没有误差地观察到 p_t^*。可是，利用足够长的股利序列，我们可以观察到近似的 p_t^*。如果我们选择任意一个值作为 p_t^* 的期末价值（在图 5—1 和图 5—2 中，1979 年的 p_t^* 被规定为剔除趋势的样本平均实际价格），那么我们可以利用 $p_t^*=\bar{\gamma}(p_{t+1}^*+d_t)$ 从最终日期向后推算循环地决定 p_t^*。当我们从最终日期向后推算时，被挑选的期末价值的重要性下降了。在图 5—1 显示的数据集 1，$\bar{\gamma}=0.954$ 而 $\bar{\gamma}^{108}=0.0063$，结果样本开始时选择的期末价值在决定 p_t^* 时只具有微不足道的权数。如果我们已经选择了一个不同的期末条件，结果可能是从图 5—1 所示的 p^* 中加上或减去一个指数趋势。这已经在图 5—3 中得到说明，图中描绘的 p^* 是根据其他可选择的期末价值计算的。因为为了计算关于 1978 年以后股利的 p^*，我们需要知道的唯一的事情是 1979 年的 p^*，所以 1978 年以后股利是否“平滑”都没有关系。因而，图 5—3 描述了关于 p^* 的不确定性。

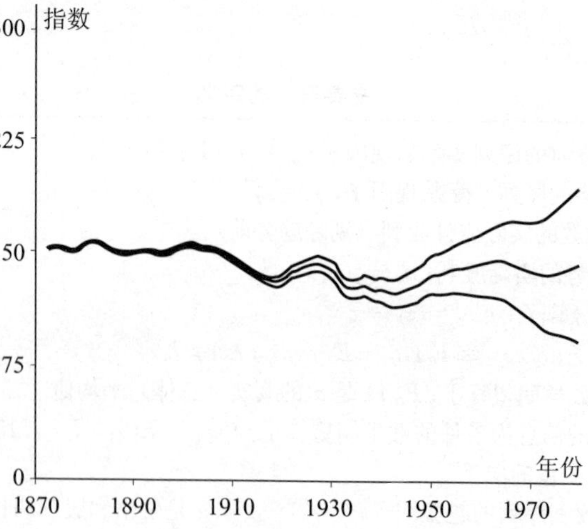

图 5—3

事后理性价格 p^* 的可选择的度量，根据有关股利 1979 年及此后的现值假设得到。中间的曲线是图 5—1 描绘的 p^* 序列；该序列是利用数据集 1 的股利序列 d 根据每期条件循环计算得到的。

然而，也存在另一种方法描述该模型，这在随后的分析中是有用的。为此，采用变量的新息符号很方便。让我们定义新息算子 $\delta_t \equiv E_t - E_{t-1}$，这里 E_t 是条件期望算子。于是，对任何变量 X_t，$\delta_t X_{t+k}$ 项等于 $E_t X_{t+k} - E_{t-1} X_{t+k}$，它是对 $t-1$ 到 t 之间到达的新信息作出的反应 X_{t+k} 的条件期望的变化。时间下标 t 可以省略，结果 δX_k 表示 $\delta_t X_{t+k}$，而 δX 表示 δX_0 或 $\delta_t X_t$。由下式：

$$E_{t-m}\delta_t X_{t+k} = E_{t-m}(E_t X_{t+k} - E_{t-1} X_{t+k}) = E_{t-m} X_{t+k} - E_{t-m} X_{t+k} = 0$$
$$m \geqslant 0$$

可知，条件期望算子满足 $E_j E_k = E_{\min(j,k)}$，这意味着对所有 k，$\delta_t X_{t+k}$ 一定与 $t-1$ 时已知的所有信息不相关，而且对所有 j，它一定与 $\delta_{t'} X_{t+j'}$（$t' < t$）无关，因为滞后新息是 t 时的信息；例如，变量的新息是序列不相关的。

该模型意指价格 $\delta_t p_t$ 的新息是可观察的。因为式（5—3）能够被写成 $p_t = \bar{\gamma}(d_t + E_t p_{t+1})$，求解后我们得到 $E_t p_{t+1} = p_t \sqrt{\gamma} - d_t$，所以 $\delta_t p_t \equiv E_t p_t - E_{t-1} p_t = p_t + d_{t-1} - p_{t-1}\sqrt{\gamma} = \Delta p_t + d_{t-1} - \bar{r} p_{t-1}$。我们称做 $\delta_t p_t$（或仅仅 δp）的变量是克莱夫·格兰杰（Clive Granger）和保罗·萨缪尔森（Paul Samuelson）强调的变量，与 $\Delta p_t \equiv p_t - p_{t-1}$ 相对照，根据有效市场模型，它一定是不可预测的。实际上，利用我们的数据，这样度量的 $\delta_t p_t$ 将近似等于 Δp_t。

该模型也意指价格新息与按如下模型决定的股利新息有关：

$$\delta_t p_t = \sum_{k=0}^{\infty} \bar{\gamma}^{k+1} \delta_t d_{t+k} \tag{5—5}$$

除了 δ_t 代替 E_t 外，这个表达式与式（5—3）是完全相同的。不幸的是，这个模型中 $\delta_t p_t$ 是可观察的，$\delta_t d_{t+k}$ 不是直接可观察的；也就是说，我们不知道公众什么时候获得关于特定股利的新息。因而，在推导下面的不等式时，我们被迫假定“最坏可能的”信息滋生模式。

表达式(5—2)至表达式(5—5)构成了同一有效市场模型的四个不同表述。表达式(5—4)和表达式(5—5)对推导波动性度量的不等式尤其有用。在给定 p^* 的标准差时，我们已经应用表达式（5—4）推导出 p 的标准差的限制条件（5—1），并且在给定 d 的标准差时我们将利用表达式（5—5）推导出 δp 的标准差的限制条件。

与表达式（5—1）的推导有关的一个问题现在可以澄清了。不等式（5—1）是应用预测误差 $u_t = p_t^* - p_t$ 与 p_t 不相关的假设推导的。可是，预测误差 u_t 不是序列不相关的。它与时间 t 知道的所有信息不相关，但滞后的预测误差 u_{t-1} 在时间 t 还不知道，因为 p_{t-1}^* 在 t 时没有被披露。事实上，$u_t = \sum_{k=1}^{\infty} \bar{\gamma}^k \delta_{t+k} p_{t+k}$，这可根据将式（5—3）和式（5—4）中 p_t 和 p_t^* 的表达式代入 $u_t = p_t^* - p_t$ 并整理看出来。因为序列 $\delta_t p_t$ 是序列不相关的，u_t 具有一阶自回归序列相关性。[8]因为这个原因，根据 $p_t^* - p_t$ 关于时间 t 知道的变量进行回归和利用这些变量系数的普通 t 统计量检验这个模型是不合适的。可是，变量的广义最小二乘变形可能产生一个合适的回归检验。因而，我们可以将变形的变量 $u_t - \bar{\gamma} u_{t+1}$ 关于时间 t 知道的变量进行回归。因为 $u_t - \bar{\gamma} u_{t+1} = \bar{\gamma} \delta_{t+1} p_{t+1}$，这相当于检验价格新息是否可以被预测。我在 5.5 节将完成并讨论这种回归检验。

给定 d_t 的标准差，为了找到 δp 的标准差的限制条件，首先注意到 d_t 等于它的无条件期望加上新息的和：

$$d_t = E(d) + \sum_{k=0}^{\infty} \delta_{t-k} d_t \tag{5—6}$$

如果我们把 $E(d)$ 看成 $E_{-\infty}(d_t)$，那么这个表达式仅仅是同义反复。虽然它告诉我们 d_t（t=0，1，2，…）只是进入式（5—5）确定 $\delta_t p_t$（t=0，1，2，…）的同一股利新息的不同线性组合。因而我们要问给定 $\mathrm{var}(d)$ 时，$\mathrm{var}(\delta p)$ 可能有多大。因为新息是序列不相关的，根据式（5—6）我们知道，和的方差等于方差的和：

$$\mathrm{var}(d) = \sum_{k=0}^{\infty} \mathrm{var}(\delta d_k) = \sum_{k=0}^{\infty} \sigma_k^2 \tag{5—7}$$

d_t 的平稳性假设意指 $\mathrm{var}(\delta_{t-k} d_t) \equiv \mathrm{var}(\delta d_k) \equiv \sigma_k^2$ 与 t 无关。

在表达式（5—5）中，我们没有看到和的方差等于方差的和的迹象，因为所有新息都是时间 t 的新息，它们可能是相关的。事实上，对给定的 $\sigma_0^2, \sigma_1^2, \cdots$，当和的所有项完全正相关时，式（5—5）中和的方差出现最大值。于是，这意味着只要 $\mathrm{var}(\delta d) \neq 0$，则 $\delta_t d_{t+k} = a_k \delta_t d_t$，其中 $a_k = \sigma_k / \sigma_0$。将这个关系代入式（5—6）意味着

$$\hat{d}_t = \sum_{k=0}^{\infty} a_k \varepsilon_{t-k} \tag{5—8}$$

其中，^表示某变量减去它的平均值：$\hat{d}_t \equiv d_t - E(d)$ 而 $\varepsilon_t \equiv \delta_t d_t$。因

而，若 $\mathrm{var}(\delta p)$ 对给定的 σ_0^2，σ_1^2，…求最大值，则根据它自己的新息，股利一定是移动平均过程。[9]从而，我已经证明了而不是假设如果对 δp 的方差求最大值，那么 d_{t+k} 的预测将具有博克斯和詹金斯大众化的预测中通常的 ARIMA 形式。

对于给定的 d 的方差，我们现在能够找到 δp 的最大可能方差。因为式（5—5）的新息完全正相关，所以 $\mathrm{var}(\delta p)=\left(\sum_{k=0}^{\infty}\bar{\gamma}^{k+1}\sigma_k\right)^2$。为了对关于 σ_0，σ_1，…的约束 $\mathrm{var}(d)=\sum_{k=0}^{\infty}\sigma_k^2$ 求最大值，我们可以建立拉格朗日函数：

$$L=\left(\sum_{K=0}^{\infty}\bar{\gamma}^{k+1}\sigma_k\right)^2+\nu\left(\mathrm{var}(d)-\sum_{k=0}^{\infty}\sigma_k^2\right) \tag{5—9}$$

其中，ν 是拉格朗日乘数。$\sigma_j(j=0,\cdots,\infty)$ 的一阶条件是

$$\frac{\partial L}{\partial \sigma_j}=2\left(\sum_{k=0}^{\infty}\bar{\gamma}^{k+1}\sigma_k\right)\bar{\gamma}^{j+1}-2\nu\sigma_j=0 \tag{5—10}$$

依次意味着 σ_j 与 $\bar{\gamma}^j$ 成比例。最大值的二阶条件满足，且最大值可以被看成 $\mathrm{var}(\delta p)$ 的等产量曲线的切点，它是 $\sigma_0,\sigma_1,\sigma_2,\cdots$ 空间即约束表示的超球面的超平面。在最大值点 $\sigma_k^2=(1-\bar{\gamma}^2)\mathrm{var}(d)\bar{\gamma}^{2k}$ 和 $\mathrm{var}(\delta p)=\bar{\gamma}^2\mathrm{var}(d)/(1-\bar{\gamma}^2)$，转化成容易解释的标准差形式，我们有

$$\sigma(\delta p)\leqslant\sigma(d)/\sqrt{\bar{r}_2} \tag{5—11}$$

其中，$\bar{r}_2=(1+\bar{r})^2-1$。

这里 $\bar{r}_2$ 是两期利率，大致等于一期利率的两倍。于是，当 d_t 是一阶自回归过程，$\hat{d}_t=\bar{\gamma}\hat{d}_{t-1}+\varepsilon_t$，$E_t\hat{d}_{t+k}=\bar{\gamma}^k\hat{d}_t$ 时出现最大值，其中和前面一样 $\hat{d}\equiv d-E(d)$。

因而，当关于股利的新息以平稳的方式被披露，以致时间 t 时关于未来股利 d_{t+k} 的新信息的标准差与模型（5—5）的现值公式中的权数成比例时，价格新息的方差最大。比较而言，假定所有股利以某种方式在它们被支付前多年就已经知道了。那么，股利新息可能在式（5—5）中如此大幅度地贴现，以致它们对价格新息标准差的贡献可能很少。另外，假定直到股利支付的那一年，关于股利的新息一无所知。这里，虽然新息可能不会在式（5—5）中大幅度地贴现，新息的影响可能仅仅被限制在式（5—5）中的一项，而价格新息的标准差可能被限制在单一股利的标准差。

类似于式（5—11）的其他不等式也可以按同样的方法推导。例如，对给定的股利标准差，我们可以规定价格变化（而不是价格新息）的标准差上界。上述程序导致的唯一差别为 Δp_t 是股利新息的不同线性组合。利用 $\Delta p_t = \delta_t p_t + \bar{r} p_{t-1} - d_{t-1}$，我们得到

$$\Delta p_t = \sum_{k=0}^{\infty} \bar{\gamma}^{k+1} \delta_t d_{t+k} + \bar{r} \sum_{j=1}^{\infty} \delta_{t-j} \sum_{k=0}^{\infty} \bar{\gamma}^{k+1} d_{t+k+1} - \sum_{j=1}^{\infty} \delta_{t-j} d_{t-1} \tag{5—12}$$

如上所述，对 d 的给定方差，δp 的方差最大化要求时间 t 时 d 的新息完全相关（不同时间的新息基本上是不相关的），以致股利过程应该再次被预测为 ARIMA 过程。可是，使 Δp 方差最大化的 d 的 ARIMA 过程的参数将不同。在将拉格朗日表达式［类似于式（5—9）］最大化后，我们得到一个与式（5—11）稍有不同的不等式：

$$\sigma(\Delta p) \leqslant \sigma(d)/\sqrt{2\bar{r}} \tag{5—13}$$

如果最优股利预测是一阶自回归的就得到上界，但自回归系数稍微不同于导出式（5—11）的上界的系数。如果 $\hat{d}_t = (1-\bar{r})\hat{d}_{t-1} + \varepsilon_t$ 且 $E_t d_{t+k} = (1-\bar{r})^k \hat{d}_t$，其中和前面一样 $\hat{d}_t = d_t - E(d)$，那么就得到式（5—13）的上界。

5.2 高峰度和信息的罕见重大突破

已经多次注意到股票价格变化分布显示高峰度或“厚尾”。如果考虑 δp 或 Δp 的观察值时间序列，这就意味着当观察值的（绝对）值相当小而且偶尔出现极大的（绝对）值时，人们要观察很长时间。这种现象被普遍地归因于新信息罕见地大批量出现的倾向。好像存在信息成批出现可能引起股票价格变化具有很高或无限方差的普遍推测，这可能与前面一节如果预测具有简单的自回归结构，则价格的方差被限制并被最大化的结论相矛盾。

如果我们没有像法玛（Fama，1965）和其他人那样假定价格变化是从稳定的帕累托（Paritian）类分布引申出来的，高样本峰度就并不预示着无限方差。[10]该模型没有暗示价格变化具有这类分布。相反，该模型暗示股利序列矩的存在性意指存在价格序列的矩。

只要 d 和信息联合平稳并且具有有限方差，那么 p、p^*、δp 和 Δp 就将是平稳的并且具有有限方差。[11]可是，如果 d 服从正态分布，却并不能推出价格变量服从正态分布。事实上，它们仍然可能表现出高峰度。

为了理解这种可能性，假定股利是序列独立的，且具有同样的正态分布。价格序列的峰度由 $K=E(\hat{p})^4/(E(\hat{p})^2)^2$ 定义，其中 $p\equiv\hat{p}-E(p)$。作为例子，假定 t 期初公众以 $1/n$ 的概率被告知 d_t，但以 $(n-1)/n$ 的概率没有关于现在或将来的股利的信息。[12]在公众知道 d_t 的时期，$\hat{p}_t=\bar{\gamma}\hat{d}_t$，否则 $\hat{p}_t=0$。于是，$E(\hat{p}_t^4)=E((\bar{\gamma}\hat{d}_t)^4)/n$ 和 $E(\hat{p}_t^2)=E((\bar{\gamma}\hat{d}_t)^2)/n$，结果峰度等于 $nE((\bar{\gamma}\hat{d}_4)^4)/E((\bar{\gamma}\hat{d}_t)^2)$，它等于 n 乘以正态分布的峰度。从而，通过选择足够高的 n，我们可以得到任意高的峰度，然而价格的方差将总是存在。此外，以已经披露的股利信息为条件，$\hat{p}_t$ 的条件分布也是正态的，而不管无条件分布峰度多高。

如果信息偶尔大批量地被披露（从而导致上面例子提出的高峰度），则 $\mathrm{var}(\delta p)$ 或 $\mathrm{var}(\Delta p)$ 不是特别大。从未披露信息的长时间间隔中损失的方差比从披露的罕见事件中得到的方差更多。当信息以上一节提到的方式平稳地披露时，对 d 的给定方差，最大可能的方差确实产生了。在上面的例子中，关于股利的信息每次披露 n 个，$\sigma(\delta p)=\bar{\gamma}n^{1/2}\sigma(d)$，$\sigma(\Delta p)=\bar{\gamma}(2/n)^{1/2}\sigma(d)$。这个例子隐含的 $\sigma(\delta p)$ 和 $\sigma(\Delta p)$ 的值对所有的 n 严格地低于不等式（5—11）和不等式（5—13）的上界。[13]

5.3　股利或盈利?

已经证明了模型（5—2）没有抓住有效市场的一般含义，而且已经证明了该模型应该被价格成为预期盈利现值而不是预期股利现值的模型所取代。在模型（5—2）中，盈利可能与股票定价有关，但仅仅限于盈利是未来股利的指针的范围。因而，盈利与可能预示未来股利的任何其他经济变量没有区别。模型（5—2）与个人关心收益也就是资本利得加股利的金融观点一致。该模型隐含着预期总收益是常数，并且收益的资本利得部分只是对未来股利信息的反映。与之相比较，盈利是会计师想象的应该提供一个公司做得多么好的指针的统计数字，并且存在大量的盈利定义，最近关于通货膨胀会计的文献可以证明这一点。

如果有些盈利被保留的话，就无法解释为什么每股价格应该等于每股预期盈利的现值。事实上，如同米勒和莫迪里亚尼（Merton Miller and Franco Modigliani，1961）证明的，这个现值公式可能需要从两方面去认识。将时间 t 的盈利和时间 t 的利润再投资后产生的利润都包括在现值公式中是不正确的。[14]米勒和莫迪里亚尼证明了价格可能被看成投资的盈利修正现值的一个公式，但那个公式可以利用与式（5—2）相同的会计恒等式来证明。

有些人好像觉得我们不能认为价格等于预期股利的现值，因为公司常常只付出盈利的一部分而且还试图使股利稍微稳定一点。在公司不支付股利的情况下，他们是正确的，因为那时价格 p_t 可能不得不按贴现率 r 增长，并且模型（5—2）可能不是条件 $E_t(H_t)=r$ 隐含的差分方程的解。另一方面，如果公司支付一部分股利或使股利的短期波动平滑，那么公司价值将以低于贴现率的速度增长，并且模型（5—2）是差分方程的解。[15]利用我们的标准普尔数据，实际价格的增长率仅有大约1.5%，而贴现率大约是4.8%+1.5%=6.3%。因此，按照这个速度，几十年后公司价值相对于公司规模将大打折扣，而公司规模与今天的股票价格关系不大；绝大部分价值来自于股利调整。从而式（5—2）和隐含的 p^* 应该是公司价值的有用描绘。

这里需要认识的重要主题是一旦我们知道每期的价格和调整的股利，我们就已经详细说明了投资者关心的所有事情。根据每期的价格条件，以盈利代替股利应用同一个公式定义事后理性价格是没有意义的。

5.4 时变实际贴现率

如果我们修正模型（5—2）允许实际贴现率自始至终不受限制地变化，那么该模型将变得不可检验。我们没有直接观察到实际贴现率。不管 P_t 和 D_t 如何变化，总是存在使式（5—2）同样成立的贴现率序列。虽然我们可能会问，需要的实际贴现率变化是否没有超过我们已经预期的变化，或者，当前单期贴现率的小变化因未来贴现率这种变化的新信息而加倍能够解释股票价格高度波动的原因吗？[16]

式（5—2）自然推广到时变实际贴现率的情况是

$$P_t = E_t\left(\sum_{k=0}^{\infty} D_{t+k}\prod_{j=0}^{k}\frac{1}{1+r_{t+j}}\right) \tag{5—14}$$

它具有 $E_t((1+H_t)/(1+r_t))=1$ 的性质。如果我们令 $1+r_t=(\partial U/\partial C_t)/(\partial U/\partial C_{t+1})$，即关于现在和未来消费的边际替代率，其

中 U 是加性可分的消费效用，那么这个性质是股票市场预算约束下预期效用最大化的一阶条件，并且无论何时，方程（5—14）都与预期效用最大化一致。注意，r_t 是一种直到时间 $t+1$ 都未必知道的事后实际利率，只有时间 t 或更早的条件分布影响公式（5—14）中的价格。

和前面一样，根据剔除趋势的序列，我们可以改写该模型：

$$p_t = E_t(p_t^*) \tag{5—15}$$

其中

$$p_t^* \equiv \sum_{k=0}^{\infty} d_{t+k} \prod_{j=0}^{k} \frac{1}{1+\bar{r}_{t+j}}$$
$$1+\bar{r}_{t+j} \equiv (1+r_i)/\lambda$$

于是，和前面一样，这个模型也表示 $\sigma(p_t) \leqslant \sigma(p_t^*)$ 。可是，因为该模型是非线性的，它不允许我们推导出像式（5—11）或式（5—13）一样的不等式。另一方面，如果实际利率的变化不是太大，那么我们围绕 $d=E(d)$ 和 $\bar{r}=E(\bar{r})$ 应用 p_t^* 的线性化（即去掉线性项后的泰勒展开式）；即

$$\hat{p}_t^* \cong \sum_{k=0}^{\infty} \bar{\gamma}^{k+1} \hat{d}_{t+k} - \frac{E(d)}{E(\bar{r})} \sum_{k=0}^{\infty} \bar{\gamma}^{k+1} \hat{\bar{r}}_{t+k} \tag{5—16}$$

其中，$\bar{\gamma}=1/(1+E(\bar{r}))$ ，而变量上的帽子表示该变量减去平均值。上述表达式中的第一项正好是式（5—4）中 p_t^* 的表达式（扣除平均值的）；第二项表示实际贴现率的变化对 p_t^* 的影响。除了 d_{t+k} 被 $\hat{\bar{r}}_{t+k}$ 代替且该表达式前面乘 $-E(d)/E(\bar{r})$ 以外，第二项与式（5—4）中 p_t^* 的表达式是一样的。

为这种线性化提供一种简单直观的解释是可能的。首先，注意到 $1/(1+\bar{r}_{t+k})$ 关于 $\bar{r}$ 在 $E(\bar{r})$ 的导数是 $-\bar{\gamma}^2$ 。因而，$\bar{r}_{t+k}$ 增加一个百分点导致 $1/(1+\bar{r}_{t+k})$ 按照 $\bar{\gamma}^2$ 乘以 1%或者稍低于 1%下降。注意到式（5—15）中注明时间 $t+k$ 或更高的所有项都要先乘 $1/(1+\bar{r}_{t+k})$ 。因而，如果 $\bar{r}_{t+k}$ 增加一个百分点，那么除常数项外的所有项将降低 $\bar{\gamma}^2$ 乘以 1%。我们可以将这些项的和近似为 $\bar{\gamma}^{k-1}E(d)/E(\bar{r})$ ，其中 $E(d)/E(\bar{r})$ 是 $t+k$ 期初的常数股利流 $E(d)$ 被 $E(\bar{r})$ 贴现后的价值，而 $\bar{\gamma}^{k-1}$ 贴现到现在。所以，我们知道 $\bar{r}_{t+k}$ 增加一个百分点，除常数以外，p_t^* 减少大约 $\bar{\gamma}^{k+1}E(d)/E(\bar{r})$ ，它相当于表达式（5—16）的第 k 项。因线性化而产生的不精确性有两个根源。第一，自时间 $t+k$ 开始，所有未来股利的现值并非恰好是 $\bar{\gamma}^{k-1}E(d)/E(\bar{r})$ 。第二，$\bar{r}_{t+k}$ 增加一个百分点没有导致

$1/(1+\bar{r}_{t+k})$ 恰好下降 $\bar{\gamma}^2$ 乘以 1%。可是，从某种程度上说，$\bar{r}_t$，$\bar{r}_{t+1}$，$\bar{r}_{t+2}$，… 对 p_t^* 影响的这些误差应该均匀一点，而且我们能够利用式（5—16）获得关于贴现率变化效应的见解。

为了得到关于线性化式（5—16）的精确性的印象，我以数据集 2 用两种方法计算 p_t^* ：首先利用式（5—15）然后用式（5—16），按同样的期末条件 p_{1979}^* 计算 。替换没有被观察到的 $\bar{r}_t$ 序列，我利用实际的 4～6 个月优惠商业票据利率加一个常数以得到表 5—2 的均值 $\bar{r}$ 。商业票据利率是名义利率，因而我们可以预期它的波动既代表通货膨胀预期的变化也代表利率的变化。不过，我相当随机地选择它作为一个序列，显示的波动性比我们在预期实际利率中通常期望看到的波动性大许多。在这个样本中，商业票据利率的变化范围为 0.53%到 9.87%。该利率在超过 10 年的时间里（1935—1946 年）低于 1%，而在样本期末的超过 10 年的时间里该利率基本上大大高于 5%。尽管该利率反复无常，但从式（5—15）计算的 p^* 和从式（5—16）计算的 p^* 之间的相关系数为 0.996，而且根据式（5—15）和式（5—16）得到的$\sigma(p_t^*)$分别为 250.5 和 268.0。因而线性化式（5—16）相当精确。而且注意到当 $\bar{r}_t$ 的这些巨大变化导致 p_t^* 的变化程度高于图 5—2 描述的情况时，$\sigma(p^*)$ 仍然低于 $\sigma(p)$ 的一半。这暗示考虑有效市场模型所必要的可变性，$\bar{r}_t$ 仍然非常大，这正如我们将看到的一样。

在给定 Δp 的可变性时，为确定 $\sigma(\bar{r})$ 的正式下界，注意到式（5—16）使 p_t^* 等于 $z_t,z_{t+1},\cdots$ 的现值，其中 $z_t\equiv\hat{d}_t-\hat{r}_tE(d)/E(\bar{r})$。因而根据式（5—13），我们知道 $2E(\bar{r})\mathrm{var}(\Delta p)\leqslant\mathrm{var}(z)$ 。此外，根据 z 的定义，有 $\mathrm{var}(z)\leqslant\mathrm{var}(d)+2\sigma(d)\sigma(\bar{r})E(d)/E(\bar{r})+\mathrm{var}(\bar{r})E(d)^2/E(\bar{r})^2$，如果 d_t 和 $\bar{r}_t$ 完全负相关，则等号成立。将这两个不等式结合起来并求解 $\sigma(\bar{r})$，我们得到

$$\sigma(\bar{r})\geqslant\left(\sqrt{2E(\bar{r})}\sigma(\Delta p)-\sigma(d)\right)E(\bar{r})/E(d) \tag{5—17}$$

这个不等式确定了与不等式（5—13）的左边和右边的差成比例的 $\sigma(\bar{r})$ 的下界。[17]它将用于考查下一节的数据。

5.5 经验证据

不等式（5—1）、不等式（5—11）和不等式（5—13）的各因素在表 5—2 中用两个数据集（见本章附录）描述。在这两个数据集中，长

期指数增长路径由 $\ln(P_t)$ 关于常数和时间的回归进行估计。于是，规定不等式（5—3）中的 λ 等于 e^b，其中 b 是时间的系数（见表 5—2）。根据不等式（5—4），用于计算 p^* 的贴现率 $\bar{r}$ 被估计为平均的 d 与平均的 p 的商。[18] p^* 的期末价值被取作平均的 p 值。

表 5—2　　　　价格和股利序列的样本统计量[a]

	数据集 1：标准普尔数据：1871—1979	数据集 2：修正的道琼斯工业股票平均指数数据：1928—1979
1. $E(p)$	145.5	982.6
$E(d)$	6.989	44.76
2. $\bar{r}$	0.048 0	0.456
$\bar{r}_2$	0.098 4	0.093 2
3. $b=\ln\lambda$	0.014 8	0.018 8
$\hat{\sigma}(b)$	(0.001 1)	(1.003 5)
4. $\text{corr}(p,p^*)$	0.391 8	0.162 6
$\sigma(d)$	1.481	9.828
不等式分析：		
不等式(5—1)		
5. $\sigma(p)$	50.12	355.9
6. $\sigma(p^*)$	8.968	26.80
不等式(5—11)		
7. $\sigma(\Delta p+d_{-1}-\bar{r}p_{-1})$	25.57	242.1
$\min(\sigma)$	23.01	209.0
8. $\sigma(d)/\sqrt{\bar{r}_2}$	4.721	32.20
不等式(5—13)		
9. $\sigma(\Delta p)$	25.24	239.5
$\min(\sigma)$	22.71	206.4
10. $\sigma(d)/\sqrt{2\bar{r}}$	4.777	32.56

a. 在这个表中，E 表示样本均值，σ 表示标准差，而 $\hat{\sigma}$ 表示标准误差。$\text{Min}(\sigma)$ 是计算作为 95%置信区间单侧 χ^2 的 σ 的下界。符号 $p, d, \bar{r}, \bar{r}_2, b$ 和 p^* 在正文中有定义。数据集描述参见附录。本章不等式（5—1）宣称第 5 行的标准差应该小于或等于第 6 行的标准差，不等式（5—11）第 7 行的标准差应该小于或等于第 8 行的标准差，不等式（5—13）第 9 行的标准差应该小于第 10 行的标准差。

就数据集 1 来说，名义价格和股利序列是实际标准普尔综合股票价格指数和有关的股利序列。这个序列更早的观察值应归功于阿尔弗雷德·考沃勒斯，他说该指数“在忽略经纪费用和税收因素的情况下打算阐述，如果一个投资者在 1871 年初已经购买纽约证券交易所上市的所有股票，单只股票的购买量与总货币价值成比例，直到 1937 年每个月一直按照同样的标准重新分配他在所有上市股票上的持有量，该投资者的资金可能会发生什么事情”（Alfred Cowles，1938，p. 2）。后来，标准普尔将样本限制在 500 只股票，但序列继续是加权价值。这个序列的优势是它的广泛性；缺点是由于股票加权方式的变化，有个时期股票组合的应计股利可能与更早时期标准普尔股票组合持有者预测的股利不一致。在不失广泛性的条件下，没有办法纠正这个缺点。随着时间的推移，1871 年最初的证券组合一定会成为相对越来越小的美国普通股票样本。

就数据集 2 来说，名义序列是修正的道琼斯工业股票平均指数和有关的股利序列。就这个数据集而言，数据集 1 的优点和缺点刚好反过来了。我的道琼斯工业股票平均指数修正确保这个序列反映单个不变的证券组合的绩效，缺点是它仅仅记录了 30 只股票的绩效。

表 5—2 揭示所有的不等式都被两个数据集的样本统计量显著地违反。不等式的左边至少总是右边 5 倍那么大，甚至高达 13 倍。

违反不等式意指我们度量的价格新息能够被预测。事实上，我们将 $\delta_{t+1}p_{t+1}$ 回归到（常数和）p_t，我们得到显著的结果：对数据集 1，p_t 的系数为－0. 152 1（$t=-3.218$, $R^2=0.0890$），而对数据集 2，p_t 的系数为－0. 242 1（$t=-2.361$, $R^2=0.1238$）。这些结果并不是由于将数据描述成长期增长路径的一部分造成的。实际上，如果持有期收益 H_t 对常数和股利—价格比率 D_t/P_t 进行回归，我们得到显著性仅仅稍低的结果：对数据集 1，系数为 3. 533（$t=2.672$, $R^2=0.0631$），而对数据集 2，系数为 4. 491（$t=1.795$, $R^2=0.0617$）。[19]

当技术上有效时，这些回归检验在评估模型的有效性时可能不会像简单波动性比较那样普遍有用。首先，和上面说明的一样，回归检验并非对数据误排不敏感。这种低 R^2 可能是股利或商品价格指数数据误差的结果。其次，虽然该模型被很长的样本否决了，但如果我们像金融领域大多数研究者做的那样局限于数据更精确的更短的样本，检验可能不显著，而波动性比较可能具有更强的揭示性。为了明白这一点，考虑一个风格化的世界，（出于论据的缘故）当价格序列像我们的数据集那样表现时，股利序列 d_t 是绝对不变的。因为实际股利序列是相当平稳的，我们的风格化世界离我们自己的现实世界不是太遥远。可是，如果股利 d_t 是绝对不变的，那么按照波动性论据，对大多数漫不经心和单纯的观察者而言，显而易见，有效市场模型一定是错误的。如果股利永远不发生变化，价格变化就不能反映关于股利的新信息。然而，上面实施的那些回归将只具有有限的能力否定该模型。比如，如果可选择的假设是 $\hat{p}_t = \rho\hat{p}_{t-1} + \varepsilon_t$，其中 ρ 接近但小于 1，那么短样本检验的显著性很低。在这个风格化世界里，我们正在检验 p_t 序列的平稳性，因为我们知道短样本检验的显著性低。[20] 例如，如果选择 1950—1965 年股票市场正在上升的战后数据（近来金融市场研究常常应用的一个时期），那么显然回归检验不会被拒绝。甚至在显示上升趋势反转的时期拒绝可能不显著。

利用不等式（5—7），我们能够计算实际贴现率要多大的标准差才能恰好解释表 5—2 的结果（第 9 和 10 行）与不等式（5—13）的差异 $\sigma(\Delta p) - \sigma(d)/(2\bar{r})^{1/2}$ 的原因。假定表 5—2 的 $\bar{r}$（第 2 行）等于 $E(\bar{r})$，而且样本方差等于总体方差，我们发现数据集 1 中 $\bar{r}_t$ 的标准差可能必须至少是 4.6 个百分点，而数据集 2 中 $\bar{r}_t$ 的标准差必须至少是 7.36 个百分点。这些数很大。如果我们按照这些数字隐含的 $\bar{r}_t$ 的正常范围，围绕表 5—2 给定的实际利率 $\bar{r}$ 取 $a \pm 2$ 个标准差区域，那么数据集 1 的实际利率 $\bar{r}_t$ 可能必须在－3.91％到 13.52％的范围变化，而数据集 2 的实际利率 $\bar{r}_t$ 可能必须在－8.16％到 17.27％的范围变化！而且只有当实际利率具有一阶自回归结构并与股利完全负相关时，实际利率的这些变化范围才反映与模型一致的最低可能的标准差。

这些估计的事前实际利率标准差大致符合上面说明的简单回归的结果。在 H_t 关于 D_t/P_t 和常数的回归中，对数据集 1 和数据集 2，H_t 的拟合值的标准差分别是 4.42％和 5.71％。这些巨大的标准差与低 R^2 一致，因为 H_t 的标准差是如此之高（分别为 17.60％和 23.00％）。$\delta_t p_t$ 关于 p_t 的回归暗示着预期实际利率更高的标准差。对数据集 1 和数据集 2，拟合值的标准差除以剔除趋势的平均价格分别是 5.24％和 8.67％。

5.6　小结和结论

我们已经明白，过去一个世纪股票价格波动好像太大——超过

5～13倍——以致不能归因于关于未来实际股利的新信息，如果关于未来股利的不确定性用围绕长期指数增长路径的实际股利的样本标准差度量。实际股票价格年度变化的标准差的95％单侧（one-sided）χ^2置信区间的下界比实际股利观察到的可变性度量的允许上界的5倍还高。因而，有效市场模型的失败是如此显著，以致看起来不可能将模型的失效归因于数据误差、价格指数问题或税法变化这样的事情。

顾全有效市场一般观点的一个方法可能是，将股票价格的变化归因于预期实际利率的变化。因为预期实际利率不是直接观察到的，这种理论不可能从统计上进行评价，除非找到实际利率的其他指标。可是，我已经说明能够证明股票价格变化合理性的预期实际利率的变化很大——比样本期名义利率的变化大得多。

顾全有效市场一般观点的另一个方法是，表明关于未来股利不确定性的度量——围绕长期指数增长路径的实际股利变化的样本标准差度量——低估了未来股利的真实不确定性。也许市场害怕比实际变化大得多的变化是合理的。如果经过一个世纪的观察后，能够间接证明股票价格变化合理性的事情什么也没有发生，就会诱使人们怀疑这一点。市场恐惧的实际股利的变化一定比20世纪30年代大萧条期间观察到的变化大许多倍，就像上面说明的那样。市场不会事先确切地知道增长路径和最终被观察到的股利分配，可是我们没有把握说考虑没有发生的潜在重大事件是错误的。然而，股票价格波动的这种解释是“学术性的”，因为它从根本上依赖不可观察的变量，而且不能从统计上进行评估。

附　录

A. 数据集1：标准普尔序列

1871—1979年年报。价格序列P_t是1月份标准普尔月度综合股票价格指数除以劳工统计局批发价格指数（1月份WPI开始于1900年，1900年以前的年均WPI在基年1979年调整到1.00）。标准普尔月度综合股票价格指数被追溯到1871年阿尔弗雷德·考沃勒斯和合伙人创立的考沃勒斯委员会普通股票指数。该指数当前以500只股票为基准。

股利序列D_t是指数中的股票表示的证券组合日历年的应计总股利

除以该年的平均批发价格指数（年均 WPI 在基年 1979 年调整到 1.00）。始于 1926 年的这些总股利是来自于标准普尔统计服务的“每股股利……按照指数调整的 12 个月变动总股利”序列。对 1871—1925 年而言，总股利等于考沃勒斯序列 Da—1 乘以 0.126 4，以矫正基年的变化。

B. 数据集 2：修正的道琼斯工业股票平均指数

1928—1979 年年报。这里 P_t 和 D_t 是指构成 1928 年建立的道琼斯工业股票平均指数样本的 30 只股票组合的实际价格和股利。1928 年前，道琼斯工业股票平均指数已经存在，但那 30 个工业股票序列是那年开始的。可是，公布的道琼斯工业股票平均指数并不理想，因为股票被舍弃和代替，而且分配给单只股票的权数受股票分拆的影响。在最初的 30 只股票中，到我们样本期末只有 17 只股票仍然包含在道琼斯工业股票平均指数中。公布的道琼斯工业股票平均指数是 30 只公司股票每股价格简单求和除以随时间改变的除数。因而，如果某股票一股分拆成两股，那么道琼斯工业股票平均指数继续包括一股但要改变除数，以防止道琼斯工业股票平均指数的突然下降。

为了得到这一章应用的序列，利用《资本变动报告》跟踪 1928—1979 年公司的变化。在道琼斯工业股票平均指数最初的 30 家公司中，在我们样本期末（1979），9 家公司名字相同，12 家公司仅仅改变了它们的名字，还有 9 家公司已经被收购、兼并或合并。对最后几家公司，价格和股利序列作为被转换为收购公司的股票价格和股利继续存在。仅有一种情况是现金支付连同收购公司的股票转换成被收购公司的股票。在这种情况下，价格和股利序列作为被收购公司转换的价格和股利而继续存在。在四种情况中，收购公司的优先股票在被交换的股票之列。相等价值的普通股票被替换成我们序列的股票。每个公司股票包含在总指数中的数字由分拆、受股票股利影响的实际分拆、兼并决定。价格序列是前一年最后一个交易日所有这些股票的价值，正如沃顿商学院的罗得尼·怀特普通股票中心（Rodney White Center Common Stock）资料显示的那样。股利序列是所有这些股票该年股利和其他分配的现金价值。价格和股利序列利用与数据集 1 一样的批发价格指数平减而得。

注　释

[1] 股票价格指数可能看起来不熟悉，因为它要用价格指数平减，它被表示成长期增长路径的一部分，而且只出现 1 月份的数字。例如，人们可能注意到股票市场 1929—1932 年的下降程度看起来小于最近的下降程度。实际上，就这种情况，1 月份数字还漏掉了 1929 年的高峰和 1932 年的谷底。

[2] 价格和股利序列作为长期增长路径的一部分是 5.1 节开始定义的。关于公众对长期增长路径了解或缺乏了解的假设是重要的，下面将讨论这个问题。序列 p^* 的计算受 1978 年关于股利的假设影响。参见正文和图 5—3。

[3] 有些人会反对不等式（5—1）的推导并认为 $E_t p_t = p_t^*$ 更好，即预测“平均”是正确的，这可能导致推翻不等式（5—1）。然而，这个反对源于对条件期望的错误解释。期望算子 E 的下标意味着“把 t 时知道的所有变量看成给定的（即非随机的）”。显然，p_t 在 t 时是知道的而 p_t^* 不知道。用实际术语说，如果一个预测者给出的预测不同于 $E_t p_t^*$，那么在预期平方预测误差的意义下他的预测不是最优的。如果他仅仅给出一个平均等于 $E_t p_t^*$ 的预测，那么他在最优预测上加了随机噪音。图 5—1 或图 5—2 表现的噪音数量是令人惊奇的。想象我们会怎么看待当地的天气预报员，如果当地的实际温度沿着虚线变化而预报员的预报沿实线变化！

[4] 这个分析被推广到克里斯廷·阿姆斯勒（Christine Amsler，1980）提出的优先股收益。

[5] 例如，不能推断有关有效市场的文献一致地支持这里提出的有效性的观点，没有资产被置于首选地位或没有交易规则决定购买并持有的策略［最近的文章可以参看 Basu，1977；Franco Modigliani and Richard Cohn，1979；William Brainard，John Shoven and Lawrence Weiss，1980；以及 Machael Jensen（1978）编辑的关于市场有效性的论文集中的文章］。

[6] 从不等式（5—2）到不等式（5—3）的推导过程中没有引入假设，因为不等式（5—3）只是不等式（5—2）的代数变形。然而，我将引入 d_t 与信息联合平稳的假设，这意味着 d_t 与 z_{t-k} 的（无条件）协

方差只依赖于 k 而不依赖于 t，其中 z_t 是任意的信息变量（可能是 d_t 本身或 p_t）。因此我们可以写出像 var(p) 一样没有时间下标的表达式。比较而言，随机变量条件期望 $E_t(d_{t+k})$ 的实现是时间的函数，因而依赖于 t 时的信息。如果我们要进行任何统计分析，一些平稳性假设是必要的。

[7] 在不等式（5—3）两边取无条件期望，我们得到

$$E(p) = \frac{\bar{\gamma}}{1-\bar{\gamma}}E(d)$$

利用 $\bar{\gamma} = 1/(1+\bar{r})$ 并求解，我们得到 $\bar{r} = E(d)/E(p)$ 。

[8] 像勒劳伊和波特提到的一样，可推出 $\mathrm{var}(u) = \mathrm{var}(\delta p)/(1-\bar{\gamma}^2)$ 。他们的波动性检验基于我们的不等式（5—1）（他们称定理 2）和一个等式约束 $\sigma^2(p)+\sigma^2(\delta p)/(1-\bar{\gamma}^2)=\sigma^2(p^*)$（他们称定理 3)。他们发现，利用战后的标准普尔盈利数据，这两个关系都被样本统计量违反了。

[9] 当然，像赫尔曼·沃尔德（Hermann Wold）证明的一样，所有不确定的平稳过程都可以给出线性移动平均表述。然而，没有推导过程可以给出用自己的新息表示的移动平均表述。真实的过程可以非线性地产生或者除它自身的滞后信息以外的其他信息可以用于预测。这些一般会导致式（5—5）中的一些项的不太完美的相关性。

[10] 关于股票价格变化的无条件分布的经验事实不是它们具有无限方差（从来没有用任何有限样本证明过)，而是它们在样本中具有高峰度。

[11] 利用任意的平稳过程 χ_t ，根据舒瓦茨不等式，有限方差 $\mathrm{var}(\chi_t)$ 的存在性意味着对任何 k，协方差 $\mathrm{cov}(\chi_t,\chi_{t+k})$ 的值有限，从而 χ_t 的全部自协方差函数和谱存在。此外，$E_t(\chi_t)$ 的方差也应该是有限的，因为 χ 的方差等于 $E_t(\chi_t)$ 的方差加上预测误差的方差。我们可以认为实际股利具有有限方差，股利的新息可能表现出高峰度。d_t 的二阶自回归的残差标准普尔序列有 6.29 的学生化的范围；而道氏序列有 5.37 的学生化的范围。根据戴维-哈特利-皮尔森检验，正态性可能对两个数据集在单侧的 5%水平下被拒绝（但在 1%水平下没有被拒绝)。

[12] 在这个例子中，为简明起见，这一章中其他地方 d_t 在时间 t 已知这一假设已经被省略了。在这个例子中可以推出 $\delta_t p_t \neq \Delta p_t + d_{t-1} - rp_{t-1}$ ，但不能推出 $\delta_t p_t = p_t$ 。

[13] 对另一个描述性例子而言，把 $\hat{d}_t = \bar{\gamma}\hat{d}_{t-1} + \varepsilon_t$ 看成有上界的

不等式（5—11），但其股利在下面的 n 年每 $1/n$ 年预告一次。即使 $\hat{d}_t$ 拥有自回归结构，ε_t 也不在 d_t 的新息中。当 n 趋近于无穷时，$\sigma(\delta p)$ 趋于无穷。

［14］勒劳伊和波特（LeRoy and Porter，1980）确实假设价格为盈利的现值，但利用了米勒和莫迪里亚尼（Miller and Modigliani，1961）没有利用的其他理论假设下对价格和盈利序列的修正，即对双重计算的修正。

［15］理解这个观点有助于考虑传统的连续时间增长模型，所以代替方程（5—2）我们就有 $P_0=\int_0^{\infty} D_t e^{-rt}\mathrm{d}t$ 。在这个模型中，公司有一个常数盈利现金流 I。如果该公司付出所有盈利，那么 $D=I$ 而且 $P_0=\int_0^{\infty} Ie^{-rt}\mathrm{d}t=I/r$ 。如果该公司只付出其盈利的 s 比例，那么公司以 $(1-s)r$ 的速度增长，$D_t=sIe^{(1-s)rt}$，在 $t=0$ 时小于 I 但以后高于 I。因此，$P_0=\int_0^{\infty} sIe^{(1-s)rt}e^{-rt}\mathrm{d}t=\int_0^{\infty} sIe^{-srt}\mathrm{d}t=sI/(rs)$ 。如果 $s\neq 0$（使得我们不能用 0 除），那么 $P_0=I/r$ 。

［16］詹姆斯·佩桑多（James Pesando，1979）已经讨论过类似的问题：为了解释长期利率波动的合理性，流动性溢价的方差应该有多大？

［17］在推导不等式（5—13）时，假定 d_t 在时间 t 是已知的，所以根据类推，这个不等式可能基于 t 时 r_t 已知的假设。然而，没有这个假设，同样的不等式也能够推出来。当 $\bar{r}_t$ 在时间 t 已知时，$\bar{r}_t$ 对 Δp 的方差的最大贡献出现了。

［18］这并非相当于平均股利—价格比率，它稍高（数据集 1 为 0.051 4，数据集 2 为 0.048 4）。

［19］然而，对 D_t/P_t 的回归并不像不等式（5—2）的检验那样严格有效，因为 D_t（第 t 年的总股利）在 P_t 被度量时的 1 月份并没有完全知道。参见表 1—2。

［20］如果股利是常数（比如 $d_t=0$），那么由于 $\delta_{t+1}p_{t+1}$ 对 p_t 回归进行的模型检验相当于 p_t 的系数是 $(1+\bar{r})$ 的零假设下 p_{t+1} 对 p_t 的回归。这好像是 t 统计量无效的爆炸性模型，然而，我们的正确模型实际上假定 $\sigma(d)\neq 0$，因此它是非爆炸性的。

参考文献

Amsler, Christine, 1980. "An American Consol: A Reexamination of the Expectations Theory of the Term Structure of Interest Rates," unpublished manuscript, Michigan State Univ.

Basu, S., 1977. "The Investment Performance of Common Stocks in Relation to their Price—Earnings Ratios: A Test of the Efficient Markets Hypothesis," *Journal of Finance* 32: 663—682.

Box, G. E. P. and G. M. Jenkins, 1970. *Time Series Analysis for Forecasting and Control*, San Francisco: Holden-Day.

Brainard, William C., John B. Shoven, and Laurence Weiss, 1980. "The Financial Valuation of the Return to Capital," *Brookings Papers* 2: 243—502.

Cootner, Paul H., 1964. *The Random Character of Stock Market Prices*, Cambridge: MIT Press.

Cowles, Alfred and Associates, 1938. *Common Stock Indexes, 1871 — 1937*, Cowles Commission for Research in Economics, Monograph No. 3, Bloomington: Principia Press.

Fama, Eugene F., 1970. "Efficient Capital Markets: A Review of Theory and Empirical Work," *Journal of Finance* 25: 383—420.

Fama, Eugene F., 1965. "The Behavior of Stock Market Prices," *Journal of Business, Univ. Chicago* 38: 34—105.

Granger, C. W. J., 1975. "Some Consequences of the Valuation Model When Expectations are Taken to be Optimum Forecasts," *Journal of Finance* 30: 135—145.

Jensen, M. C. et al., 1978. "Symposium on Some Anomalous Evidence Regarding Market Efficiency," *Journal of Financial Economics* 6: 93—330.

LeRoy, Stephen, and Richard Porter, 1981. "The Present Value Relation: Tests Based on Implied Variance Bounds," *Econometrica* 49: 555—574.

Miller, Merton H., and Franco Modigliani, 1961. "Dividend Policy, Growth and the Valuation of Shares," *Journal of Business, Univ. Chicago* 34: 411—433.

Modigliani, Franco, and Richard Cohn, 1979. "Inflation, Rational Valuation and the Market," *Financial Analysts Journal* 35: 24—44.

Pesando, James, 1979. "Time Varying Term Premiums and the Volatility of Long Term Interest Rates," unpublished paper, Univ. Toronto.

Samuelson, Paul A. 1977. "Proof that Properly Discounted Present Values of Assets

Vibrate Randomly," in Hiroaki Nagatani and Kate Crowley, eds. , *Collected Scientific Papers of Paul A. Samuelson*, Vol. IV, Cambridge: MIT Press.

Shiller, Robert J. 1979. "The Volatility of Long-Term Interest Rates and Expectations Models of the Term Structure," *Journal of Political Economy* 87: 1190—1219.

第6章 应用波动性测度评估市场有效性[①]

6.1 引 言

最近，大量研究已经利用投机资产价格的方差或“波动性”提出反对市场有效性的简单模型的证据。这些测度被解释成隐含着价格表现出太大的变化，以致不能根据关于价格的基本决定因素的新信息的随机出现进行解释。波动性测度的第一个应用是勒劳伊和波特（LeRoy and Porter，1981）独立地作出的关于股票价格与盈利数据的讨论和我自己（Shiller，1979）的关

① 改编自 *Journal of Finance* 36（1981）：291—304；© 1981 the American Finance Association。

于长期与短期债券收益的见解。后来，这些测度的进一步应用是研究涉及股票价格和股利的有效市场模型（Shiller，1981b，chapter 5）、中期与短期债券收益（Shiller，1981a，Singleton，1980）、优先股票红利—价格比率与短期利率（Amsler，1980）、汇率与货币存量差异（Huang，1980；Meese and Singleton，1980）。我的目的是解释这些论文中波动性测度的应用，描述可能允许价格更大变化的其他可选择模型，并且用评价市场有效性的更常规的方法来比较波动性检验。

我考虑有效市场模型的波动性测度的初始动机是澄清模型的基本平滑性质以获得对隐含在市场有效性概念中的假设的理解。6.2 节描述的有效市场模型将今天的价格与未来变量路径的预期现值联系起来。因为现值是长期加权移动平均值，所以可能看起来价格数据应该相当稳定和平滑。这些感想能够根据描述某种方差（6.3 节）的不等式规范化。不管数据是否满足这些不等式，这些结果应该是有意义的，而且程序应该不会被看成只是市场有效性的“另一种检验”。当我们知道数据作为“平滑性”这种显而易见的性质怎样与该模型及其他可选择模型相联系（6.4 节）时，我们理解经验现象的信心增强了。

在进一步考察波动性不等式方面，很明显，这些不等式可能还使人想到对常规检验具有明显优势的市场有效性的正式检验。这些优势在一些严重的数据误差如数据误排的情况下及简明和可理解的情况下表现得更加明显。根据似然原理，6.5 节给出与回归检验相对的波动性检验的解释。

6.2 简单有效市场假设

引言中说明的各种市场有效性模型共有的结构可以写成

$$p_t = \sum_{k=0}^{\infty} \gamma^{k+1} E_t d_{t+k} = E_t p_t^* \qquad (6\text{—}1)$$

其中，p_t 是价格或收益，$p_t^* \equiv \sum_{k=0}^{\infty} \gamma^{k+1} d_{t+k}$ 是时间 t 时不知道的完美预测或事后理性价格或收益，E_t 表示以时间 t 时的信息为条件的数学期望，而 γ 是贴现因子 $\gamma \equiv 1/(1+r)$，其中 r 是（常数）贴现率。信息包括现在的 p_t、d_t 及它们的滞后值，也包括其他变量。当应用这里将要强调的基本结构（6—1）时（Shiller，1981b，chapter 5），1871—

1979 年的 p_t 是 1 月份标准普尔综合股票价格指数（用调整到基年 $T=1979$ 的批发价格指数平减）乘以一个调整因子 λ^{T-t}（见图 6—1）。参数 λ 等于 1 加证券组合实际价值的长期增长率（每年 1.45%），而调整因子具有消除由于市场规模逐步增大而产生的异方差性的作用。1871—1978 年的变量 d_t 是当年支付的实际总股利乘以 λ^{T-t-1}（见图 6—1）。贴现率 r 被估计为平均值 d 除以平均值 p，或 4.52%（而平均股利—价格比率是 4.92%）。在勒劳伊和波特（LeRoy and Porter，1981）的论文中，除了应用实际盈利而不是实际股利外，其方法是类似的。众所周知，在没有实施双重计数时，我们不能认为价格等于预期盈利的现值，除非盈利是根据投资修正的。通常，这种修正意味着从盈利中扣除保留盈利，它可能将盈利序列转化成股利序列（Miller and Modigliani，1961）。相反，勒劳伊和波特通过将价格和盈利序列除以资本存量而修正，资本存量被估计为累计未贬值的实际保留盈利。因为推出的序列在更短样本期（战后）好像是平稳的，所以他们没有作进一步的调整修正。

在希勒（Shiller，1979，chapter 15）的文章中，p_t 是长期债券如统一公债的到期收益率乘以 $\gamma/(1-\gamma)$，并根据常数流动性溢价而修正，d_t 是一期收益。这个模型被演绎为许多不同版本的预期期限结构模型的近似。在阿姆斯勒（Amsler，1980）的文章中，同样的模型适用于高质优先股票的股利—价格比率而不是长期债券收益，她争辩说高质优先股票的股利—价格比率是永久收益的代表。在希勒（Shiller，1981a）和辛格尔顿（Singleton，1980）的文章中，p_t 与中期债券的到期收益有关且通过去掉式（6—1）中到期日后的和项修正该模型。[1] 在黄（Huang，1981）的文章中，p_t 是即期汇率，而 d_t 是因本国和外国实际收入差异调整的名义货币存量差异。他的模型被隐含在著名的国际收支货币分析法中。

这里考虑的模型很简单，它们可能被认为是约束过度，但这里提出的计量经济学问题与其他可选择假设如 6.3 节考虑的假设有关。

结构（6—1）的一个含义是基于时间 t 可获得的信息[2]，不可预测的价格新息 $\delta_{t+1}p_{t+1}$ 等于 $\Delta p_{t+1}+d_t-rp_t$，从而

$$E_t(\Delta p_{t+1}+d_t-rp_t)=0 \tag{6—2}$$

在股票价格和股利序列适用的环境下，这种新息是因对短期股利变化作出反应的价格变化而矫正的价格变化（如，因可预测的股利支付前一

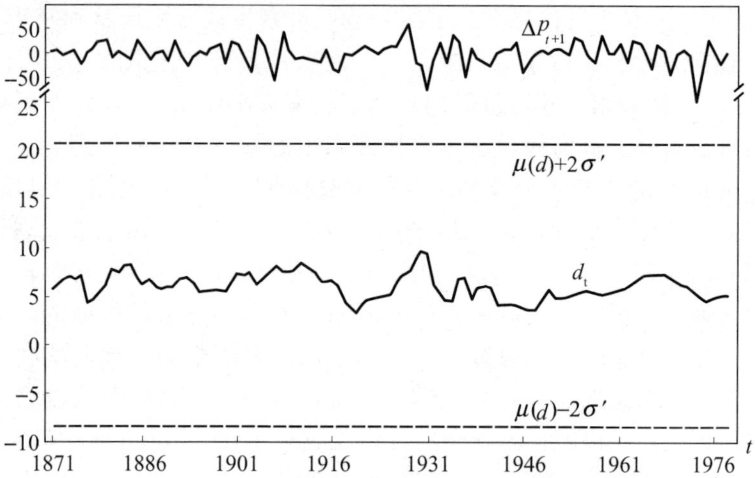

图 6—1

上面的曲线表示 Δp_{t+1}，其中 p_t 是通过乘以 exp(0.014 5(1979 − t)) 而调整（消除异方差性）的 1 月份的实际标准普尔综合股票价格指数。下面的曲线表示 d_t，p_t 序列的实际股利乘以 exp(0.014 5(1978−t))。这里 $\hat{\sigma}(d)=1.28$。股利序列的范围介于 3.31 到 9.62 之间，差不多是 5 个标准差的区域。虚线从平均值 $\mu(d)$ 划分出 $a\pm 2$ 个标准差区域，其中标准差是 $\sigma'=7.30$，或不等式（I−2）① 确定的 $\sigma(d)$ 的下界，假定 $\sigma(\Delta p)=24.3$。为了证明 $\sigma(\Delta p)$ 数值的合理性，根据不等式（I−2），真实 $\sigma(d)$ 可能不得不至少要这么高。

天股票价格变化而矫正）。作为人们熟知的随机游走假设著名检验的结果，股票价格新息不是十分可预测的观点（即 $\delta_{t+1}p_{t+1}$ 和可获得信息之间的相关系数小）确实是众所周知的。例如，就我们的数据而言，1871—1978 年间 $\delta_{t+1}p_{t+1}$ 与 p_t 显著负相关，但 R^2 仅为 0.08。[3] 利用比较短的时间序列，相关系数并非统计上显著不为 0。为了发现轻微的统计相关性，我们必须应用大量的数据。可是，根据一个世纪的数据所得到的结果一般不是因为浓厚的兴趣而被估量的。普遍地认为在长期历史记录中发现的这种小的相关性与现代条件的关系是有问题的，而且在给定遥远历史时代的数据的可能误差时，这种小的相关性只有较小的影响。

如果我们能利用最近表明式（6—2）精确成立的数据概括随机游走假设的检验结果，则利用价格不是爆炸性的附加假设我们就能够断定式（6—1）被证明了。整理式（6—2），我们得到一阶理性预期模型

① 见 6.3 节。——译者注

$p_t=\gamma E_t(p_{t+1}+d_t)$。我们可以通过累次替换求解这个模型。将一期推导的同一表达式代入得到 $p_t=\gamma E_t(\gamma E_{t+1}(p_{t+2}+d_{t+1})+d_t)=\gamma^2 E_t(p_{t+2})+\gamma^2 E_t d_{t+1}+\gamma d_t$。于是，我们可以将这个表达式的 p_{t+2} 替换掉。只要满足 k 趋于无穷时 $\gamma^k E_t(p_{t+k})$ 趋于 0 的必要条件，最后的结果就是表达式（6—1）。股票价格适用的期末条件成立看起来是非常合理的，因为股利—价格比率没有显示出独特的趋势，而在爆炸性路径中 p 和 d 应该发散。

可是，在式（6—2）近似成立和式（6—2）精确成立的描述之间存在巨大的差异。如果变化 Δp_{t+1} 太大以致涵盖了 (rp_t-d_t) 的变化，即使 p 的变化根本没有反映关于未来 d 的信息，表达式（6—2）也能够近似成立。例如，假定股票价格受风气或乐观的或悲观的"市场心理"的严重影响。假定这表示降阶序列 $p_t=\rho p_{t-1}+\varepsilon_t$，其中 $0<\rho<1$，ε_t 是不可预测的噪音，ρ 是常数。比如说，如果 $\rho=0.95$，p 的变化不会是高度自相关的，从而式（6—2）定义的 $\delta_{t+1}p_{t+1}$ 可能与信息也不是十分相关（对 $r=0.045$ 而言，$\delta_{t+1}p_{t+1}$ 关于 p_t 和常数回归的理论 R^2 值可能是 0.08）。我们在短样本中证明这种相关性存在困难的事实，反映了利用这种选择需要花很长的时间才能有效利用风气隐含的盈利机会这一事实。比如说，这种风气需要 10 年或 20 年才能结束，因此，我们没有机会观察这个风气多次发生。

利用下一节讨论的波动性检验，这种风气选择可能是可探测的。这种检验可能比回归检验更有力度的原因将在 6.5 节正式指出。可是，在转向这些问题之前，仔细考虑上面讨论的每期条件的意义是重要的。考虑式（6—1）每期的条件是必要的，如果我们要考察本章引言提出的问题：投机资产价格变化是否太大了，或它们被随后的股利变化证明其合理性了吗？如果 p_t 是根据自回归过程 $p_{t+1}=(1+r)p_t+d_t+\varepsilon_{t+1}$ 产生的，其中 ε_{t+1} 是不可预测的白噪音，那么不管 $\sigma(\varepsilon)$ 的大小如何，式（6—2）都能够成立。因此，式（6—2）本身与价格的任何程度的可变性是一致的。可是，这个自回归过程必定是爆炸性的，除非 ε_t 表示关于（即被抵消的）未来 d 的信息。

如果我们希望得到约束条件的正规检验，那么我们必须以允许我们推导观察值的似然函数和阐述该模型隐含的似然函数约束条件的术语阐述该模型。其中第一步是假定变量（或变量的某些变形）是联合协方差平稳的。如果随机向量 x_t 的均值及随机向量 x_t 和 x_{t+k} 的协方差是有限的且不依赖于 t，则认为随机向量 x_t 是协方差平稳的。因此，我

们假设 $[p_t, d_t]$ 协方差平稳排除了 p_t 的爆炸性路径，而且加入了每期条件的假设。每期条件也可以根据假设 $[\Delta p_t, \Delta d_t]$ 协方差平稳而施加，因为根据爆炸性路径 Δp 有可能发散。可是，每期的条件不会根据假设比例变化 $[\Delta p/p, \Delta d/d]$ 协方差平稳而阐述，因为这些变量沿着 p 的爆炸性路径可能具有常数方差。另一方面，假设 $\Delta p/p$、$\Delta d/d$ 和 p/d 平稳可能排除了式（6—2）的爆炸性解。这样的假设比这里提出的假设可能更有吸引力，并可推出类似的结论，但在解析表达上不够方便，因为它是线性模型数据的非线性变形，而且像下一节推出的方差不等式那样，它可能依赖于变量的假设分布。

平稳性和每期条件是被保留的假设的一部分，而波动性检验的动机并不是说这些检验在样本中 p（或 Δp）是爆炸性时会拒绝。恰恰相反，平稳性假设提出了可能远比回归检验更明确拒绝的检验，即使样本中 p（或 Δp）根本不是发散的，这一点将在 6.5 节中看到。

6.3 方差不等式的推导

因为 p^* 是 d 的加权移动平均值，我们可以利用简单的谱分析原理对 p^* 的谱实施限制：它的谱应该比 d 的谱相对更加集中于较低的频率，而且除了零频率外应该处处低于 d/r 的谱。因此，非正式地说，p^* 序列应当比 d 序列“更平滑”。希勒的文章里（Shiller，1979，chapter 15）已经证明了同样的正式刻画不适用于 p 的谱；然而，存在 p 应当“平滑”的感觉。模型隐含的 p 和 d 的谱的不等式约束条件实际上涉及谱的加权积分，而且这些不等式约束条件可以根据方差不等式更简单地叙述。

模型（6—1）隐含的方差不等式可以根据模型施加的方差和协方差之间的等式约束条件（6—1）、关于方差矩阵的半正定性隐含的方差和协方差不等式约束条件（6—2）和随机过程的平稳性假设（6—3）进行推导。这里将考虑几个简单的不等式。第一个不等式（LeRoy and Porter，1981；Shiller，1979，chapter 5，1981b，chapter 5；Amsler，1980；Singleton，1980；Meese and Singleton，1980）根据 p^* 的标准差对 p 的标准差施加的限制为

$$\sigma(p) \leqslant \sigma(p^*) \tag{I—1}$$

第二个不等式（Shiller，1981b，chapter 5）——类似于希勒（Shiller，1979，chapter 5）、阿姆斯勒（Amsler，1980）、希勒（Shiller，1981a）、辛格尔顿（Singleton，1980）应用过的不等式——根据 d 的标准差对 Δp 的标准差施加的限制为

$$\sigma(\Delta p) \leqslant \sigma(d)/\sqrt{2r} \qquad (\text{I—2})$$

第三个不等式——类似于希勒（Shiller，1979，chapter 15）和黄（Huang，1981）应用过的不等式——根据 Δd 的标准差对 Δp 的标准差施加的限制为

$$\sigma(\Delta p) \leqslant \sigma(\Delta d)/\sqrt{2r^3/(1+2r)} \qquad (\text{I—3})$$

第三个不等式具有某种优势：即使 p 和 d 是积分过程（integrated process），即水平值的方差不存在，它仍然适用。随机游走是积分过程的一个例子，即使 d_t 满足随机游走，该模型可能隐含着 $\sigma(\Delta p)$ 的更严格的边界。

证明第一个不等式价值不大。该模型意指 $p_t^* - p_t \equiv u_t$ 一定是与 p_t 不相关的预测误差。因此，$\text{var}(p_t^*) = \text{var}(p_t) + \text{var}(u_t)$。因为半正定性要求 $\text{var}(u_t) \geqslant 0$，由此得出 $\text{var}(p_t^*) \geqslant \text{var}(p_t)$。其他不等式的推导可以按几乎相同的方法进行，虽然前面的文章应用了稍有不同的推导。为了证明第二个不等式，注意到该模型表示新息 $\Delta p_{t+1} + d_t - rp_t$ 是与 p_t 不相关的预测误差。因此，$\text{cov}(p_{t+1}, p_t) + \text{cov}(d_t, p_t) - (1+r)\text{var}(p_t) = 0$。平稳性要求 $\text{var}(p_{t+1}) = \text{var}(p_t)$，因此 $\text{cov}(p_{t+1}, p_t) = \text{var}(p_t) - \frac{1}{2}\text{var}(\Delta p_t)$。如果将这个关系代入约束条件，我们得到 $-r\text{var}(p_t) - \frac{1}{2}\text{var}(\Delta p_t) + \text{cov}(d_t, p_t) = 0$，或根据标准差和 d_t 与 p_t 之间的相关系数 ρ，有 $r\sigma(p)^2 - \rho\sigma(d)\sigma(p) + \frac{1}{2}\sigma^2(\Delta p) = 0$。半正定性可以被解释成要求所有标准差为正且 $|\rho| \leqslant 1$。我们容易证明如果 $\sigma(\Delta p)$ 超过不等式（I—2）的上界，那么没有任何 $\sigma(p)$ 或 ρ 值能够符合模型的约束条件和半正定性。解 $\sigma(p)$ 的二次表达式，我们求得 $\sigma(p) = [\rho\sigma(d) \pm \sqrt{\rho^2\sigma(d)^2 - 2r\sigma(\Delta p)^2}]/2r$。如果 $\sigma(p)$ 的实际值满足模型的约束条件，那么平方根号里的表达式（判别式）应该非负，即 $\rho^2\sigma(d)^2 \geqslant 2r\sigma(\Delta p)^2$，因为 $\rho^2 \leqslant 1$，反过来它表示不等式（I—2）。为了证明第三个不等式，首先注意到如果 Δd_t 与信息变量联合平稳，那么模型（6—1）表示 Δp_t 和 $rp_t - d_t$ 也是联合平稳的。预测误差 $\Delta p_{t+1} - (rp_t -$

d_t）应该与时间 t 时的信息不相关，由此与（rp_t-d_t）也应该不相关，所以该模型表示约束条件 $\text{cov}(\Delta p_{t+1},(rp_t-d_t))-\text{var}(rp_t-d_t)=0$。而平稳性表示协方差 $\text{cov}(\Delta p_{t+1},(rp_t-d_t))=\{2\text{cov}(\Delta d_t,(rp_t-d_t))-\text{var}(r\Delta p_t)+\text{var}(\Delta d_t)\}/2r$。于是，转化成标准差我们发现模型约束条件可写成 $2r\sigma(rp_t-d_t)^2-2\rho\sigma(\Delta d_t)\sigma(rp_t-d_t)+r^2\sigma(\Delta p)^2-\sigma(\Delta d)^2=0$，其中 ρ 是 Δd_t 和（rp_t-d_t）之间的相关系数。和不等式（I—2）的证明一样，解 $\sigma(rp_t-d_t)$ 的二次表达式，如果不等式（I—3）不成立，那么我们能够证明对 $|\rho|<1$ 和正的标准差，这个约束条件不能满足。

直观地解释不等式也是可能的。第一，我们要求在任何时点 p_t 都是 p_t^* 的无偏预测，粗略地说，这意味着 p_t^* 应该同样可能地高于和低于 p_t。如果 p_t 比 p_t^* 的方差更高，那么在 p_t 特别高（或低）的时期 p_t 可能倾向于处于高于（或低于）p_t^* 的状态，因此在这些时期它可能是向上（或向下）偏离 p_t^* 的预测值。第二，我们必须记住如果 $\sigma(\Delta p)$ 足够大，那么或者 $\sigma(p)$ 很大或者 Δp 是高度可预测的。不是高度可预测的 p 的变化可能累积成 p 的巨大波动，而另一方面，如果 p 被限制在相对狭窄的范围里，那么 Δp 的连续变化可能不得不表现出强烈的负相关性，因此是可预测的。在任何一种情况下，如果 $\sigma(\Delta p)$ 超过式（I—2）的上界，那么超额收益 $\Delta p_{t+1}+d_t-rp_t$ 可能是可预测的，或者因为 Δp_{t+1} 相对于股利和价格变化形成巨大可预测的变化，或者因为 rp_t 相对于 d_t 和 Δp_{t+1} 的可预测部分变化太大。第三，注意到如果 $\sigma(\Delta p)$ 相对于 $\sigma(\Delta d)$ 很大，那么或者 $\sigma(rp_t-d_t)$ 很大或者 Δp_{t+1} 是高度可预测的；在任何一种情况下，预测误差 $\Delta p_{t+1}-(rp_t-d_t)$ 是可预测的。

前两个不等式在我论述股票价格的文章里（Shiller，1981b，chapter 5）用描述样本期 1871—1979 年的标准普尔数据进行过比较。变量 p^* 是利用 p^* 每期价值等于样本期平均值 p 反复替换计算的。利用这些数据，p 的估计标准差 $\hat{\sigma}(p)$ 是 47.2，而 $\hat{\sigma}(p^*)=7.51$，以致不等式（I—1）被样本统计量显著地违反。整个样本期的 $\hat{\sigma}(d)$ 是 1.28，而 $\hat{\sigma}(\Delta p)$ 是 24.3。从而不等式（I—2）允许 Δp 的标准差的上界（不考虑标准差估计中的样本误差）是 4.26，以致上界被超过了差不多 6 倍。用另一种方法处理，为了解释 $\sigma(\Delta p)$ 的合理性，d 的标准差可能必须至少达到 7.30，它高于 d 的样本均值。[4] 图 6—1 给出了关于不等式（I—2）如何被显著地违反的印象。

另一方面，不等式（I—3）（在那篇文章中没有出现）没有被年度数据违反。因为年度数据的 $\hat{\sigma}(\Delta d)$ 是 0.768，不等式（I—3）允许的

$\sigma(\Delta p)$ 的上界是 59.0，它高于样本的 $\sigma(\Delta p)$。当然，我们不指望数据违反所有的不等式，即使模型是错误的。此外，年度数据的选择是随意的，当用更长的差分时间间隔时，该不等式将被违反。p^* 的定义是 $p^* = \sum_{k=0}^{\infty} \bar{\gamma}^{k+1} \bar{d}_{t+nk}$，$n$ 是任意大于 1 的整数，$\bar{\gamma} = \gamma^n$ 且 $\bar{d}_t = d_t(1+r)^{n-1} + d_{t+1}(1+r)^{n-2} + \cdots + d_{t+n-1}$ 或者 n 期的累积股利。利用 $\bar{\gamma} = 1/(1+\bar{r})$ 隐含地定义 n 期利率 $\bar{r}$，我们发现对 n 期时间间隔抽样的数据，不等式（I—3）变成 $\sigma(p_t - p_{t+n}) \leqslant \sigma(\bar{d}_t - \bar{d}_{t+n}) / \sqrt{2\bar{r}^3/(1+2\bar{r})}$。[5] 例如，利用 $n=10$，1871—1969 年的年度数据得到 $\hat{\sigma}(p_t - p_{t+10}) = 69.4$，而 $\hat{\sigma}(\bar{d}_t - \bar{d}_{t+10}) = 16.5$，以致 $\hat{\sigma}(p_t - p_{t+10})$ 的上界是 40.8，它被数据违反了。

如果我们进一步利用 d_t 和 p_t 的分布假设规定该模型，那么可以得到标准差和模型正式检验的抽样分析。如果假定 Δp_t 服从正态分布且序列不相关，则 $\sigma(\Delta p)$ 的 χ^2 单侧置信区间的下界是 21.9，它仍然超过不等式（I—2）利用样本 $\sigma(d)$ 给出的最大值的 5 倍，以致我们可以放心地断定该模型要求 d 的标准差比样本中观察到的标准差大得多。可是，我们有可能采用 d_t 的分布假设，该假设隐含着 d 的样本标准差不是总体标准差的恰当度量假设，这一点将在下一节中讨论。其他分布假设和正式检验被勒劳伊与波特（LeRoy and Porter，1981）和辛格尔顿（Singleton，1980）应用过。

6.4　一些可选择的假设

上面讨论的有效市场模型的唯一选择是“风气”选择物。这种选择物好像很有吸引力，假定人们倾向于效仿生活中其他方面的风气并且基于对个人投资行为的偶尔观察。这种风气未必隐含易受风气影响的投资者的任何迅速的盈利机会。然而，探讨更加符合经济理论和理性最优行为的选择是有意义的。

简单有效市场模型的另一个选择是实际价格等于实际股利被时变实际贴现因子 $\gamma_t = 1(1+r_t)$ 贴现的预期现值：

$$p_t = E_t\left(\sum_{k=0}^{\infty}\left(\prod_{j=0}^{k} \gamma_{t+j}\right) d_{t+k}\right) \tag{6—3}$$

我们可以通过探索时变实际利率的度量来研究这个模型。在一篇论文中（Grossman and Shiller，1981，chapter 21），作者利用消费数据和假想的效用函数提出了现在和将来消费的边际替代率的度量方法。更简明的方法是将贴现率当作不可观察的变量处理并且仅仅询问必须要有多大的变化，如果关于未来实际利率的信息能够说明不被上述分析的股利变化解释的股票价格变化。因为利用上面提到的股票数据，Δp 的标准差是 p 的平均值的 18%，如果我们将 Δp 的大部分方差归结于一期实际利率的变化，则 r_t 的变化一定相当大。表达式（6—3）实际上包括应当最终平衡一期实际利率变化的移动平均值。基于使 p 等于股利的预期现值加上与实际利率的“现值”有关的线性化，希勒（Shiller，1981b，chapter 5）断定预期 1 年期实际利率 r_t 的百分点数可能具有超过 5 个百分点的标准差以解释 Δp 的方差。[6] 这个数字大大超过样本期名义短期利率的标准差，而且实际上暗指预期实际利率超过 20 个百分点的正负两个标准差范围。

由于根据这个模型解释 Δp 被观察到的方差要求实际利率很大的变化，所以有些人认为围绕股利趋势的实际股利的历史标准差是关于股利主观不确定性的内在蹩脚的度量。我们可以提出股利的可选择模型，比如说实际 $\sigma(d)$ 是无限的，然而样本标准差当然是有限的，且作为总体标准差的度量是虚假的。最普遍提到的具体可选择假设为 d_t 是带有正态增量的不可预测的随机游走。在前一节中我们发现，甚至 $\sigma(d)$ 有限的模型可能也要接受波动性检验。在不可预测随机游走的特定情况下，$p_t = d_t/r$，$\sigma(\Delta p) = \sigma(\Delta d)/r$。利用我们的数据取一年差分得 $\hat{\sigma}(\Delta p) = 24.3$ 和 $\hat{\sigma}(\Delta d)/r = 17.0$，而（如上所述）十年差分数据有 $\hat{\sigma}(p_t - p_{t+10}) = 69.4$ 和 $\hat{\sigma}(\bar{d}_t - \bar{d}_{t+10})/\bar{r} = 29.6$。对于两种差分时间间隔的任何一种，价格都好像太反复无常；股利比率不是常数而是变化的，以致引起 p 的波动性比股利的波动性相对更大。我们也应该问这种可选择的假设是否合理。因为 $\hat{\sigma}(\Delta d)$ 只为样本均值的 8 倍，这个假设可能意指总股利在几年时间里常常面临变成 0 的巨大可能性（于是被预测的股利也可能为 0），而过去一个世纪 d_t 与指数增长路径具有明显的相似性[7] 是由于运气，而不是投资的有形过程和技术过程。好像应该可以找到一种更合理的可选择假设。其他积分过程（即关于 Δd 平稳但关于 d 不平稳）看起来并不可信，假定对长期差分间隔，不等式（I—3）看起来是违反的。然而，确实存在暗指波动性检验不正确的过程 d 的假设形式；问题是这些可选择假设是否合理。

在关于合理的可选择假设的讨论中，这种假设反复暗示我，市场可能确实合法地涉及每期以低概率发生的可能完全摧毁所有股票的价值的重大灾难。这种灾难在美国过去一个世纪没有发生以及股利大致服从增长路径的事实不能证明灾难肯定不会发生。这种灾难可能包括国有化、惩罚性所得税或被外部势力征服。类似的事件按世界标准看不是非同寻常的，我选择的长期连续的美国股票价格序列可能包含选择偏差。在外汇市场有效性研究的环境下，这种灾难的可能性一直被称为“比索问题”，即样本期没有发生的预期中贬值的比索远期汇率波动（Krasker，1980）。

为了评估这种可能性，假定 t 期初评估的时期 t 内发生灾难（“国有化”）的可能性由随机变量 π_t 给定，$0 \leqslant \pi_t \leqslant 1$，并假定 π_t 独立于没有灾难的基础股利过程 d_t 。如果灾难发生，股票一文不值而 d_t 表示什么股利也没有收到。这意味着时间 $t+k$ 时收到的股利的预期价值是 $E_t\left[\left(\prod_{j=0}^{k}(1-\pi_{t+j})\right)d_{t+k}\right]$，其中 $E_t\prod_{j=0}^{k}(1-\pi_{t+j})$ 是时间 t 到时间 $t+k$ 之间没有灾难发生的概率。因此，模型（6—1）应该被修改为

$$p_t = E_t\sum_{k=0}^{\infty}\left(\prod_{j=0}^{k}(\gamma(1-\pi_{t+j}))\right)d_{t+k} \tag{6—4}$$

如果我们令 $\gamma_{t+j}=\gamma(1-\pi_{t+j})$，这个模型与模型（6—3）是相同的，而且如果除了估计的 γ 应当被理解为 $\gamma(1-\pi)$ 以外，灾难发生的概率都是常数，则该模型变成我们的基本模型（6—1）。显然，只有当灾难发生的概率从一个时期到另一个时期变化极大时，灾难模型才能够解释股票价格的波动性。事实上，利用前面关于实际利率变化的结论，当前年度里灾难将发生的概率的标准差应该超过 0.05，如果 p_t 的变化归因于关于现在和将来 π 的新信息。我们对单一年份灾难发生的概率是否可能变化如此之大感到怀疑。最起码，分析严重依赖于合理性的选择差异，因为 π_t 的这种标准差暗指 π_t 常常应该很高。比如说，如果灾难发生的概率是每年 0.1，于是 108 年里没有灾难的概率大致是十万分之一。

6.5　模型的回归检验

检验上面提到的模型（6—1）最显而易见的方法是进行回归以发现新息是否可预测。这样的程序可能是将 $y_t=(p_{t+1}+d_t)$ 关于常数项和独立变量 p_t 与 d_t 进行回归。根据我们的模型，p_t 的系数是 $1+r$（大

于1)，而常数项和 d_t 的系数是0。我们可以对这些系数约束条件实施 F 检验。我们可能会问，为什么我们应该考察波动性度量来作为评估模型的一个方法呢?

除了回归检验以外，可能有许多方法能证明检验的合理性。例如，我们可以通过声称某个隐含过度波动的可选择假设（如“风气”选择）特别重要来证明其合理性，或者我们可以以稳健性或简明性为基础证明其合理性。可是，我这里强调作为刺激因素的数据排列问题。因为不等式（6—1）中分布的时间距离无限长，所以 p 的变化可能源于关于无限未来的股利信息。然而，我们只拥有相对较短样本期的股利数据。对应于样本期股利信息的价格变化在样本开始之前可能就已经发生。样本期的价格变化可能反映样本外股利的信息。当然，我们可以怀疑样本外的股利是否会如此重要。然而，这仅仅是波动性检验的观点，它实际上是被回归检验忽视的。

为了促进下面的讨论，考虑 $x_t = E_t y_t$ ，同时假设 $[x_t, y_t]$ 服从零均值的联合正态分布且相继的观察值独立的理性预期模型的最简单例子。假定数据是完全误排的，存在 T 个 x_t 的观察值（比如1950—1960年）和 T 个 y_t 的非重叠观察值（比如1970—1980年）。显然，根据 y_t 对 x_t 的回归，检验该模型是不可能的。但这并不代表模型不能被检验。易知似然函数是

$$l(\sigma_x, \sigma_y \mid X, Y) = (2\pi\sigma_x\sigma_y)^{-T}\exp\left(-\frac{\sum x^2}{2\sigma_x^2} - \frac{\sum y^2}{2\sigma_y^2}\right)$$

这个模型对似然函数仅仅施加了一个限制条件，即 $\sigma_x \leqslant \sigma_y$。因此，似然比检验统计量是

$$\lambda = \begin{cases} 1 & \text{如果 } \hat{\sigma}_x \leqslant \hat{\sigma}_y \\ \left(\dfrac{\sqrt{\hat{\sigma}_x^2\hat{\sigma}_y^2}}{(\hat{\sigma}_x^2 + \hat{\sigma}_y^2)/2}\right)^T & \text{如果 } \hat{\sigma}_x > \hat{\sigma}_y \end{cases}$$

其中，$\hat{\sigma}$ 表示接近于0的样本标准差。因此，利用这些数据，唯一始终最权威的似然比检验事实上是一个波动性检验。因为，如果 $\sigma_x = \sigma_y$ ，$-2\log\lambda$ 渐近地是自由度为1和尖峰在原点的 χ^2 分布，我们能很容易地求得给定置信水平下 λ 的95%近似的临界值。这个检验可能使我们有信心拒绝该模型。如果 $\hat{\sigma}_y = 0$ ，$\hat{\sigma}_x \neq 0$ ，$-2\log\lambda$ 是无限的，那么这个假设可以在任何置信水平下被拒绝。当 σ_y/σ_x 趋于0时，检验的力度趋于1。

对比而言，如果数据完全排列成直线，似然比检验相当于 y 对 x 的回归系数是 1.00 的 t 检验。如果数据只是部分排列成直线，似然函数可能是排列成直线的观察值的似然函数和未排列成直线的观察值的似然函数的乘积。带有重叠数据观察值的回归检验可能是仅仅考虑第一个因素而提出的，而波动性检验是只考虑第二个因素提出的，严格的似然比检验可能是两者的组合。如果认为这里的数据排列成直线不精确，或者我们想要的是简单而容易应用的检验，那么仅仅依赖未排列成直线的观察值的似然概率（或更恰当地说，将所有观察值看成未排列成直线的）可能是合理的。

结构（6—1）与这个简单例子稍有不同，因为预期变量 p_t 涉及部分样本外部分样本内的预期变量的无限加权移动平均值，而且相继的观察值不是独立的。因为这里的目的是说明问题，所以不妨假定数据由向量 $z_t = [p_{\tau_t+1}, p_{\tau_t}, d_{\tau_t}]$ 的 T 个独立的正态分布观察值组成。由于某些原因，我们想象我们拥有时间间隔遥远的向量的观察值（如 $z_1 = [p_{1801}, p_{1800}, d_{1800}]$，$z_2 = [p_{1901}, p_{1900}, d_{1900}]$，$z_3 = [p_{2001}, p_{2000}, d_{2000}]$，…），以致我们把不相连的数据看成独立的。我们对那个数据集的分析可以常规地推广到观察值的时间间隔不遥远，且 p_t 和 d_t 被参数化为自回归或移动平均过程，但这个分析可能比较混乱，所以这里省略了。关于利率期限结构预期模型更一般情况的讨论见希勒（Shiller，1981a）的文章。在那篇文章中，希勒证明了萨金特（Sargent，1979）利用的检验期限结构预期模型的似然比检验没有施加这里考虑的模型隐含的那种约束条件。

向量 z_t 的 T 个观察值的似然函数可以写成通常的形式：

$$l(\mu,\Omega|z) \\ = (2\pi)^{-3T/2} |\Omega|^{-t/2} \exp(-\frac{1}{2}\sum_{t=1}^{T} (z_t-\mu)\Omega^{-1}(z_t-\mu)')$$

其中，z 是观察值的 $T\times3$ 矩阵，μ 是 1×3 的平均值向量，而 Ω 是 3×3 协方差矩阵。因为 Ω 是对称的，该模型有 9 个参数：3 个平均值、3 个方差和 3 个协方差。然而，由于平稳性假设 $E(p_t) = E(p_{t+1})$ 和 $\text{var}(p_t) = \text{var}(p_{t+1})$，因此只有 7 个独立的参数，这个事实我们将在下面考虑。

给定向量 z_t，通过线性变换，我们能够推出第一个元素是上述描述的回归的因变量，并且第二个元素和第三个元素相同的向量 $w_t =$

$[p_{t+1}+d_t, p_t, d_t]$。因为 z_t 服从正态分布，所以 w_t 也服从正态分布。因此我们能根据（z_t 的）似然函数的变量替换写出 w_t 的似然函数。这个似然函数能用各种不同的方法写出。就我们的目的而言，用使模型回归检验容易表述的因式分解形式写出 w 的似然函数是合适的。将 w_t 分解成 $w_t=[w_{1t}, w_{2t}]$，其中 w_{1t} 是 1×1 的，而 w_{2t} 是 1×2 的，令 w、w_1 和 w_2 分别表示 $T\times3$、$T\times1$ 和 $T\times2$ 的观察值矩阵，并定义 T 个元素的向量 Y，$Y=$因变量 w_1，$T\times3$ 的矩阵 X 是自变量，$X=[L, w_2]$，其中 L 是元素为 1 的列向量，于是似然函数是

$$
\begin{aligned}
& l(\sigma^2, \beta, \Phi, \mu \mid w) \\
&= l(\sigma^2, \beta \mid w_1, w_2) l(\Phi, \mu \mid w_2) \\
&= (2\pi\sigma^2)^{-T/2} \exp(-(Y-X\beta)'(Y-X\beta)/2\sigma^2) \\
&\quad \cdot (2\pi)^{-T} \mid \Phi \mid^{-T/2} \exp\Big(-\sum_{t=1}^{T} (w_{2t}-v)\Phi^{-1} (w_{2t}-v)'/2\Big)
\end{aligned}
\tag{6—5}
$$

其中，σ^2 是 Y 关于 X 的理论回归的残差方差，β 是 Y 关于 X 的理论回归系数的 3 元素向量，v 是 p 和 d 的平均值的 2 元素向量，而 Φ 是向量 w_{2t} 的 2×2 方差矩阵。多元正态分布 z_t 的 9 个参数这里被转变成 β 的 3 个元素、μ 的 2 个元素、Φ 的 2 个对角元素和 1 个非对角元素及 σ^2。似然函数的第一个因子是 Y 关于 X 回归的似然值的通常表达式，而第二个因子是二元正态向量似然值的通常表达式。

因此，如果我们无视 $E(p_t)=E(p_{t+1})$ 和 $\text{var}(p_t)=\text{var}(p_{t+1})$ 的必要条件，仅根据变量 $(p_{t+1}+d_t)$ 关于时间 t 时的信息变量即常数项、p_t 和 d_t 的回归并检验回归系数 β 的约束条件，似然函数的因子分解式（6—5）将使得检验该模型的恰当性变得显而易见。有效市场模型仅仅对似然函数的第一个因子施加了限制。似然比检验统计量是最大化的非约束似然值与最大约束似然值的比率。似然值是两个因子最大值的乘积，所以分子和分母中的第二个因子相同并因此将相互消去，剩下的是普通回归检验统计量（或其变形）。只要两个因子的参数之间不存在先验倾向，那么贝叶斯后验概率程序将类似地产生 Y 关于 X 简单回归的后验概率。

事实上，由于 $E(p_t)=E(p_{t+1})$ 和 $\text{var}(p_t)=\text{var}(p_{t+1})$，两个因子的系数都存在约束条件。上面强调的是阐述根据未来股利证明价格变化合理性的必要条件要求的约束。我们可以根据 z_t 的似然值参数改写

这些约束条件。平均值约束条件变成 $\beta_1=(1-\beta_2)\mu_p-\beta_3\mu_d$，而方差约束条件变成 $\sigma^2=(1-\beta_2^2)\text{var}(p)+2\beta_2(1-\beta_3)\text{cov}(p,d)-(1-\beta_3)^2\text{var}(d)$。根据似然函数两个因子的这些约束条件，第二个因子不再与似然比率无关，而且回归检验不再合适。如果我们使 -2 乘以对数似然比作为检验统计量，那么只要 $\sigma(p)$ 不等于 0，当 $\sigma(d)$ 趋于 0 时检验的力度趋于 1。如果 $\sigma(p)$ 等于 0，上述方差约束条件变成 $\sigma^2=(1-\beta_2^2)\text{var}(p)$。在零假设下，$\beta_2=1+r>1$，所以这个约束条件不能得到满足，除非 p 不发生变化；如果 $\sigma(p)>0$，它以概率 1 被拒绝。在这种情况下，正如我们带有非重叠观察值的简单例子，该样本将得到 $-2\log\lambda=\infty$，而不管样本中 p 是否出现爆炸性，回归检验的 $-2\log\lambda$ 不会是无限的。因此，似然比检验在回归检验没有的参数区域的检验力度为 1。在这个区域，利用不等式（I—2）和检验统计量 $\hat{\sigma}(\Delta p)/\hat{\sigma}(d)$ 的波动性检验的检验力度也等于 1。因此，如果波动性检验明确地拒绝，而回归检验没有明确拒绝，我们可以推断参数实际上可能位于这个区域附近。

6.6　小结和结论

这里讨论的各种各样的文章通过证明价格波动太反复无常，试图提出反对简单有效市场模型的证据，它们都带有共同的计量经济学动机。通过假定 p_t（我们主要例子中的实际股票价格）和 d_t（实际股利）或其变形是平稳的随机过程，研究 p_t 的变化是否“太大”以致不能用模型来进行解释是可能的。由于这些假设，模型的常规回归检验不再为似然比原则所支持，而且波动性检验在参数空间的某些区域明显具有更强的解释能力。在这里讨论的文章中，p_t 的变化确实看起来太大。图 6—1 说明了我们的股票价格和股利数据看起来显著地违反不等式（I—2）。粗略地说，如果有效市场模型成立，并且如果根据未来 d 的信息，Δp 的巨大变化能够被证明其合理性，那么 d_t 序列应当在虚线之间的区域范围内变化，而事实上序列好像被限制在该区域的一部分。广泛应用的使这个数据与有效市场模型一致的假设—— d_t 的随机游走模型或灾难理论——看起来并不可信。其他可能性是事前实际利率表现出很大的波动性，或者，换一种说法，市场是非理性的，并受风气的影响。

注　释

［1］前一篇文章（Shiller，1981a）没有找到到期时间不足两年的债券过度波动的任何重要证据。

［2］新息算子定义为 $\delta_t = E_t - E_{t-1}$ ，其中 E_t 是时间 t 的期望算子。

［3］增加这个回归是为了回应约翰·林特纳的评论。收益 $(\Delta p_{t+1} + d_t)/p_t$ 与 d_t/p_t 显著正相关，但 R^2 只有 0.05。

［4］即使股利不能为负，如果 d 的分布充分偏斜，那么 $\sigma(d)$ 仍然能够超过 $\mu(d)$。

［5］容易证明如果 p_t 和 d_t 是平稳的非确定过程，当 n 趋于无穷时，这个不等式趋于不等式（I—1）。

［6］同样问题的另一种可选择方法被佩桑多（Pesando，1980）使用过。

［7］$\log(d_t)$ 对常数、$\log(d_{t-1})$ 和时间（1872—1978 年）的回归得到 $\log(d_{t-1})$ 的系数为 0.807，估计的标准差为 0.058。这个回归可能总是预测 $\log(d_t)$ 应该中途回到 3 年后的趋势。根据富勒（Fuller，1976）的表 8.5.1，如果 $\log(d_t)$ 是高斯随机游走的，这种规模的样本中 $\log(d_{t-1})$ 获得更小系数的概率是 0.05。

参考文献

Amsler, Christine. 1980. "The Term-Structure of Interest Rates in an Expanded Market Model," unpublished Ph. D. dissertation, University of Pennsylvanis.

Fuller, Wayne A. 1976. *Introduction to Statistical Time Series*, John Wiley & Sons, New York.

Grossman, Sanford, and Robert Shiller. 1981. "The Determinants of the Variability of Stock Prices," *American Economic Review* 71: 222—227.

Huang, Roger D. 1981. "The Monetary Approach to the Exchange Rate in an Efficient Foreign Exchange Market: Tests Based on Volatility," *Journal of Finance* 36: 31—41.

Krasker, William. 1980. "The Peso Problem in Testing the Efficiency of Forward Markets," *Journal of Monetary Economics* 6: 269—276.

LeRoy, Stephen, and Richard Porter. 1981. "The Present Value Relation: Tests Based on Implied Variance Bounds," *Econometrica* 49: 555—574.

Meese, Richard A. and Kenneth J. Singleton. 1980. "Rational Expectations, Risk Premia and the Market for Spot and Forward Exchange," mimeographed, Board of Governors of the Federal Reserve System.

Miller, Merton H. and Franco Modigliani. 1961. "Dividend Policy, Growth and the Valuation of Shares," *Journal of Business* 34: 411—433.

Pesando, James E. 1980. "On Expectations, Term Premiums and the Volatility of Long-Term Interest Rates," unpublished parer, University of Toronto.

Sargent, Thomas J. 1979. "A Note on the Maximum Likelihood Estimation of the Term Structure," *Journal of Monetary Economics* 5: 133—143.

Shiller, Robert J. 1981a. "Alternative Tests of Rational Expectations Models: The Case of the Term Structure," *Journal of Econometrics* 16: 17—87.

Shiller, Robert J. 1981b. "Do Stock Prices Move Too Much to be Justified by Subsequent Changes in Dividends?" *American Economic Review* 71: 421—436.

Shiller, Robert J. 1979. "The Volatility of Long-Term Interest Rates and Expectations Models of the Term Structure," *Journal of Political Economy* 87: 1190—1219.

Singleton, Kenneth. 1980. "Expectations Models of the Term Structure and Implied Variance Bounds," *Journal of Political Economy* 88: 1159—1176.

第7章　显著违反现值方差不等式的概率①

评价股票价格简单有效市场模型的一种方法是比较“正确预见的”每股价格 P_t^* 的波动性和每股实际价格 P_t 的波动性。正确预见价格 P_t^* 是时间 t 时将未来实际股利 $D_{t+k}(k \geqslant 0)$ 按常数利率 r 贴现的现值。简单有效市场模型宣称 $P_t = E_t P_t^*$ 隐含 $\sigma^2(p^*) \geqslant \sigma^2(p)$ 成立（如果剔除趋势的序列 p_t 和 p_t^* 是平稳的）。我找到了提出显著违反这个方差不等式和其他方差不等式的证据（Shiller，1981，chapter 5）。利用 1871—1979 年的美国年度数据，求得 $s(p)/s(p^*)=5.59$（这里 σ 和 s 分别表示总体和样本的标准差）。

---

① 改编自 *Journal of Political Economy* 96（1988）：1089—1092；© 1988 The University of Chicago。

克莱登（Kleidon，1986）批评了这种评价有效性的方法。利用蒙特卡罗方法，他在简单有效市场假设和假设 $\log(D_t) = \mu + \log(D_{t-1}) + \varepsilon_t$ 的情况下利用100个观察值计算 $s(p)/s(p^*) > 5$ 的概率，其中 ε_t 服从独立正态分布 $N(0,\sigma^2)$，而 μ 是常数。他发现概率可能很大，高达0.397。

在1 000次蒙特卡罗重复实验的每次实验中，克莱登首先利用 $\mu = 0.009\,5$ 和 $\sigma = 0.218$ 产生100个随机正态变量观察值。他将这些观察值求和并指数化得到实际股利序列 D_t。股利序列乘以 $(1+g)/(r-g)$ 得到价格序列，其中 r 是贴现因子，g 是等于 $\exp[\mu + (\sigma^2/2)]$ 的预期增长因子。在我最初的论文中重复了这个过程，通过 $\log(P_t)$ 关于时间 t 进行回归估计出一种趋势。利用这个回归中的斜率系数 b，他获得了剔除趋势的序列 $d_t = D_t\exp(-bt)$ 和 $p_t = P_t\exp(-bt)$。于是，根据 $p_T^* = p_T$，反复利用 $p_t^* = (p_{t+1}^* + d_{t+1})/(1+r)$ 向后推算获得剔除趋势的 p_t^*，其中 T 是最终日期。在他的表2中，他提出了关于 $s(p)/s(p^*)$ 1 000次重复实验的统计量。我成功复制了他的结果（表7—1，情形A）。

克莱登计算的这个概率可能是误导或错误的原因有两个方面。首先，他没有根据剔除趋势而调整贴现因子。其次，更重要的是，他应用了产生不现实的股利—价格比率的假设。

对第一点，注意我最初的论文产生 p_t^* 的累推是 $p_t^* = (p_{t+1}^* + d_{t+1})/[(1+r)\exp(-b)]$。根据我的累推，模型 $P_t = E_tP_t^*$ 暗示 $p_t = E_tp_t^*$。根据他的累推，模型 $P_t = E_tP_t^*$ 不包含这个意思。实际上，他利用的 p^* 的贴现因子比 p 的贴现因子更大，这一点在他对 p 的模拟中可能有创造虚假波动的作用。表7—1的情况B根据累推的变化重做了克莱登的模拟。第二列"显著违反"的概率稍有下降。

对第二点，注意到我们可以仅仅通过在市场 R_t 取平均实际收益来估计模型的贴现因子 r。利用我最初文章中1871—1979年的美国年度数据，R 的平均值是7.848%而标准差是1.711%。因此，克莱登选择 r=5%、6.5%和7.5%有点偏低但并非不合理：没有一个低于平均值的幅度超过两个标准差。然而，隐含的常数股利—价格比率 $(r-g)/(1+g)$ 常常是不合理的：利用他的 g 的估计值，求得这些比率分别是1.565%、3.016%和3.983%。基于股利—价格比率 $AR(1)$ 模型的样本平均实际股利—价格比率是5.138%，标准误差为0.389%。他的股利—价格比率是极端的，因为模拟中他将 g 保持不变而使 r 变化。然而，

表 7—1 剔除趋势的价格 p 的标准差与剔除趋势的“正确预见”价格 p^* 的标准差的比率的分布的描述性统计量（1 000 次重复试验）

r	违反的次数		比率的平均值 (3)	比率的标准差 (4)	最低比率 (5)	最高比率 (6)	百分位		
	比率 >1 (1)	比率 >5 (2)					第 50 百分位 (7)	第 90 百分位 (8)	第 95 百分位 (9)
情形 A. 复制克莱登的结果[a]									
0.05	910	370	4.172	2.961	0.537	17.431	3.140	8.341	9.431
0.065	897	137	3.183	1.734	0.560	11.901	3.319	5.354	6.183
0.075	908	55	2.872	1.337	0.544	9.526	2.914	4.478	5.057
情形 B. 根据剔除趋势而调整贴现因子									
0.05	867	290	3.754	2.809	0.118	13.894	2.816	8.110	9.103
0.065	894	109	2.849	1.602	0.162	9.041	2.617	5.085	5.674
0.075	914	44	2.660	1.265	0.123	7.383	2.658	4.287	4.845
情形 C. 根据 r 调整增长因子 g									
0.05	921	8	2.363	0.978	0.411	5.988	2.353	3.629	4.076
0.065	930	6	2.386	0.961	0.308	7.219	2.355	3.619	3.917
0.075	923	7	2.349	0.977	0.381	5.852	2.308	3.601	3.984

a. 情形 A 的复制基于和克莱登（Kleidon，1986）表 2 情况 ii 一样的假设。

关于 $R_t \equiv (P_{t+1}-P_t)/P_t+(D_t/P_t)$ 的总体平均值的大部分不确定性应该归因于增长、$(P_{t+1}-P_t)/P_t$ 的平均值的不确定性，而不是归因于股利—价格比率 D_t/P_t 平均值的不确定性。当他改变 r 时，他应该改变 μ，因此也应该改变 g，以保持 $(r-g)/(1+g)$ 等于平均股利—价格比率。

根据 $r=5\%$的情况下超过 3 的因子，假设一个过低的股利—价格比率对模拟价格的过度波动性具有影响。他程序的缺陷可以从如下荒谬的推论中看出来：如果 $r=3.382\%$，那么价格的标准差将是无穷大。当然，原则上，如果 r 趋近于 g 且股利—价格比率趋近于 0，价格可能比股利的波动程度大得多，但实际股利—价格比率大约为 5%时，几乎不可能向证明价格相对于股利的实际波动合理性的方向迈进。

除了 μ 随 r 变化以致 $(r-g)/(1+g)$ 等于 0.051 38（1871—1979 年样本平均股利—价格比率）以外，表 7—1 C 部分报告的蒙特卡罗结果与 B 部分相同。第二列 C 部分的结果说明，对任何一种贴现率显著违反的概率低于 1%。

假定的对数股利随机游走情况在这里是极端的：股利的其他单位根模型给出的概率要低得多。

参考文献

Kleidon, Allan W. 1986. "Variance Bounds Tests and Stock Price Valuation Models." *Journal of Political Economy* 94: 953—1001.

Shiller, Robert J. 1981. "Do Stock Prices Move Too Much to Be Justified by Subsequent Change in Dividends?" *American Economic Review* 71: 421—436.

第8章 股票价格、盈利和预期股利[①]

这一章，我们的研究表明对许多年取平均值的会计盈利数据有助于预测未来股利现值的估计。即使股票价格本身被考虑进来，结果仍然成立。所用数据是1871—1987年实际标准普尔综合指数和有关的股利与盈利序列。我们的估计将指出这个指数的股利—价格比率和收益的行为表现在多大程度上符合简单现值模型，并且使我们更加明白前面提出的股票价格波动程度太大以致不能与这些模型一致的主张（LeRoy and Porter，1981；Shiller，1981 and chapter 5；Mankiw，Romer and Shapiro，1985；Campbell and Shiller，1987，1988

① 和John Y. Campbell合著。改编自*Journal of Finance* 43（1988）：661－676；© 1988 the American Finance Association。

and chapter 16；West，1988)。

为了预测股利，考虑盈利数据是合适的，因为盈利是为了帮助人们评价公司基本价值而由会计人员建立的。然而，盈利数据准确的经济意义没有被明确地定义；会计定义极为复杂而且以不容易被证明的方式随着时间发生变化。由于这些原因，许多金融时间序列研究已经避免利用盈利数据从而忽略基本价值分析的有关信息。[1]

我们的方法是或者按年度量或者按许多年取平均值引进盈利，作为向量自回归框架（VAR）的信息变量。盈利度量的任何误差由估计程序自动解释，在仅仅对预测有用的范围内允许盈利进入模型。最初由坎贝尔和希勒（Campbell and Shiller，1987，1988，chapter 16）发展的 VAR 框架使我们能够回答两个问题。第一，在给定 VAR 系统应用的信息时，股票收益的什么成分能够被预测到？第二，股票收益的什么成分事后能够被有关未来股利的消息解释？现有的文献论述了第一个问题，但第二个问题对评价现值模型也很重要。正如希勒（Shiller，1984，chapter 1）和萨默斯（Summers，1986）已经证明的，建立只有一小部分 1 期股票收益可预测的模型是可能的，但基本价值的消息只能解释事后收益可变性的一小部分。

我们的方法揭示了股票收益和股利—价格比率太反复无常，以致不能由关于未来股利的消息解释。而且，这种过度波动与多期收益的可预测性紧密相关。最近已经证明当以几年的时间来衡量而不是以 1 年或更短的时间间隔衡量时，股票收益具有高度可预测性。法玛和弗瑞恩奇（Fama and French，1987，1988）更有说服力地得到了这个结果，虽然这个结论也能在弗拉德、豪德里克和卡普兰（Flood，Hodrick and Kaplan，1986）和波托巴与萨默斯（Poterba and Summers，1987）的文章中找到（DeBondt and Thaler，1985)。这些文章发现，4 年或 5 年股票收益方差的 20%或 30%可以由滞后多年的股票收益或股利—价格比率这样的变量解释。应用股利—价格比率时解释的方差比应用滞后收益时解释的方差更高。

作为动机，开始时给出一个简单的叙述指出为什么过度波动与多期收益的可预测性大体相关是有帮助的。让我们考虑勒劳伊和波特（LeRoy and Porter，1981）与希勒（Shiller，1981，chapter 5）最初的文章中给出的过度波动的最简单的论据。这些文章证明，正如现值模型表明的那样，如果价格 P_t 是实际未来股利的现值 P_t^* 的期望，那么数据应该满足方差不等式 $\mathrm{var}(P_t^*)\geqslant\mathrm{var}(P_t)$。模型隐含的方差不等式的证明如下：因为在时间 t 时 P_t 是知道的，我们可以写成 $P_t^* = P_t + u_t$，其中 u_t 是预测误差。预测误差应该与相应的预测不相关，所以 u_t 应该与 P_t 不相关。因此，$\mathrm{var}(P_t^*) = \mathrm{var}(P_t) + \mathrm{var}(u_t)$。因为方差不能为负，从而方差不等式推出。这个论据可以反过来证明，如果方差不等式用美国数据检验被违反，那么 $P_t^* - P_t$ 一定是可预测的。下面我们将证明 $P_t^* - P_t$ 本身可以被看成一种无限期收益。因此，过度波动性直接隐含着无限期收益的可预测性。

上面的简单叙述是我们论据特性的描述，我们将根据考虑非平稳股利和价格的股利—价格比率在下面重申这个论据，我们将避免任何比较 P_t 和用每期条件进行估计的 P_t^* 的情况，我们将考虑盈利数据，而且我们将考虑关于股票的实际贴现率的简单时变形式。利用上面讨论的 VAR 框架使这些进展成为可能。在我们更早的利用这个框架的论文中（Campbell and Shiller，1988），我们发现拒绝 1 期收益不可预测的假设没有假定现值模型成立时拒绝股利—价格比率等于理论股利—价格比率的假设坚定。我们可能认为这基本上与法玛和弗瑞恩奇及其他人提到的 1 期收益比多期收益更不可预测的结论是一样的。他们以无限时间期限计算的超额收益回归的极限基本上是我们股票价格等于未来股利的预期现值的检验结果。因此，我们证明过度波动和多期收益的可预测性不是两种现象而是一种。

本章的内容安排如下。8.1 节讨论我们的数据，并证明股利—价格比率和盈利—价格比率能预测几年间隔衡量的股票收益。我们还提出连续复利股票收益的近似，我们需要在 VAR 分析中用到它。我们证明近似收益的可预测性接近于精确收益的可预测性。8.2 节我们解释 VAR 方法并将它与多期收益的研究联系起来。8.3 节我们提出基本的 VAR 结论，并在 8.4 节应用这些结果比较股票价格和收益的历史行为与现值模型隐含的行为。8.5 节检查我们的结果相对于表述变化的稳健性。8.6 节对全章进行总结。

8.1 利用价格、股利和盈利预测股票收益

这一章应用的数据集由标准普尔综合股票价格指数的价格、股利和盈利的年度观察值组成，由于利用考沃勒斯（Cowles，1939）的数据，时间可扩展到 1871 年。价格和股利序列还在坎贝尔和希勒

（Campbell and Shiller，1987，chapter 6）的文章以及有关波动性检验的许多文献中应用。坎贝尔和希勒（Campbell and Shiller，1988）证明了 1926 年后数据的性质非常类似于价值加权的纽约证券交易所指数的 CRSP 序列的性质，而威尔森和琼斯（Wilson and Jones，1987）仔细分析了 1926 年前的数据。1926—1986 年的名义盈利数据是根据指数调整的每股标准普尔盈利，总数是年度盈利。对更早的年份，我们的名义盈利序列是盈利—价格比率序列 $R-1$（Cowles，1939，pp. 404—405）乘以该年的年度平均标准普尔综合指数。我们用 1 月份生产者价格指数（1900 年以前的年度平均值）平减名义序列，以 1967 年为 100。

我们将 t 年 1 月份衡量的股票指数的实际价格写成 P_t 。时期 t 支付的关于指数股票组合的实际股利记为 D_t 。从 t 年初到 $t+1$ 年初持有该股票组合实现的对数总收益是 $h_{1t} \equiv \log((P_{t+1}+D_t)/P_t) = \log(P_{t+1}+D_t) - \log(P_t)$ 。从 t 年初到 $t+i$ 年初实现的对数总收益是

$$h_{it} \equiv \sum_{j=0}^{i-1} h_{1,t+j} \tag{8—1}$$

我们也希望研究普通股票超过短期债务的超额收益。我们应用的短期利率是 4～6 个月优惠商业票据的年度收益，在 1 月份和 7 月份计复利。如果我们将 t 年商业票据实现的对数实际收益写成 r_t，以方程（8—1）的方式加总成多期收益 r_{it}，于是在 i 个时期内的股票超额收益是 $h_{it} - r_{it}$。利用超额收益推算具有价格平减算子相互消除的优势，所以结果不会被平减算子的度量误差污染。

我们通过将实际股票收益和超额股票收益关于事先（t 年开始前）知道的几个解释变量进行回归开始我们的实证研究。对实际收益，我们考虑如下变量[2]：对数股利—价格比率 $\delta_t \equiv d_{t-1} - p_t$（股利滞后 1 年以确保 t 年初股利已知），滞后的股利—增长率 Δd_{t-1}，对数盈利—价格比率 $\varepsilon_t \equiv e_{t-1} - p_t$，两个基于盈利的移动平均值的对数盈利—价格比率——对数实际盈利的 10 年移动平均值减当前对数实际价格，即 $\varepsilon_t^{10} \equiv (e_{t-1} + \cdots + e_{t-10})/10 - p_t$，以及对数实际盈利的 30 年移动平均值减当前对数实际价格，即 $\varepsilon_t^{30} \equiv (e_{t-1} + \cdots + e_{t-30})/30 - p_t$ 。

使用比率变量的目的和金融新闻使用这些变量的目的是一样的，即作为相对于价格的基本价值的指标。结论是如果股票相对于基本价值定价过低，后来的收益倾向于高涨，如果股票定价过高，相反的结论也成立。因为年度盈利相当嘈杂，所以用盈利的移动平均值作为基

本价值的衡量标准；年度盈利甚至可能为负，而基本价值不可能为负。在计算盈利—价格比率时利用盈利的平均值有很长的历史。格雷厄姆和多德（Graham and Dodd，1934）介绍了“将原来的起算点或计算的基准点从当前盈利转变成涵盖不低于5年更可取地为7～10年时期的平均盈利”（*Securities Analysis*，p. 452）的一种方法。认识到盈利的10年期间的巨大可变性，在10年期间基本价值可能不如盈利变化大的假设下，我们将求平均值的方法进一步推到30年。

我将实际股票收益关于这些变量的每一个单独进行回归，且关于组合（$\delta_t, \Delta d_{t-1}, \varepsilon_t^{30}$）进行回归。就超额股票收益而言，除了我们用股利增长率超过商业票据利率的差 $\Delta d_{t-1} - r_{t-1}$ 代替实际股利—增长率外，这个程序是类似的。

表8—1描述了1871—1987年间的回归结果（在样本期末必要的地方截去一些数据以计算多期收益，在样本期初必要的地方截去一些数据以允许计算 ε_t^{10} 和 ε_t^{30}）。收益是以1年、3年和10年衡量的。A组的左边给出了实际收益的结果，B组的左边给出了超额收益的结果。这个表报告了每个回归的 R^2 统计量，括号中是所有系数（除常数以外）为零的假设的瓦尔德检验的显著性水平。当因变量是多期收益时，瓦尔德检验因方程误差的移动平均结构作了修正，但是没有因异方差性而作出修正。[3]

表8—1　　　　预测股票收益，1871—1987年[a]

解释变量	精确收益［正文中的表达式（8—1）］			贴现的收益［正文中的表达式（8—4）］		
	1年	3年	10年	1年	3年	10年
A. 实际收益						
δ_t	0.039	0.110	0.266	0.048	0.135	0.327
	(0.033)	(0.015)	(0.001)	(0.017)	(0.006)	(0.000)
Δd_{t-1}	0.000	0.004	0.003	0.000	0.004	0.003
	(0.964)	(0.522)	(0.485)	(0.977)	(0.568)	(0.537)
ε_t	0.019	0.090	0.296	0.023	0.104	0.303
	(0.143)	(0.027)	(0.000)	(0.100)	(0.017)	(0.000)
ε_t^{10}	0.040	0.111	0.401	0.047	0.130	0.423
	(0.036)	(0.031)	(0.000)	(0.022)	(0.019)	(0.000)

续前表

解释变量	精确收益 [正文中的表达式 (8—1)]			贴现的收益 [正文中的表达式 (8—4)]		
	1 年	3 年	10 年	1 年	3 年	10 年
A. 实际收益						
ε_t^{30}	0.067	0.195	0.566	0.079	0.225	0.615
	(0.013)	(0.008)	(0.000)	(0.007)	(0.004)	(0.000)
δ_t，Δd_{t-1}，ε_t^{30}	0.076	0.204	0.637	0.088	0.235	0.667
	(0.073)	(0.046)	(0.000)	(0.041)	(0.022)	(0.000)
B. 超额收益						
δ_t	0.016	0.080	0.184	0.022	0. 101	0.246
	(0.180)	(0.037)	(0.033)	(0.114)	(0.019)	(0.010)
$\Delta d_{t-1}-r_{t-1}$	0.026	0.027	0.000	0.026	0.026	0.001
	(0.082)	(0.127)	(0.811)	(0.082)	(0.134)	(0.758)
ε_t	0.011	0.054	0.195	0.015	0.060	0.206
	(0.261)	(0.083)	(0.009)	(0.194)	(0.053)	(0.005)
ε_t^{10}	0.052	0.145	0.341	0.060	0.168	0.399
	(0.017)	(0.010)	(0.003)	(0.010)	(0.005)	(0.001)
ε_t^{30}	0.051	0.187	0.480	0.074	0.218	0.548
	(0.017)	(0.007)	(0.002)	(0.009)	(0.003)	(0.000)
δ_t，$\Delta d_{t-1}-r_{t-1}$，ε_t^{30}	0.086	0.195	0.493	0.096	0.229	0.553
	(0.046)	(0.045)	(0.011)	(0.028)	(0.022)	(0.004)

a. 表中的数字是收益关于解释变量的回归中的 R^2，括号中是回归的所有系数是零的假设的瓦尔德检验的显著性水平。瓦尔德检验对多期收益回归的重叠数据作了调整。样本期是 1871—1987 年，为了计算多期收益，必要时在期末截掉数据。

表 8—1 说明我们的变量目录中的几个变量具有预测标准普尔指数收益的惊人能力。不管收益用实际术语度量还是表示为超过商业票据利率的差额，这个结果都是正确的。带有预测能力的变量是那些包括股票价格本身的变量：对数股利—价格比率 δ_t 和三个盈利—价格比率 ε_t、ε_t^{10} 和 ε_t^{30}。这些变量的预测能力在 1 期收益的通常时间范围统计上是显著的，但方差被解释的部分在这个时间范围是适度的：例如，1 年期

实际收益的方差的 3.9%能被对数股利—价格比率解释。然而，随着用于计算收益的年数增长，方差能被解释的比例也提高，而且常数预期收益模型被更坚定地拒绝。例如，对数股利—价格比率解释 10 年期实际收益的方差的 26.6%，而 30 年移动平均盈利—价格比率解释这个方差的 56.6%。这些结果证实和推广了法玛和弗瑞恩奇（Fama and French，1988）更长数据集的发现，并证实利用盈利的长期移动平均值，很高比例的多期收益是可以预测的。[4]

比较而言，滞后的股利增长率在任何时间范围内都没有预测股票收益。不管我们用价格指数平减还是用商业票据利率平减，这个结果都是正确的。而且三变量系统没有获得比单独 ε_t^{30} 大得多的 R^2 统计量。

我们下面所要推导的将涉及实现的对数 1 期收益 h_{1t} 、股利—增长率 Δd_t 和对数股利—价格比率 δ_t 之间的关系。这些变量的确切关系是非线性的。它呈现出如下形式：

$$h_{1t} = \log(\exp(\delta_t - \delta_{t+1}) + \exp(\delta_t)) + \Delta d_t \qquad (8—2)$$

但是，这个方程能够在点 $\delta_t = \delta_{t+1} = \delta$ 附近用一阶泰勒展开式线性化。坎贝尔和希勒（Campbell and Shiller，1988）证明了对数股利—价格比率服从平稳随机过程，以致它有一个作为点 δ 展开的固定不变的平均值。我们还将定义隐含在选择 δ 为 $r = g + \ln(1+\exp(\delta))$ 中的利率，其中 g 是平均值 Δd 。我们得到

$$h_{1t} \approx \xi_{1t}$$
$$\xi_{1t} \equiv \delta_t - \rho\delta_{t+1} + \Delta d_t + k = (1-\rho)d_t + \rho p_{t+1} - p_t + k \qquad (8—3)$$

其中，$\rho = 1/(1+\exp(\delta)) = \exp(-(r-g))$，$k = \log(1+\exp(\delta)) - \delta\exp(\delta)/(1+\exp(\delta))$ 。

方程（8—3）表明，股票组合的对数 1 期收益 h_{1t} 能够用关于对数股利—价格比率 δ_t、δ_{t+1} 及 Δd_t 呈线性关系的变量 ξ_{1t} 近似。方程（8—3）的近似用 $\rho\log(P_{t+1}) + (1-\rho)\log(D_t)$ 代替 $\log(P_{t+1} + D_t)$，其中 ρ 是与价格—股利的平均比率有关的参数。

现在我们定义方程（8—3）的多期推广。为了证明过度波动文献和多期收益预测文献之间的关系，定义这个与自然给出的方程（8—1）稍有不同的关系是有必要的。我们将贴现的 i 期收益 ξ_{it} 定义为

$$\xi_{it} \equiv \sum_{j=0}^{i-1} \rho^j \xi_{1,t+j} \qquad (8—4)$$

变量 ξ_{it} 是从时间 t 到时间 $t+i-1$ 的近似收益的贴现和。它只依赖于 δ_t、δ_{t+i} 和时间 t 到时间 $t+i$ 的股利增长率；时间 t 到时间 $t+i$ 之间的对数股利—价格比率没有出现。而当 i 增长时，方程（8—1）的和式趋于无穷大，而方程（8—4）的和式（在 δ_t 和 Δd_{t-1} 联合平稳的假设下）趋于恰当定义的极限—平稳随机过程。因此，我们可以提及下面将看到的无限期对数收益与对数股利—价格比率有关；这是我们应用定义（8—4）将多期收益文献与我们自己更早的股利—价格比率行为研究联系起来的原因。

对贴现的 i 期收益 ξ_{it} 的一个解释为它是（对应于依赖 i 的常数）精确的 i 期对数收益 H_{it} 的线性化，其中支付的股利被再投资于一种支付固定的实际收益的工具，而非该股票本身。[5] 根据对数股利—价格比率和对数股利—增长率，H_{it} 可以写成

$$H_{it}=\ln\Big\{\exp\big(\delta_t-\delta_{t+1}+\sum_{j=0}^{i-1}\Delta d_{t+j}\big)+\sum_{j=0}^{i-1}\exp\big(\delta_t+\sum_{k=0}^{j}\Delta d_{t+k}r(i-j-1)\big)\Big\}$$

大括号里面的第一项是价格相对数 P_{t+i}/P_t 。后面的项给出时间 t 到时间 $t+i-1$ 收到的总股利除以 P_t 的每期价值。注意到因为没有再投资该股票，时间 t 到时间 $t+i$ 之间的股利—价格比率没有进入到这个表达式，这一点在方程（8—4）也能看到。让我们在点 $\delta_t=\delta$ 和 $\Delta d_{t+j}=g$ 对所有 j 将上述表达式线性化。这就得到了方程（8—4）定义的贴现的 i 期收益 ξ_{it} 加上一个随 i 增加的常数。

很自然地，方程（8—3）和方程（8—4）没有精确地给出实际对数收益；因为它们是线性化推导出来的，存在某些近似误差。坎贝尔和希勒（Campbell and Shiller，1988）提出了 1 期收益误差实际上相当小的重要证据。这里我们对根据上面讨论的利用贴现的多期收益 ξ_{it} 而不是精确收益 h_{it} 重复回归的分析作了补充。我们把参数 ρ 看成固定的，并仿效坎贝尔和希勒（Campbell and Shiller，1988）[6] 令它等于 0.936。

这些结果在表 8—1 的右边给出。它们基本上类似于以前讨论的那些结果；然而存在稍强的趋势拒绝带贴现收益的常数预期收益模型（表明近似误差与解释变量相关），但差别比较小。这一点证实，我们可以说就现在的意义看，我们的多期收益的定义（8—4）与法玛和弗瑞恩奇（Fama and French，1987，1988）及其他人应用的定义（8—1）是大致可

以相互交换的。

8.2 向量自回归方法

前面一节我们推导出与对数股利—价格比率和股利—增长率呈线性关系的股票对数收益的近似表达式。现在我们利用这个线性关系分析股票价格变化。

首先，我们将贴现的 i 期对数收益写成 δ_t、δ_{t+1} 和 $\Delta d_{t+j}(j=0,\cdots,i-1)$ 的显式线性函数。根据方程（8—3）和方程（8—4），我们有

$$\xi_{it}=\delta_t-\rho^i\delta_{t+i}+\sum_{j=0}^{i-1}\rho^j\Delta d_{t+j}+k(1-\rho^i)/(1-\rho) \qquad (8—5)$$

方程（8—5）说明贴现的 i 期收益越高，开始投资时股利—价格比率越高，投资结束时股利—价格比率越低，而更高的股利增长率介于这两个日期之间。[7]

我们也可以利用这个方程理解多期收益和关于价格波动的文献之间的关系。如果当 i 增加时我们对式（8—5）取极限，假定 $\lim_{i\to\infty}\rho^iE_t\delta_{t+i}=0$（根据 δ_t 的平稳性推出），我们发现有如下关系：

$$\lim_{i\to\infty}\xi_{it}=(1-\rho)\sum_{j=0}^{\infty}\rho^jd_{t+j}-p_t+k/(1-\rho)$$

表达式右边的第一项是对数股利现在的贴现价值，它是 P_t^* 的对数线性化，而第二项是 P_t 的对数。因此，正如引言中提到的，无限期限贴现的对数收益是变量 $P_t^*-P_t$ 的对数线性化，这是波动性文献的主题。此外，对有限的 i，ξ_{it} 是 $P_t^*-P_t$ 的对数线性化表示，其中 P_t^* 是在假设时期 $t+i$ 以后的股利在时期 $t+i$ 的现值等于 P_{t+i} 的条件下计算出来的。这个假设应用在波动性文献中，以利用有限的股利记录获得 P_t^* 的估计。

方程（8—5）使计算股利—价格比率的收益模式的含义变得流畅易懂。例如，假定我们的模式为预期实际 1 期股票收益是常数：$E_t\xi_{1t}=r$。于是，$E_t\xi_{it}=r(1-\rho^i)/(1-\rho)$。对方程（8—5）的左边和右边取条件期望并整理，我们有

$$\delta_t=-\sum_{j=0}^{i-1}\rho^jE_t\Delta d_{t+j}+\rho^iE_t\delta_{t+i}+(r-k)(1-\rho^i)/(1-\rho) \qquad (8—6)$$

这个方程表明，时间 t 的对数股利—价格比率由未来 i 个时期的实际股利增长的期望、向后 i 期的预期股利—价格比率和股票必要的常用收益决定。当 i 增加时，我们取极限，和前面一样假定 $\lim_{i\to\infty}\rho^i E_t\delta_{t+i}=0$，我们得到

$$\delta_t=-\sum_{j=0}^{\infty}\rho^j E_t\Delta d_{t+j}+(r-k)/(1-\rho) \tag{8—7}$$

方程（8—7）表示对数股利—价格比率是延伸到无限将来的预期实际股利增长率的线性函数。

当股票相对于收益为 r_t 的其他资产的预期超额收益为常数时，可以应用类似的方法：$E_t\xi_{1t}=E_t r_t+c$。在我们的实证研究中，我们取 r_t 等于商业票据的实际收益。就这个模型而言，我们有

$$\delta_t=\sum_{j=0}^{i-1}\rho^j E_t[r_{t+j}-\Delta d_{t+j}]+\rho^i E_t\delta_{t+i}+(c-k)(1-\rho^i)/(1-\rho) \tag{8—6′}$$

当 i 增加时，取极限：

$$\delta_t=\sum_{j=0}^{\infty}\rho^j E_t[r_{t+j}-\Delta d_{t+j}]+(c-k)/(1-\rho) \tag{8—7′}$$

这个关系就是坎贝尔和希勒（Campbell and Shiller，1988）所称的“股利—比率模型”。在迈伦·戈登（Myron Gordon，1962）提出的使股利—价格比率等于利率减股利增长率的简单增长模型之后，它也可以被描述成动态戈登模型。最初的戈登模型没有说明如果利率或增长率随时间发生变化，股利—价格比率应该如何随时间变化：方程（8—7′）表明股利—价格比率与预期1期利率和股利—增长率的现值有关。

这些线性关系使检验它们作为向量自回归的约束条件成为可能。这个方法与前面一节讨论的简单多期回归方法相比具有几个优势。第一，我们仅仅需要估计一次VAR：于是我们可以对任何 i 实施方程（8—6）或方程（8—6′）的瓦尔德检验，而不需要重新估计该系统。第二，当 i 增加时，回归方法迫使我们缩短样本期。当计算5～10年期间的收益时，这一点变得相当严重。与之对照，VAR可以对整个样本进行估计。第三，VAR可以用于检验方程（8—7）或方程（8—7′）的约束条件，它们是 i 增加时方程（8—6）和方程（8—6′）的极限。这很重要，因为方程（8—7）和方程（8—7′）直接说明了股利—价格比率的收益模式的含义。最后，VAR方法使我们能够描述与未来股利和贴

现率的非约束计量经济预测有关的股利—价格比率的历史行为。重要的是要注意到，如果现值模型是正确的，那么不管市场参与者拥有多少信息，这个被我们称为 δ'_t 的理论价值一定等于对数股利—价格比率 δ_t。出现这个结果的原因是包括在 VAR 体系中的 δ_t 是市场参与者关于未来股利现值信息的充分统计量。

VAR 框架的详细描述在坎贝尔和希勒（Campbell and Shiller，1987，chapter 16；1988）的论文中给出。这里我们简要概括常数预期收益情况的 VAR 体系。考虑估计变量 δ_{t+1}、Δd_t 和 ε_{t+1}^{30} 的 VAR。最后一个变量——移动平均盈利—价格比率——包含其中仅仅作为股票收益的潜在预测指标。如果 VAR 仅仅有一期滞后，那么估计的系统是

$$\begin{bmatrix}\delta_{t+1}\\ \Delta d_t\\ \varepsilon_{t+1}^{30}\end{bmatrix}=\begin{bmatrix}a_{11} & a_{12} & a_{13}\\ a_{21} & a_{22} & a_{23}\\ a_{31} & a_{32} & a_{33}\end{bmatrix}\begin{bmatrix}\delta_t\\ \Delta d_{t-1}\\ \varepsilon_t^{30}\end{bmatrix}+\begin{bmatrix}u_{1t+1}\\ u_{2t+1}\\ u_{3t+1}\end{bmatrix} \tag{8—8}$$

向量中的变量是剔除均值的。用矩阵形式可以写得更紧凑，即 $z_{t+1}=Az_t+v_{t+1}$。

既然一阶向量自回归有向前 k 期预测这些变量的令人满意的性质，假定历史 $H_t=\{z_t,z_{t-1},\cdots\}$，我们只需要将 z_t 乘以矩阵 A 的 k 次幂：

$$E[z_{t+k}\mid H_t]=A^k z_t \tag{8—9}$$

这使方程（8—6）和方程（8—7）转化成 VAR 的约束条件变得容易了。首先，定义向量 $e1=[1\quad 0\quad 0]'$ 使得 $e1'z_t=\delta_t$，$e2=[0\quad 1\quad 0]'$ 使得 $e2'z_t=\Delta d_{t-1}$。然后，对方程（8—6）以 H_t 为条件取期望：

$$\delta_t=-\sum_{j=0}^{i-1}\rho^j E[\Delta d_{t+j}\mid H_t]+\rho^i E[\delta_{t+i}\mid H_t]+(r-k)(1-\rho^i)/(1-\rho) \tag{8—6″}$$

左边是不受影响的，因为 δ_t 在信息集 H_t 中，而右边变成以 H_t 为条件的期望。

最后，利用多期预测公式（8—9）得

$$e1'z_t=-\sum_{j=0}^{i-1}\rho^j e2'A^{j+1}z_t+\rho^i e1'A^i z_t+(r-k)(1-\rho^i)/(1-\rho) \tag{8—10}$$

如果方程（8—10）对任意 z_t 成立，那么我们一定有

$$e1'(I-\rho^i A^i) = -e2'A(I-\rho A)^{-1}(I-\rho^i A^i) \qquad (8—11)$$

这些是系数矩阵 A 的复杂约束条件，但它们确实在坎贝尔和希勒（Campbell and Shiller，1988）强调过的两种特殊情况下简化了。首先，如果 $i=1$，那么我们有 1 期收益不可预测的线性约束条件集：$e1'(I-\rho A)=-e2'A$。从单个系数看，约束条件是 $a_{21}=\rho a_{11}-1$，$a_{22}=\rho a_{12}$ 和 $a_{23}=\rho a_{13}$。盈利—价格比率方程的系数 a_{31}、a_{32} 和 a_{33} 是不受限制的。第二，如果 $i=\infty$，那么我们有一个非线性但简单的约束条件集，即对数股利—价格比率 δ_t 等于延伸到无限将来的实际股利增长的非约束 VAR 预测 δ'_t。约束条件是 $\delta_t \equiv e1'z_t = -e2'A(I-\rho A)^{-1}z_t \equiv \delta'_t$，它要求 $e1'=-e2'A(I-\rho A)^{-1}$。我们将比较未来实际股利增长的 VAR 预测 δ'_t 和对数股利—价格比率 δ_t 的历史行为。

当然，所有 i 的约束条件在代数上是等价的。如果 $e1'(I-\rho A)=-e2'A$，那么我们可以对所有 i 后乘 $(I-\rho^i A^i)$ 得到 i 期约束。反过来也是可能的，因为 VAR 的平稳性保证了 $(I-\rho^i A^i)$ 的非奇异性。这种代数等价性反映了如果 1 期收益不可预测，那么 i 期收益也一定不可预测，反之亦然的事实。然而，正像表 8—1 实施的回归检验一样，VAR 的瓦尔德检验可能会产生取决于选择的 i 值的不同结果。

VAR 方法能轻易地修改以处理不同的叙述。为了检验预期超额收益是常数的模式，我们简单地用 $\Delta d_t - r_t$ 代替 Δd_t 并和以前一样继续进行。为了处理更高阶的 VAR 行为，我们估计更高阶的系统，然后将其组成萨金特（Sargent，1979）与坎贝尔和希勒（Campbell and Shiller，1987，chapter 16；1988）讨论的 1 阶“伴随”形式。当 z_t、A、$e1$ 和 $e2$ 被适当地重新定义时，约束条件（8—11）仍然成立。

8.3　VAR 程序的结果

在表 8—2 中，我们将 VAR 方法应用到 1871—1987 年间股票价格、股利和盈利数据。样本期在开始被截掉以允许建立盈利的 30 年移动平均值，但即使我们要检验多期收益的不可预测性，样本期也不需要在期末截掉。我们利用 A 组的实际股利增长（检验常数预期实际收益模型）和 B 组股利增长超过商业票据利率的差额（检验常数预期超额收益模型）估计 1 阶 VAR。我们将大部分注意力放在 A 组的结果，并在 8.5 节简要地讨论 B 组的结果。

VAR 系数 a_{ij}（i，j=1，2，3）列在表 8—2 的顶部。括号里面的每个系数是渐近标准误差。第二行的系数（股利—增长方程）也许有特殊意义；它们说明股利—价格比率对股利增长具有很强的预测能力，而且盈利—价格比率 ε_t^{30} 也高度显著。这些结果暗示对马什和默顿（Marsh and Merton，1986，1987）的没有利用盈利变量的长期平均值的股利—增长方程进行某些改进是可能的。

股票预期实际收益是常数的假设限制了前两行股利—价格比率和实际股利—增长方程的系数。我们应该有 $a_{21}=\rho a_{11}-1, a_{22}=\rho a_{12}$ 和 $a_{23}=\rho a_{13}$。和前面一样，我们固定参数 ρ 等于 0.936。

这些约束条件并非严格成立，并且差 $a_{21}-\rho a_{11}+1$，$a_{22}-\rho a_{12}$ 和 $a_{23}-\rho a_{12}$ 是 ξ_{1t} 关于 VAR 解释变量的回归中得到的系数。根据这个回归得到的系数列在表 8—2 中 VAR 结果的下方。（这个回归在表 8—1 的 A 组也应用过。）

对 i=1，2，3，5，7，10 和 ∞，模型约束条件（8—11）的瓦尔德检验结果也列在表 8—2 中。i=1 的检验统计量数字上与 ξ_{1t} 关于 VAR 解释变量的回归得到的统计量相同；因此其 0.041 的显著性水平与表 8—1 中 A 组报告的显著性水平相同。当 i>1，回归检验和 VAR 的严格等价性被打破了，但结论的一般性质是相同的。像多期回归检验一样，随着收益区间的增加，VAR 检验越来越坚定地拒绝。在极限情况 $i=\infty$，零假设是对数股利—价格比率 δ_t 等于未来实际股利增长 δ'_t 的现值的非约束 VAR 预测。这个假设能够在优于 0.1%的显著性水平被拒绝。

表 8—2　　　　滞后 1 期的 VAR 结果，1871—1987 年[a]

A. 实际收益				
因变量	解释变量			
	δ_t	Δd_{t-1}	ε_t^{30}	R^2
δ_{t+1}	0.610	0.210	0.086	0.503
	(0.134)	(0.175)	(0.093)	
Δd_t	−0.418	0.332	0.209	0.361
	(0.067)	(0.087)	(0.046)	
ε_{t+1}^{30}	0.008	−0.104	0.874	0.791
	(0.125)	(0.163)	(0.087)	

续前表

A. 实际收益				
因变量	解释变量			
	δ_t	Δd_{t-1}	ε_t^{30}	R^2
ξ_{1t}	0.011	0.135	0.129	0.088
	(0.118)	(0.154)	(0.082)	

收益不可预测的 VAR 检验的显著性水平：
计算收益的年数

1	2	3	5	7	10	∞
0.041	0.023	0.012	0.002	0.000	0.000	0.000

VAR 估计的意义：

$$\delta'_t = 1.032\delta_t - 0.078\Delta d_{t-1} - 0.776\varepsilon_t^{30}$$

(0.076)　(0.046)　　(0.101)

$\sigma(\delta'_t)/\sigma(\delta_t) = 0.672$，　　$\mathrm{corr}(\delta'_t, \delta_t) = 0.175$

(0.074)　　(0.146)

$\sigma(\xi'_{1t})/\sigma(\xi_{1t}) = 0.269$，　　$\mathrm{corr}(\xi'_{1t}, \xi_{1t}) = 0.915$

(0.067)　　(0.064)

B. 超额收益				
因变量	解释变量			
	δ_t	$\Delta d_{t-1} - r_{t-1}$	ε_t^{30}	R^2
δ_{t+1}	0.619	0.482	0.087	0.541
	(0.126)	(0.164)	(0.087)	
$\Delta d_t - r_t$	−0.393	0.235	0.179	0.339
	(0.066)	(0.086)	(0.045)	
ε_{t+1}^{30}	−0.024	0.256	0.908	0.796
	(0.121)	(0.158)	(0.083)	
$\xi_{1t} - r_t$	0.028	−0.216	0.097	0.096
	(0.114)	(0.149)	(0.078)	

续前表

B. 超额收益						
收益不可预测的 VAR 检验的显著性水平：计算收益的年数						
1	2	3	5	7	10	∞
0.028	0.013	0.005	0.000	0.000	0.000	0.000

VAR 估计的意义：

$$\delta'_t = 0.927\delta_t + 0.046(\Delta d_{t-1} - r_{t-1}) - 0.634\varepsilon_t^{30}$$

(0.144) (0.086) (0.217)

$\sigma(\delta'_t)/\sigma(\delta_t) = 0.580$, $\mathrm{corr}(\delta'_t, \delta_t) = 0.309$

(0.136) (0.341)

$\sigma(\xi'_{1t} - r_t)/\sigma(\xi_{1t} - r_t) = 0.485$, $\mathrm{corr}(\xi'_{1t} - r_t, \xi_{1t} - r_t) = 0.733$

(0.044) (0.188)

a. 结果是针对包括 ε_t^{30} 的 3 元素向量的向量自回归的。列出的第一组数是回归系数，括号里是标准误差。（在 δ'_t 行的数是根据 VAR 获得的隐含系数，利用数值程序计算渐近标准误差。）还列出了回归的 R^2 统计量。位于其下方的是约束条件（8—11）的瓦尔德检验的显著性水平，$i=1$，2，3，5，7，10 和 ∞ 。$i=\infty$ 时的瓦尔德检验是假设 $\delta_t = \delta'_t$ 的检验。再下面是根据 VAR 计算的一些隐含的统计量，括号里是利用数值程序计算的渐近标准误差。

8.4 股票价格和收益的历史记录与理论价值的比较

这一节我们应用表 8—2 的 VAR 估计比较实际股票价格与收益和其理论对应值。我们发现根据常数预期实际收益模型，对数股利—价格比率 δ_t 与其理论对应值 δ'_t 只有微弱的关系，这个结果与模型强烈地相抵触。变量 δ'_t 和 δ_t 的相关性只有 0.175（这个估计有 0.146 的标准误差），而且 δ'_t 比 δ_t 更不容易变化（参见表 8—2 的 A 组底部）。δ'_t 的标准差等于 0.672 乘以 δ_t 的标准差，带有 0.074 的小标准误差。这可能暗示股利—价格比率与常数预期实际收益模型隐含的理论值不相关。然而，δ_t 和 δ'_t 的图形（图 8—1）显示短期收益黏性的迹象，即使两者的总相关性实际上是 0。我们的 VAR 结果也指出股利—价格比率有助于预测短期股利变化。

1 期收益 ξ_{1t} 大约是模型应该给出的变量的 4 倍。为了理解这一点，我们计算变量 $\xi'_{1t} \equiv \delta'_t - \rho\delta'_{t+1} + \Delta d_t$ 。如果常数预期实际收益模型成立以致 δ_t 等于 δ'_t，这就是我们 1 年期股票收益可能是多少的估计。注意到即使市场拥有计量经济学家不能获得的较多的信息，ξ_{1t} 也应该等于 ξ'_{1t} 。我们发现 ξ'_{1t} 的标准差只有 0.269，和 ξ_{1t} 的标准差一样大。这好像是一个很强的结论，因为标准差比率的标准误差只有 0.067。这个结果是股票收益波动太反复无常，以致不符合常数预期实际收益现值模型的证据，证实了前面波动性文献的主张。

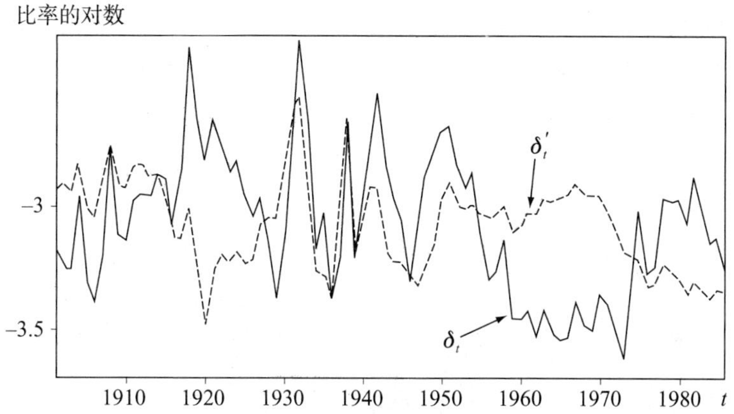

图 8—1

1901—1986 年，对数股利—价格比率 δ_t（实线）和理论对应价值 δ'_t（虚线）。变量 δ'_t 是基于表 8—2 的 A 组给出的向量自回归模型的未来实际股利—增长率现值的最优预测（常数贴现率）。也就是说，$\delta'_t = -e2'A\ (I-\rho A)^{-1} z_t = 1.032\delta_t - 0.078\Delta d_{t-1} - 0.776\varepsilon_t^{30}$ 。

虽然收益看起来太反复无常，但我们确实估计出实际收益 ξ_{1t} 与其理论对应值 ξ'_{1t} 之间的显著高度相关系数等于 0.915。收益可能太反复无常，但在与其理论价值充分相关的意义下，它们好像没有偏离正常的轨道。

这个结果归因于导致图 8—1 中 δ_t 和 δ'_t 之间的短期黏性的数据特征。如果我们像表 8—2 的 A 组那样定义 δ'_t 的推导方程，则很容易理解结果来自何处。这个方程将 δ'_t 定义为 $\delta'_t = 1.032\delta_t - 0.078\Delta d_{t-1} - 0.776\varepsilon_t^{30}$。让我们将 p'_t 定义为模型隐含的理论对数实际价格，即 $p'_t = d_{t-1} - \delta'_t$。即使经济行为主体拥有计量经济学家没有观察到的较多的信息，现值模型表示 p'_t 应该等于 p_t。与之对应，我们的估计意指

$p'_t = 0.776e_t^{30} + 0.256p_t + 0.046d_{t-1} - 0.078d_{t-2}$，其中 e_t^{30} 是对数实际盈利的 30 年移动平均值。这说明 p'_t 大体上等于实际对数盈利的长期移动平均值的四分之三加上当前价格的四分之一。这是大部分权数在移动平均值的对数实际盈利的移动平均值和对数实际价格的加权平均值。

p_t 和 p'_t 在 1901—1986 年期间的变化见图 8—2。变量 p'_t 显然比 p_t 平稳，但同时显示与 p_t 高度相关的短期变化。这像我们可能预期的那样：实际盈利的长期移动平均值非常平稳，因为长期移动平均值使序列平均值平滑。因此，p_t 的大部分短期波动可以依稀地在 p'_t 中看到。因为收益 ξ_{1t} 和 ξ'_{1t} 大体上根据 p_t 变化，它们的行为被序列的短期变化控制以致它们相互高度相关。另一方面，股利—价格比率 δ_t 和 δ'_t 由 p_t 和 p'_t 的值决定但不是十分相关。

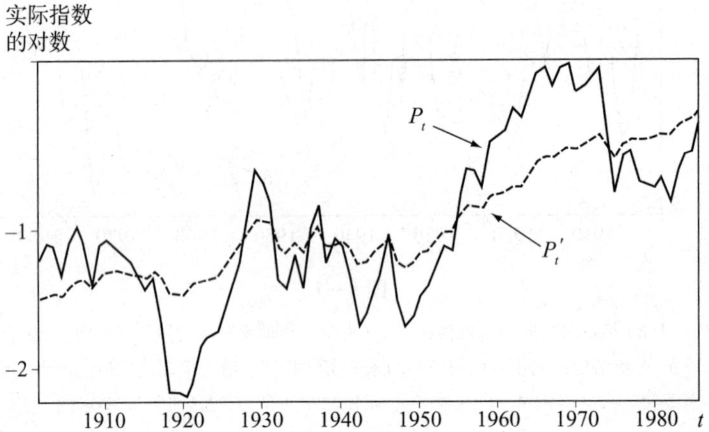

图 8—2

1901—1986 年，对数实际股票价格指数 p_t（实线）和理论对数实际价格指数 p'_t（虚线）。理论对数实际价格指数 p'_t 是基于表 8—2 提出的向量自回归预测模型的实际股利的对数线性化现值（常数贴现率）的最优预测。变量 p'_t 被作为 $d_{t-1} - \delta'_t$ 计算，δ'_t 是图 8—1 描述的序列。

8.5 结果的描述变化是如何强烈？

在表 8—2 的 B 组，我们应用商业票据利率而不是生产者价格指数的通货膨胀率平减的股利增长率重复所有这些操作。这里的零假设是股票超过商业票据利率的预期超额收益是常数。我们获得了类似于 A 组的结果，尽管大部分不如 A 组那么显著。δ_t 和 δ'_t 之间的相关系数较小，只有 0.309。ξ'_{1t} 的标准差仅仅在 ξ_{1t} 的标准差的一半以下，但两者具有 0.733 的高度相关性。现在隐含的变量 p'_t 将权数 0.634 分配给 e_t^{30}，而将权数 0.293 分配给 p_t。而且，盈利的长期移动平均值在根据商业票据利率调整的股利增长预测中控制了股票价格。

我们还检验核对了我们的 VAR 结果是否强烈以便延长 VAR 的滞后长度。我们估计了 1～5 阶的 VAR。除了 1 期收益回归中显著性水平随滞后长度上升而下降的事实外，绝大部分结论看来对估计的 VAR 阶数不是非常敏感。我们还检验核对了盈利的更短的 10 年移动平均值是否给出了与表 8—2 类似的结果。我们估计 $p'_t = 0.423e_t^{10} + 0.455p_t + 0.246d_{t-1} - 0.114d_{t-2}$。$\delta'_t$ 和 δ_t 之间的相关系数高于表 8—2 的相关系数，但当滞后长度朝着 5 增加时，相关系数戏剧性地下降。最后，我们对更短的样本期——1927—1986 年——估计表 8—2 的 VAR 体系。我们得到了与全样本期相当类似的结果。

8.6 结　论

我们的结果指出实际盈利的长期移动平均值有助于预测未来实际股利。这种盈利变量与当前股票价格的比率是股票收益的强有力的预测指标，尤其是当收益按几年时间衡量时。我们已经证明了这些事实使股票价格波动太反复无常以致不符合简单现值模型。然而，年度收益好像确实带着某些信息，并且与模型应该给出的数值相关。

每当新变量被引入一个分析时，批评者对新变量是否真正属于分析范畴感到怀疑是很自然的，假定新变量是盈利的长期移动平均值，则新变量在结果中起着重要作用。总是存在尝试许多新变量的可能性，直到结论改变，而且只有改变结论的那个变量被报告。然而，我们认为，可以证明盈利的长期移动平均值是描述基本价值的极其自然的变量，而且这个角色没有太多竞争者。我们还在更早的没有应用盈利信息的研究中（Campbell and Shiller，1988）发现了过度波动的证据。

在评估我们的结果时，应该记住（不考虑小样本）如果我们找到一个使模型失效的变量，那么引进新变量永远不可能挽救这个模型。因为对数股利—价格比率 δ_t 在假定的信息集中，在理论对数股利—价格比率 δ'_t 的方程中它应该取得单位系数，而所有其他变量应该取得零系数。只要盈利变量包含其中，即使增加更多的变量也永远不可能将我们带回到这种情景。回想一下我们关于过度波动性与多期收益的可预测性有同样功效的论据，上述表达换一种说法就是一旦找到预测多期收益的预测变量，增加新的预测变量也永远不可能使它们不可预测。

注　　释

［1］有大量关于证券价格对盈利公告的反应的文献，参见 Kormendi and Lipe（1987）。然而，也有几个例外，Kormendi and Lipe（1987）没有说明这种反应是否与证券价格特定的基本定价模型一致。

［2］这一章中，小写字母表示相应大写字母的自然对数。

［3］和我们前面一章一样（Campbell and Shiller，1988），利用怀特（White，1984）根据标准误差进行的异方差修正，结果几乎没有变化。

［4］当我们应用法玛-弗瑞恩奇样本期——1927—1986 年——时，我们发现股利—价格比率解释了精确的四年实际收益方差的 21.9%（四年是他们报告的最长时间范围）。这大体上证实了他们估计的 R^2 的 29%。盈利的 30 年平均值的解释能力仅仅比这个样本期和收益区间的股利—价格比率稍微好一点，解释了收益方差的 22.6%。然而，当我们将时间范围延长到 10 年，30 年平均值解释了收益方差的 47.5%，而股利—价格比率仅仅解释了 24.8%。

［5］我们假定这种再投资收益率等于线性化应用的 ρ 隐含的收益率 r，就是说 $r=g-\ln(\rho)$ 。

［6］在那篇文章中，我们证明了在合理范围变化的 ρ 没有极大地影响我们的结论。而且，这里我们令方程（8—4）中的 $\rho=1$［但保持方程（8—3）中的 $\rho=0.936$］，所以 ξ_{it} 变成了接近 h_{it} 的简单和，我们得到了与报告结果非常类似的结论。

［7］注意到当 i 变得更大时，方程（8—5）中每期的股利—价格比

率 δ_{t+i} 的权数更小，因此每期价格的权数也更小。人们可能怀疑为什么时间$t+i$ 范围的对数总收益的近似表达式每期价格的权数是下降的。原因是当 i 增加时，由于以固定利率分配股利的再投资的总收益成分变得更大，线性化点上的对数函数的斜率趋于零。

参考文献

Campbell, John Y. and Robert J. Shiller. 1987. "Cointegration and Tests of Present Value Models," *Journal of Political Economy* 95：1062—1088.

Campbell, John Y. and Robert J. Shiller 1988. "The Dividend-Price Ratio and Expectations of Future Dividends and Discount Factors," *Review of Financial Studies* 1：195—228.

Cowles, Alfred and Associates. 1939. *Common-Stock Indexes*, 2nd ed. Bloomington, Indiana：Principia Press.

DeBondt, Werner and Richard Thaler 1985. "Does the Stock Market Overreact?" *Journal of Finance* 60：793—805.

Fama, Eugene F. and Kenneth R. French. 1988. "Permanent and Temporary Components of Stock Prices," *Journal of Political Economy* 96：246—273.

Fama, Eugene F. and Kenneth R. French. 1987. "Dividend Yields and Expected Stock Returns," *Journal of Financial Economics* 22：3—25.

Flood, Robert P., Robert J. Hodrick, and Paul Kaplan. 1986. "An Evaluation of Recent Evidence on Stock Market Bubbles." NBER Working Paper No. 1971.

Gilles, Christian and Stephen F. LeRoy. 1987. "The Variance-Bounds Tests：A Critical Survey." Unpublished paper, University of California Santa Barbara.

Gordon, Myron J. 1962. *The Investment, Financing and Valuation of the Corporation*. Homewood, Illinois：Irwin.

Graham, Benjamin and David L. Dodd. 1934. *Security Analysis*, 1st ed. New York：McGraw-Hill.

Gregory, Allan W. and Michael R. Veall. 1985. "Formulating Wald Tests of Nonlinear Restrictions," *Econometrica* 53：1465—1468.

Kleidon, Allan W. 1986. "Variance Bounds Tests and Stock Price Valuation Models," *Journal of Political Economy* 94：953—1001.

Kormendi, Roger C. and Robert Lipe. 1987. "Earnings Innovations, Earnings Persistence and Stock Returns," *Journal of Business* 60：323—345.

LeRoy, Stephen F. and Pachard D. Porter. 1981. "Stock Price Volatility：Tests Based on Implied Variance Bounds," *Econometrica* 49：97—113.

Mankiw, N. Gregory, David Romer, and Matthew D. Shapiro 1985. "An Unbiased Reexamination of Stock Market Volatility," *Journal of Finance* 40: 677—687.

Marsh, Terry A. and Robert C. Merton. 1986. "Dividend Variability and Variance Bounds Tests for the Rationality of Stock Market Prices," *American Economic Review* 76: 483—498.

Marsh, Terry A. and Robert C. Merton 1987. "Dividend Behavior for the Aggregate Stock Market," *Journal of Business* 60: 1—40.

Poterba, James M. and Lawrence H. Summers. 1987. "Mean Reversion in Stock Prices: Evidence and Implications," Unpublished paper, Harvard University.

Sargent, Thomas J. 1979. "A Note on the Estimation of the Rational Expectations Model of the Term Structure," *Journal of Monetary Economics* 5: 133—43.

Shiller, Robert J. 1981. "Do Stock Prices Move Too Much to be Justified by Subsequent Changes in Dividends?" *American Economic Review* 71: 421—436.

Shiller, Robert J. 1984 "Stock Prices and Social Dynamics," *Brookings Papers on Economic Activity* 2: 457—498.

Summers, Lawrence H. 1986. "Does the Stock Market Rationally Reflect Fundamental Values?" *Journal of Finance* 41: 591—601.

West, Kenneth D. 1988. "Dividend Innovations and Stock Price Volatility," *Econometrica* 55: 37—61.

White, Halbert. 1984. *Asymptotic Theory for Econometricians*. Orlando, Florida: Academic Press.

Wilson, Jack W. and Charles P. Jones. 1987. "A Comparison of Annual Common Stock Returns: 1871—1925 with 1926—85," *Journal of Business* 60: 239—258.

第9章　股利比率模型和小样本偏差：蒙特卡罗研究①

在这一章，我们评价坎贝尔和希勒（Campbell and Shiller，1988a，1988b，chapter 8）在对数线性向量自回归股利比率模型的系统阐述中对现值模型的估计和检验。模拟的数据产生过程符合有效市场模型的协整向量自回归过程，并且应用了估计的向量自回归模型和带有单位特征根的可选择模型。

9.1　股利比率模型

股利比率模型（Campbell and Shiller，1988a，1988b，chapter 8）声称对数股利

① 与 John Y. Campbell 合作。改编自 *Economics Letters* 29（1989）：325－331；© 1989 Elsevier Science Publications。

—价格比率 δ_t（等于 $d_{t-1}-p_t$，其中 d_{t-1} 是时间 t 之前支付的每股对数股利，而 p_t 是时间 t 开始时的每股对数价格）由下式给出：

$$\delta_t = E_t\delta_t^* \tag{9—1}$$

$$\delta_t^* = \sum_{j=0}^{\infty} \rho^j [r_{t+j} - \Delta d_{t+j}] - k/(1-\rho) \tag{9—2}$$

其中，r_t 是时间 t 时的 1 期贴现率。模型是根据 δ_t 的精确表达式线性化推导的，常数 k 等于 $\ln(1+\exp(\delta))-\delta\exp(\delta)/(1+\exp(\delta))$，$\delta$ 是线性化的关键。

9.2 数据产生过程

两个数据产生过程都是估计的。第一个是在带常数贴现率的现值模型成立的约束条件下估计的。第二个是在贴现率根据商业票据利率随时间变化时现值模型成立的约束条件下估计的。

让我们考虑第一个数据产生过程。向量自回归的向量是 $z_t = [\delta_{t+1}, \Delta d_t, \varepsilon_{t+1}^{30}]'$，其中 ε_t^{30} 和坎贝尔与希勒（Campbell and Shiller，1988b，chapter 8）提到的一样，是基于盈利的 30 年移动平均值的对数盈利—价格比率。让我们假定 z_t 是一阶向量自回归（AR1）过程的高斯向量：

$$z_t = Az_{t-1} + v_t \tag{9—3}$$

正像坎贝尔与希勒（Campbell and Shiller，1988b，chapter 8）的文章证明的那样，有效市场模型（9—1）要求

$$e1'(I-\rho A) = -e2'A \tag{9—4}$$

其中，$e1' = [1, 0, 0]$，而 $e2' = [0, 1, 0]$。方程（9—4）可以被解释为要求线性化的 1 期收益 $\xi_t = \delta_t - \rho\delta_{t+1} + \Delta d_t$ 是不可预测的。约束条件（9—4）可以用另一种方法写成

$$e1' = -e2'A(I-\rho A)^{-1} \tag{9—4'}$$

它是检验统计量依赖于约束条件书写方式的瓦尔德检验的一个特征。在我们前面的论文中，我们称约束条件（9—4′）的瓦尔德检验为 $\delta_t = \delta'_t$ 的检验，其中 $\delta'_t = -e2'A(I-\rho A)^{-1}z_t$ 或称为无限期限收益

不可预测的检验。这里，我们称利用条件（9—4）的瓦尔德检验为模型的线性瓦尔德检验，因为式（9—4）是参数矩阵 A 的线性表达式，并且称利用条件（9—4′）的瓦尔德检验为模型的非线性瓦尔德检验。

向量自回归参数的估计是在约束条件（9—4）下根据普通最小二乘法推导的。[1] 利用坎贝尔与希勒（Campbell and Shiller，1988b，chapter 8）文章中（利用 ξ_t 1901—1986 年的数据，回归包含 86 个观察值）的完整数据集估计的 A 和 Σ 是

$$A=\begin{bmatrix} 0.6101 & -0.2103 & 0.0862 \\ -0.4289 & -0.1969 & 0.0806 \\ 0.0079 & 0.1041 & 0.8741 \end{bmatrix}$$

$$\Sigma=\begin{bmatrix} 0.0415 & 0.0076 & 0.0338 \\ 0.0076 & 0.0134 & -0.0025 \\ 0.0338 & -0.0025 & 0.0362 \end{bmatrix}$$

A 的（实）特征根是 0.868 1、0.725 4 和 −0.306 2。最大的特征根相当接近于 1，以至于它的半衰期是 5 年。这种特征根是我们期望的，因为变量 δ_t 和 ε_t^{30} 自始至终显示出某种持续性。[2]

矩阵 Σ 并非严重的状态不良，它的状态数（condition number）（最大特征根与最小特征根的比率）是 76.09。因此，我们并没有处于在“没有较多信息”的情况下可能发生的 z_t 各行存在线性依赖性的状态。当对数实际价格仅仅携带回归中其他变量的信息时，没有较多信息的情况才会发生。既然这样，只有与预测未来有关的信息来自于股利变化（Δd_{t-1}）、当前的对数实际股利和对数实际盈利的 30 年移动平均值之间的差额（$\delta_t-\varepsilon_t^{30}$）及它们的滞后价值，以致对数实际价格与这些变量和它们的新息成线性关系时，对数实际价格才因此与它们的新息成线性关系。“没有较多信息”情况在波动性检验的蒙特卡罗评价中已经突出地描绘出来了（例如，可参见 Kleidon，1986；Mattey and Meese，1986；Fama and French，1988）。在现在的情况下，δ_t 的新息中与其他新息不相关的成分进入了股利的未来变化。（系统的移动平均描述在未来股利变化的决定中可能给这种成分分配一个权数。）因此，这里的例子可以被解释为除股利和盈利之外，经济行为主体拥有某些与预测未来股利有关的信息。

假定贴现率根据商业票据利率随时间变化的现值模型（9—1）成立的第二个数据产生过程是按同样的方式估计的，除了向量 $z_t=[\delta_{t+1},$

$\Delta d_t - r_t, \varepsilon_t^{30}$]（所有变量剔除平均值）以外，其中 r_t 是优惠的商业票据利率。在这个向量中，Δd_t 是用名义术语衡量的；实际上利率是用于平减股利变化的。由于这些数据变化，同样的约束条件（9—4）或条件（9—4′）在这里适用。A 和 Σ 的最小二乘估计是

$$A=\begin{bmatrix} 0.5840 & -0.2735 & 0.1068 \\ -0.4539 & -0.2560 & 0.1000 \\ 0.0087 & 0.0824 & 0.8743 \end{bmatrix}$$

$$\Sigma=\begin{bmatrix} 0.0410 & 0.0072 & 0.0338 \\ 0.0072 & 0.0129 & -0.0025 \\ 0.0338 & -0.0025 & 0.0363 \end{bmatrix}$$

它们相当接近于常数贴现率情况的矩阵。

9.3 现值模型检验

坎贝尔与希勒（Campbell and Shiller，1988a，1988b，chapter 8）的文章应用的方法是估计 z_t 的向量自回归并根据普通的瓦尔德检验检验约束条件（9—4）或条件（9—4′）。计算出理论的对数比率 $\delta'_t = -e2'A(I-\rho A)^{-1}z_t$，并与实际股利—价格对数比率 δ_t 进行比较。最后，求出理论线性化收益 $\xi'_t = \rho\delta'_{t+1} + \Delta d_t - \delta'_t$，并与实际线性化收益 ξ_t 进行比较。

坎贝尔-希勒（Campbell and Shiller，1988b，chapter 8）所得到的常数贴现率情况的结果是根据表 9—1 的 A 组复制的。线性瓦尔德检验在 4.1%的显著性水平上拒绝约束条件（9—4）；非线性瓦尔德检验在更高的显著性水平上拒绝（瓦尔德统计量是 104.424，3 个自由度，估算的显著性水平是 1.545×10^{-9}）。根据向量 z_t 决定 δ'_t 的方程没有像有效市场模型要求的那样分配 1.000 的系数给 δ_t，并分配 0 系数给其他两个变量。决定 δ'_t 的方程可以被解释为决定 p'_t（等于 $d_{t-1}-\delta'_t$）的方程：$p'_t = 0.776e_t^{30} + 0.256p_t + 0.046d_{t-1} - 0.078d_{t-2}$，其中 e_t^{30} 是实际盈利的 30 年移动平均值。这个方程没有像有效市场模型要求的那样将所有权数放在 p_t 上确定 p'_t，而是只有四分之一的权数放在价格 p_t 上。我们发现 δ'_t 稍微不如 δ_t 容易变化，并且与它也没有什么相关性。变量 ξ'_t 比 ξ_t 更不容易变化，但与它高度相关。这些结果被解释为象征有效市场模型（9—1）在股票收益过度波动方面的巨大失败。

表9—1　　向量自回归结果——常数贴现率（实际收益）

A. 实际结果（根据表8—2的A组）

线性瓦尔德检验（1期收益不可预测性的检验）：
显著性水平＝0.041

非线性瓦尔德检验（检验 $\delta_t=\delta'_t$）：
显著性水平＝0.000

$$\underset{(0.076)}{\delta'_t=1.032\delta_t}-\underset{(0.046)}{0.078\Delta d_{t-1}}-\underset{(0.101)}{0.776\varepsilon_t^{30}}$$

$\sigma(\delta'_t)/\sigma(\delta_t)=0.672$，　$corr(\delta'_t,\delta_t)=0.175$
(0.074)　　(0.146)

$\sigma(\xi'_t)/\sigma(\xi_t)=0.269$，　$corr(\xi'_t,\xi_t)=0.915$
(0.067)　　(0.064)

注意：括号中的数字是标准误差。

B. 有效市场模型成立时
利用估计的约束VAR模型的模拟结果：1 000次重复模拟实验

线性瓦尔德检验：拒绝的水平

5%：0.086　1%：0.021　A组得到的显著性水平：0.072

5%：0.234　1%：0.147　A组得到的显著性水平：0.000

$$\underset{(0.564)}{\delta'_t=1.066\delta_t}-\underset{(0.250)}{0.034\Delta d_{t-1}}-\underset{(0.634)}{0.215\varepsilon_t^{30}}$$

$\sigma(\delta'_t)/\sigma(\delta_t)=0.926$，　$corr(\delta'_t,\delta_t)=0.946$
(0.251)　　(0.063)

$\sigma(\xi'_t)/\sigma(\xi_t)=0.878$，　$corr(\xi'_t,\xi_t)=0.950$
(0.211)　　(0.049)

注意：比率和系数是重复实验的平均值；括号中的数字是重复模拟实验的标准差。

随机模拟结果（表9—1的B组）普遍支持对结果的这种解释。5%的线性瓦尔德检验的规模实际上是8.6%，利用实际数据时假设的拒绝发生在4.1%的显著性水平上，并且这种拒绝发生在7.2%的重复实验中。因此，根据随机模拟，我们可以说利用我们数据的线性瓦尔德检验在大致7%的水平上拒绝。非线性瓦尔德检验的规模更有问题：5%的非线性瓦尔德检验有23.4%的机会拒绝。但实际数据的非线性瓦尔德检验的拒绝是如此显著，以致1 000次重复实验中没有一次达到A组结果的显著性水平。将某种权数分配在决定 p'_t 的外部变量 e_t^{30} 上存在偏差，随机模拟中分配在 e_t^{30} 上的平均权数只有0.215，而不是估计方程中的0.776。ξ'_t 的标准差中也存在向下的偏差：程序倾向于断定收益一定不如模型成立时的收益容易变化。两种偏差可能被解释为弗莱文（Flavin，1983）、克莱登（Kleidon，1986）、马什和默顿（Marsh and Merton，1986）及其他人报告的同样的普遍现象的证明。然而，偏离程度不足以给出模型和估计的回归之间可能的一致性。1 000次重复实验中没有一次表示 ξ'_t 的标准差小于0.3乘以实际的 ξ_t 的标准差。

表9—1的另一方面完全不值一提。随机模拟一致地赋予 δ_t 和 δ'_t 高度的相关性：平均相关系数为0.946，而标准差仅为0.063。实际相关系数0.175显著低于这个数值。

表9—2显示了时变贴现率情况下的同样结果。这些结果与表9—1显示的结果十分相似。拒绝实际数据的有效市场模型稍微不如常数贴现率情况下那么显著：利用实际数据，$\xi'_t - r_t$ 的标准差几乎只有 $\xi_t - r_t$ 的标准差的一半。在只有1.7%的重复模拟实验中，ξ'_t 的标准差不到 ξ_t 的标准差的一半。

表9—2　　向量自回归结果——时变贴现率（超额收益）

A. 实际结果（根据表8—2的B组）

线性瓦尔德检验（1期收益不可预测性的检验）：
显著性水平＝0.028

非线性瓦尔德检验（检验 $\delta_t=\delta'_t$）：
显著性水平＝0.000

$$\delta'_t = 0.927\delta_t - 0.046(\Delta d_{t-1} - r_{t-1}) - 0.634\varepsilon_t^{30}$$
$$(0.144)\quad(0.086)\qquad\qquad(0.217)$$

$$\sigma(\delta'_t)/\sigma(\delta_t) = 0.580,\qquad \mathrm{corr}(\delta'_t, \delta_t) = 0.309$$
$$(0.136)\qquad\qquad\qquad(0.341)$$

续前表

$\sigma(\xi'_t - r_t)/\sigma(\xi_t - r_t) = 0.485$，　　$corr(\xi'_{1t} - r_t, \xi_{1t} - r_t) = 0.733$

(0.044)　　(0.188)

注意：括号中的数字是标准误差。

B. 有效市场模型成立时利用估计的
约束 VAR 模型的模拟结果：1 000 次重复模拟实验

线性瓦尔德检验：拒绝的水平

5%：0.079　　1%：0.019　　A 组得到的显著性水平：0.046

5%：0.214　　1%：0.133　　A 组得到的显著性水平：0.009

$$\delta'_t = 1.045\delta_t - 0.026(\Delta d_{t-1} - r_{t-1}) - 0.187\varepsilon_t^{30}$$

(0.571)　(0.254)　　　(0.641)

$\sigma(\delta'_t)/\sigma(\delta_t) = 0.922$，　　$corr(\delta'_t, \delta_t) = 0.948$

(0.262)　　(0.065)

$\sigma(\xi'_t - r_t)/\sigma(\xi_t - r_t) = 0.882$，　　$corr(\xi'_t - r_t, \xi_{1t} - r_t) = 0.952$

(0.216)　　(0.046)

注意：比率和系数是重复模拟实验的平均值；括号中的数字是重复模拟实验的标准差。

这些结果相当有利于解释坎贝尔和希勒（Campbell and Shiller，1988b，chapter 8）文章的结果，应该注意到可选择的数据生成过程是将糟糕得多的小样本行为赋予估计量和检验可以获得的。为了证明这一点，我们改变矩阵 A，使得最大特征根等于 1.000。这一点可以通过增加没有包含在约束条件（9—4）中的单个元素 $A(3,3)$ 做到。为了得到单位特征根，参数 $A(3,3)$ 不得不在常数贴现率情况下增加 1.413 个标准差，这看起来并不是不合理的数量。注意到检验的小样本性质甚至比我们假定 z_t 平稳的渐近分布理论提出的结论偏离得更多。最引人注目的是，非线性瓦尔德检验在 5%的显著性水平下有一大半机会都拒绝。而且，常数贴现率情况下实际数据达到的显著性水平只有不足 1%的机会拒绝有效市场模型。正如表 9—1 的 A 组利用实际数据观察到的一样，1 000 次重复实验中没有一次 ξ'_t 估计的标准差低于 0.3 乘以实际标准差。

根据时变贴现因子情况（表 9—4），单位特征根过程小样本性质显著偏离表 9—3 表现出的渐近性质。在某些方面，情况进一步恶化：在我们利用实际数据观察到的显著性水平上，有 13.4%的机会拒绝非线性瓦尔德检验，而 $\xi'_t - r_t$ 估计的标准差有 23.4%的机会低于 $\xi_t - r_t$ 的标准差的一半。这里，我们没有非常显著地拒绝有效市场模型。

表 9—3　随机模拟——单位特征根约束、常数贴现率（实际收益）：1 000 次重复实验

线性瓦尔德检验：拒绝的水平

5%：0.210　1%：0.071，　表 9—1A 组的显著性水平：0.189

非线性瓦尔德检验：拒绝的水平

5%：0.603　1%：0.493　表 9—1A 组的显著性水平：0.009

$$\delta'_t = 1.060\delta_t - 0.049(\Delta d_{t-1} - r_{t-1}) - 0.459\varepsilon_t^{30}$$
$$(0.256)\quad(0.141)\qquad\qquad(0.378)$$

$\sigma(\delta'_t)/\sigma(\delta_t) = 0.886$,　(0.361)　　$\mathrm{corr}(\delta'_t, \delta_t) = 0.533$　(0.297)

$\sigma(\xi'_t)/\sigma(\xi_t) = 0.658$,　(0.212)　　$\mathrm{corr}(\xi'_t, \xi_t) = 0.914$　(0.088)

注意：比率和系数是重复实验的平均值；括号中的数字是重复模拟实验的标准差。

表 9—4　随机模拟——单位特征根约束、时变贴现率（超额收益）：1 000 次重复实验

线性瓦尔德检验：拒绝的水平

5%：0.195　1%：0.071，　表 9—2A 组的显著性水平：0.136

非线性瓦尔德检验：拒绝的水平

5%：0.589　1%：0.484，　表 9—2A 组的显著性水平：0.134

$$\delta'_t = 1.043\delta_t - 0.036(\Delta d_{t-1} - r_{t-1}) - 0.437\varepsilon_t^{30}$$
$$(0.246)\quad(0.122)\qquad\qquad(0.345)$$

$\sigma(\delta'_t)/\sigma(\delta_t) = 0.828$,　(0.272)　　$\mathrm{corr}(\delta'_t, \delta_t) = 0.533$　(0.318)

续前表

$\sigma(\xi'_t - r_t)/\sigma(\xi_t - r_t) = 0.660$，	$\text{corr}(\xi'_t - r_t, \xi_t - r_t) = 0.919$
(0.206)	(0.081)

注意：比率和系数是重复模拟实验的平均值；括号中的数字是重复模拟实验的标准差。

作为表 9—3 和表 9—4 的基础的单位特征根情况是一个极端的例子，它表示股利—价格比率、盈利—价格比率和股利增长率都是非平稳的随机过程。在论述这些比率非平稳的文献中没有看到这个结论。我们相信表 9—1 和表 9—2 中令人鼓舞的结果很可能与看起来平稳的实际数据相关。

注　释

[1] 根据变量替换，我们定义 $\tilde{z}_t = Sz_t$，S 是矩阵：

$$S = \begin{bmatrix} 1 & 0 & 0 \\ \rho & -1 & 0 \\ 0 & -0 & 1 \end{bmatrix}$$

$\tilde{z}_t = \tilde{A}\tilde{z}_t + \tilde{v}_t$，其中 $\tilde{A} = SAS^{-1}$。我们施加 ξ_t 关于第二个方程的系数不可预测的限制，估计 $\tilde{A}$ 和 $\tilde{\Sigma}$，然后还原为 A 和 Σ。

[2] 如果我们正在应用同样的方法评价 p 大于 1 的 VAR-p 模型，根据 $z_t = Az_{t-1} + v_t$ 利用一阶自回归伴随矩阵，那么约束条件（9—2）可能表示 A 存在 0 特征根。这是因为 A 的一行可能是 $e1'$。然而，在一阶情况下，A 没有必要是奇异的。

参考文献

Campbell, John Y., and Robert J. Shiller. 1988a. "The Dividend-Price Ratio and Expectations of Future Dividends and Discount Factors," *Review of Financial Studies* 1: 197—228.

Campbell, John Y., and Robert J. Shiller. 1988b. "Stock Prices, Earnings and Expected Dividends," *Journal of Finance* 43: 661—676.

Fama, Eugene F. , and Kenneth R. French. 1988. "Permanent and Temporary Components of Stock Prices," *Journal of Political Economy* 96: 256—273.

Flavin, Marjorie. 1983, "Excess Volatility in the Financial Markets: A Reassessment of the Empirical Evidence," *Journal of Political Economy* 91: 929—956.

Kleidon, Allan W. 1986. "Variance Bounds Tests and Stock Price Valuation Models," *Journal of Political Economy* 94: 953—1001.

Marsh, Terry A. , and Robert C. Merton. 1986. "Dividend Variability and Variance Bounds Tests for the Rationality of Stock Market Prices," *American Economic Review* 76: 483—498.

Mattey, Joe, and Richard Meese. 1986, "Empirical Assessment of Present Value Relations," *Econometric Reviews* 5(2): 171—234, 1986.

第10章　股票价格的共同变化和股利的共同变化①

1987 年 10 月 19—20 日，世界上所有主要股票市场的股票价格水平作出相似的引人注目的下降。一些观察家表示，市场崩溃期间有关基本面的负面信息出现在所有经济中看来是不可能的。然而，市场崩溃仅仅是一个插曲。股票价格全面共同变化能根据股利和实际利率的共同变化证明其合理性吗?[1]

图 10—1 的上面一组图形显示 1919—1987 年间英国和美国的实际股利指数。图 10—1 的下面一组图形显示每年末英国和美国相应的实际价格指数。（作为本文实证研究基础的这些数据将在下面定义。）股利序

① 改编自 *Journal of Finance* 44 (1989)：719—729；

列之间和价格序列之间都存在明显的相似性。但简单比较这些图形不能使我们了解价格共同变化是否比有效市场模型隐含的更多。因此，更多的理论准备是必要的。

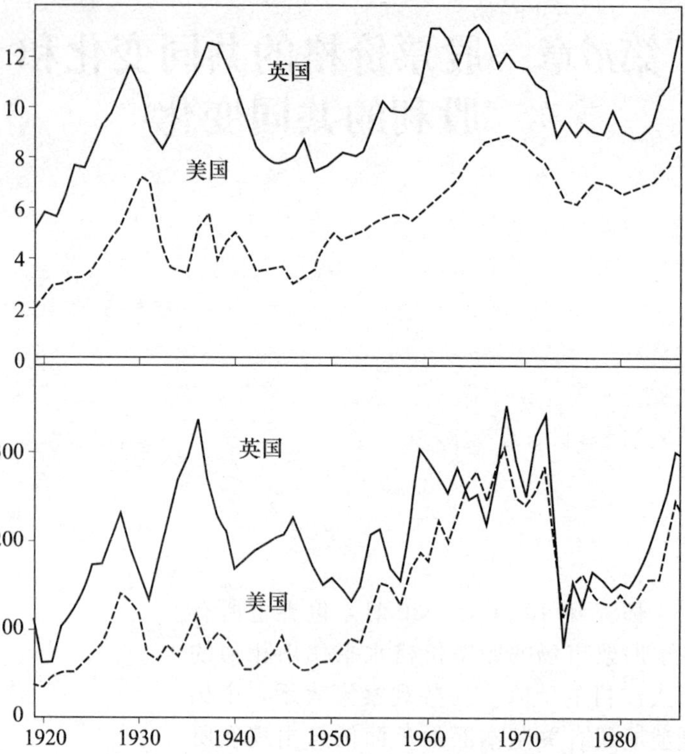

图 10—1 英国和美国年度实际股利和实际价格的比较

上图表示每股实际股利指数（1919—1987 年）。下图表示年末实际价格指数（1919—1987 年）。

10.1 有效市场模型中的共同变化

有效市场模型是

$$\widetilde{P}_{it} = E_t\widetilde{P}^*_{it} \tag{10—1}$$

其中，$\widetilde{P}_{it}$ 是单位资产 i（可能是组合 i 或指数 i）的价格（或变形后的价格），而 $\widetilde{P}^*_{it}$ 是对应于资产 i 的事后价值。E_t 表示以时间 t 所有公开可获得的信息为条件的数学期望。在下面的应用中，$\widetilde{P}_{it}$ 是剔除趋势的实际股票价格指数 i，而 $\widetilde{P}_{it}^*$ 是从时间 t 开始并延伸到未来的股票价格指数 i 所描述的股利在时间 t 的剔除趋势的现值。[2]

现在，首先应该认识到在这个模型下，对于两种资产 i 和 j，$\text{cov}(\widetilde{P}_{it},\widetilde{P}_{jt})$ 能超过 $\text{cov}(\widetilde{P}_{it}^*,\widetilde{P}_{jt}^*)$。

事实上，在有效市场模型（10—1）中，即使 $\widetilde{P}_{it}^*$ 和 $\widetilde{P}_{jt}^*$ 完全不相关，$\widetilde{P}_{it}$ 和 $\widetilde{P}_{jt}$ 完全相关也是可能的。假定 $\widetilde{P}_{it}^*$ 和 $\widetilde{P}_{jt}^*$ 独立并具有相同的无条件均值和无条件方差，而且某种可获得的信息变量 I_t 揭示和式：$I_t=P_{it}^*+P_{jt}^*$。将和式分解成不同成分是无法实现的；即关于两个现值的信息被共享。根据通常的变量—误差公式（假定我们已经从所有变量中减去平均值），$\widetilde{P}_{it}$ 和 $\widetilde{P}_{jt}$ 都将等于 $0.5\,I_t$，因此两者是完全相关的。因为信息共享是正的，所以相关性是正的。我们也能恰好构造两者完全负相关的例子。为了做到这一点，我们可能只需要假定一种负的信息共享的情况，即 $I_t=\widetilde{P}_{it}^*-\widetilde{P}_{jt}^*$。

让我们将资产价格 $\widetilde{P}_{it}(i=1,\cdots,k)$ 排列成 k 元素的向量 $\widetilde{P}_t$，而事后价值 $\widetilde{\boldsymbol{P}}_{it}^*$ 分解成另一个 k 元素的向量 $\widetilde{\boldsymbol{P}}_t^*$。于是，有效市场模型的向量形式是

$$\widetilde{\boldsymbol{P}}_t=E_t\widetilde{\boldsymbol{P}}_t^* \tag{10—2}$$

$\widetilde{\boldsymbol{P}}_t^*=\widetilde{\boldsymbol{P}}_t+\widetilde{\boldsymbol{U}}_t$，其中 $\widetilde{\boldsymbol{U}}_t$ 是预测误差的 $k\times1$ 向量。利用时间 t 的价格在时间 t 的信息集中的事实，我们知道 $\widetilde{\boldsymbol{P}}_t$ 和 $\widetilde{\boldsymbol{U}}_t$ 是不相关的。因此，有

$$\text{var}(\widetilde{\boldsymbol{P}}_t^*)=\text{var}(\widetilde{\boldsymbol{P}}_t)+\text{var}(\widetilde{\boldsymbol{U}}_t) \tag{10—3}$$

其中，$\text{var}(\cdot)$ 表示 $k\times k$ 的方差矩阵。上述表达式的第 i 个对角元素是

$$\text{var}(\widetilde{P}_{it}^*)=\text{var}(\widetilde{P}_{it})+\text{var}(\widetilde{U}_{it}) \tag{10—4}$$

由于方差矩阵的半正定性，$\text{var}(\widetilde{U}_t)$ 的对角元素必须是非负的。因此，有

$$\text{var}(\widetilde{P}_{it}^*)\geqslant\text{var}(\widetilde{P}_{it}) \tag{10—5}$$

这个不等式被勒劳伊和波特（LeRoy and Porter，1981）与希勒（Shiller，1981，chapter 5）用来主张总体股票市场指数看起来太反复无常以致与现值模型不符。大体而言，股票价格指数 $\widetilde{P}_{it}$ 看起来比事后价值 $\widetilde{P}_{it}^*$ 更反复无常。这些文章中的计量经济学研究因平稳性假设或估计量的小样本性质而受到弗莱文（Flavin，1983）、克莱登（Kleidon，

1986)、马什和默顿（Marsh and Merton，1986）及其他人的批评。他们的批评具有一定的合理性，然而过度波动的基本结论看来更合理；参看下面的内容。没有人怀疑如果能够证明方差存在，则式（10—5）与现值模型有关，所以我们可以在这个假设下暂时进行下去。

式（10—3）的（非对角）第 ij 个元素是

$$\mathrm{cov}(\widetilde{P}_{it}^*,\widetilde{P}_{jt}^*)=\mathrm{cov}(\widetilde{P}_{it},\widetilde{P}_{jt})+\mathrm{cov}(\widetilde{U}_{it},\widetilde{U}_{jt}) \qquad (10—6)$$

这个模型并不表示 $\mathrm{cov}(\widetilde{P}_{it}^*,\widetilde{P}_{jt}^*)\geqslant\mathrm{cov}(\widetilde{P}_{it},\widetilde{P}_{jt})$，因为半正定性没有要求 $\mathrm{var}(\widetilde{U}_t)$ 的非对角元素非负。$\mathrm{cov}(\widetilde{P}_{it},\widetilde{P}_{jt})$ 可以超过 $\mathrm{cov}(\widetilde{P}_{it}^*,\widetilde{P}_{jt}^*)$ 并且与模型（10—1）一致，当且仅当 $\mathrm{cov}(\widetilde{U}_{it},\widetilde{U}_{jt})<0$，这种情况可以被称为正的信息共享。

$\widetilde{U}_{it}$ 和 $\widetilde{U}_{jt}$ 之间的负相关性可以被称为正的信息共享情况，因为误差项之间的负相关性表示预测和式 $\widetilde{P}_{it}^*+\widetilde{P}_{jt}^*$ 比预测单独的成分 $\widetilde{P}_{it}^*$ 和 $\widetilde{P}_{jt}^*$ 有优势。$\widetilde{P}_{it}^*+\widetilde{P}_{jt}^*$ 的预测 $\widetilde{P}_{it}+\widetilde{P}_{jt}$ 具有小于 $\widetilde{U}_{it}$ 和 $\widetilde{U}_{jt}$ 的方差和的方差误差。在这种情况下，$\widetilde{P}_{it}$ 和 $\widetilde{P}_{jt}$ 中的信息可以被描述成比无论 $\widetilde{P}_{it}^*$ 还是 $\widetilde{P}_{jt}^*$ 的信息更广大的聚合信息。当然，如果有效市场模型不成立，$\widetilde{U}_{it}$ 和 $\widetilde{U}_{jt}$ 之间的负相关性没有必要根据信息共享进行任何解释。

如果 $\mathrm{cov}(\widetilde{P}_{it}^*,\widetilde{P}_{jt}^*)<\mathrm{cov}(\widetilde{P}_{it},\widetilde{P}_{jt})+\mathrm{cov}(\widetilde{U}_{it},\widetilde{U}_{jt})$，那么 $\mathrm{cov}(\widetilde{U}_{it},\widetilde{P}_{jt})+\mathrm{cov}(\widetilde{U}_{jt},\widetilde{P}_{it})<0$。这个不等式意味着一种资产价格的预测误差倾向于与另一种资产的价格负相关。当一种资产具有高价格时，另一种资产相对事后价值倾向于被定价过高。有效市场模型的这个意义将在表 10—2 中得到检验。

A. 股票组合

将原来的方差不等式（10—5）推广到包括协方差的另一种方法是检查模型（10—1）隐含的条件：

$$\mathrm{var}(\widetilde{P}_t^*)-\mathrm{var}(\widetilde{P}_t)\text{ 是正半定的} \qquad (10—5')$$

这个条件表明对组合价格为 $\widetilde{P}_{pt}$ 和组合事后价值为 $\widetilde{P}_{pt}^*$ 的任何资产组合（其价格是 $\widetilde{P}_t$ 的元素），$\mathrm{var}(\widetilde{P}_{pt}^*)\geqslant\mathrm{var}(\widetilde{P}_{pt})$；即不可能构造具有过度波动的组合。违反这个条件的情况可能发生，如果 $\mathrm{var}(\widetilde{P}_t^*)-\mathrm{var}(\widetilde{P}_t)$ 既不是半正定的也不是半负定的，这意味着某些组合显示出过度波动性，$\mathrm{var}(\widetilde{P}_{pt}^*)<\mathrm{var}(\widetilde{P}_{pt})$，但某些组合没有显示出过度波动性。例如，可能是向量 $\widetilde{P}_t$ 的元素显示过度波动，但一些组合投资分散化消除了这

种过度波动。或者，可能是向量 $\widetilde{P}_t$ 没有元素显示出过度波动，但因为价格 $\widetilde{P}_{it}$ 和 $\widetilde{P}_{jt}$ 之间的协方差相对于事后价值 $\widetilde{P}_{it}^*$ 和 $\widetilde{P}_{jt}^*$ 之间的协方差很大，那么能够构造出显示过度波动性的组合。这可能是现值模型失败的责任能够被公正地归因于超额协方差而不是超额方差的情况。如果 $\mathrm{var}(\widetilde{P}_t^*)-\mathrm{var}(\widetilde{P}_t)$ 是半负定的，违反条件（10—5′）的情况也可能发生。这意味着所有可以想象的资产组合都显示出过度波动性。

我们能计算出使过度波动最小化的组合权数，即在 $wx=1$ 约束下使 $x'(\mathrm{var}(\widetilde{P}_t^*)-\mathrm{var}(\widetilde{P}_t))x$ 最大化的 x，其中 w 是元素都为 1 的 $1\times k$ 向量。如果最大值存在，x^* 表示过度的共同变化相对于单个资产的过度波动的重要性。

B. 单个股票

假定我们定义 $\widetilde{P}_t$ 为表示所有股票价格的向量，使得 $\widetilde{P}_t$ 有成千上万个元素，并构成相应的向量 $\widetilde{P}_t^*$ 和 $\widetilde{U}_t$。于是，相同权数的市场指数 $\widetilde{P}_{指数}$ 是 $w\widetilde{P}_t/k$。因此，市场指数的方差等于 $1/k$ 乘以平均方差 $\mathrm{var}(\widetilde{P}_{it})$ 加上 $(k-1)/k$ 乘以平均协方差 $\mathrm{cov}(\widetilde{P}_{it},\widetilde{P}_{jt})$。因为 k 很大，且因为协方差相对于方差是不可忽视的（市场组成部分是大量单个股票价格方差构成的），市场指数 $\widetilde{P}_{指数}$ 的方差近似地等于单个股票的平均协方差。类似地，市场指数基本变量 $\widetilde{P}_{指数}$ 的协方差近似地等于事后价值之间的平均协方差 $\mathrm{cov}(\widetilde{P}_{it}^*,\widetilde{P}_{jt}^*)$。因此，指数过度波动的观察值本身是单个股票共同变化太大以致平均来看与有效市场模型不一致的观察值。声称发现股票市场指数过度波动性的更早的文章（LeRoy and Porter，1981；Shiller，1981，chapter 5）已经提供了（如果他们是正确的）单个股票间存在超额协方差的证据。但这些研究没有提供英国和美国股票价格之间或主要的小型股票市场指数之间是否存在超额协方差的证据。

10.2　数据分析

用于计量经济学研究的价格通过除以滞后股利的长期移动平均值而剔除趋势。这种剔除趋势的方法在坎贝尔和希勒（Campbell and Shiller，1988b，chapter 8）的文章中讨论过，他们应用盈利而不是股利的长期移动平均值剔除趋势。如果用股利或价格代替移动平均值中的盈利，我们得到的结果是类似的。因为这些长期移动平均值相当平滑而且与趋势类似，将价格除以这种移动平均值基本上是一种剔除趋势或消除低频成分的方法。因为只应用了滞后（时间 t 以前的）股利，没有应用未来信息剔除时间 t 时每股价格的趋势，因此，消除了对计量经济学研究中应用方差不等式的文献提出的某些批评。文献讨论的价格和股利的各种非平稳模型中，剔除趋势的价格和剔除趋势的股利 $\widetilde{P}_{it}^*$ 将是平稳随机过程。当然，在应用这些不等式检验模型时仍然可能存在小样本问题；这些问题将在下面提出。

这里考虑两种形式的现值模型。第一种形式，贴现率是常数，它等于1加用指数表示的组合投资的实际收益的对数的平均值。第二种形式，贴现率是短期利率加上一个常数以致平均贴现率与第一种形式一样。

剔除趋势的事后价值 $\widetilde{P}_{it}^*$ 是根据下式计算的：

$$\widetilde{P}_{it}^* = \left[\sum_{k=0}^{T-t-1} D_{it+k+1} \prod_{j=0}^{k} \frac{1}{1+r_{t+j}} + P_{iT} \prod_{J=0}^{T-t-1} \frac{1}{1+r_{t+j}}\right] \Big/ \overline{D}_{it}, \quad T \geqslant t \tag{10—7}$$

在这个公式中，从样本结束日 $t=T$ 开始的股利现值用样本期末实际价格 P_T 表示。用于剔除趋势的实际股利 $\overline{D}_t$ 的移动平均值是关于过去实际股利的指数加权分布滞后，$\overline{D}_{it} = (1-\rho)\sum_{k=0}^{\infty} \rho^k D_{it-k}$ 。参数 ρ 取作 $\exp(-R)$，R 是1加用指数表示的组合投资的实际收益的对数的平均值，而参数 ρ 与模型第一种形式的贴现率相同。对英国而言，估计的 ρ 是0.935，对美国而言，参数 ρ 是0.936。“趋势”只是时间上向后推算而不是向前推算的现值公式，作为未来股利现值预测的趋势恰好是未来将像过去一样。趋势是根据 $\overline{D}_{it} = \rho\overline{D}_{it-1} + (1-\rho)D_{it}$ 决定的初始条件累次计算的。剔除趋势的价格 $\widetilde{P}_{it}$ 定义为 $P_{it}/\overline{D}_{it}$ 。

基本上由坎贝尔和希勒（Campbell and Shiller，1988b，chapter 8）的文章首先提出的这种剔除趋势的方法象征着对之前所谓的股票价格过度波动性讨论的巨大改进。如果我们要考虑股票价格是否变化太大或共同变化太大，我们实际上在主张股票应该有差别地定价。记住显示更少的变化或更少的共同变化的一些简单不同的定价规则是很重要的。在我最初的论文（Shiller，1981，chapter 5）中选择的定价规则是价格的线性趋势线。在曼昆、罗默和夏皮罗（Mankiw，Romer，and Shapiro，1985）的文章中，他们的选择是价格的股利比率规则。这些选择只有较少的吸引力：没有人会认真地考虑将线性趋势或常数作为事后价值的预测，并且实际股利序列根本不平滑。

作为对任意剔除趋势规则的替代选择，我们可以估量由协整时间序列模型推导出来的未来股利的最优预测规则。坎贝尔和希勒（Campbell and Shiller，1987，chapter 16）是利用低阶向量自回归模型做到这一点的。然而，通过构造，这种模型不能预示未来股利现值将依赖过去股利的长期平均值，因为滞后长度受自回归长度的限制。当估计总的美国实际股利 ARIMA(1，1，1）模型时（Shiller，1984），发现未来股利现值的最优预测确实依赖于过去股利的对数指数加权分布滞后模型，就像这里用于剔除趋势的一样。

目前这一章的目的在于以可能的最简单的方式证明论点，而不需要利用复杂的时间序列模型和存在时变利率时使这些模型为我们目的服务需要的线性化。简单剔除趋势的规则应当按这种方法解释。

A. 数据

有人认为需要用很长跨度的数据考察这里所考虑的主张，数据应覆盖数十年。通过频繁地抽样获得许多观察值不会为我们的目的给出足够多的数据。有一种不断发展的认识认为，需要很长时间跨度的金融数据，例如，参看法玛和弗瑞恩奇（Fama and French，1986）的著作。

要找到包含很长时间跨度的股票价格数据是困难的。大多数单个股票并没有在很长时间里以不变的形式连续存在。法玛和弗瑞恩奇考查了 1926 年以来仍然在营业的“幸存者”公司，但这些公司可能与其他公司不同。为了真实地获得有代表性的股票的长期时间序列，我们被迫处理股票组合而不是单个股票，而这些股票组合可以用股票价格指数表示。回溯到 1871 年的美国价格和股利的时间序列指数数据都是可以获得的。在主要国家中，只有英国才有可能找到完全的未中断的时间几乎一样长的股利和价格序列。日本的长期价格和股利时间序列也是可以获得的，但在第二次世界大战时股票的重要持有者宰巴特苏（Zaibatsu）目睹他们持有的许多股票被冻结然后被太平洋盟军最高司令部出售后，数据序列中断了。这些股票被交换成不可转让的当时被战后通货膨胀有力地剥夺其价值的固定利率日元长期政府债券。对其资产净值的影响是很难衡量的。德国股票的长期时间序列数据也是可以获得的，但也同样在二战时中断了。要描述这种中断时期发生的投资是一件困难的事情，正如战后的财产处理在四个区不同一样。（在苏联区，其财产处理是灾难性的。）因此，在研究中决定不应用这些国家的数据。当然，忽略这些国家的数据未必能够解决问题：如果战争结果不同，英国和美国的投资者应该已经意识到没收他们持有的资产的可能性。不存在考虑样本中没有出现的不寻常重大事件的统计方法。

英国 1919—1987 年实际股票价格指数 P_{UKt} 是 BZW 年末股权指数（由巴克莱的德·左伊特·威德编制）除以来自弗里德曼和舒瓦茨（Friedman and Schwartz，1982）著作第 132～134 页表 4—9 第 4 行并更新的该年价格平减指数（1929 年＝100）。[3] BZW 股权指数是算术市场资本化加权指数。该指数的建立可追溯到更早的年代。始于 1918 年的该指数是根据英国工业和零售业 30 个最大的公开上市公司的年末股票价格而建立的，但排除了金融、矿产、石油公司和业务主要在海外的公司。对 1918 年以后的年份，为了使该指数尽可能代表英国工业，对 30 个公司作了调整，但 1962 年该指数仍然包括最初 30 个公司中的 24 个。1963 年开始，该指数变成与 12 月份《金融时报》精算全股票指数一样了。对第二种形式的模型而言，英国名义短期利率是年末的 3 个月国库券利率。

对美国而言，1871—1987 年的年度实际股票价格指数 P_{USt} 等于 12 月份标准普尔综合股票价格指数除以 12 月份生产者价格指数，而实际股利序列 D_{USt} 等于相应的股利（年度总额）除以生产者价格指数。始于 1926 年的标准普尔综合股票价格指数和根据指数调整的每股相应股利来自于标准普尔统计服务公司。1926 年以前，每股股利来自于考沃勒斯（Cowles，1939）的著作。始于 1913 年的生产者价格指数来自于美国劳工统计局的 12 月份所有商品生产者价格指数。对 1913 年以前的年份，该指数与沃伦和皮尔森（Warren and Pearson，1935）著作中第 13～14 页的 12 月份所有商品价格指数有关。就第二种形式的模型而言，短期利率是在 6 个月到期的假设下根据 1 月份和 7 月份数据计算的 4～6 个月优惠商业票据的年度收益。这些数据与坎贝尔和希勒（Campbell and Shiller，1988a，1988b，chapter 8）的数据来源一样，但不同于这些文章应用 12 月份而不是 1 月份的股票价格和生产者价格指数。选择 12 月份是为了与可获得的英国股票价格和股利序列描述相对应。

对英国而言，只能获得一个比美国更短的股利历史序列。因此，两个国家应用不同的方法选择 $\overline{D}_{it0}$ 的初始价值，其中 $t0$ 是用于计算方差矩阵的样本开始时间。在美国，可获得的股利序列可追溯到 1871 年。因此，取 $\overline{D}_{it0}$ 为 $(1-\rho)\sum_{j=1}^{\infty}\rho^{j-1}D_{t0-j}$，其中 D_{1871} 表示 1871 年以前的股利。在英国，实际股利序列始于 1918 年；然而，可以获得实际价格序列的时间要早得多。[4]在平均股利—价格比率和 1918 年以前一样的假设条件下，$\overline{D}_{UKt0}$ 被取为 $(1-\rho)\delta\sum_{j=1}^{\infty}\rho^{j-1}P_{UKt0-j}$，其中 δ 是 1871 年以前的平均价格。因为长期平均值消除了短期波动，如果股利—价格比率中不存在长期趋势，即使在某个特定年份 δP_{UKt} 是股利的糟糕代表，$\overline{D}_{UKt0}$ 的这个值也可能是真实价值的合适代表。

B. 结果

表 10—1 显示了表达式（10—3）中英国和美国的方差矩阵。括号里的标准误差基于利用已估计模型的随机模拟，该模型是每对方差矩阵被估计的变量的二阶向量自回归模型。[5]随机模拟的误差项是利用辅助方法（bootstrap method）建立的，以致没有呈现正态性。A 组说明常数贴现率情况，即第一种形式。B 组说明时变贴现率情况，即第二种形式。

在第一种形式中，我们从显示的方差矩阵中看出好像不仅在个别国家的股票市场存在过度波动性$[\mathrm{var}(\widetilde{P}_{it})>\mathrm{var}(\widetilde{P}_{it}^{*})]$，而且股票价格变量比事后价值的共同变化程度大得多$[\mathrm{cov}(\widetilde{P}_{it},\widetilde{P}_{jt})>\mathrm{cov}(\widetilde{P}_{it}^{*},\widetilde{P}_{jt}^{*})]$。不存在信息共享的证据可以证明价格协方差超过基本面协方差，也就是说 $\mathrm{cov}(\widetilde{U}_{it},\widetilde{U}_{jt})>0$ 的合理性。上文提到，通过观察图 10—1，可看出英国与美国的实际价格序列之间和英国与美国的实际股利序列之间形式上存在更广泛的相似性。过度的共同变化可能被描述成只是两个密切相关的国家同样的过度波动性。美国股票市场表现出比英国市场更大的过度波动性，而且使过度波动最小化的组合几乎将所有权数分配在英国市场。

表 10—1　　**方差矩阵**

A. 第一种形式：常数贴现率情况					
$\mathrm{var}(\widetilde{P}_{UKt}^{*},\widetilde{P}_{USt}^{*})$		$\mathrm{var}(\widetilde{P}_{UKt},\widetilde{P}_{USt})$		$\mathrm{var}(\widetilde{U}_{UKt},\widetilde{U}_{USt})$	
10.63	6.42	46.05	39.73	63.53	53.27
(7.68)	(7.27)	(11.82)	(15.43)	(18.52)	(21.57)
6.42	12.40	39.73	126.59	53.27	116.56
(7.27)	(10.67)	(15.43)	(38.30)	(21.57)	(36.81)

$A=\mathrm{var}(\widetilde{P}_{UKt}^{*},\widetilde{P}_{USt}^{*})-\mathrm{var}(\widetilde{P}_{UKt},\widetilde{P}_{USt})$ 是负定的。

x^{*}（在 $wx=1$ 的条件下使 $x'Ax$ 最大化）：$[0.975,0.025]'$。

续前表

B. 第二种形式：时变贴现率情况		
$\mathrm{var}(\widetilde{P}^*_{UKt},\widetilde{P}^*_{USt})$	$\mathrm{var}(\widetilde{P}_{UKt},\widetilde{P}_{USt})$	$\mathrm{var}(\widetilde{U}_{UKt},\widetilde{U}_{USt})$
$\begin{bmatrix} 18.64 & 41.75 \\ (13.41) & (29.67) \\ 41.75 & 126.84 \\ (29.67) & (79.66) \end{bmatrix}$	$\begin{bmatrix} 46.05 & 39.73 \\ (11.82) & (15.43) \\ 39.73 & 126.59 \\ (15.43) & (38.30) \end{bmatrix}$	$\begin{bmatrix} 33.38 & 60.97 \\ (7.56) & (20.88) \\ 60.97 & 307.41 \\ (20.88) & (114.49) \end{bmatrix}$
$A=\mathrm{var}(\widetilde{P}^*_{UKt},\widetilde{P}^*_{USt})-\mathrm{var}(\widetilde{P}_{UKt},\widetilde{P}_{USt})$ 既不是正定的，也不是负定的。		
x^*（在 $ux=1$ 的条件下使 $x'Ax$ 最大化）：$[0.057,0.943]'$。		

a. 1918—1987 年的年度数据，70 个观察值。括号中的数字是根据辅助蒙特卡罗模拟估计的标准误差，它基于方差矩阵被 1 000 次重复实验估计的 2 元素向量的已估计 var(2)模型。

在考虑时变利率的第二种形式中，英国存在更微弱的证据证明 $\mathrm{var}(\widetilde{P}_{it})>\mathrm{var}(\widetilde{P}^*_{it})$，而美国不存在这样的证据。原因是实际利率已经相当反复无常了，而且在两个国家都是正自相关的。根据表达式(10—7)，实际利率显著低或显著高的超长时期对 $\widetilde{P}^*_{it}$ 具有巨大的累积性影响。在第二种形式中，我们再也没有找到两个国家之间 $\mathrm{cov}(\widetilde{P}_{it},\widetilde{P}_{jt})>\mathrm{cov}(\widetilde{P}^*_{it},\widetilde{P}^*_{jt})$ 的证据。事后价值比价格变量共同变化程度更大。两个国家的实际利率大致相同的变化。在两个国家里，实际利率在 20 世纪 20 年代较高，而在 30 年代后期和 40 年代普遍为负利率或微不足道的正利率，在 50 年代后期和 60 年代早期为正，70 年代为负，80 年代较高。

表 10—2 显示预测误差 $\widetilde{P}^*_{it}-\widetilde{P}_{it}$ 关于价格变量 $\widetilde{P}_{jt}$ 的回归。A 组检验模型的第一种形式，价格变量的系数总是为负，表明英国和美国之间存在过度波动和过度的共同变化。系数常常接近于－1.00。在对两个国家各自的回归中，这种系数值表明价格变量的任何变化完全归因于预测误差。当一个国家的预测误差关于其本身的价格变量进行回归时（$i=j$），英国和美国的系数都在 5%的水平上显著。当美国的预测误差关于英国的价格变量进行回归时，系数在 5%的水平上也显著，但当英国的预测误差关于美国的价格变量进行回归时，系数在 5%的水平上不显著。在 B 组，我们看到当一个国家的预测误差关于这个国家的价格变量进行回归时，系数实际上为负并且在两个国家都显著。这意味着当实际利率变化可能足够大而可以用来说明股票价格变量 $\widetilde{P}_{it}$ 变化的原因时，实际利率变化事实上没有解释股票价格实际变化的原因。

简单地说，它意味着当价格高时，它们相对于事后价值倾向于更高。B 组中，当一个国家的预测误差关于另一个国家的价格变量进行回归时，系数也为负，但更小且统计上不显著。因此，在时变贴现率情况下，存在过度共同变化的迹象，但没有足够的数据以任何根据能够证明这一点。

表 10—2　预测误差对价格变量的回归：$\widetilde{P}_{it}^{*}-\widetilde{P}_{it}=a+b\widetilde{P}_{jt}+\varepsilon_t$[a]

i	j	a	b	R^2	σ_ε
A. 常数贴现率情况					
U. K.	U. K.	23.195	−1.074	0.837	3.245
		(2.632)	(−3.504)		
U. K.	U. S.	7.710	−0.348	0.241	6.995
		(0.692)	(−1.063)		
U. S.	U. K.	20.285	−0.924	0.337	8.854
		(2.008)	(−2.638)		
U. S.	U. S.	23.411	−0.911	0.902	3.402
		(1.821)	(−2.431)		
B. 时变贴现率情况					
i	j	a	b	R^2	σ_ε
U. K.	U. K.	15.903	−0.660	0.595	3.676
		(1.900)	(−2.267)		
U. K.	U. S.	11.309	−0.396	0.597	3.693
		(1.069)	(−1.277)		
U. S.	U. K.	14.759	−0.189	0.005	17.614
		(1.390)	(−0.513)		
U. S.	U. S.	42.96	−1.211	0.606	11.085
		(3.189)	(−3.077)		

a. 1918—1987 年的年度数据，70 个观察值。估计方法是普通最小二乘法。括号中的数字是 t 统计量，像希勒（Shiller，1988）描述的一样对重叠数据进行修正。

注　释

[1] 平狄克和罗特伯格（Pindyck and Rotemberg，1988）已经分析了商品价格相对于基本面的共同变化是否存在过度的共同变化。他们的分析相当不同的是，他们没有直接衡量基本面。

[2] 这里剔除趋势的方法不同于前面因可能的伪趋势估计而受到批评的文章所用的方法。

[3] 巴尔克雷和通克斯（Bulkley and Tonks，1987）研究英国股票市场的有效性时应用过 BZW 指数。

[4] 为获得 1918 年以前的价格指数，伦敦和剑桥工业经济服务指数（K. C. Smith and G. F. Horne，1934）通过乘以 1918 年的指数比率被拼接到德·左伊特·威德指数上。

[5] 当然，根据其他假设的随机过程，这些方差矩阵的不确定性甚至可能更高。由于克莱登和其他人强调的原因，小样本在发现过度波动性方面可能存在偏差。根据克莱登强调的股利对数正态随机游走假设，P_{it} 的方差存在大于 P_{it}^* 的方差的趋势，但并没有比美国实际观察到的数据大很多。参看希勒（Shiller，1988a）与坎贝尔和希勒（Campbell and Shiller，1989）的著作。

参考文献

Bulkley, George and Ian Tonks. 1987. "Are UK Stock Prices Excessively Volatile?" London School of Economics, Financial Markets Group.

Campbell, John Y. and Robert J. Shiller. 1987. "Cointegration and Tests of Present Value Models," *Journal of Political Economy* 95: 1062－1088.

Campbell, John Y. and Robert J. Shiller. 1988a. "The Dividend-Price Ratio and Expectations of Future Dividends and Discount Factors," *Review of Financial Studies* 1: 195－228.

Campbell, John Y. and Robert J. Shiller. 1989. "The Dividend-Ratio Model and Small Sample Bias," *Economics Letters* (forthcoming).

Campbell, John Y. and Robert J. Shiller 1988b. "Stock Prices, Earnings, and Expected Dividends," *Journal of Finance* 43: 661－676.

Cowles, Alfred, and Associates. 1939, *Common Stock Indexes*, 2nd ed. , Principia Press, Bloomington.

Fama, Eugene F. and Kenneth R. French 1986. "Permanent and Temporary Components of Stock Prices" *Journal of Political* Economy 96: 256—273.

Flavin, Marjorie A 1983. "Excess Volatility in the Financial Markets: A Reassessment of the Empirical Evidence." *Journal of Political Economy*, 91, 929—956.

Friedman, Milton and Anna J. Schwartz. 1982. *Monetary Trends in the United States and the United Kingdom*. Chicago: The University of Chicago Press.

Kleidon, Allan W 1986. "Variance Bounds Tests and Stock Price Valuation Models," *Journal of Political Economy* 94: 953—1001.

LeRoy, Stephen F. and Richard D. Porter. 1981. "The Present-Value Relation: Tests Based on Implied Variance Bounds," *Econometrica* 49: 555—574.

Mankiw, N. Gregory, David Romer, and Matthew D. Shapiro 1985. "An Unbiassed Reexamination of Stŏck Market Volatility," *Journal of Finance* 40: 677—687.

Marsh, Terry A. and Robert C. Merton. 1986. "Dividend Variability and Variance Bounds Tests for the Rationality of Stock Market Prices," *American Economic Review* 76: 483—498.

Pindyck, Robert S. and Julio J. Rotemberg. 1988. "The Excess Co-Movement of Commodity Prices." National Bureau of Economic Research Working Paper No. 2671.

Shiller, Robert J. 1981. "Do Stock Prices Move Too Much to Be Justified by Subsequent Changes in Dividends?" *American Economic Review* 71: 421—436.

Shiller, Robert J. 1988a. "The Probability of Gross Violations of a Present Value Variance Inequality," *Journal of Political Economy* 96: 1089—1092.

Shiller, Robert J. 1988b. "A Scott Type Regression Test of the Dividend Ratio Model," *Review of Economics and Statistics* (forthcoming).

Shiller, Robert J. 1984. "Stock Prices and Social Dynamics." *Brookings Papers on Economic Activity* (2): 457—498.

Smith, K. C. and G. F. Horne. 1934. "An Index Number of Securities 1867—1914." London and Cambridge Economic Service, Special Memorandom No. 37.

Warren, George F. and Frank A. Pearson. 1935. *Gold and Prices*, New York: John Wiley and Sons.

第11章　因素和基本面[1]

单个股票收益显示出某种协调地共同变化的趋势。最重要的是，所有股票的收益存在共同上升和下降的趋势。也就是说，股票收益中存在强烈的市场因素。[2]这个事实和不同股票稍有差别地将信息加载到市场因素，即尽管普遍有正贝塔但稍有不同的观点已经为金融领域的资本资产定价模型（CAPM）提供了动力。除市场因素外，单个股票收益也倾向于分组共同变化。当一只铁路股票价格相对于市场下降时，其他铁路股票的价格也倾向于下降。就是说，除了市场因素外，股票收益中还有其他因素。这个事实和少数因素主导股票收益的观点已经为金融领域的套利定价理论（APT）提供了动力。

许多 CAPM 和 APT 文献的推断好像

是根据简单有效市场模型证明收益或价格共同变化的合理性的。假定关于未来股利或贴现因子的信息的最优应用可能隐含共同变化的模式。就市场因素或第一主成分而言，正如我们在前面各章看到的一样，这个假设已经被引进到带有实证研究的问题。这意味着股票收益看起来有太多总体的或市场的共同变化。

这一章将利用除市场因素外收益的其他主成分重复这种比较，以了解组内股票的共同变化是否能够根据它们各自现值的共同变化证明其合理性。以前显然没有作过这种比较。事实上，股票收益因子分析应用的那些数据集（Roll and Ross，1980；Chen，1983；Chen，Roll and Ross，1986）没有横跨足够的时间以允许研究价格、股利和贴现因子随时间发生的相对低频的变化。如果我们要知道持续许多年的各种“牛市”是否是合理的，我们需要许多这种已经观察到的牛市。从短时间跨度频繁抽样以获得许多观察值是不够的（Shiller and Perron，1985；Summers，1986）。罗尔和罗斯（Roll and Ross，1980）只应用了 10 年的数据，切恩（Chen，1983）只利用了 16 年的数据，切恩、罗尔和罗斯（Chen，Roll and Ross，1983）只应用了 25 年的数据。这些研究只应用短时间跨度的数据是有充分理由的。单个股票常常不能像独立的实体那样持续很长时间去做某种业务。它们可能被其他公司收购，或收购不同业务领域的其他公司。即使没有兼并和收购，特定公司的业务性质也可能会随时间发生变化。因此，我们可能不能期望看到单个公司长期稳定的因素结构。

当考虑股票指数而不是单个股票时，也许存在更好的机会找到带有稳定因素结构的长期时间序列。标准普尔保持的追溯到 1871 年的综合指数中的 3 个成分指数是工业、铁路和公用事业。在这 3 个成分指数中，铁路代表恰当定义的行业，在整个样本期基本上没有变化。（很不幸，标准普尔的铁路指数在 1981 年后中断了，这一章要求在 1981 年终止所有 3 个数据集。[3]）可能认为工业经营的业务性质自 1871 年以来发生了巨大的变化，但这更广泛地包含了“大烟囱工业”、食品和许多时期的零售业。在 19 世纪 70 年代，标准普尔工业指数主要由煤炭、采矿、冶炼、铁路装备、航运和造船公司组成。到世纪之交，工业指数已经扩展到包括更丰富的工业门类，包括食品、零售和家用产品。公用事业指数在一个世纪长的样本期里也包含了相当一致的业务领域。现在的公用事业是电车和天然气、天然气传输、电话和自来水公司。很粗略地说，它们是能源和通信公司。对 19 世纪 70 年代早期而言，标准普尔公用事业指数由自来水、天然气、电报、运河和邮政汽船公司组成。电报公司和现在的电话公司提供大体相同的服务。运河和邮政汽船公司现在可能不会划归公用事业，但它们是标准普尔公用事业指数的组成部分，仅到世纪之交才被电力公司代替。街道和高架路公司也是在19世纪90年代后进入标准普尔公用事业指数的；这些公司也是电力生产商。

实际上，法玛和弗瑞恩奇（Fama and French，1988）已经观察了单个股票和股票组合过度波动的证据。他们也察觉到寻找单个股票长期时间序列的问题；他们将单个公司样本描述成幸存者的样本。他们的样本是长达60年的样本，大约是这里应用的110年样本的一半。然而，如果我们要对60年的样本进行分析，那么考虑到下面描述的30年盈利移动平均值，和这里的80年数据相反，我们可能只剩下30年的数据来检验模型。

在11.1节，将和第10章分析英国和美国股票市场数据一样对数据进行分析。在11.2节，将提取成分股票收益方差矩阵的主成分，而且将考查相应股票组合的过度波动性，即除第一个因子以外的因子阐述的共同变化相对于基本面过度的证据。在11.3节，根据斯科特（Scott，1985）应用过的修正式回归检验，利用主成分对有效市场模型进行正规检验。在11.4节，应用我与约翰·坎贝尔在我的研究中描述的协整向量自回归方法（第8章），用主成分进一步给出股票价格中超额协方差程度的指针。

11.1 简单有效市场模型中的协方差

与第4章和第8章描述的一样，这一章将应用约翰·坎贝尔与我研究的预期现值模型的线性化形式。剔除趋势的对数价格 $\bar{p}_t$ 由每个指数定义为 $p_t - e_t^{30}$，其中 e_t^{30} 是该指数滞后对数实际盈利的30年移动平均值（和第8章一样）。[4]表11—1的A组说明了标准普尔股票价格指数的3个成分指数——工业、铁路和公用事业——在第10章表达式（10—3）中的协方差矩阵，其中贴现率 r_t 自始至终是常数并等于成分指数的平均收益。数据来源在本章附录中描述。参数 ρ 取0.949，它的对数是实际对数股利的平均变化减去1871—1987年标准普尔综合指数的平均实际对数收益。[5]为了得到事后价值 $\bar{p}_t^* = p_t^* - e_t^{30}$ 的估计值，用 $\bar{p}_{1981}^*$ 代替始于1981年的股利现值。表11—1的B组显示当贴现率不是常数但等于优惠商业票据利率加常数风险溢价时得到同样结果，这样安排使得平均贴现率等于成分指数的平均收益。第 9 章的方差矩阵分析在这里不加改动地保留下来。

表 11—1 的 A 组和 B 组 var($\bar{p}_t$) 的对角元素总是比 var($\bar{p}_t^*$) 的对角元素大。因此，看起来每个成分指数都存在过度波动，或等价地说每个成分指数里股票价格存在过度的共同变化。这就用市场指数证实了成分指数更早的结果。表 11—1 的 A 组和 B 组价格盈利比率 $\bar{p}_{it}$ 和 $\bar{p}_{jt}$ 之间的协方差总是比事后价值 $\bar{p}_{it}^*$ 和 $\bar{p}_{jt}^*$ 之间的协方差大，而且从来没有能证明这种偏离具有合理性的正的信息共享（第 10 章定义的）的证据。

因为 cov(u_{it}, u_{jt}) 总为正，由此可推出对任何 $i \neq j$ 有 cov(P_{it}, u_{jt})+cov(P_{jt}, u_{it})<0。这意味着任何成分指数的价格倾向于与另一个成分指数的预测误差负相关。这是相对于简单有效市场模型共同变化波动的证据。当一个成分的价格高时，其他成分的价格倾向于过高，倾向于产生负的预测误差。

如果用实际价格的 30 年平均值或实际股利的 30 年平均值剔除趋势，表 11—1 的结果没有显出太大的不同。结果也没有严重依赖于移动平均值的长度，只要它是长期移动平均值。

11.2　因素组合

三个成分指数相互高度相关；为了将注意力集中到三个指数之间的偏离，考虑相互正交的指数的主成分是有帮助的。

第 10 章的表达式（10—3）包括有三个不同特征向量集的三个方差矩阵。然而，还存在有另一个特征向量集的第四个方差矩阵，超额一年期收益 $\varsigma_t = \xi_t - r_t$。[6]为了与过去文献中所应用的一致，我们将考虑超额收益 ς_t 方差矩阵的特征向量，在有效市场模型下这个方差矩阵与 u_t 的方差矩阵成比例。因为已估计的 $u_t = \sum_{j=0}^{T-t-1} \rho^j \varsigma_{t+j}$，$t<T$，其中 T 是 1981 年的终止日期，且因为模型要求 ς_t 序列不相关，所以根据有效市场模型可以得到这个比例。当然，估计的矩阵实际上不会有严格相同的特征向量。

所有四个矩阵的特征向量和特征值都显示在表 11—1 中 A 组和 B 组的下半部。注意到除 $\bar{p}_t$ 的方差矩阵外，所有矩阵的最高特征值对应于三个成分指数具有近似等权数的特征向量。这证实了市场指数支配

表 11—1 **方差矩阵——常数实际利率情况**[a]

A. 贴现率 r_t 不变且等于样本期的平均实际收益											
$var(p_t^*)$			$var(\bar{p}_t)$			$var(u_t)$			$var(\varsigma_t)$		
0.027	−0.024	0.013	0.194	0.024	0.174	0.158	0.076	0.152	0.043	0.038	0.033
−0.024	0.070	0.004	0.024	0.291	0.157	0.076	0.163	0.115	0.038	0.052	0.035
0.013	0.004	0.032	0.174	0.157	0.262	0.152	0.115	0.200	0.033	0.035	0.049
特征根											
0.081	0.040	0.009	0.501	0.226	0.021	0.409	0.091	0.022	0.118	0.016	0.009
各列是 $var(u_t)$ 的特征向量的矩阵											
0.413	0.444	−0.795	0.438	0.629	−0.642	0.556	0.491	−0.670	0.554	−0.193	0.810
−0.910	0.236	−0.341	0.570	−0.747	−0.342	0.487	−0.846	−0.215	0.609	−0.569	−0.552
0.036	0.864	0.501	0.695	0.216	0.686	0.673	0.206	0.710	0.568	0.799	−0.198
B. 贴现率 r_t 变化且等于优惠商业票据利率加上样本期名义收益的平均值											
$var(\bar{p}_t^*)$			$var(\bar{p}_t)$			$var(u_t)$			$var(\varsigma_t)$		
0.132	0.022	0.092	0.194	0.024	0.174	0.183	0.123	0.171	0.047	0.040	0.030
0.022	0.057	0.024	0.024	0.291	0.157	0.123	0.231	0.155	0.040	0.052	0.029
0.092	0.024	0.086	0.174	0.157	0.262	0.171	0.155	0.213	0.030	0.029	0.038

续前表

特征根											
0.210	0.051	0.013	0.501	0.226	0.021	0.510	0.093	0.024	0.113	0.015	0.009
各列是 $\mathrm{var}(u_t)$ 的特征根的矩阵											
0.768	−0.250	0.590	0.438	0.629	−0.642	0.538	0.515	−0.667	0.607	−0.115	0.787
0.206	0.968	0.143	0.570	−0.747	−0.342	0.579	−0.801	−0.151	0.626	−0.540	−0.562
0.607	−0.011	−0.795	0.695	0.216	0.686	0.612	0.305	0.730	0.489	0.834	−0.256

a. t=1902—1981 年，$\bar{p}_t$ 是第一个元素对应于工业、第二个元素对应于铁路、第三个元素对应于公用事业的三元素向量，全部是标准普尔指数。每个元素是对数实际价格减对数实际盈利的 30 年滞后平均值。$\bar{p}_t^*$ 是元素为相应的对数实际事后价值 p_t^* 减对数实际盈利 30 年平均值的三元素矩阵。事后价值 p_t^* 和第 4 章方程（4—2）的定义一样，假设 1981 年的事后价值等于 1981 年的价格。对 A 组而言，实际股利用常数实际利率贴现；对 B 组而言，名义股利是用名义利率贴现的，因此 p_t^* 被平减。向量 u_t 等于 $\bar{p}_t^* - \bar{p}_t$ 。

价格，尽管市场指数支配事后价值并没有如此强烈。其他特征值大大小于第一个特征值，表明收益的其他成分的广度比第一个成分的广度小得多。非常粗略地说，基于 $\mathrm{var}(\varsigma_t)$ 的特征向量的第二个主成分是不包括铁路的公用事业。而且，十分粗略地说，基于 $\mathrm{var}(\varsigma_t)$ 的特征向量的第三个主成分是不包括铁路的工业。

令 γ_k 表示 $\mathrm{var}(\varsigma_t)$ 的第 k 个特征向量，让我们根据前面一节描述的数据组成 3 个主成分组合对数价格—盈利比率 $\tilde{p}_{kt}=\tilde{p}'_t\gamma_k$（$k=1$，2，3），它们相应的事后价值为 $\tilde{p}^*_{kt}=\tilde{p}^*_t\gamma_k$（$k=1$，2，3）。在有效市场模型下，这 3 个主成分“组合”的收益将互不相关。[7]

对 $k=1$，2，3 而言，$\tilde{p}^*_{kt}$ 和 $\tilde{p}_{kt}$ 的图形显示在图 11—1 的常数贴现率情况和图 11—2 的时变贴现率情况中。[8]仅仅在第一主成分的情况下存在过度波动的强烈迹象。在时变利率情况下过度波动好像不怎么显著，这主要是由于第一次世界大战至 20 世纪 20 年代早期描述的两个序列之间剧烈的共同变化。这个共同变化完全归结于这个时期生产者价格指数的剧烈变化，而名义利率没有反映出生产者价格指数的变化。

第二个主成分看起来也显示出某种过度波动性，尤其是如果允许样本中 $\tilde{p}^*_{2t}-e^{30}_{2t}$ 的许多方差归因于计算 $\tilde{p}^*_{2t}$ 的每期条件。

11.3 斯科特式回归检验

检验图 11—1 和图 11—2 揭示的明显过度波动显著性的一个方法是 $\tilde{p}^*_{kt}$ 关于 $\tilde{p}_{kt}$ 和常数进行回归（$k=1$，2，3）。在有效市场下，$\tilde{p}_{kt}$ 的系数应该等于 1.00。然而，由于残差的序列相关性，偏离 1.00 的检验显著性的普通 t 检验无效。斯科特（Scott，1985）说明了在这种回归中我们如何计算 $\tilde{p}_{kt}$ 系数的渐近标准误差。这里将采用斯科特方法的修正方法（Shiller，1988）。

我们从模型来了解误差项 u_t 的序列相关性。$u_t=\sum_{j=0}^{T-t-1}\rho^j\varsigma_{t+j}$，$t<T$，其中 ς_t 是等于 ξ_t-r_t 的线性化超额收益，或根据第 4 章的方程（4—9），它等于 $\rho(p_{t+1}-p_t)+(1-\rho)(d_t-p_t)-r_t$ 加上一个常数，而 T 是结束日期，这里是 1981 年。[9]因为有效市场模型要求 ς_t 序列不相关，因此能够计算 u_t 的序列相关性结构，它可以用于矫正系数估计的标准误差。我们有

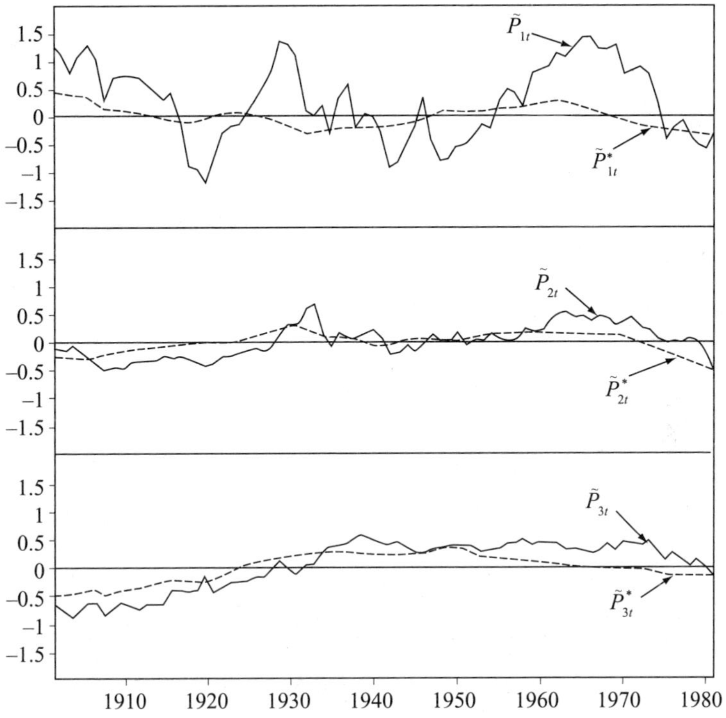

图 11—1

1902—1981 年，主成分 $\tilde{p}^*_{kt}$ 和 $\tilde{p}_{kt}$ ——常数贴现率情况。第一个主成分在上图，第二个主成分在中图，第三个主成分在下图。每个序列被描绘成偏离相应 $\tilde{p}^*_{kt}$ 的平均值的形式。

$$\operatorname{cov}(u_i, u_j) = \frac{\sigma^2 (1 - \rho^{2(T - \max(i,j))}) \rho^{|i-j|}}{1 - \rho^2} \tag{11—1}$$

其中，σ^2 是 ς_t 的方差。在有效市场（零）假设下，回归系数 $\beta = (X'X)^{-1} X'Y$，其中 Y 是第 i 个元素为 $\tilde{p}^*_{kt}$ 的向量，而 X 为第 i 行是标准误差方差矩阵由 $(X'X)^{-1} X'\Omega X (X'X)^{-1}$ 给定的向量 $[1, \tilde{p}_{kt}]$ 的矩阵，其中 Ω 是根据式（11—1）组成的 u 的方差矩阵。对表 11—2 的第 k 个回归而言，σ^2 取第 k 个主成分 ς_{kt} 样本标准差的平方。

表 11—2 显示对第一个主成分，$\tilde{p}_{kt}$ 的系数比 1 小得多而且非常显著。在常数利率 r 的情况下，这个系数是 0.130；在时变利率 r 的情况下，这个系数是 0.155。这只是前面章节描述的市场指数过度波动性的另一种表现。对第二个主成分和第三个主成分，估计的系数也小于 1——往往小于 1/2。然而，回归系数在通常 5%水平上没有显著地小于 1。

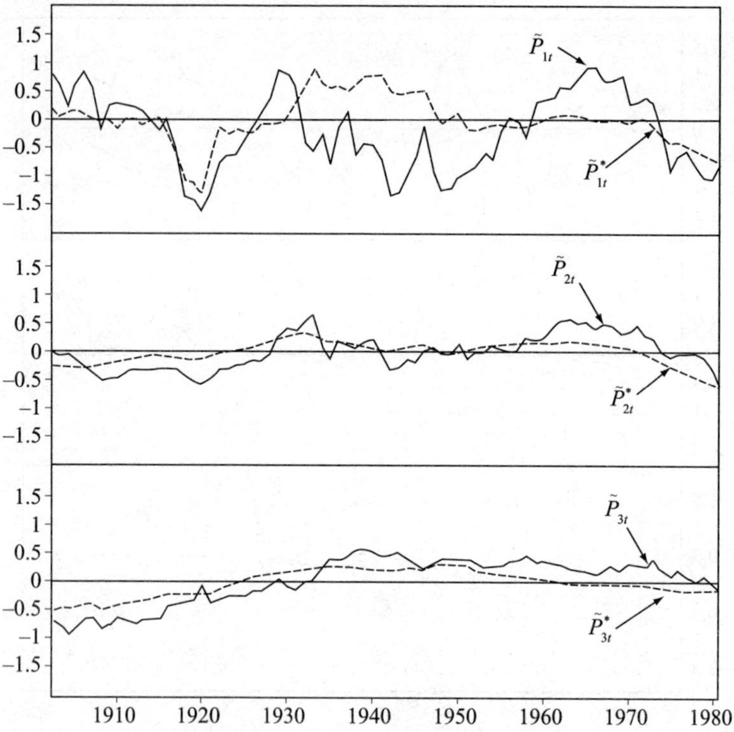

图 11—2

1902—1981 年，主成分 $\tilde{p}^*_{kt}$ 和 $\tilde{p}_{kt}$——时变贴现率情况。第一个主成分在上图，第二个主成分在中图，第三个主成分在下图。每个序列被描绘成偏离相应 $\tilde{p}^*_{kt}$ 的平均值的形式。

表 11—2　第 *k* 个主成分 $\tilde{p}^*_{kt}$ 关于 $\tilde{p}_{kt}$ 和常数进行回归，年度数据，1902—1981 年[a]

A. 用常数实际利率计算 $\tilde{p}^*_{kt}$			
	常数	$\tilde{p}_{kt}$	R^2
第一个主成分	3.569	0.130	0.205
	(1.537)	(0.304)	
第二个主成分	0.070	0.369	0.334
	(0.232)	(0.444)	
第三个主成分	0.228	0.471	0.693
	(0.216)	(0.276)	

续前表

B. 用时变贴现率计算 $\bar{p}_{kt}^{*}$			
	常数	$\bar{p}_{kt}$	R^2
第一个主成分	3.918	0.155	0.063
	(1.522)	(0.303)	
第二个主成分	0.316	0.403	0.383
	(0.306)	(0.388)	
第三个主成分	0.111	0.468	0.719
	(0.177)	(0.270)	

a. 括号中是和正文描述一样的修正斯科特式标准误差。

表 11—2 显示的回归相当于事后价值 $\bar{p}_{kt}^{*}$ 的第 k 个主成分关于常数、对数实际价格 p_{kt} 和对数实际股利的 30 年移动平均值 e_{kt}^{30} 的回归，其中 p_{kt} 和 e_{kt}^{30} 的系数之和等于 1。于是，p_{kt} 的系数和表 11—2 显示的 $p_{kt}-e_{kt}^{30}$ 的系数相同，e_{kt}^{30} 的系数等于 1 减去 $\bar{p}_{kt}$ 的系数。因此，我们看到对第一个主成分而言几乎所有的权数分配在 e_{kt}^{30}；在常数贴现率和时变贴现率两种情况下，它的已估计系数在 0.8 和 0.9 之间。对第二和第三个主成分，在解释 $\bar{p}_{kt}^{*}$ 时给 p_{kt} 和 e_{kt}^{30} 分配的权数大致相同。

在解释检验结果时应当保持警觉，因为检验的小样本性质可能是不可靠的。修正的斯科特回归检验的抽样性质是用一个世纪的样本规模的随机模拟进行评价的（Shiller，1988）。当自回归系数等于 0.9 时，在年度实际对数股利一阶自回归情况下，应用上述分析方法给出的标准误差非常接近于现实的标准误差，而且估计的系数没有什么偏差。在实际股利的对数随机游走情况下，克莱登（Kleidon，1986）挑选出波动性检验的一个尤其糟糕的情况，检验拒绝得太频繁。然而，仅仅在 1.4%的实验中，$\bar{p}_{kt}$ 的估计系数小于 0.15，以至于我们可以说即使在这种随机游走情况下也能够有把握地拒绝第一个主成分的有效市场模型。在随机游走情况下，假设 $\bar{p}_{kt}$ 的系数等于 1.000 的 t 统计量绝对值高于 2.5 的情况只在 5.7%的重复实验中发生，因此 2.5 大致是 5%水平上检验的临界值。第一个主成分的 t 统计量是 2.86，以至于即使在随机游走情况下在 5%的水平上拒绝也是明显有效的。显然，在克莱登情况下，其他两个主成分 $\bar{p}_{kt}$ 的系数并非显著地不同于 1。

A. 线性化的向量自回归阐述

像约翰·坎贝尔和我在第 8 章发展的一样，更一般的向量自回归框架将使考虑价格、股利和贴现因子的大量随机性质评估股票价格或收益的协方差是否可以根据有效市场模型证明其合理性成为可能。向量自回归框架用不同的方法考虑事后价值（上面的 p_t^* ）未被观察到的事实，因为样本结束以后的股利是不知道的。不是利用每期的价格代表这些股利的现值，实际上向量自回归模型将用于预测这些股利。

第 8 章坎贝尔和我应用了一个协整向量自回归阐述，其中向量 z_t 包含 3 个元素 $\delta_t(=d_{t-1}-p_t)$ 、$r_{t-1}-\Delta d_{t-1}$ 和 $\bar{p}_t$ ，所有元素都是剔除平均值的。应用这个向量自回归框架，基于向量自回归描述的信息集我们能够计算有效市场模型中 δ_t^* 的最优预测 δ'_t 。如果 z_t 服从于一阶向量自回归 $z_t = Az_{t-1}+\varepsilon_t$［基本上与第 8 章方程（8—8）一样］，那么模型意味着 $\delta'_t=-e2'A(I-\rho A)^{-1}z_t$ 。因为实际股利—价格比率 δ_t 是向量 z_t 的元素，因此在信息集中，它应该等于 δ'_t 。此外，对数实际价格 p_t 应该等于定义为 $d_{t-1}-\delta'_t$ 的 p'_t ，而超额收益 ς_t 应该等于由 $\varsigma'_t=\rho(p'_{t+1}-p'_t)+(1-\rho)(d_t-p'_t)-r_t$ 给定的 ς'_t 。

表 11—3 显示常数贴现率情况下的结果。就第一个主成分而言，我们看到模型显示出过度波动的明显证据。定义 δ'_t 的方程给 $\bar{p}_t$ 分配的权数为 0.802；根据 p'_t ，这个方程意味着 $p'_t=0.802e_t^{30}+0.215p_t+0.034d_{t-1}-0.51d_{t-2}$ 。理论上的价格大约 80%由盈利的长期移动平均值决定，只有 20%由实际价格决定。因为 30 年的平均值是一个随时间变化非常平滑的序列，这意味着理论价格比实际价格要平滑得多且更带有趋势，但 p'_t 和 p_t 的短期扭动高度相关。理论的超额收益 ς'_t 的标准差只有实际超额收益 ς_t 的标准差的 1/4。理论对数股利—价格比率 δ'_t 与实际对数股利—价格比率的相关系数只有 0.202。这些基本上与坎贝尔和我在第 8 章从标准普尔综合指数中发现的结果相同。

表 11—3　　向量自回归结果——常数贴现率[a]

A. 第一个主成分

收益不可预测性的 VAR 检验

显著性水平＝0.009

$$\delta'_t=1.017\delta_t-0.051\Delta d_{t-1}-0.802\bar{p}_t$$

(0.058)　(0.030)　(0.084)

$\sigma(\delta'_t)/\sigma(\delta_t)=0.889$,　(0.080)　　$\mathrm{corr}(\delta'_t,\delta_t)=0.202$　(0.092)

$\sigma(\varsigma'_t)/\sigma(\varsigma_t)=0.237$,　(0.063)　　$\mathrm{corr}(\varsigma'_t,\varsigma_t)=0.871$　(0.082)

续前表

B. 第二个主成分

收益不可预测性的 VAR 检验

显著性水平＝0.100

$\delta'_t = 1.014\delta_t + 0.074\Delta d_{t-1} + 0.511\bar{p}_t$

(0.114)　(0.090)　　(0.188)

$\sigma(\delta'_t)/\sigma(\delta_t) = 1.050$,	$\text{corr}(\delta'_t, \delta_t) = 0.783$
(0.133)	(0.125)
$\sigma(\varsigma'_t)/\sigma(\varsigma_t) = 0.482$,	$\text{corr}(\varsigma'_t, \varsigma_t) = 0.955$
(0.156)	(0.038)

C. 第三个主成分

收益不可预测性的 VAR 检验

显著性水平＝0.022

$\delta'_t = 0.727\delta_t - 0.008\Delta d_{t-1} + 0.182\bar{p}_t$

(0.127)　(0.058)　　(0.222)

$\sigma(\delta'_t)/\sigma(\delta_t) = 0.532$,	$\text{corr}(\delta'_t, \delta_t) = 0.881$
(0.083)	(0.333)
$\sigma(\varsigma'_t)/\sigma(\varsigma_t) = 0.605$,	$\text{corr}(\varsigma'_t, \varsigma_t) = 0.790$
(0.142)	(0.128)

a. 括号里是标准误差。

对第二个主成分而言，结果同样显示出过度波动性，但没有那么显著。隐含 p'_t 的方程给 p_t 和 e_t^{30} 分配大约相等的权数。理论的超额收益 ς'_t 大约只有实际超额收益可变性的一半。对第三个主成分而言，过度波动的证据甚至更弱。

表 11—4 报告了时变贴现率情况下的结果。对第一个主成分而言，还是存在过度波动的大量证据。几乎所有决定 p'_t 的权数都给了 e_t^{30}，而给实际价格的权数很小。理论的超额收益 ς'_t 的可变性还不到实际超额收益可变性的一半；过度波动的证据不如常数贴现率情况下那么显著。第二和第三个主成分的结果类似于常数贴现率情况下的结果；用于组成主成分的特征向量元素的和近似为 0，所以阐述贴现率时间变化的变量 r_t 几乎从第二和第三个主成分中消失了。

表 11—4　　向量自回归结果——变化的贴现率[a]

A. 第一个主成分

超额收益不可预测性的 VAR 检验

显著性水平＝0.010

$$\delta'_t = \underset{(0.095)}{0.991}\delta_t - \underset{(0.056)}{0.149}(\Delta d_{t-1} - r_{t-1}) - \underset{(0.163)}{0.872}p_t$$

$\sigma(\delta'_t)/\sigma(\delta_t) = 0.976$, (0.168)　　$corr(\delta'_t, \delta_t) = 0.102$ (0.147)

$\sigma(\varsigma'_t)/\sigma(\varsigma_t) = 0.447$, (0.070)　　$corr(\varsigma'_t, \varsigma_t) = 0.339$ (0.285)

B. 第二个主成分

超额收益不可预测性的 VAR 检验

显著性水平＝0.114

$$\delta'_t = \underset{(0.141)}{1.088}\delta_t - \underset{(0.106)}{0.094}(\Delta d_{t-1} - r_{t-1}) - \underset{(0.225)}{0.470}p_t$$

$\sigma(\delta'_t)/\sigma(\delta_t) = 1.094$, (0.157)　　$corr(\delta'_t, \delta_t) = 0.832$ (0.127)

$\sigma(\varsigma'_t)/\sigma(\varsigma_t) = 0.585$, (0.193)　　$corr(\varsigma'_{1t}, \varsigma_{1t}) = 0.924$ (0.069)

C. 第三个主成分

超额收益不可预测性的 VAR 检验

显著性水平＝0.009

$$\delta'_t = \underset{(0.185)}{0.584}\delta_t - \underset{(0.091)}{0.051}(\Delta d_{t-1} - r_{t-1}) - \underset{(0.338)}{0.129}p_t$$

$\sigma(\delta'_t)/\sigma(\delta_t) = 0.784$, (0.461)　　$corr(\delta'_t, \delta_t) = 0.970$ (0.113)

$\sigma(\varsigma'_t)/\sigma(\varsigma_t) = 0.865$, (0.208)　　$corr(\varsigma'_{1t}, \varsigma_{1t}) = 0.771$ (0.134)

a. 括号里是标准误差。

约翰·坎贝尔和我用蒙特卡罗方法评估表 11—3 和表 11—4 报告的统计量的小样本性质；这些性质在第 9 章阐述过。在模拟假设下，小样本性质是不可靠的，所以我们可以将表 11—3 和表 11—4 的已估计比率 $\sigma(\varsigma'_t)/\sigma(\varsigma_t)$ 作为第二和第三个主成分过度波动的证据。然而，因为关于估计指标的小样本性质，蒙特卡罗实验并不是结论性证据，所以在宣称除第一个主成分外的主成分存在过度波动的证据以前应该保持谨慎。

11.4 结　论

除第一个主成分外的主成分组合过度波动的证据大大弱于第一个主成分组合或市场组合。

然而，我们不应该根据这个结论过度一般化地假定除了这里研究的第一个主成分组合外的股票聚合体不存在巨大的过度波动。主成分组合的建立依赖于根据指数将生产者分成广泛门类的工业、铁路和公用事业的股票聚合体。这些股票聚合体之间的价格差异可能已经不存在任何过度波动，如果投资者没有特别留意挑选这些股票聚合体的话。简而言之，和市场指数一样的各种股票门类可能已经存在投机性过度和暴跌，除非除市场指数外铁路股票和公用事业股票这样的股票组合存在投机过度和暴跌。换种说法，我们可以说这些结果符合将股票价格的许多波动归因于市场贴现率 r_t 变化的看法，而该贴现率受对数线性近似约束但不影响对数相对价格。

其他主成分过度波动的证据更弱。然而，点估计表明除第一个主成分组合外的主成分组合估计的未来对数实际股利的现值的最优预测将不超过一半的权数分配给当前的对数实际价格，至少将一半权数分配给滞后对数实际盈利的原始移动平均值。

附录：资料来源

始于 1871 年的工业、铁路和公用事业价格指数和始于 1926 年的股利和盈利序列一样，来自于标准普尔统计服务公司的《证券价格指数记录》。价格是 1 月份的平均值，股利和盈利是四个季度加总。1926 年以前的股利和盈利序列是从阿尔弗雷德·考沃勒斯（Alfred Cowles，1939）那儿导出来的。1926 年以前，除了由于基准年的变化重新调整外，考沃勒斯价格序列与标准普尔序列相同。利率来自于第 26 章表 26—1 的序列 4。价格平减指数来自于第 26 章表 26—2 的序列 5。

注　　释

［1］这一章大量利用了以前与约翰·坎贝尔的共同研究成果，他还提出了有益的建议。

［2］这一章，术语“因素”应用得不严格；这里的实证研究应用主成分分析而不是因素分析本身。

［3］战后时期铁路行业已经经历了不断增加的集中和政府参与。而铁路指数显示了战后时期 3 个指数中最低的增长性，但实际价值没有显示明显的下降。

［4］因为所有 3 个指数的盈利数据从 1872 年开始，滞后盈利的 30 年移动平均值的第 1 年数据始于 1902 年。

［5］参数 ρ 的选择对这里应用的对数线性模型不是特别关键，参看坎贝尔和希勒（Campbell and Shiller，1988a）。因为增长—调整的利率不能恰当地预测到遥远的未来，假定遥远未来的加权没有对 $\bar{p}_t^*$ 关于 $\bar{p}_t$ 的回归影响太大。因此，所有 3 个成分指数用相同的 ρ 值。

［6］这里，ξ_t 是和在第 8 章定义一样的 $\ln((P_{t+1}+D_t)/P_t)$ 的近似。

［7］这些不是真实的组合价格，因为所取组合是对数值而不是原来值。

［8］注意到 $\bar{p}_{kT}=\bar{p}_{kT}^*$，$k=1,2,3$，$T=1981$ 年。通过构造才是这样的，因为结束日 $\bar{p}_{kT}$ 表示始于 1981 年的股利在 1981 年的现值。

［9］这个关系是第 4 章方程（4—7）的对数线性模型的类似式子，因为 ς_t 与时间 $t+1$ 的对数价格的新息成比例。

参考文献

Campbell, John Y, and Robert J. Shiller. 1987. “Cointegration and Tests of Present Value Models,” *Journal of Political Economy* 95: 1062−1088.

Campbell, John Y., and Robert J. Shiller. 1988a. "The Dividend-Price Ratio and Expectations of Future Dividends and Discount Factors," *Review of Financial Studies* 1: 195—228.

Campbell, John Y., and Robert J. Shiller. 1988b. "Stock Prices, Earnings, and Expected Dividends," *Journal of Finance* 43: 661—676.

Chen, Nai-Fu. 1983. "Some Empirical Tests of the Theory of Arbitrage Pricing," *Journal of Finance* 38: 1393—1414.

Chen, Nai-Fu, Richard Roll, and Stephen A. Ross. 1986. "Economic Forces and the Stock Market," *Journal of Business* 59: 383—403.

Cowles, Alfred, III, and Associates. 1939. *Common-Stock Indexes*, Second Edition, Bloomington Indiana: Principal Press.

Fama, Eugene F., and Kenneth R. French. 1988a. "Dividend Yields and Expected Stock Returns," *Journal of Financial Economic* 22: 3—25.

Fama, Eugene F. and Kenneth R. French, 1988b. "Permanent and Temporary Components of Stock Prices," *Journal of Political Economy* 96: 246—273.

Flood, Robert P., Robert J. Hodrick, and Paul Kaplun. 1986. "An Evaluation of Recent Evidence on Stock Market Bubbles," NBER Working Paper No. 1971.

Gilles, Christian, and Stephen F. LeRoy. 1987. "The Variance-Bounds Tests: A Critical Survey," unpublished paper, University of California Santa Barbara.

Gordon, Myron J. 1962. *The Investment Financing and Valuation of the Corporation*, Homewood, Illinois: Irwin.

Hansen, Lars Peter, and Robert J. Hodrick. 1980. "Forward Exchange Rates as Optimal Predictors of Future Spot Rates: An Econometric Analysis," *Journal of Political Economy* 88: 829—853.

Kleidon, Allan W. 1986. "Variance Bounds Tests and Stock Price Valuation Models," *Journal of Political Economy* 94:953—1001.

LeRoy, Stephen F., and Richard D. Porter, 1981. "Stock Price Volatility: Tests Based on Implied Variance Bounds," *Econometrica* 49:97—113.

Mankiw, N. Gregory, David Romer, and Matthew D. Shapiro. 1985. "An Unbiased Reexamination of Stock Market Volatility," *Journal of Finance* 40: 677—687.

Marsh, Terry A., and Robert C. Merton. 1986. "Dividend Variability and Variance Bounds Tests for the Rationality of Stock Market Prices," *American Economic Review* 76: 483—498.

Marsh, Terry A., and Robert C. Merton. 1987. "Dividend Behavior for the Aggregate Stock Market," *Journal of Business* 60:1—40.

Poterba, James M., and Lawrence H. Summers, 1958. "Mean Reversion in Stock

Prices: Evidence and Implications," *Journal of Financial Economics* 22: 26—59.

Pindyck, Robert S., and Julio J. Rotemberg. 1987. "The Excess Co-Movement of Commodity Prices," reproduced, Massachusetts Institute of Technology.

Roll, Richard, and Stephen A. Ross. 1900. "An Empirical Investigation of the Arbitrage Pricing Theory," *Journal of Finance* 35:1073—1103.

Sargent, Thomas J. 1979. "A Note on the Estimation of the Rational Expectations Model of the Term Structure," *Journal of Monetary Economics* 5:133—143.

Scott, Louis O. 1985. "The Present Value Model of Stock Prices: Regression Tests and Monte Carlo Results," *Review of Economics and Statistics* 67:599—605.

Shea, Gary. 1988. "Ex-Post Rational Price Approximations and the Empirical Reliability of the Present Value Relation," presented at the NATO Advanced Research Workshop, A Reappraisal of the Efficiency of Financial Markets, Sesimbra, Portugal.

Shiller, Robert J. 1988. "A Scott-Type Regression Test of the Dividend-Ratio Model," *Review of Economics and Statistics* (forthcoming).

Shiller, Robert J., and Pierre Pesron. 1985. "Testing the Random Walk Hypothesis: Power versus Frequency of Observation," *Economics Letters* 18:381—386.

Summers, Lawrence H. 1986, "Does the Stock Market Rationally Reflect Fundamental Values?" *Journal of Finance* 41: 591—601.

West, Kenneth D. 1988. "Dividend Innovations and Stock Price Volatility," *Econometrica* 56: 37—61.

第三部分

债券市场

第12章 概 述

长期债券是价格显示出我们在股票市场看到的同样种类的神秘波动性的资产。如果没有什么违约风险，短期债务是很安全的，长期债券每天的价值都倾向于强烈波动，因为明天可能将债券卖给另一个投资者的价格没有完全被许多年后实现的价值约束。即使他们知道股票价格变化的事实后，分析师在解释长期债券价格变化时也有同样的困难。怀疑流行模型可能导致债券市场出现和股票市场相同的过度波动性是很自然的。

简单有效市场理论声称利用类似股票市场应用的理论模型，债券市场的波动是可以解释的。这里用长期利率、根据长期债券的价格计算的到期收益而不是价格本身讨论更方便。有效市场理论可以被描述

成宣称长期利率 R_t 是完美预见值或事后价值 R_t^* 的最优预测。后者依赖于时间 t 和到期日之间的经济变量。在本书这一部分，考虑两个有效市场理论：利率期限结构的简单预期理论，费雪的通货膨胀预期理论。两个理论在 R_t^* 的表述上有差别。

根据期限结构的简单预期理论，R_t^* 是从时间 t 直到债券到期日之间的短期利率的一种平均值（加上一个常数溢价）。考虑这种 R_t^* 的理由是简单的。如果预期短期利率比这个时期的平均长期利率低许多，那么借款者可能有动力不借长期债务（即不发行长期债券）而以短期利率借款，反复再融资直至到期日。如果预期短期利率比这个时期的平均长期利率高许多，那么贷款者可能有动力不贷长期资金（即不购买长期债券）而投资于一系列短期债券。这种趋势将倾向于强化长短期利率的关系，它可以被描述为 R_t 最优地预测 R_t^*：$R_t = E_tR_t^*$。根据这种理论，长期利率的这些神秘变化正好归结于关于未来短期利率平均值的新信息。根据预期理论，R_t 和 R_t^* 在下一章（图 13—3）和第 15 章（图 15—3）一起绘图。

按照其他有效市场理论，即费雪理论，R_t^* 是从时间 t 直到债券到期日之间的通货膨胀率（市场商品篮子的价格变化率），而不是短期利率的一种平均值（加上一个常数）。除了投资于长期利率的替代选择可能是投资于市场商品篮子或其代表外，预期 R_t 等于 $E_tR_t^*$ 的理由与期限结构简单预期理论的理由相同。根据费雪理论，R_t 和 R_t^* 在第 14 章（图 14—4）也在一起绘图。

本书这一部分的章节考虑由这些数据揭示的有效市场理论的证据，并得出结论认为这些证据是相当复杂的，不完全地支持期限结构的简单预期理论但更坚定地拒绝费雪理论。下一章（第 13 章）是文献综述章，方法上是相对非技术性和图示性的，并介绍后面的章节。与杰里米·西格尔（Jeremy Siegel）合写于 1977 年的第 14 章是对费雪理论和相关现象——如长期利率和与“吉布逊谜团”有关的价格之间的正相关性——的研究。我写于 1979 年的第 15 章是对期限结构的简单预期理论的研究，且是阐述基本方差边界检验的第一篇论文。和约翰·坎贝尔写于 1987 年的第 16 章利用协整向量自回归方法研究预期理论。（这一章也包括对股票市场的讨论。）注意，第 15 章提出的关于预期理论的一些相当消极的结论在第 13 章和随后的第 16 章作了修正。

第13章　债券市场波动：开篇综述

债券与普通股票的不同在于“股利”（这里称利息和本金）是用名义条款预先规定的。因此，实际股利的时变性可以被唯一地（不考虑违约和赎回的可能性）归结于将名义股利转化成实际股利的价格水平变化。这意味着债券市场的实际股利序列看来与股票市场的实际股利序列有很大的不同。研究债券市场可以为我们提供关于市场波动的主要独立性证据。

股票市场与债券市场之间的另一个重要差别是我们将要考虑的有效市场假设的替代选择。投资大众将债券归入与股票非常不同的类别，并有一套不同的流行模型理解债券市场。因此，我们可以预期债券市场中市场有效性的检验结果可能相当不同。

当然，股票和债券之间还有一种重要差别，即大多数债券不是永久的且有一个到期日。对长期债券而言，到期日是如此遥远（一般为25年或更长）以致这个差别可能不重要。本书关于债券市场的章节强调这种长期债券和永久债券（英国的统一公债）。关于利率期限结构的大多数实证文献［我在其他地方（Shiller，1989）综述过］已经强调过更短的债券、国债或国库券。更长的工具也许更像普通股票的地方在于它们的价值没有受到不久的将来到期的本金约束。

因为债券基本上像股票一样是对长期恰当度量的股利序列的要求权，所以债券市场波动分析可以用和股票市场波动几乎相同的术语进行。理论文献一般将同样的模型应用于两类市场分析。然而，债券市场研究一般用相当不同的术语根据到期收益而不是价格进行。当然，到期收益是给定利息和到期日时价格的非线性变形。有限到期日债券的普通时间序列数据没有注意单个债券（到期日将随时间的推移而缩减），但显示了固定到期日债券的收益。

本书论述债券市场的章节主要考虑两个债券市场理论：期限结构的线性化理性预期理论和线性化理性费雪模型［以欧文·费雪（Irving Fisher，1930）的名字命名］。这两种理论和股票市场概述章（第3章）考虑的股票市场模型类似。期限结构的线性化理性预期理论［第15章方程（15—1）］将长期利率与未来权数逐步下降的预期未来短期利率的长期加权平均值联系起来。这大体上是第4章将价格和用名义短期利率贴现的名义股利理性预期现值联系起来（图4—2与图4—4描述的股票市场）的模型在债券市场的应用版。显然，因为名义股利是常数，所以模型只是不同到期日的利率之间的关系。线性化理性费雪模型［杰里米·西格尔和希勒在第14章推导，方程（14—1）］将长期利率与未来权数逐步下降的预期未来通货膨胀率的加权平均值联系起来。这大体上是第4章提出的联系价格和用常数贴现率贴现的实际股利现值（图4—1与图4—3描述的股票市场）的模型在债券市场的应用版。显然，因为债券市场的实际股利仅仅由于通货膨胀率而随时间发生变化，所以它是关于长期利率和预期未来通货膨胀率关系的理论。

这一章将以直观的而非技术性的方式阐述我自己和相关文献中关于债券市场波动的研究。可能的话应用简单图形证明论点。

13.1 期限结构的预期理论

期限结构的预期理论类似于股票市场应用的有效市场理论，当我们考虑数据时，存在鲜明的对照。认为长期利率看起来主要根据未来短期利率的期望证明其合理性的见解有一定道理。希勒（Shiller，1972）和莫迪里亚尼与希勒（Modigliani and Shiller，1973）的文章发现，1956—1971 年间长期利率自始至终表现得类似于基于简单向量自回归预测机制的 1 期利率现值的最优预测。在莫迪里亚尼与希勒（Modigliani and Shiller，1973）绘出的图形中可以清楚地看到这一点，这里复制过来作为本章的图 13—1。在这个图形里，未来短期利率 RSF 现值的最优预测是用实际长期利率 RS 和 RS 关于预测 RSF 中应用的信息集回归的拟合值 RSC 描绘的。长期利率 RS 和最优预测 RSF 之间的类似性暗示着理性预期模型存在某些真理成分。RS 和 RSF 从外表上看比长期利率和短期利率之间要类似得多，即使 RSF 本身主要由当前和过去的短期利率决定。RS 和 RSC 之间的类似性暗示着长期利率的变化实际上是对信息集的反应。长期利率相当恰当地被描述成短期利率和通货膨胀率的长期加权平均值（或分布滞后），且这个加权平均值在理性预期模型环境中是近似最优的。[1]

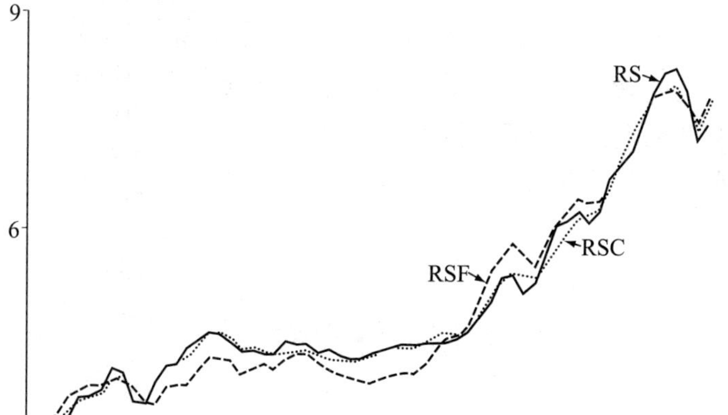

图 13—1

利用基于当前和滞后短期利率与通货膨胀率的未来短期利率加权平均值的估计预测（RSF）、关于通货膨胀率和短期利率的分布滞后回归中的拟合值（RSC）的穆迪公司 Aaa 债券收益平均值（RS）图形。

资料来源：Modigliani and Shiller（1973）.

理性预期模型最早的思想来自于理查德·萨基（Richard Sutch，1967），几年前他在莫迪里亚尼指导下撰写博士论文，并证明了长期利率看起来像基于单变量向量自回归预测模型的未来短期利率平均值的最优预测的基本论点。

萨基没有宣传他的结果。他没有在博士论文的这个论点上花费很长时间，而且没有发表他的结果。他与莫迪里亚尼写了几篇论述利率期限结构的文章，但没有一篇提到他的期限结构理性预期模型。

虽然我与莫迪里亚尼发表了这个结果，但我确实根本不是这些结果的坚定宣传者，而且后来还试图推翻这个结果。我认为我没有完全相信这个结果的最大理由也许是，根据关于股票市场和其他投机市场证据的推断，在这些场合中理性预期模型看来确实表现不佳。看来完全应用未来短期利率的最优预测决定长期利率确实是根本不可能的。我认为另一个理由是当我用第二次世界大战前短样本期试用这种程序时，结果根本不是鼓舞人心的。[2]直到很久以后我（Shiller，1987）才在种种长样本期数据集上试用这种方法，并且发现让人沮丧的理由更少。

促使我怀疑这些结果真实性的另一个问题与单位根问题有关。按照获得可靠结果的程序，我不得不对短期利率的自回归方程施加单位根——短期利率关于它们的滞后值回归的系数之和将等于1——的限制。但不施加这种限制时，有时这些结果对理性预期模型而言显然远远不是令人鼓舞的。我知道系数和并不是足够精确以允许长期利率拥有关于短期利率分布滞后的恰当估计。

这些结果引导我尝试另一种步骤，并试图找到反对预期模型的证据。

13.2 预期假说的方差边界检验

我1979年的文章（第15章）宣称如果我们观察到的长期利率的波动可以根据期限结构的预期模型解释，那么短期利率的方差应该大于样本方差。这个观点听起来类似于我对股票市场提出的过度波动性的主张，而我们可能倾向于将这种证据解释成暗示金融市场中的“风尚和风气”。然而，我的论文认为方差不等式在1956—1977年之间除短样本期外都仅仅在边界线被违反。因此，这篇论文没有找到这种过度波动的强有力的证据。

美国1966—1977年的数据或英国1956—1977年的数据强烈地违反第15章的不等式（I—1）[类似于第4章的不等式（4—5）或不等式

(4—6)]：持有期收益的标准差大约是这个不等式给定的上界的两倍。[3]但 1977 年后的短期利率比以前历史上的任何时候都上升得更多。在我完成这篇论文后不久，联储宣布了“新的操作程序”，它使短期利率更加反复无常；大约在同一时间，英国的短期利率也上涨到创纪录的新水平。此外，美国和英国的短期利率在 20 世纪 30 年代和 40 年代极低。将样本往回扩展到 1935 年并直到现在则大大增加了短期利率的样本标准差，但对持有期收益的标准差几乎没有什么影响，对英国和美国两个国家，倾向于明显地降低违反不等式（I—1）的程度。

当然，追溯到很早以前的利率数据也是可以获得的。图 13—2 描绘美国（上图）和英国（下图）的长期利率 R_t 和短期利率 r_t。对美国而言，利率序列是 1857 年 1 月—1987 年 1 月的半年利率序列，而对英国而言，利率序列是 1824—1987 年的年度数据。根据这些数据，不论是用美国还是英国的全样本和平均样本长期利率作为线性化点，不等式（I—1）仅仅被温和地违反。[4]对美国 1857—1987 年的数据，持有期收益的样本标准差 $\sigma(H)$ 等于 1.14 乘以不等式（I—1）给定的上界。[5]这个违反太勉强以致不能说明相当显著。对英国的数据来说，1824—1986 年间持有期收益的样本标准差 $\sigma(H)$ 等于 1.57 乘以不等式（I—1）给定的上界。但是，当然，根据图形判断，战后时期利率急剧上升的趋势暗示着利率的非平稳性，这使得我们也许不能令人满意地度量进入不等式的方差。有很长一段时期，比如 1824—1930 年，英国短期利率看起来非常平稳。在这个时期，根据英国的数据，不等式（I—1）存在轻微的违反：不等式的左边大约是 1.13 乘以不等式的右边。但我们可能反对说这个时期长期利率的变化可能并不过度，如果人们认为短期利率任何时候都可能打破 1930 年后的行为方式。

在我 1979 年的文章（第 15 章）中，我描述了“完美预见”的长期利率 R_t^* 和实际长期利率 R_t 的图形。与 R_t 是 R_t^* 的条件期望的理论相反，R_t^* 看起来比实际长期利率 R_t 的可变性低许多。很不幸，这个图形仅仅描述了从 1966 年第 1 季度到 1977 年第 2 季度这段很短的样本期。这里我应用美国和英国长得多的时间序列重复这个图形。图 13—3 显示相应的事后价值 R_t^* 和 R_t。对美国而言（上图），R_t^* 是时间 t 时 25 年期息票债券的到期收益率，债券的价格是用未来实际的短期利率 r_{t+k} $(k=0, \cdots, 49)$ 加常数风险溢价进行贴现的未来利息的现值。对英国而言（下图），R_t^* 是时间 t 时永续债券的到期收益率，债券价格等于用实际未来短期利率 $r_{t+k}(k=0,\cdots,\infty)$ 加常数风险溢价进行贴现的利息现值。在两种情况下，假定样本期结束以后的短期利率等于样本期末的长期利率，以致 R_t 和 R_t^* 按构造收敛。[6]根据这些长期时间序列数据，R_t 的波动性和 R_t^* 的波动性大致持平。这些图形中不存在 R_t 比 R_t^* 更可变的大量证据。

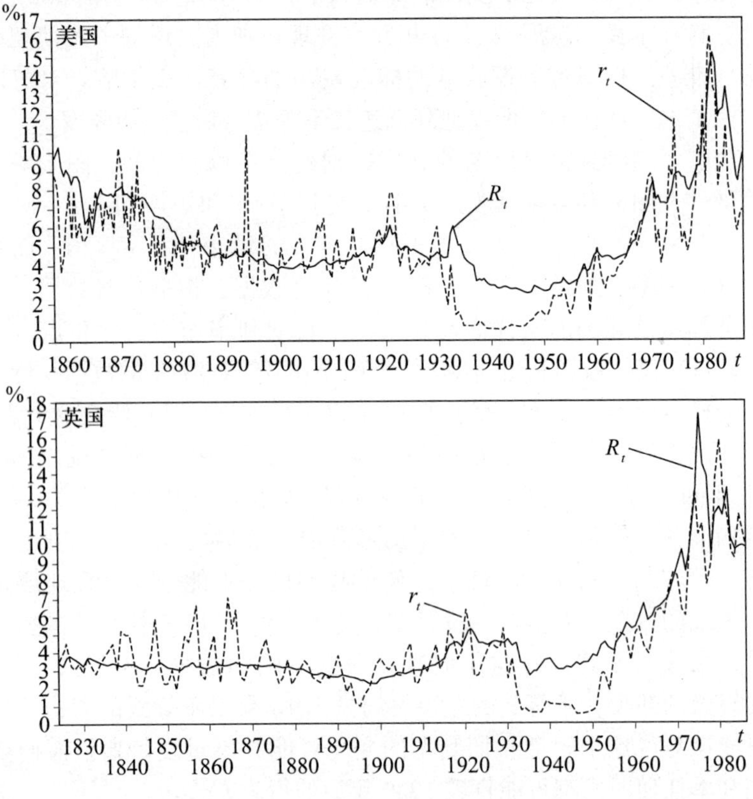

图 13—2

利率：长期（R_t）和短期（r_t）。上图为 1857 年 1 月—1988 年 1 月美国长期公司债券收益 R_t（实线）和美国 4～6 个月商业票据利率 r_t（虚线），半年期数据。下图为 1824—1987 年英国统一公债收益 R_t（实线）和英国 3 个月银行票据利率 r_t（虚线），年度数据。

资料来源：参看附录。

利用这些数据，将 $R_t^* - R_{t-1}$ 关于 $R_t - R_{t-1}$ 和常数项回归是有启发性的。利用美国的完整样本，估计的斜率系数是 1.156（标准差是 0.253）——显著接近于有效市场模型下的理论值 1.000。这基本上证实了图 13—1 中更短的样本揭示的基本事实。然而，对英国而言，结果更糟糕——估计的斜率系数为 0.347，显著低于 1.000，其标准误差为 0.178。[7]

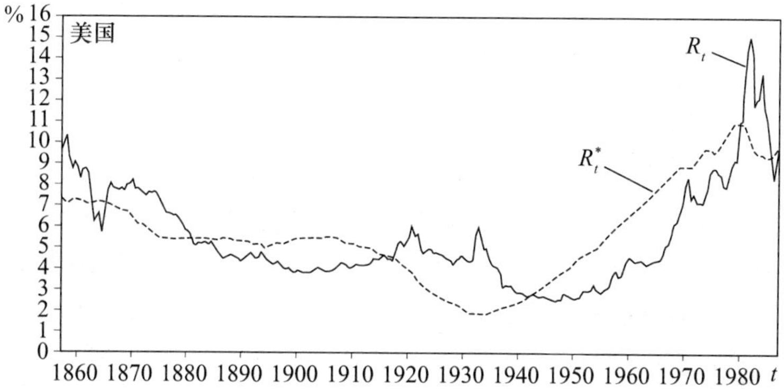

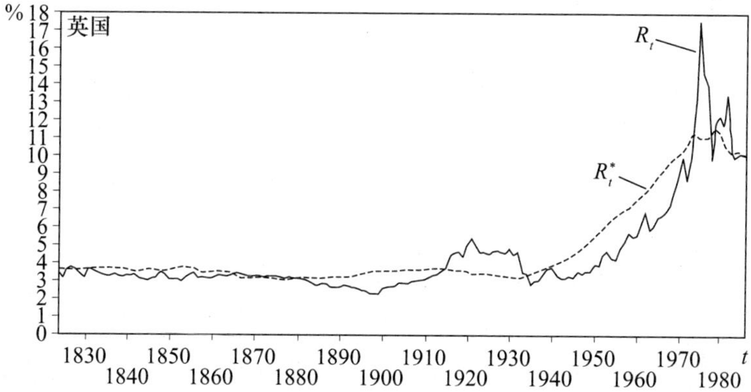

图 13—3

长期利率 R_t 和事后价值 R_t^*：上图为美国数据；下图为英国数据。序列基于图 13—2 显示的数据。完美预见收益 R_t^* 是价格为利息与本金现值的 25 年期现行息票债券的到期收益。贴现率是被常数风险溢价增大的实际未来短期利率，常数风险溢价使平均贴现率等于样本平均长期利率。

马乔里·弗莱文（Marjorie Flavin，1983）在数据年度抽样时短期利率是自回归系数等于 0.95 的一阶自回归随机过程的假设下，对我 1979 年论文（第 15 章）中应用的方差边界的小样本性质进行了核算。根据这种随机过程，在短期利率序列中存在巨大的正的序列相关性，因此样本标准差向下偏离进入不等式的真实（总体）标准差度量。她发现我提出的长期利率过度波动的证据大大低于仅仅由点估计提出的证据的显著性。根据她的结论，对于更大的样本方差边界实际上被不大强烈地违反，我们不应该感到惊奇。[8]

弗莱文提出她的结果，好像是在与我进行争辩，但实际上从一开始她和我就用相当类似的术语描述这些结果。我 1979 年的文章（第 15 章）结尾阐明，有理由怀疑用短期样本是否能可靠地度量短期利率的方差。可能存在未被观察到的利率方差。如果我们要接受预期模型，违反方差不等式仅仅被解释为表明我们应该依赖未被观察到的方差。

假定如此，为什么我认为违反方差不等式对我应用的短期样本是有趣的呢？首先，紧随 1976 年后的高利率是到当时为止的未来利率。其次，看起来 20 世纪 30 年代后期和 40 年代早期的短期利率大量被认为是异常现象——与可能不会重复的萧条有关。注意到长期利率波动像实际观察到的波动可能实际上要求有效市场模型下的信息是关于利率“异常”行为的自然增长看来是有趣的。人们有一种倾向认为时间遥远的数据是不相关的，好像它们来自不同的社会制度；如果我们接受这个观点，那么长期利率的波动只能根据关于社会制度变化的信息解释。当然，因为有理由认为长期利率的实际波动在一定程度上受刻画股票价格的舆论变化的影响，所以值得注意方差边界没有被更显著地违反。

13.3 期限结构的斜率发出了错误的信号

我 1979 年的文章（第 15 章）提出的另一个观点——后来被希勒、坎贝尔和肖恩霍尔兹（Shiller，Campbell and Schoenholtz，1983）与曼昆（Mankiw，1986）的文章所证实——是长期利率和短期利率之间的利差即期限结构的斜率给出了关于长期利率的短期变化的错误预测。例如，当长期利率和 3 个月利率之间的利差异常高时，长期利率倾向于在下面 3 个月里下降而不是像预期理论预见的那样上升。这个观点给出了利率期限结构的理性预期理论从根本上说是错误的感觉。正如朴素的理论而不是复杂的预期理论可能预测的那样，这意味着长期利率高于 3 个月利率时长期债券的 3 个月持有收益倾向于高。

这种结果可能归结于长期债券市场的外部风尚和风气，这导致长期利率产生独立的短期噪音成分。如果长期利率受均值回复的随机噪音的影响，那么当长期利率被这种噪音向上干扰时，相对于短期利率它们倾向于高且随后倾向于下降。因此，这个结果听起来好像它可能是长期利率外来过度波动的证据。然而，这种解释应该是合理的。后来的研究（Shiller，1988）说明这个问题确实可以按照长期利率相对于未来短期利率最优预测的均值回复的短期噪音来描述，这种短期噪音的重要部分实际上主要由当前和滞后利率的函数来描述。那篇文章发现，长期利率关于当前和滞后短期利率的分布滞后回归实际上看起来太平滑而不够参差不齐以致不符合预期模型，而且发现这个平滑的分布滞后回归好像是短期利率发出“错误信号”的根源。这可能要归结于投资者利用他们的记忆给债券定价和模糊短期利率过去历史的倾向。于是，这种对市场有效性的背离可能归结于使预测规则过度简化的利率的时间序列性质的流行模型。流行模型对理性预期模型的背离相当不同于由总体股票市场分析提出的“风尚和风气”噪音描述。[9]

在一定程度上，根据投资者的反应迟钝解释长期利率对短期利率的分布滞后回归当然是对相关性的原因所作的一个猜测。观察到的分布滞后关系可能至少在某种程度上受一些其他因素如联邦储备体系应用的政策规则的影响。而且，投资者反应的故事情节具有感染力。根据投资者正在应用的流行模型的偶尔观察，在很大程度上，投资者只是建立滞后短期利率的平均值来指导长期债券定价的观点是有点吸引力的。对迟钝投资者行为的描述至少有利于表明它符合投资者看来常常要谈论的方式。长期利率的这种迟钝行为是否代表反应不足或过度反应取决于随时间发生变化的短期利率的随机性质，这些将在下面讨论。

13.4　期限结构的斜率发出了正确的信号

虽然对市场有效性的背离确实重要，但在其他方面有效市场理论完全能起作用。而上面描述的长期利率“噪音”可能足够重要以致引起期限结构的斜率发出关于下面 3 个月长期利率进程的错误信号，然而斜率也可能发出关于长期债券生命期里短期利率进程的正确信号。约翰·坎贝尔和我发现（第 16 章）长期—短期利率利差表现得相当类似于未来短期利率现值的最优预测。[10]估计方法是基于萨金特（Sargent，1979）创立的利率的向量自回归模型。

我与坎贝尔的研究（第 16 章）揭示的基本真理可以通过描绘 R_t-r_t 和 $R_t^*-r_t$ 的图形来阐述（参见图 13—4）。[11]

前者应该是后者的预测（因此不如后者可变）。我们看到的是两个序列的巨大相关性，$R_t^* - r_t$ 确实比 $R_t - r_t$ 更反复无常。我们可以称这个结论是有效市场模型或期限结构预期模型的一些基本真理的显著证据。利用图 13—4 显示的全部数据集，当 $R_t^* - r_t$ 对 $R_t - r_t$ 和常数进行回归时，$R_t - r_t$ 的系数显著地大于 0。利用美国的数据，系数是 0.690，而标准误差是 0.188；利用英国的数据，系数是 0.622，而标准误差是 0.379。[12]

当然，理论表明系数应该是 1.000，而且这些系数估计值足够远地低于 1.000 以致暗示与有效市场模型存在巨大的背离。而且当我们考虑估计系数中可能的向下偏离时[13]，我们应该断定存在大量反对期限结构预期理论的证据。

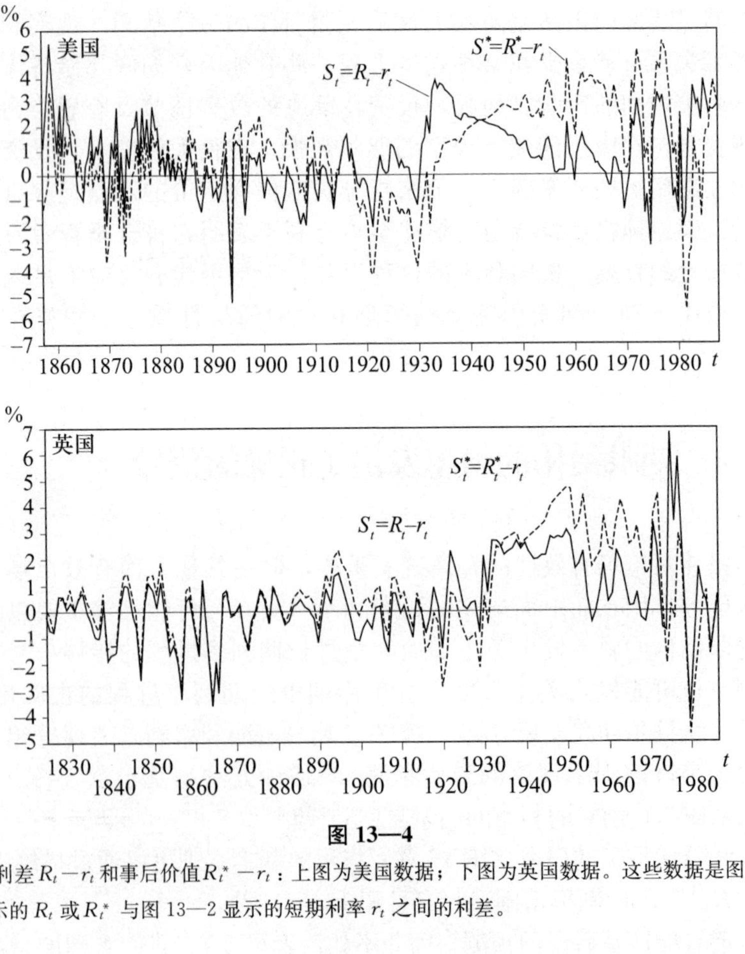

图 13—4

利差 $R_t - r_t$ 和事后价值 $R_t^* - r_t$：上图为美国数据；下图为英国数据。这些数据是图 13—3 显示的 R_t 或 R_t^* 与图 13—2 显示的短期利率 r_t 之间的利差。

13.5　1930 年以前长期利率过度波动的证据

另一方面，我们可能表明图 13—4 揭示的重要思想是长期利率比短期利率变化更迟钝，因为根据预期理论它确实应该这样，但也许这里没有任何令人惊奇的事情。对英国而言，样本前半部分 $R_t - r_t$ 和 $R_t^* - r_t$ 之间的相关系数尤其引人注目。注意到当比较短期利率嘈杂的上下变化时，这一部分样本中 R_t 和 R_t^* 都没有说明任何事情。即使长期利率比它应当具备的变化程度要大得多，显然这个时期的短期利率非常容易变化以致 $R_t - r_t$ 和 $R_t^* - r_t$ 之间仍然存在巨大的一致性。

如果我们对样本的第一部分直接将 R_t^* 回归到 R_t 上，我们看到确实是这种情况；按照理性预期模型，斜率系数应该等于 1.000。如果我们取从样本开始直到 1930 年这个时期，美国和英国的利率没有表现出不平稳，因为这个时期的大部分时间实行金本位制，所以也许有理由期望平稳的名义利率。在这个时期，美国和英国 R_t 的系数显著低于 1.000（美国的系数为 0.480，标准误差为 0.266；英国的系数为 0.000，标准误差为 0.276）。因此，看起来在利率明显平稳的时期，长期利率大大不如短期利率那么容易变化以至于当图 13—4 的利差对比看起来令人鼓舞时，长期利率相对于其预测短期利率的能力仍然显示出太大的可变性。[14]

约翰·坎贝尔和我（Campbell and Shiller，1984）断定，根据二战后的数据，长期利率在某种意义上对短期利率反应不足。利用同样的方法，我发现二战前长期利率对短期利率反应过度（Shiller，1987）。

13.6　理性预期费雪模型

计算事后价值 R_t^* 的另一种可选择方法是，应用基于批发价格指数的通货膨胀率代替短期利率。R_t 是 R_t^* 在时间 t 时的期望的理论可以被称为以欧文·费雪（Irving Fisher，1930）命名的理性预期费雪模型。如此计算的 R_t^* 和实际利率 R_t 的图形在杰里米·西格尔和我 1977 年所写的论文中（第 14 章图 14—4）出现过。[15]因为可以获得的通货膨胀率数据比可以获得的短期利率数据还能够进一步延伸，这个图更远地延伸到1729年。而且这里确实不存在违反简单方差不等式的重要现象；引人注目的事实是R_t和R_t^*相互负相关。如果长期利率被完全按比例缩小——也就是用一个常数代替——它可能更好地预测R_t^*，在这个意义上长期利率过于反复无常了。

读者可能会迷惑地注意到第14章断定理性预期费雪模型［该章右边求和符号前有期望算子E_t的方程（14—1）］暗指不管p_t的随机性质如何，R_t和p_t（p_t是将名义值转化成实际值的价格指数）之间不可能存在正相关性。将被称作“吉布逊谜团”的是观察到的R_t和p_t之间的正向关系。从理性预期的限制条件考虑，我们可能认为在讨论理论隐含的R_t和p_t之间的关系以前，我们需要了解p_t的随机性。事实上（该章没有完全解释清楚），根据半正定不等式可推出非正相关性。注意第14章的方程（14—1），R_t可写成$R_t=\bar{\rho}+(1-\exp(-\bar{\rho}))^2E_t\sum_{k=0}^{\infty}\exp(-k\bar{\rho})(p_{t+k}-p_t)$。根据（利用$R_t$和$p_t$之间的相关性一定与事后价值$R_t^*$和$p_t$之间的相关性相同的事实）这个结论可推出，$p_t$的自协方差函数的半正定性要求对所有$k$有$\text{cov}(p_t, p_{t+k}-p_t)\leqslant 0$。

13.7 结　论

正像图13—4的简单图形暗示的那样，存在明确的感觉，期限结构的理性预期理论具有某种真理成分。因为该图形类似于股票市场的图4—3，通过比较我们能够看到，债券市场比股票市场显示出更多的信号表明有效市场理论成立。

实证证据没有扩展到理性预期费雪模型，因为西格尔和我描绘的相应图形（图14—4）表明该理论趋向于强烈违背数据。

注意到当提出模型存在某些真理时，图13—4中理性预期理论的证据仍然与长期—短期利差相对于理性预期期限结构模型存在大量噪音的观点相符。当$R_t^*-r_t$关于R_t-r_t回归时，估计的回归斜率系数被蹩脚地度量，并且具有使系数小于1/2的可能性悬而未决的巨大标准误差。在可获得的数据中，我们只不过没有足够的证据获得这个系数的恰当定位，即使数据跨度完全超过1个世纪。长期利率中存在短暂的噪音，它是期限结构斜率系数给出的关于长期利率的短期变化的错误信号，并对第 15 章的方差边界不等式（I—1）的相当勉强的违反有帮助的部分理由。

在事后价值 R_t^* 对长期利率 R_t 的回归上，在 1930 年以前的时期，存在长期利率 R_t 过度波动的强烈证据。这是一个比较快的均值回复短期利率的时期，而长期利率当时并不是那么变化无常，它们对当时的短期利率仍然显示出太大的反应。在 1930 年后的时期，同样种类的证据在反对期限结构的理性预期模型方面没有起作用；要找到短期利率均值回复的情况更困难，而且相应地找到长期利率表现出过度波动的情况也更困难。

附录：资料来源

美国的利率序列是每年 1 月和 7 月的半年数据。1857—1936 年的短期利率是来自于麦考利著作（Macaulay，1938）A141～A161 页表 10 第 3 行的纽约市商业票据利率。1857 年 1 月到 1923 年 7 月的数据是选择的 60～90 天双记名票据（two-name paper）；1924 年 1 月到 1936 年 7 月选择的是 4～6 个月双重优惠的单记名票据（prime-double single-name paper）。1936 年后的短期利率是来自于联邦储备体系委员会的优惠商业票据利率，4～6 个月的票据利率直到 1979 年，6 个月期的则始于 1980 年。1857—1936 年美国的长期利率是来自麦考利 A141～A161 页表 10 第 4 行的未调整的铁路债券收益率。此后，长期利率是穆迪 AAA 级调整的公司债券收益率的平均值。

英国的数据是 1824—1987 年的年度序列。长期利率是从几个不同来源拼接起来的年初统一公债收益率。1824—1896 年的长期利率是来自彼得·加伯的著作（Peter Garber，1986）1019 页表 2 的“黄金—收益”行的 1 月初英国统一公债收益率。对于 1883—1896 年的数据，他的表包含少数错误；我利用了他给我的更正过的数据。对 1897—1944 年而言，我应用发行于 1888 年承诺到 1903 年收益率为 2.75%，此后收益率为 2.5%的 1 月初统一公债收益率。我根据 1 月份发行的《经济学家》杂志报告的价格推算这些到期收益率。对 1945—1987 年而言，我利用发行于 1932 年的战争贷款（3.5%的永恒收益）前一年最后一个工作日的统一收益，正如《英格兰银行统计摘要》174～178 页表 30 及《英格兰银行季报》报告的那样。1824—1987 年英国的短期利率是

第 14 章描述的 3 个月优惠银行票据利率的年度平均值。

注　释

[1] 菲利普斯等（Phillips and Pippenger，1976）争辩说，由于序列相关的误差项，莫迪里亚尼和我实施的长期利率对现在和滞后短期利率的回归的显著性可能是虚假的。然而，他们估计长期利率对分布滞后短期利率的映射——一阶利率差分和再次回归——不会获得长期利率对信息映射的一致估计。

[2] 美国 20 世纪 30 年代和 40 年代预期模型的糟糕表现很快在下面讨论的图 13—4 的上图中明显看出。

[3] 第 15 章表 15—1。

[4] 辛格尔顿（Singleton，1980）宣称 1959—1971 年不等式的违反在统计上是显著的；然而，他的渐近分布理论假定围绕估计的趋势的过程是平稳的。而且对短样本而言，阿姆斯勒（Amsler，1984）否定了风险溢价（根据基于资本资产定价模型的风险溢价模型）作为违反方差边界的可能根源。

[5] 利用当前息票债券的实际持有期收益（如我第 15 章应用的更短的战后样本期），而不是债券收益平均值推算出来的持有期，收益违反不等式（I—1）可能稍微更强烈一些。战后时期的证据说明美国债券收益平均值由于非交易性而有点人为地被平滑，而且由于税收效应，债券收益也不像当前的利息收益那样剧烈波动（Shiller and Modigliani，1973）。

[6] 每期价值假设不同于图 15—3 应用的假设。此外，图 15—3 的不同之处还在于它基于线性化式（15—1）而不是精确的利息现值。

[7] 标准误差考虑了误差项的序列相关性，正如希勒（Shiller，1988）利用斯科特（Scott，1985）方法和第 11 章讨论的一样。

[8] 谢伊（Shea，1988）模拟了与考克斯、英格索尔和罗斯（Cox，Ingersoll and Ross，1981）一致的息票债券利率的非平稳模型，并断定利用我 1979 年文章（第 15 章）的不等式（I—3）的波动性检验常常拒绝。然而，他的结果不影响文章的结论；不等式（I—3）不是在该文章中被违反的不等式。

[9] 股票价格解释为盈利的分布滞后（第 1 章）不如长期利率解释

为短期利率的分布滞后合理（Modigliani and Shiller，1973）。

[10] 也可参看 Fama and Bliss（1987）和 Froot（1987）。

[11] 图 16—1 提出期限结构预期模型一个甚至更加显著的成功例子。在那个图形中，长短期利差 $R_t - r_t$ 称为 S_t 是用理论利差 S_t' 描绘的，根据我们的向量自回归预测模型，S_t' 被定义为$R_t^* - r_t$ 的最优预测。模型中用于预测 $R_t^* - r_t$ 的信息集包括$R_t - r_t$ 和它的滞后值及其他噪音变量；因为 $R_t^* - r_t$ 是平滑序列，所以很难判断拟合值像平滑独立变量 $R_t - r_t$ 时人们该有多么惊奇。

[12] 标准误差考虑了残差项的序列相关性；它们是根据斯科特（Scott，1985）方法的修正方法（Shiller，1988）计算的。

[13] 股票数据的类似系数的向下偏差是应用产生希勒（Shiller，1988）文章的数据的估计的向量自回归模型证明的。

[14] 在希勒（Shiller，1988）的文章中，样本前半部分与样本后半部分相比较时，长期利率不那么反复无常的行为被看成期限结构理性预期模型的令人鼓舞的证据，给定两个时期之间短期利率变化的随机结构。然而，那篇文章（用与这里不同的方法）找到了那个时期长期利率对短期利率过度反应的证据。曼昆、迈隆和威尔（Mankiw，Miron and Weil，1987）也发现美国联邦储备体系建立之前的年份，长期利率对短期利率的分布滞后回归显示更小的系数。

[15] 描绘事后理性长期利率的图形并与实际长期利率比较的思想应首先归功于杰里米·西格尔（Jeremy Siegel，1969）没有发表的手稿。

参考文献

Amsler, Christine. 1984. "Term Structure Variance Bounds and Time Varying Liquidity Premia," *Economics Letters* 16:137－144.

Campbell, John Y., and Robert J. Shiller. 1984. "A Simple Account of the Behavior of Long-Term Interest Rates," *American Economic Review* 74:44－48.

Cox, John C., Jonathan E. Ingersoll, and Stephen A. Ross. 198I. "A Reexamination of Traditional Hypothesis about the Term Structure of Interest Rates," *Journal of Finance* 36: 769－799.

Fama, Eugene F., and Robert R. Bliss. 1987. "The Information in Long-Maturity Forward Rates," *American Economic Review* 77:680－692.

Fisher, Irving. 1930. *The Theory of Interest*, New York: Macmillan.

Flavin, Marjorie. 1983. "Excess Volatility in the Financial Markets: A Reassessment of the Empirical Evidence," *Journal of Political Economy* 91: 929—956.

Flavin, Marjorie. 1984. "Time Series Evidence on the Expectations Hypothesis of the Term Structure," *Carnegie-Rochester Conference Series on Public Policy* 20:211—238.

Froot, Kenneth A. 1987. "New Hope for the Expectations Hypothesis of the Term Structure of Interest Rates," reproduced, Sloan School of Management, M. I. T.

Garber, Peter M. 1986. "Nominal Contracts in a Bimetallic Standard," *American Economic Review* 76:1012—1030.

Macaulay, Frederick R. 1938. *Some Theoretical Problems Suggested by the Movements of Interest Rates, Bond Yields, and Stock Prices in the United States since 1856*, New York: National Bureau of Economic Research.

Mankiw, N. Gregory. 1986. "The Term Structure of Interest Rates Revisited," *Brookings Papers on Economic Activity* 1:61—96.

Mankiw, N. Gregory, Jeffrey A. Miron, and David N. Well. 1987. "The Adjustment of Expectations to a Change in Regime: A Study of the Founding of the Federal Reserve," *American Economic Review* 77: 358—374.

Modigliani, Franco, and Robert J. Shiller. 1973. "Inflation, Rational Expectations, and the Term Structure of Interest Rates," *Economica* 40:12—43.

Modigliani, Franco, and Richard Sutch. 1966. "Innovations in Interest Rate Policy," *American Economic Review* 56:178—197.

Modigliani, Franco, and Richard Sutch. 1967. "Debt Management and the Term Structure of Interest Rates," *Journal of Political Economy* 75: 569—589.

Phillips, Llad, and John Pippenger. 1976. "Preferred Habitat vs. Efficient Market: A Test of Alternative Hypotheses," *Federal Reserve Bank of St. Louis Review* 58:11—19.

Sargent, Thomas J. 1979. "A Note of the Estimation of the Rational Expectations Model of the Term Structure," *Journal of Monetary Economics* 5:133—143.

Scott, Louis O. 1985. "The Present Value Model of Stock Prices: Regression Tests and Monte Carlo Results," *Review of Economics and Statistics* 67: 599—605.

Shea, Gary S. 1988. "Qualms about the Linearized Expectations Hypothesis and Variance Bounds Studies of the Interest Rate Term Structure," reproduced, Pennsylvania State University.

Shiller, Robert J. 1981. "Alternative Tests of Rational Expectations Models: The Case of the Term Structure," *Journal of Econometrics* 16:17—87.

Shiller，Robert J. 1987. "Conventional Valuation and the Term Structure of Interest Rates," in Rudiger Dombusch，Stanley Fischer and John Bossons，editors，*Macroeconomics and Finance：Essays in Honor of Franco Modigliani*，Cambridge，MA：MIT Press.

Shiller，Robert J. 1988. "A Scott-Type Regression Test of the Dividend Ratio Model," reproduced，Yale University.

Shiller，Robert J. 1989. "The Term Structure of Interest Rates," in Frank Hahn and Benjamin Friedman，editors，*Handbook of Monetary Economics*.

Shiller，Robert J.，John Y. Campbell and Kermit L. Schoenholtz. 1983. "Forward Rates and Future Policy：Interpreting the Term Structure of Interest Rates," *Brookings Papers on Economic Activity* I：173—217.

Shiller，Robert J.，and Franco Modigliani. 1979. "Coupon and Tax Effects on New and Seasoned Bond Yields and the Measurement of the Cost of Debt Capital," *Journal of Financial Economics* 7：297—318.

Siegel Jeremy J. 1969. "Inflation，Interest Rates，and British Consol Yields," reproduced，Massachusetts Institute of Technology.

Singleton，Kenneth J. 1980. "Expectations Models of the Term Structure and Implied Variance Bounds," *Journal of Political Economy* 88:1159—1176.

Sutch，Richard. 1967. *Expectations，Risk and the Term Structure of Interest Rates*，unpublished Ph. D. Dissertation，Massachusetts Institute of Technology.

第14章　吉布逊谜团和实际利率的历史变化①

在英国数据可以获得的过去 1 000 年的四分之一时间里，以（对数）价格指数度量的价格水平和以长期债券的到期收益率度量的长期利率之间存在强烈的正相关性。这种现象被凯恩斯（Keynes，1930）称为"吉布逊谜团"（Gibson Paradox），以凯恩斯认为已经发现这种关系的人 A. H. 吉布逊（A. H. Gibson，1923）的名字命名。长期利率 R 和价格水平 P 的对数为了比较而一起描绘在图 14—1 中（资料来源参见附录）。两个序列的类似性给人的印象最深刻，尤其当我们考虑这个时期发生的社会、政治和经济结构的重要变化时。[1]凯恩斯称

① 与 Jeremy J. Siegel 合作完成。改编自 *Journal of Political Economy* 85（1977）：891—907；© 1977 The University of Chicago。

这个相关性是“整个计量经济学领域最完整地确认的实证事实之一”(1930，2：198)。

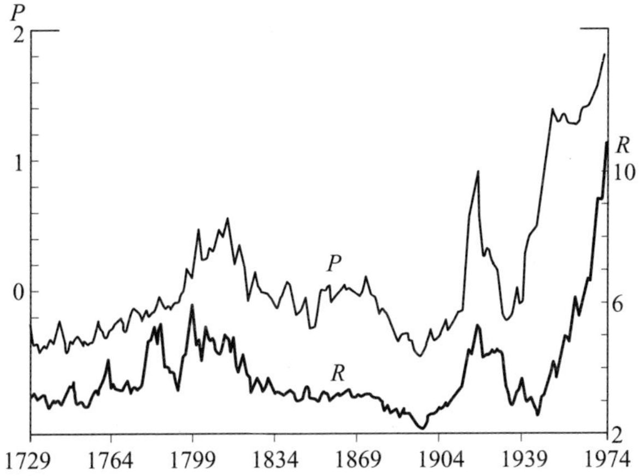

图 14—1

价格指数（P）的对数和长期利率（R），英国数据。

资料来源：参见附录。

在可以获得充分的英国短期利率数据的更短时期，短期利率和价格之间也存在重要但不怎么显著的正相关性。短期利率 I 和同样的价格序列 P 被描绘在图 14—2 中。相关性不仅不像图 14—1 那么显著[2]，而且采取不同的形式。短时期里，I 和 P 之间的关系比 R 和 P 之间的关系更强。我们将与短期利率的这种短期相关性称为基钦现象(Kitchin Phenomenon)，以 1923 年提出这种现象的约瑟夫·基钦（Joseph Kitchin）的名字命名。

利率和价格之间这么显著的相关性在过去一定已经被多次提到过，而且确实已经是货币理论发展中一直极为重要的经验规则。这种相关性显然是图克最先描述的（Tooke，1844）。他利用这个相关性批评托恩登-李嘉图（Thornton-Ricardo）关于货币供应增加将通过利率下降传导使价格上升的观点并为实质票据论辩护。这种现象的另一种观点是由魏克塞尔（Wicksell，1898，1962）和霍特雷（Hawtrey，1913）提出的。因此，对这种现象的新兴趣被吉布逊（Gibson，1923）发现长期利率与价格之间的关系和基钦（Kitchin，1923）与匹克（Peake，1928）发现短期利率与价格之间的关系所激发。基钦比较 I 和 P 的峰值和谷底并注意到一起出现的转折点大约相隔 40 个月才出现，这是已经被称为“基钦周期”的现象。很不幸，现在最著名的是基钦 40 个月

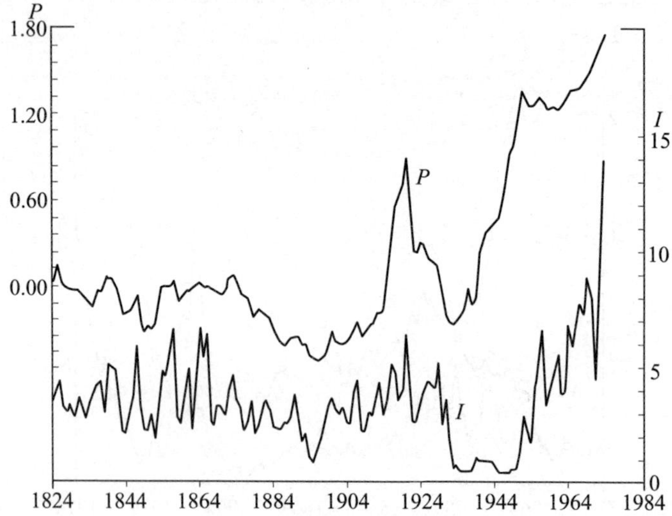

图 14—2

价格水平（P）的对数和短期（3 个月）利率（I），英国数据。

资料来源：参见附录。

周期从单个 I 或 P 序列可以辨别的结论。

已经提出许多理论解释利率和价格之间的正相关性，可参见费雪（Fisher，1930）、凯恩斯（Keynes，1930）、麦克考利（MacCaulay，1938）和萨金特（Sargent，1973）等人的著作。在本章，我们分析这些理论并提出吉布逊谜团和基钦现象的其他可选择的解释。

14.1 英国数据的分析

图 14—1 和图 14—2 出现的时间序列谱分析对上述现象给出了更精确的描述[3]：

1. 如图 14—3 上部所示的 R 和 P 之间的平方相干性（大体上是每个频率下的平方相关系数）在更低的频率下更强，在 5%的水平下显著。与之对照，图 14—3 下部所示的 I 和 P 之间的平方相干性在更高的频率下更集中且峰值非常接近于基钦频率 0.300（40 个月），它也在 5%的水平下显著。两种情况下的相位角几乎是 0，无论任何地方相干性都强（即关系基本上不滞后）。

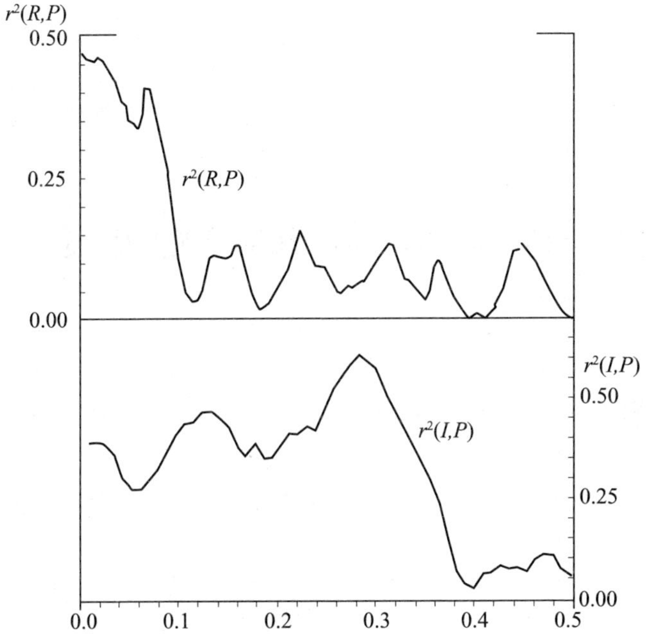

图 14—3

平方相干性（纵轴）对每年的周期频率（横轴）图。上图：R 和 P 之间的平方相干性；5%水平下的临界相干性平方是 0.350。下图：I 和 P 之间的平方相干性；临界相干性平方是 0.472。参见本章注释 3 的估计细节。

2. 单个考虑，没有一个序列表现为任何特定频率（非零）非常集中的谱；也就是说，没有什么关于价格和利率的显著商业周期的证据。R 和 P 的谱一般如格兰杰（Granger，1966）详尽阐述的在经济时间序列中普遍找到的那种谱，它们最引人注目的特征是在更低频率上的巨大力度。博克斯-詹金斯（Box-Jenkins）分析暗示两个序列可能被阐述成求和过程。因为克莱因（Klein，1975）找到了金本位制结束后价格行为的重大变化，我们尝试相当随意地在 1913 年划分样本期。作为第一个近似，将这两个序列看成直到 1913 年这段时期的随机游走，并看成 1914—1974 年间正的序列相关 IMA(1，1)（求和移动平均过程）是有用的。因此，如克莱因强调的，我们关于通货膨胀可预测的感觉在目前时间内是有效的，但并非对我们数据覆盖的大部分时期有效。图 14—1 中 1914 年前“趋势”看到的外貌是随机游走给出的通常的幻觉。然而，博克斯-詹金斯的这些阐述没有完全对应于已观察到的谱。长期利率谱也在中等频率表现出小的隆起形状并在频率 0.23 和 0.32 达到峰值。与上述分析相对照，短期利率序列 I 具有低频率下更不集中的谱，正如图 14—2 的序列相对参差不齐的外形显示的那样。而且，谱中不存在重要的隆起。在 0.30 的基钦频率上存在一个小隆起，但其他这么大的隆起出现在更低的频率上。

14.2 基于利率对通货膨胀预期反应的理论

欧文·费雪在他经典的《利息理论》(*The Theory of Interest*)(出版于 1930 年）中已经对吉布逊谜团给出了最通俗的解释。他阐明长期债券在时间 t 时的市场利率 R_t 等于或多或少为常数的实际利率 $\bar{\rho}$ 加上时间 t 时的预期“长期”通货膨胀率 π_t，使得 $R_t = \bar{\rho} + \pi_t$。他宣称吉布逊现象是因为 π_t 与价格水平正相关产生的，并且他试图提出可以获得这个结论的合理的预期理论。[4]

根据这个理论，如果我们假定了解未来的价格，每个时期支付 C 美元利息的统一公债的价格 V_t 是实际利息用常数实际利率 $\bar{\rho}$ 贴现的现值（按时间 t 的价格）。希勒（Shiller，1972）曾指出，统一公债的收益 $R_t = \log(1 + C/V_t)$ 可以通过围绕 $\Delta P(t+n) = 0(n = 1, 2, \cdots)$ 的线性化而近似得到：

$$R_t = \bar{\rho} + [1 - \exp(-\bar{\rho})] \sum_{k=1}^{\infty} \exp(-k\bar{\rho}) \Delta P_{t+k} \qquad (14—1)$$

因此，统一公债收益近似地等于 $\bar{\rho}$ 加上未来通货膨胀率的加权平均值，权数随时间以几何级数形式下降。我们称这个加权平均值为“预期长期通货膨胀率”。实际上，长期通货膨胀率与用实际利率贴现的未来 1 期通货膨胀率的“现值”有关。

费雪声称预期长期通货膨胀率 π_t 能够被表述为过去实际通货膨胀率的分布滞后。如果分布滞后是指数形式的，这就得到

$$R_t = \bar{\rho} + b \sum_{k=1}^{\infty} \exp(-ak) \Delta P_{t-k} \qquad (14—2)$$

除了加权平均值包含滞后的 ΔP 而不是前置的 ΔP 外，这个模型类似于式（14—1)。作为预期机制，单个数据应该形成滞后通货膨胀率的加权平均值这样的期望听起来是合理的。此外，如果 a 非常小，我们能够确信该模型将非常令人满意地拟合数据，因为

$$\sum_{k=1}^{\infty} \exp(-ak)\Delta P_{t-k}$$

大体上等于价格水平本身，因此这种“模型”变成谜团的简单重新阐述。[5]我们知道 R 将相当令人满意地拟合 π。[6]

然而，虽然模型拟合令人满意，但我们从投资者理性的角度看并不合理。为了明白这一点，我们考虑表达式（14—1）。因为这里的 R 是 $P_t, P_{t+1}, \cdots$ 的线性函数，我们能够推出 R 和 P 之间的交叉谱。[7]原来从 P 到 R 的相位角是接近 180°的高频率（短周期），暗指 P 的高频成分被 R 反方向的高频变化所匹配。直观解释是简单的：短期内债券价格应该随着使短暂持有期的实际收益保持不变的价格水平的变化而变化。在短暂时期里，利息支付是微不足道的，而且可以忽略的。凯恩斯在他的《货币论》（*Treatise on Money*）中提出了这种观点。另一方面，对长周期而言，相位角接近 90°。在这些频率上，收益与价格水平无关。因此，没有任何根据提出像吉布逊谜团一样的现象。

理解这里涉及的“谜团”的更生动的方法是，计算什么利率可能已经使投资者确定无疑地知道实际出现什么样的未来价格。我们将“事后理性收益”定义为价格是用 $\bar{\rho}$ 贴现的实际利息现值的债券收益。如果 R^* 是这种统一公债的收益，那么根据收益的定义我们得到累推关系：

$$R_t^* = \log\{1 + \exp(\bar{\rho} + \Delta P_{t+1}) \cdot [1 - \exp(-R_{t+1}^*)]\} \quad (14—3)$$

给定 $\bar{\rho}$ 值和每期的 R^* 值，我们分别取它们为 3%及 1973 年的实际收益，对所有有价格数据的更早日期，我们都能够计算事后理性收益。这被描绘在图 14—4 的上部。这个事后理性收益保证整个持有期的实际收益是 3%。显然，事后理性收益与图 14—4 中间出现的实际收益的变化相反。1729—1950 年（选择这个时期是为了排除受随意选择的每期价值严重影响的事后理性收益的最近价值）事后理性收益与实际收益之间的相关系数是－0.30。

事后长期利率 ρ_t 是将实际利息贴现成债券的实际价值的利率。在价格为 V_t 且每期带有利息 C 的统一公债情形下，时间 t 的事后实际长期利率 ρ_t 被隐含地定义为

$$V_t = C\sum_{n=1}^{\infty} \exp(-\rho_t n - \sum_{m=1}^{n} \Delta P_{t+m}) \quad (14—4)$$

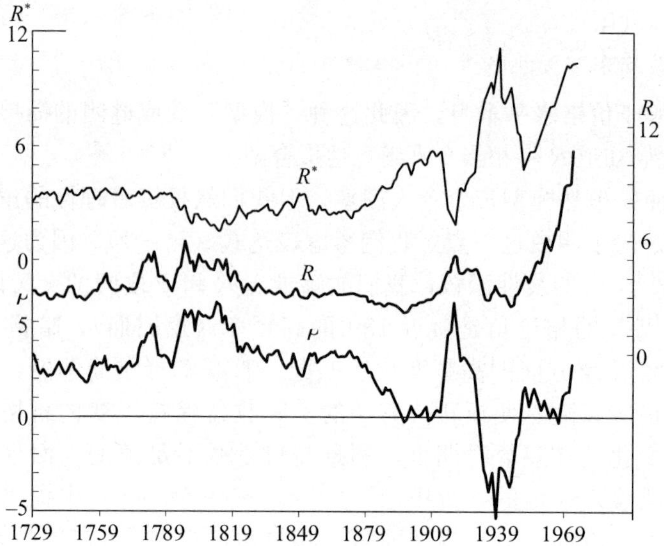

图 14—4

事后理性收益 R_t^*、实际收益 R_t 和事后实际长期利率 ρ，英国数据。

以 C、V_t 和未来的 ΔP 表示的 ρ_t 的隐函数一般不能解得 ρ_t。然而，如果通货膨胀率不大，那么基于围绕 $\bar{\rho}$ 的线性化，我们推出近似关系：

$$\rho_t = R_t - (R_t^* - \bar{\rho}) \tag{14—5}$$

其中，$\bar{\rho}$ 是用于计算事后理性收益 R^* 的实际利率。这里的事后实际长期利率大体上等于名义利率减去隐含在 R^* 的事后长期通货膨胀率。根据图 14—4 上部的 R^* 计算的 ρ_t 值描绘在图 14—4 的下部。通过构造，在最后日期 ρ_t 趋近于 $\bar{\rho}$（3%）。1729—1950 年 ρ_t 的标准差是 217 个基点。如果这个时期 R_t 一直是常数，那么利用 R^* 和表达式（14—5），我们计算出这个时期 ρ_t 的标准差可能一直是 182 个基点；也就是说，正如我们提到的，R 的变化恶化了而不是缓和了 P 的变化对实际收益的影响。

在 20 世纪 30 年代的萧条中，事后实际长期利率坚定地为负值，这意味着当时债券的实际价值大于到 1973 年为止实际利息支付的简单加总再加上 1973 年的实际价值。在 19 世纪 90 年代的萧条时期，实际利率为 0，而且在 19 世纪的最后阶段都比较低。因此，长期紧缩并不足够严重以补偿低名义收益。

当然，个人不具有完美的预见性。仅仅基于价格水平的随机性质，1914 年前的投资者应该一致地预见到接近于 0 的通货膨胀率，因为价格水平在利用哪种因素预测未来通货膨胀率方面表现不多。当存在应当已经引起非零预测的外部环境时，如 1810—1815 年的战争年代、拿破仑战争，尤其是 1920 年一战高峰期，可能出现投资者一致地在错误方向上预测价格的情况。20 世纪 30 年代的萧条期和二战期间通货膨胀管制期也表现出同样的结果。

最后，以产生通货膨胀预期的理性预期机制为基础，不可能坚持用费雪价格预期解释吉布逊谜团和实际利率是常数的假设。如果价格水平遵循随机游走，且未来通货膨胀预期仅仅基于过去的通货膨胀，那么我们看到的利率序列事实上是实际利率。

14.3　依赖利息敏感性货币需求或供给的理论

解释吉布逊谜团的一个完全不同的方法取自其他几个作者，他们将利息敏感性货币需求或供给的描述与外生变量的时间路径描述结合起来。凯恩斯（Keynes，1930）和魏克塞尔（Wicksell，1962）提出的一种解释尽管细节有差异，但两者都依赖于利息敏感性货币供给。而萨金特（Sargent，1973）提出依赖于利息弹性货币需求的吉布逊谜团模型。我们可以根据两方程模型概括这两种解释：

$$\log(M) = \log[\mu(r)] + \log(H)，\text{货币供给} \tag{14—6}$$

$$\log(M) + \log[V(r)] = P + \log(y)，\text{货币需求} \tag{14—7}$$

其中，M 是货币供应，$\mu(r)$ 是利息敏感性货币乘数，$\mu'(r)>0$，H 是高能货币供应，$V(r)$ 是利息敏感性货币流通速度，$V'(r)>0$，而 y 是实际国民产出。利率 r 或者是短期利率 I，或者是长期利率 R。让我们暂时假定它是 R。如果假定需求等于供给，我们可以根据式（14—6）和式（14—7）推导 P 的简单形式：

$$P = \log[V(r)] + \log[\mu(r)] + \log(H/y)$$

或者　　　　(14—8)

$$P = \log V_H(r) + \log(H/y)$$

其中，$\log V_H(r) = \log[V(r)] + \log[\mu(r)]$ 是高能货币流通速度。这个结果将价格水平的对数分解成两个或三个因素；所有因素都是直接可观察的；$V(r) = Y/M$，Y 是货币收入，而 $\mu(r)$ 等于 M/H。萨金特的模型宣称 $\log[\mu(r)]$ 和 $\log(H/y)$ 是比较稳定的，而吉布逊谜团是因为

$V(r)$ 随着 R 变化而产生的。所有这些理论都表示 P 的变化应该主要归结于高能货币流通速度 $V_H(r)$ 的变化。因此，评价这些理论的一个方法是检查式（14—8）中 P 的哪个因素能解释 P 的变化。

在我们这么做之前，我们必须确定高能货币 H 的定义。如果我们采用既包括英格兰银行钞票也包括黄金的常规定义，那么 $V(r)$ 和 $\mu(r)$ 都不能很好地解释 P；相反，第 3 个因素 $\log(H/y)$ 能解释 P 的变化，这一点能够从图 14—5 看出来。P 和 $\log(H/y)$ 之间的相关系数是使人惊奇的 0.972。描绘在图 14—5 下部的高能货币流通速度的对数 $\log(Y/H)$ 只能解释 P 的变化的一小部分。这并不是说高能货币流通速度对利率不敏感，因为统一公债收益序列和 Y/H 的对数之间的相关系数是 0.348，但这个速度的变化在解释与货币存量变化相比较的价格变化时并不是很重要。尤其是，我们注意到一战期间的高价格和高利率不可能与高能货币流通速度的增加有关。[8]

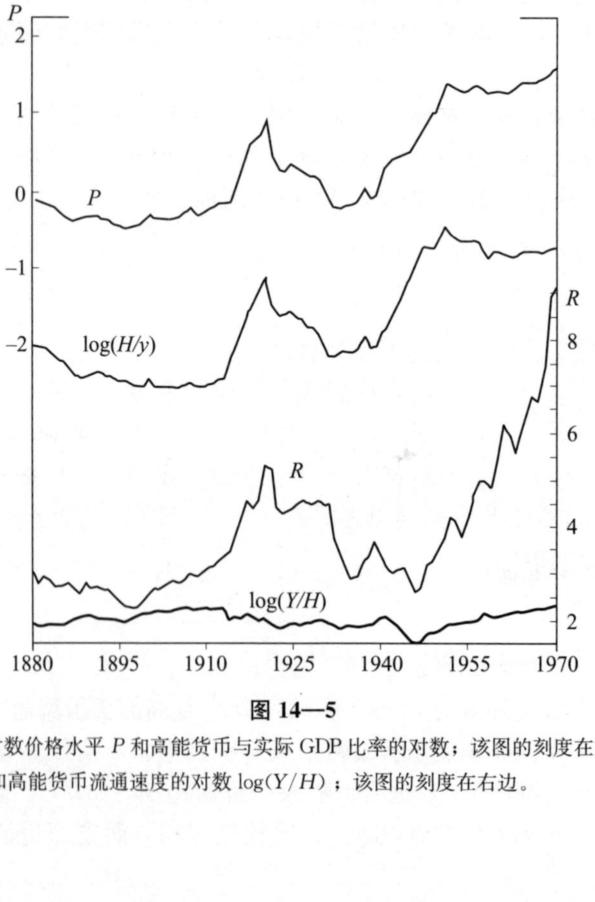

图 14—5

上图：对数价格水平 P 和高能货币与实际 GDP 比率的对数；该图的刻度在左边。下图：长期利率 R 和高能货币流通速度的对数 $\log(Y/H)$；该图的刻度在右边。

因此，数据表明萨金特的理论和魏克塞尔的理论都不是吉布逊现象最重要的解释。另一方面，在这种环境中如果我们像凯恩斯至少明确打算的那样将高能货币定义为英格兰银行的储备，那么这些数据与凯恩斯的解释完全一致。凯恩斯提出的可能性是政府或中央银行将通过增加货币供给对利率上升作出反应。[9] 如果中央银行利用货币供给管理不怎么完全成功地寻求稳定长期利率，那么吉布逊现象可能出现。作为他解释吉布逊谜团的一部分，凯恩斯论证说中央银行已经按这个方式处理很长时间了。

这种行为最明显的例子发生在战争时期。债务筹资支持的战争费用试图将战争的部分负担转移到将来。到个人没有把债务发行引起的所有未来税收义务不当一回事的程度时，当前的政府借款将不会由于储蓄的等量增加而满足，除非实际利率上升使金融市场实现均衡。中央银行可能屈服于通过增加高能货币导致通货膨胀而抑制利率上升的政治压力。因此，在战争时期，利率与价格之间的相关性上升，因为二者依次偶尔与其他两个相关变量即带利息的政府债务和高能货币相联系。[10]

这个解释既能够解释基钦现象也能够解释吉布逊谜团。因为 P 和 H/y 的对数之间的相干性对所有频率都高，P 和 R 之间的低频相干性与 P 和 I 之间的高频相干性可以根据将 H/y 与 I、R 相联系的合适模型解释。如果我们假定货币当局试图稳定短期利率的短期周期和长期利率的长期周期，那么吉布逊现象和基钦现象都有可能出现。如果中央银行仅仅对两序列的任何一个序列的巨大变化作出反应，就可能出现这种政策，因为我们的谱分析说明 R 的巨大变化与带短周期 I 的长周期巨大变化有关。

14.4　依赖用名义术语达成的合同的非预期价格影响的理论

如果没有用名义术语达成跨期合同，不影响相对价格的价格水平变化应该没有实际效应，而且不应该影响实际利率。传统上，达成的很多种类的合同是规定用货币术语表示的在不同时间作出支付的合同。当达成这种合同时，非预期价格变化具有在个人之间进行收入再分配和可能导致实际效应的影响。

我们现在给出一个由价格引致的财富再分配可能引起吉布逊谜团或基钦现象的模型。[11]在这个模型中，我们假定经济最初处于随机均衡状态。个人将被划分成两组。一组（需求者）希望持有记名资产如统一公债的净多头。为简化起见，我们假定这些资产的净供应是0，所以第2组（供给者）必须大体上处于这些资产的空头地位。例如，实际资本存量部分由债券融资的公司具有股票持有者是这些债券的净空头的性质。假定债券利率使需求和供给实现均衡。

当价格水平出人意料地上升时，这些债券多头的财富头寸将下降，而其空头的财富头寸将上升同样的数量。假定每组都希望在债券多头或空头上保持一定比例的总财富头寸。出人意料的价格上升将减少现存名义债务的实际供应，一旦名义债券需求者的财富已经下降，他们将仅仅按照供给变化的一部分寻求增加他们的债券头寸。债券的净供给者将希望按照比债券价值下降部分还多的规模增加供给，因为他们的财富头寸已经被强化。因此，在最初的均衡利率水平将存在超额债券供应，且为了使市场实现均衡，利率将不得不上升。

虽然不是必然的，但我们可以将那些相对“风险厌恶”的债券需求者和相对“风险承担”的债券供给者（平衡他们的投资）联系起来。如果是这种情况，那么价格水平出人意料的变化将改变经济中相对风险厌恶者和相对风险承担者的相对财富头寸。价格水平出人意料的向上变化可能倾向于改变经济中对风险承担者偏好的风险刻画，在出人意料的价格下降的情况下结果相反。

因此，债券利率的变化可能不会与经济中生产技术或资本量的任何实际变化相联系[12]，但仅仅反映经济中由非预期价格变化引起的收入分配的变化。比如，由非预期价格下降导致的风险厌恶程度的增加将产生按照比风险资本更高的价格（和更低的利率）交易的“必然”要求。最后一点尤其重要，因为如果我们将市场利率解释成实际利率（正如到一战为止的数据所暗示的意思），那么确定性模型将提出随机世界中可能不存在的结果。确定性模型可能预测经济中的资本—产出比率将与实际利率的变化相反，因此我们期望资本—产出比率能够反向地遵循历史利率模式。可以获得的证据没有提出资本强度的任何反周期变化——在19世纪后半期没有深化或此后淡化。确实，20世纪30年代的萧条期间，资本存量没有上升。正如上面提到的，收入（和可能的风险偏好）的总体分配的变化可能造成资本存量没有任何伴随性变化的变化。

这种理论的一个结论是实际的无杠杆股票的收益率没有必要服从于长期名义债券利率的模式，即使这个利率相当于实际利率。有趣的是，支持常数无杠杆收益的证据也是支持费雪的假设之一：预期的实际利率是常数。而且，在这个分析中我们提出可能存在不变的预期实际资产收益，但与费雪的差别在于，我们假定预期实际无风险利率是随着归因于分配效应而不是通货膨胀预期的价格水平（非预期）的变化而波动的。

如果我们增加存在影响信贷供给和需求并因此影响短期利率 I 的白噪音的假设，那么我们的分配效应解释与刻画基钦现象的相干性模式一致。如果仅仅因为一代一代人的生命是有限的，那么非预期价格变化的分配效应可能是暂时的。因此，最低频率下 P 的高能量没有被传递到 I，所以由于这些频率上 I 的其他噪音，相干性低。此外，因为在最高频率上 P 的能量低，有可能 I 中的假想噪音在这些频率上压倒 P 对 I 的影响，而产生低相干性。因此，图 14—3 下图仅仅在中等频率上高的倒 U 形曲线相干性模式完全可能出现。

我们也能够通过假定长期债券供给和需求中的噪音成分，以解释更高频率下长期债券利率 R 和 P 之间的相干性低。然而，构造 R 和 P 之间的相干性在极端低的频率下集中的情况更加困难。为了解释这一点，我们可能不得不假定 P 的变化对财富分配的影响将非常缓慢地变小。

14.5　结　论

我们的分析证实了通俗地被称为吉布逊谜团的长期利率和价格之间的长周期相关性，及我们称为基钦现象的短期利率和价格之间的短周期相关性。长期利率和价格显示出不显著的短周期相关性；因此吉布逊谜团的任何“商业周期”解释都是无效的。

我们的结果暗示像许多人已经假定的那样，假定长期利率的历史变化可以主要归结于通货膨胀预期变化可能是不合理的。因此，名义收益的历史变化可能是预期实际长期利率变化的反映。此外，将价格水平的历史变化归结于货币流通速度的变化也是不合理的。价格水平的长期变化主要因高能货币供给的变化而产生，所以依赖利率引致速度或货币乘数变化的吉布逊谜团的解释不可能坚持下去。然而，在试图减少利率变化时，中央银行的行为将导致高能货币和利率之间的相关性并因此产生吉布逊谜团。

另一个可能的解释涉及利率变化，这种利率变化是由于价格水平的非预期变化对用货币术语达成的合同的影响而产生的。价格上升使财富从贷款者分配到借款者，这将改变使名义资产供给和需求实现均衡的利率。这个观点解释吉布逊谜团和基钦现象的程度取决于经济行为主体如何迅速地重新调整已经变化的财富头寸。

附录：资料来源

价格数据主要来自于米切尔和迪恩（Mitchell and Deane，1962）与琼斯（Jones，1971）的著作。1846—1966 年的批发价格指数（对数是 P）是索尔贝克统计师总价格指数（Sauerbeck-Statist Overall Price Index），它是凯恩斯讨论吉布逊谜团应用的指数。通过用一个重叠年两个序列的比率相乘将这个序列与其他序列连接，来扩展该序列。按这种方法，1790—1846 年间盖尔·罗斯托和舒瓦茨英国月度商品价格指数被连接到这个序列。依次地，1727—1790 年间伊丽莎白·熊彼特（Elizabeth Schumperter）的消费者商品价格指数被连接到这个指数。因为统计师序列在 1966 年中断了，制成品产出的批发价格指数、中央统计办公室的总销售量被连接到 1967—1973 年的统计师指数。

收益序列 R 基本上来自于霍默（Homer，1963，table 13，19 and 57）编制的 1727—1973 年英国永续年金。1753 年开始，存在收益为 3%按政府选择可赎回的统一公债。在 19 世纪 80 年代，收益率下降到 3%以下，以致政府赎回的可能性阻止了收益率更进一步下降。1888 年债务归还后，直到 1903 年收益为 3%的统一公债被收益为 2.75%的新统一公债所取代，此后被收益为 2.5%的统一公债取代。因此，因 19 世纪 80 年代统一公债的收益异常高，我们这里遵照霍默的建议并应用 1881—1888 年政府年金 2.5%的收益，此后应用统一公债的收益。

票据利率 I 主要来自于米切尔和迪恩（Mitchell and Deane，1962，p. 460）的著作。1824—1844 年，我们应用奥沃恩德和葛内伊（Overend and Gurney）3 个月 1 级票据的利率，参见 Mitchell and Deane

(1962)。1845—1938 年，我们应用 3 个月银行票据每天最高和最低利率月度平均值的年度平均值的均值（Mitchell and Deane，1962，p. 460，part B)。1939—1965 年，我们应用米切尔和琼斯（Mitchell and Jones，1971，p. 182）报价的 3 个月银行票据每个营业日市场买入利率的年度平均值。最近的数据是该年 3 个月优惠银行票据利率取年平均值，来自于中央统计办公室的金融统计摘要。

英国 1870—1965 年的国内生产总值（Y）使用菲恩斯坦（Feinstein）的数据（1972，table 3，col. 9，pp. T10－T11)。通过把 Y 除以我们的价格指数 P，根据 Y 形成实际国内生产总值（y)。

高能货币供应序列 H 和货币供应序列 M 基本上是谢泼德（Sheppard，1971）的数据。然而，我们应用的实际数据是安娜・J・舒瓦茨（Anna J. Schwartz）提供给我们的。她的序列涉及一些次要的判断变化，并在一定程度上基于谢泼德提供给她的最新数据更新了谢泼德序列。

注　　释

[1] 吉布逊谜团也在其他国家的数据中出现。菲斯（Fase，1971）断定吉布逊谜团适用于德国经济。吉布逊谜团也在美国和加拿大可以获得数据的更短的时期出现。对美国的数据而言，长期债券收益序列和价格之间的关系也是一个长期序列，该序列的短期变化的相干性不大。当然，我们可能不会把其他国家的经历看成独立的，因为它们的利率和价格通过金融市场相联系。然而，美国和英国的价格序列与美国和英国的债券收益时间序列之间存在巨大的变化。数据表明 1812 年的战争和美国南北战争时期美国联邦政府债券收益显著高于英国统一公债收益，而这些时期正好对应于美国相对于英国价格非常高的时期。然而，其他一些国家的经历可以解释为否定吉布逊谜团。例如，二战时期法国的价格水平上升到 20 世纪 50 年代才进入平稳时期，但比 1937 年高出2 500%。利率没有上升到一个新的更高水平。我们能找到价格水平显著不稳定的某些拉美国家经历的类似反例。

[2] 图 14—1 中 R 和 P 数据之间的相关性是 0.743，而 R 和 ΔP（通货膨胀率）之间的相关性是 0.045。图 14—2 中 I 和 P 之间的相关性是 0.421，而 I 和 ΔP 之间的相关性是－0.01。

[3] 除了涉及 I 的样本期是 1826—1937 年以外，其余所有估计的样本期是 1730—1973 年。1820 年以前缺乏有效的数据和第二次世界大战时期对短期利率非同寻常的控制使我们必须采用更短的样本期，其显著降低短期利率的效应在图 14—2 中可以不费劲地看出来。在计算交叉谱时，数据是准一阶差分（滤波 $[1-0.8L]$），因此是傅立叶变形（没有在前面加 0）。交叉—周期图是用一包三角滤波平滑的。在计算 R 和 P 之间的交叉谱时，数据最初是剔除趋势的，但对 I 和 P 而言，这是不必要的。R 和 P 的滤波范围是 18，而波幅是 0.065。I 和 P 的滤波范围是 12，而波幅是 0.102。因为博克斯-詹金斯提出 R 和 P 可以表示成更大部分样本期的随机游走，所以序列可能不平稳，以致它们的谱可能没有定义。即使如此，谱仍然是对数据的有用刻画。利用所有数据的滤波（$1-0.8L$）获得 R 和 P 的被极度漂白的谱（和频率降低很多的 I 的谱），以致一阶差分序列的相干性模式可能没有很大的差异。

[4] 费雪理论已经产生大量文献（例如，参见 Roll，1972；Modigliani and Shiller，1973；Sargent，1973；Fama，1975）。

[5] 对小的 a 而言，根据式（14—2），从 P 到 R 的理论增量（gain）大体上是水平的，且除了最低频率外所有频率的相位角是零。

[6] 关于式（14—2）的参数估计存在大量的文献，虽然该关系常常由于使 $\bar{\rho}$ 是其他变量的函数得到修正（Roll，1972）。有些作者没有发现分布滞后对某些子样本期和估计程序是有意义的（Cargill and Meyer，1974）。

[7] 相位角由下式给出：

$$\phi(\omega)=\arctan\left\{\frac{(1-e^{-\bar{\rho}})}{(1+e^{-\bar{\rho}})}\cdot\frac{\sin(2\pi\omega)}{[\cos(2\pi\omega)-1]}\right\}$$

而增量由下式给出：

$$g(\omega)=(1-e^{-\bar{\rho}})\{[2-2\cos(2\pi\omega)]/[1-2e^{-\bar{\rho}}\cos(2\pi\omega)+e^{-2\bar{\rho}}]\}^{1/2}$$

[8] 卡甘也基于美国的数据强调过 H/y 在决定 P 中的重要意义。

[9] 而且在美国甚至联邦储备体系建立以前，政府对高能货币一直有影响。在南北战争时期，美国印制了不可直接用黄金赎回的“美钞”。此外，在 1812 年的战争期间（即使没有中央银行，美国银行章程也已于 1811 年到期），中部州的银行已经停止硬币支付，联邦政府能从

这些银行获得不可赎回的纸币的贷款，因此有效地增加了货币供应。

[10] 霍特雷（Hawtrey，1932）清楚地观察到这种趋势："除了势不可挡的财政紧张时刻以外，政府不需要从中央银行借钱（除了相当合法地透支几天以外），而在这种财政紧张时刻中央银行从来没有抗拒政府的要求……在面临战争的危急关头，没有任何落在独立的中央银行头上的信赖能够抵抗来自政府的要求。在这种紧急时刻，政府被公众舆论看成国家需要的唯一有权威的代表者。如果中央银行行长反对政府的金融措施，他们将被制服。"

[11] 这种解释的许多内容引自 Siegel（1975）。其他价格诱导的分配解释依赖于固定名义工资的存在性。霍特雷（Hawtrey，1913）建立的理论表明由于黏性货币工资按这种方式变化，以致资本生产率和资本收益发生相应的变化，非预期的价格变化导致财富在工人和企业家之间发生转移，但他的理论好像发展得糟糕。麦克考利（Maclaulay，1938）坚决拒绝欧文·费雪的解释，他认为分配效应通过对杠杆公司盈利的影响可以解释吉布逊谜团。正如凯恩斯恰当说明的那样，应该注意到吉布逊谜团的任何短期或商业周期解释都不足以充分地归结于其长期性质。

[12] 这个问题更详细的讨论，参见 Siegel and Warner（1977）。

参考文献

Cagan, Phillip. 1965. *Determinants and Effects of Changes in the Stock of Money 1875—1960*. New York: Columbia University Press(for Nat. Bur. Econ. Res.).

Cargill, Thomas F., and Meyer, Robert A. 1974. "Interest Rates and Prices since 1950." *International Economic Review* 15: 458—471.

Fama, Eugene F. 1975. "Short Term Interest Rates as Predictors of Inflation." *American Economic Review* 65: 269—282.

Fase, M. M. G. 1972. "Bond Yields and Expected Inflation." *Economics Quarterly Review* 30:5—10.

Feinstein, C. H. 1972. *National Income Expenditure and Output of the United Kingdom*. Cambridge: Cambridge University Press.

Fisher, Irving. 1930. *The Theory of Interest*. New York: Macmillan.

Gibson, A. H., 1923. "The Future Course of High Class Investment Values." *Banker's Magazine* (London) 115: 15—34.

Granger, C. W. J. 1966. "The Typical Spectral Shape of an Economic Variable," *Econometrica* 34: 150—161.

Hawtrey, R. G. 1913. *Good and Bad Trade*. London: Constable.

Hawtrey, R. G. 1932. *The Art of Central Banking*. London: Longmans, Green.

Homer, Sidney. 1963, *A History of Interest Rates*. New Brunswick, N. J. : Rutgers University Press.

Keynes, J. M. 1930. *A Treatise on Money*. New York: Macmillan.

Kitchin, Joseph. 1923. "Cycles and Trends in Economic Factors." *Review of Economics and Statistics* 5:10—16.

Klein, Benjamin. 1975. "Our New Monetary Standard: The Measurement and Effects of Price Uncertainty, 1580—1973," *Economic Inquiry* 13: 461—483.

MacCaulay, Frederick. 1935. *Some Theoretical Problems Suggested by the Movements of Interest Rates, Bond Yields, and Stock Prices in the United States since 1856*. New York: Nat. Bur. Econ. Res.

Mitchell, B. R. , and P. Deane. 1962. *Abstract of British Historical Statistics*. Cambridge: Cambridge University Press.

Mitchell, B. R. , and Jones, H. 1971. *Second Abstract of British Historical Statistics*. Cambridge: Cambridge University Press.

Modigliani, Franco, and Robert Shiller. 1973. "Inflation, Rational Expectations, and the Term Structure of Interest Rates," *Economica* 40:12—43.

Peake, E. G. 1928. *Bankers Magazine* (London) 125: 720.

Roll, Richard. 1972. "Interest Rates on Monetary Assets and Commodity Price Index Changes," *Journal of Finance* 27: 251—277.

Sargent, Thomas J. 1973. "Interest Rates and Prices in the Long Run: A Study of the Gibson Paradox," *Journal of Money, Credit and Banking* 4: 385—449.

Sheppard, David K. 1971. *The Growth and Role of UK Financial Institutions*. London: Methuen.

Shiller, Robert J. 1972. "Rational Expectations and the Structure of Interest Rates." Ph. D. dissertation, Massachusetts Institution Tech.

Siegel Jeremy J. 1975. "The Correlation between Interest and Prices: Explanations of the Gibson Paradox." Unpublished manuscript, University Pennsylvania.

Siegel Jeremy J. , and Jerold Warner. 1977. "Indexation, the Risk-Free Asset, and Capital Market Equilibrium," *Journal of Finance*.

Tooke, Thomas. 1844. *An Inquiry into the Currency Question*. London: Longman.

Wicksell, Knut. 1898. *Geldzins und Guterpreise* [*Interest Rates and Prices*]. Jena: Fischer.

Wicksell, Knut. 1962. *Lectures on Political Economy*. London: Routledge & Kegan Paul. (Lectures given in 1911.)

第15章　长期利率波动和期限结构的预期模型[①]

15.1　引　言

常常隐含在对利率期限结构的理性预期模型的流行批评中的一个论点是，长期利率太“反复无常”以致与模型求得的平均值不一致。利用这些预期模型，长期利率可以近似地阐述成理性预期的未来短期利率的长期平均值加上流动性溢价。长期线性移动平均值倾向于使趋向平均的序列平滑，而且这种趋势看来会推广到可替代模型固有的非线性平均值系统中。除此以

① 改编自 *Journal of Political Economy* 87 (1979)：1190—1219；© 1979 The University of Chicago。

外，如果理性预期代表条件均值或“条件平均值”，那么仅仅当重要信息不可能太频繁地发布时它们会趋向于显著地变化。这种趋势看来会延伸到可能用于阐述公众预期的条件中心趋势的替代测度。因此，看起来已经观察到的利率波动性可能不得不归结于并非常常在这些模型中阐述的因素。流动性溢价常常被描述成公众对风险的态度和直觉，并常常被假定为稳定不变的或用模型表示为缓慢变化的。

例如，已经观察到的长期利率序列并不比短期利率序列平滑得多，这一点可以从显示到期期限超过 20 年的高级债券长期利率序列（实线）和 4～6 个月的短期利率序列（虚线）的图 15—1 中看出来。[1] 作为长期利率参差不齐行为的结果，与长期利率百分比变化有关的长期债券短期持有收益有很高的方差。图 15—2 描绘了年度化的长期债券 1 季持有收益，像图 15—1 的长期利率序列（实线）[2] 和同样的短期利率序列（虚线）那样计算。注意，图 15—2 的纵轴比图 15—1 纵轴的单位更大，因为 1 期持有收益是如此反复无常。事实上，持有收益的标准差是 18.6 个百分点，而这个样本的持有收益介于－29％～＋42％之间。最近的英国数据也显示出短期持有收益的巨大波动性。对英国统

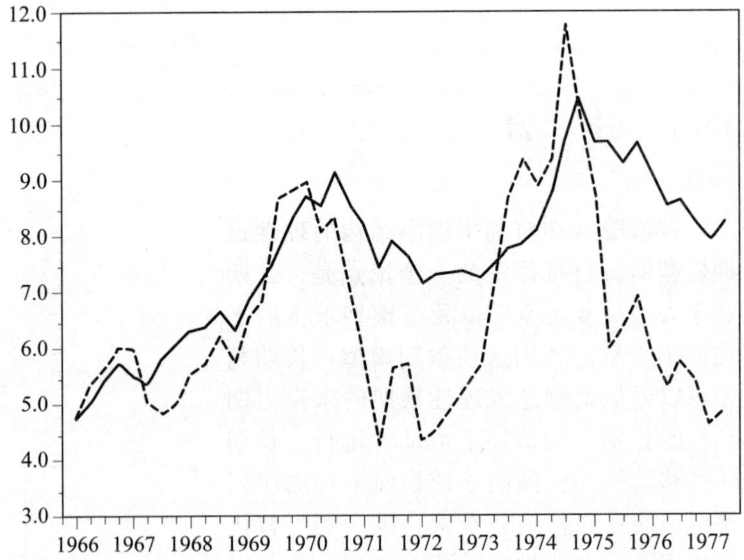

图 15—1

美国长期利率（R）（实线）和短期利率（r）（虚线）。季度数据，1966 年第Ⅰ季度—1977 年第Ⅱ季度。参看附录 B，数据集 1。

一公债而言，因为到期日是无限的，1956 年第Ⅱ季度到 1977 年第Ⅱ季度的年度化季度持有收益的标准差是 25.8 个百分点，而持有收益在－53％～＋108％之间变化。[3]卡尔伯森（Culbertson，1957）在他对期限结构预期模型的著名批评中评论关于与图 15—2 类似的持有收益曲线图时说："我们可能会问，什么样的预期会产生这种结果?"[4]

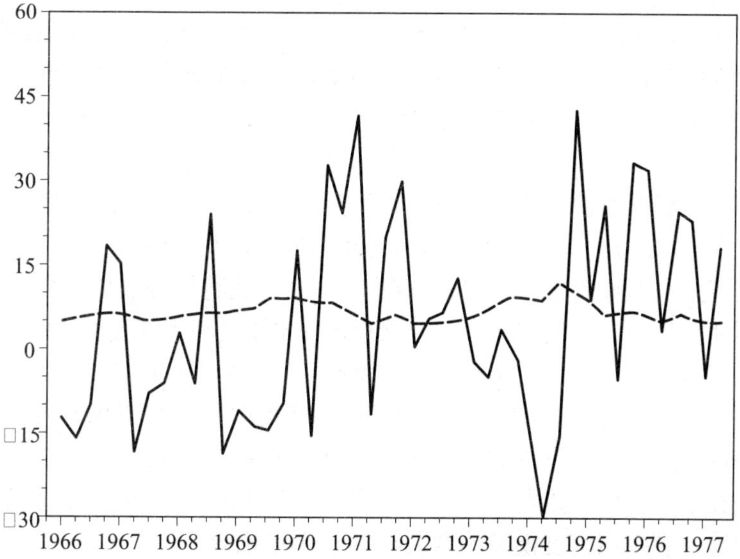

图 15—2

来自图 15—1 的长期债券的近似 1 季持有收益（H）（实线）和短期利率（r）。季度数据，1966 年第Ⅰ季度—1977 年第Ⅱ季度。参看附录 B，数据集 1 和注释 2。

我这里的目的是发展长期利率随机行为的更广泛种类预期模型的稳健性，并考查已经观察到的利率是否太反复无常以致不符合这些模型。勒劳伊和波特（LeRoy and Porter，1979）已经独立地说明了在股票价格太反复无常，以致不符合使股票价格等于预期盈利当前贴现价值模型的类似主张的环境中，评价这种模型的方法。我也已经找到了利用这篇文章的方法论述普通股票价格波动性的类似主张的佐证（Shiller，1979，Chapter 5）。在某种意义上，债券价格波动性是比股票价格波动更基本的一个问题，因为（高质）债券价格变化仅仅取决于贴现率的变化，而股票价格或者由于贴现率的变化而变化，或者由于预期盈利的变化而变化。

任何认为长期利率（或其他一些论文中的股票价格）太反复无常

的主张都与证实“市场有效性”或某些序列的“随机游走”行为的大量文献相矛盾。例如，债券市场有效或者长期利率是近似随机游走的主张是格兰杰和里斯（Granger and Rees，1968）、比尔瓦格和格罗夫（Bierwag and Glove，1971）、拉弗和泽克（Laffer and Zecher，1975）、菲利普斯和皮彭葛（Phillips and Pippenger，1976）、萨金特（1976，1979）、米什金（Mishkin，1978）和佩桑多（Pesando，1978）提出的。然而，我们将看到即使长期利率常常太反复无常，“市场有效性”的常规检验也可能是不充分的。无论如何，其他研究已经提供了与债券市场有效性的一些简单模型相反的证据（Roll，1970；Sargent，1972；Cargill，1975；Fama，1976），所以基于过去的文献，由于过度波动，市场有效性失败的主张应该不会被认为是非常不可能的。

在 15.2 节，我将讨论基本的线性化模型，并从许多不同形式的预期模型中说明如何推出近似式。在 15.3 节，我将推导表明在什么意义下预期模型隐含长期利率序列应该稳定而平滑的一些不等式约束条件，而且我将这个结果与长期利率已经观察到的行为进行比较。

在 15.4 节，通过进行简单的回归，我检验了一些市场有效性的约束条件。如果长期利率太反复无常以致与理论不一致，那么它们也应该是在某种程度上以与理论不一致的方式可预测的，并且在这里进行了检验。利率谱密度模型的意义在附录 A 中推导。

15.2　线性化的预期模型

我们将要研究的线性化模型将 n 期利率（n 期债券的到期收益）$R_t^{(n)}$ 和预期未来 1 期（短期）利率 $r_t, r_{t+1}, \cdots$ 的加权平均值联系起来：

$$R_t^{(n)} = \frac{1-\gamma}{1-\gamma^n}\sum_{K=0}^{n-1} \gamma^K E_t(r_{t+k}) + \Phi_n \qquad (15—1)$$

其中，γ 是常数，且 $0<\gamma<1$，而 Φ_n 是常数“流动性溢价”[5]。E_t 是以时间 t 可以获得的包括所有当前和滞后利率的信息为条件的期望算子。联系长期利率和预期未来短期利率的线性模型应该为大多数读者所熟悉；然而，我需要对已经选择的准确形式进行一些解释，因为这种形式对后面的分析很重要。大多数简单线性期限结构模型将长期利率与预期短期利率的无加权简单平均值联系起来。这些模型确实适用于纯

（没有利息）贴现债券。与之对照，这个方程包含描述截短的指数（或"Koyck"）分布按比例调整使得系数和等于 1 的权数。在决定长期收益时，不远将来的预期短期利率比更远将来的预期短期利率的权数更大。我们将规定 $\gamma=1/(1+\bar{R})$，那么式（15—1）将 $R_t^{(n)}$ 和用 $\bar{R}$ 贴现的未来短期利率的"现值"联系起来。这个模型打算用于以平价销售的附息债券或 $n=\infty$ 的统一公债。因为可用的更长期债券确实带有利息，而且因为以接近平价销售的债券或统一公债的收益序列是可以获得的，所以这个表达式符合我们的目的。

注意到我们的模型没有具体针对选择的一个特定时间间隔，例如季度或者年度。如果模型对给定的时间间隔成立，那么它对更大的时间间隔也成立。通过重组式（14—1）中的 m 被 mn 代替的项，接着再应用 n 被 m 代替的式（14—1），很容易证明

$$R_t^{(mn)}=\frac{1-\hat{\gamma}}{1-\hat{\gamma}^n}\sum_{\mathbf{K}=0}^{n-1}\hat{\gamma}^K E_t[R_{t+Km}^{(m)}]+\hat{\Phi}_n$$

其中，$\hat{\gamma}=\gamma^m$ 而 $\hat{\Phi}_n=\Phi_{mn}-\Phi_m$。因此，$mn$ 期利率被联系到接下来有 n 个时间间隔的预期 m 期利率的截短的考伊克（Koyck）平均值，其中时间间隔是 m 期长。

表达式（15—1）是许多适用于带有利息并在 n 期以后到期的债券的理性预期模型的任何一种形式的线性化。为了理解这一点，我们从几个定义开始。对带有利息的债券而言，我们将到期时的本金标准化为 1.00，每期的息票率用 C 表示，未来利息和本金的现值 $V_t^{(n)}$ 由下式定义：

$$V_t^{(n)}\equiv C\sum_{K=0}^{n-1}\prod_{j=0}^{K}(1+r_{t+j})^{-1}+\prod_{j=0}^{n-1}(1+r_{t+j})^{-1}\equiv V^{(n)}(\boldsymbol{r}_t)\tag{15—2}$$

其中，$\boldsymbol{r}_t$ 定义为向量 $(r_t,r_{t+1},\cdots,r_{t+n-1})$，而 $V^{(n)}(\cdot)$ 将指这里定义的现值函数。我已经假定利息在 1 期以后开始每期支付一次。表达式的第一项是利息支付流的现值；第二项是到期时本金（1 美元）支付的现值。

n 期债券的到期收益或长期利率 $R_t^{(n)}$ 由要求债券价格 $P_t^{(n)}$ 等于用 $R_t^{(n)}$ 贴现的本金和利息现值决定，就是说[6]：

$$P_t^{(n)}=V^{(n)}[R_t^{(n)}]=\frac{C}{R_t^{(n)}}+\frac{R_t^{(n)}-C}{R_t^{(n)}[1+R_t^{(n)}]^n}\tag{15—3}$$

如果 $R_t^{(n)}=C$，则 $P_t^{(n)}=1$，反之亦然。今天的价格等于到期时支付的本金的这种债券是以“平价”销售的。因为新债券是以平价发行的，所以我们新发行的和最近报价的债券收益平均值参考这种债券。

1 期持有收益 $H_t^{(n)}$ 等于资本利得 $P_{t+1}^{(n-1)}-P_t^{(n)}$（注意，时间 t 时的 n 期债券变成时间 $t-1$ 时的 $n-1$ 期债券）加上期末的利息支付再除以时间 t 时的价格 $P_t^{(n)}$（转化成收益率）[7]：

$$H_t^{(n)}=\frac{P_{t+1}^{(n-1)}-P_t^{(n)}+C}{P_t^{(n)}} \tag{15—4}$$

应用式（15—3），这个关系可以用到期收益 $R_t^{(n)}$ 和 $R_{t+1}^{(n-1)}$ 改写成[8]

$$H_t^{(n)}=\left\{C+\frac{C}{R_{t+1}^{(n-1)}}+\frac{R_{t+1}^{(n-1)}-C}{R_{t+1}^{(n-1)}[1+R_{t+1}^{(n-1)}]^{n-1}}\right\}\Big/\left\{\frac{C}{R_t^{(n)}}+\frac{R_t^{(n)}-C}{R_t^{(n)}[1+R_t^{(n)}]^{n}}\right\}-1 \tag{15—5}$$

激发表达式（15—1）的最简单方法是考虑将预期 1 期持有收益与短期利率联系起来的模型：

$$E_t[H_t^{(n)}]=r_t+\phi^{(n)} \tag{15—6}$$

其中，$\phi^{(n)}$ 是常数。正如罗尔（Roll，1971），麦卡勒姆（McCallum，1975），弗瑞恩德、威斯特菲尔德和格兰尼托（Friend，Westerfield and Granito，1978）应用于债券市场的一样，在 1 期夏普-林特纳（Sharpe-Lintner）均值—方差资本资产定价模型中，$\phi^{(n)}$ 将等于 $\beta^{(n)}[E(R_m)-r]$，其中 R_m 是市场组合的收益，而 $\beta^{(n)}$ 等于 $H_t^{(n)}$ 和市场组合收益之间的协方差除以市场组合收益的方差。资本资产定价模型本身未必隐含着 $\phi^{(n)}$ 是常数的意思，虽然在弗瑞恩德和布鲁默（Friend and Blume，1970）或布莱克、詹森和斯科尔斯（Black，Jensen and Scholes，1972）的文章中对资本资产定价模型的通常检验和上面引用的债券市场应用一样，假定至少在某些时间间隔上这一点是正确的。如果我们作出这些假设，那么将式（15—5）代入式（15—6）使我们得到一个联系 $R^{(n)}$ 和 r 的一阶非线性理性预期模型。然而，非线性产生了根本问题。我们的方法将围绕 $R_t^{(n)}=R_{t+1}^{(n-1)}=\bar{R}=C$ 线性化（即取截掉线性项后面的项的泰勒展开式），使我们得到近似 $H_t^{(n)}$ 的线性化持有收益 $\widetilde{H}_t^{(n)}$。这个程序给出如下结果[9]：

$$\widetilde{H}_t^{(n)}=\frac{R_t^{(n)}-\gamma_n R_{t+1}^{(n-1)}}{1-\gamma_n} \tag{15—7}$$

其中，$\gamma_n=\{1+\bar{R}[1-1/(1+\bar{R})^{n-1}]^{-1}\}^{-1}=\gamma(1-\gamma^{n-1})/(1-\gamma^n)$。将这个 $\widetilde{H}_t^{(n)}$ 的表达式代替式（15—6）中的 $H_t^{(n)}$ 并整理得

$$R_t^{(n)}=\gamma_n E_t[R_{t+1}^{(n-1)}]+(1-\gamma_n)[r_t+\phi^{(n)}]$$

其中，$R_t^{(n)}$ 是带有可变系数的一阶线性理性预期差分方程。这种模型可以用理性预期文献中常用的方法——例如，希勒（Shiller，1978）的概述——即用累次代入的方法和到期日期末价值条件求解。为了这么做，我们只需要取代上述表达式中用 $t+1$ 代替 t 并用 $n-1$ 代替 n 获得的表达式的期望值 $E_tR_{t+1}^{(n-1)}$。这样做以后，我们接着将 $E_t[R_{t+2}^{(n-2)}]$ 放在推导出的表达式中，以此类推。推出的解（包括期末价值条件 $R_{t+n-1}^{(1)}=r_{t+n-1}$，或实际上债券的价格在时间 $t+n$ 时为 1.00）是带有如下表达式的式（15—1）：

$$\Phi_n=\frac{1-\gamma}{1-\gamma^n}\sum_{K=0}^{n-1}\gamma^K\phi^{(n-K)} \tag{15—8}$$

因此，模型（15—1）是在将线性化假设结合期末条件采用的其他假设下，资本资产定价模型的结果。资本资产定价模型本身对所选时间间隔的变化也就是典型投资者的投资区间来说并不是不变的［与模型（15—1）对照］。罗尔（Roll，1971）在他的债券市场资本资产定价模型中试图根据数据来发现什么是投资者的“典型”投资区间。我的线性化回避了这个问题。

只要利率没有改变太多，线性化表达式（15—1）也可以充当许多其他形式的期限结构预期模型的近似。上面讨论的预期 1 期持有收益 $H_t^{(n)}$ 等于短期利率加一个常数的模型可以写成 $P_t^{(n)}=E_tV^{(n)}(\boldsymbol{r}_t+\boldsymbol{\phi})$，其中 $\boldsymbol{\phi}=[\phi^{(n)},\phi^{(n-1)},\cdots,\phi^{(1)}]$。另一个可选择模型是远期利率等于未来预期即期利率加流动性溢价，它可以写成 $P_t^{(n)}=V^{(n)}(E_t\boldsymbol{r}_t+\boldsymbol{\phi})$。其他模型包括持有债券 n 期的预期总收益（以短期利率将利息再投资）等于用短期利率序列投资 n 期的预期总收益的一个模型：

$$P_t^{(n)}=E_t\left[V^{(n)}(\boldsymbol{r}_t)\prod_{i=0}^{n-1}(1+r_{t+i})\right]\Big/E_t\left[\prod_{i=0}^{n-1}(1+r_{t+i})\right]$$

或者收益 $R_t^{(n)}$ 等于持有按匹配长期平价债券 $P_t^{(n)}=V^{(n)}[R_t^{(n)}]$ 的利息本金支付结构的方式清偿短期收益序列的预期收益的模型，其中

$$R_t^{(n)}=E_t\left\{\left[1-\prod_{i=0}^{n-1}(1+r_{t+i})^{-1}\right]\Big/\sum_{K=0}^{n-1}\prod_{j=0}^{K}(1+r_{t+j})^{-1}\right\}$$ [10]

所有这些模型具有共同的性质，如果期望算子被数 1 代替，那么对某些向量 $\boldsymbol{\phi}$ 而言，模型变成 $P_t^{(n)} = V^{(n)}(\boldsymbol{r}_t + \boldsymbol{\phi})$；就是说，完全有把握把模型变成（除流动性溢价以外的）现值公式本身。我们能够很容易地证明如果现值表达式（15—2）被围绕 $\boldsymbol{r}_t = \bar{R} = C$ 线性化，我们就能得到

$$V_t^{(n)} \cong 1 - \sum_{K=0}^{n-1} \left(\frac{1}{1+\bar{R}}\right)^{K+1} (r_{t+K} - \bar{R})$$

如果利率的变化不是太大，则上述所有模型都能够写成[11]

$$P_t^{(n)} \cong 1 - \sum_{K=0}^{n-1} \left(\frac{1}{1+\bar{R}}\right)^{K+1} [E_t r_{t+K} + \phi^{(n-K)} - \bar{R}]$$

类似地，收益表达式（15—3）可以围绕 $R_t^{(n)} = \bar{R} = C$ 线性化为

$$P_t^{(n)} \cong 1 - \frac{1}{\bar{R}}\left[1 - \frac{1}{(1+\bar{R})^n}\right][R_t^{(n)} - \bar{R}]$$

将上述两个表达式联立并求解 $R_t^{(n)}$ 得到 $\gamma = 1/(1+\bar{R})$，以及表达式（15—8）给出的 Φ 的表达式（15—1）。因此，表达式（15—1）是短期利率变化不是太大时，所有期限结构预期模型的精确描述。我们下面关于与短期利率波动比较的长期利率相对波动的结果将是利率波动水平不是太大时所有这些模型的有力描述。

15.3 线性化预期模型中的利率波动

为解释方便起见，我们将假定考虑的长期债券是永久的，就是说 $n = \infty$ 以致 $\gamma_n = \gamma$，而且我们将省略 R 和 H 的上标。这里的结果能够常规地推广到债券到期日有限的情形。

关于预期形成，我们能够作出的最简单（尽管不现实）假设是存在未来 1 期利率的完全知识，因此也完全了解未来长期利率。于是，$R_t = R_t^*$，其中 R_t^* 是类似于希勒和西格尔（Shiller and Siegel，1977）的定义的“事后理性利率”：

$$R_t^* = (1-\gamma)\sum_{K=0}^{\infty} \gamma^K r_{t+K} \tag{15—9}$$

它恰好是期望算子已经被去掉时 $n = \infty$ 和 $\Phi = 0$ 的表达式（15—1）。

R_t^* 是 r_t 的加权移动平均值。

在图 15—3 中我已经描绘出基于图 15—1 显示的短期利率序列和假设 $\gamma=0.98$ 与样本期末 R_t^* 等于样本期平均短期利率的事后理性利率 R^*。就是说，我用 $R_t^*=\gamma R_{t+1}^*+(1-\gamma)r_t$ 从 R^* 的期末价值向后推算。我们注意到与实际观察到的长期利率序列 R 的振幅和我们从图 15—1 观察到的长期利率的短期变化相比较，这个长期利率序列 R^* 急剧下降的振幅好像完全脱离了 R^*。这完全是我们愿意预期的，因为我们知道（参见附录 A）式（15—9）的移动平均值通过大约 0.08 的因子压缩 5～6 年波长的周期，通过大约 0.01 的因子压缩很短波长的周期。[12]

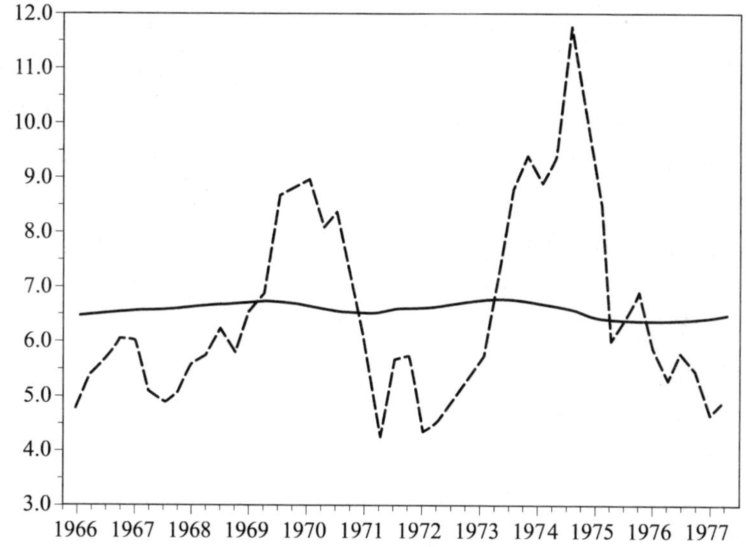

图 15—3

事后理性长期利率（R^*）（实线），或者如果债券根据实际后续短期利率（r）按现值定价，长期利率可能一直是什么样子（虚线）。参见表达式（15—9）和图 15—1 的短期利率。

我们还可以看到图 15—3 中长期利率行为的一个奇怪的方面。每当长期利率高于短期利率时，它上升，每当长期利率低于短期利率时，它下降。长期利率和短期利率之间的利差越大，长期利率的增长速度就越大。出现这种行为的原因不难找到。每当长期利率高于短期利率时，长期债券具有更高的当期收益（利息除以价格），如果预期持有收益相等，当期收益就应该被预期资本损失抵消。当然，资本损失要求长期利率上升。相反，当长期利率相对于短期利率低时，应该存在资本利得，也就是说，长期利率下降。如果我们比较图 15—3 中的这种行为和

图 15—1 长期利率的实际行为，我们会再次看到一个惊人的差别。

式（15—9）隐含的长期利率行为和被实际观察到的行为暗示模型（15—1）也是不正确的。然而，我们将看到，模型（15—1）包括期望算子后也引起了不小的复杂性，而且当考虑这些情况时，过度波动的情况并不像我们可能希望的那样可以简单地证明。

模型（15—1）使得 $R_t = E_t R_t^* + \Phi$。这意味着预测误差 $R_t^* + \Phi - R_t$ 应该与时间 t 时知道的包括所有现在和滞后利率的信息不相关：

$$\begin{aligned} &E[(R_t^* + \Phi - R_t) \cdot R_{t-\tau}] = 0, \quad \tau \geqslant 0 \\ &E[(R_t^* + \Phi - R_t) \cdot r_{t-\tau}] = 0, \quad \tau \geqslant 0 \end{aligned} \qquad (15—10)$$

其中，期望算子的下标已经被省略，因为这是无条件期望。双变量过程 (R_t, r_t) 的谱的约束条件的意义在附录 A 中讨论。我们可能考虑通过 $R_t^* - R_t$ 对常数项和 R_t, R_{t-1}, R_{t-2} 及 $r_t, r_{t-1}, r_{t-2}, \cdots$（或这些利率的任何子集）进行回归检验这些约束条件。理论上的回归系数（除截距以外）应该等于 0。根据图中描绘的数据，显然并非所有系数都可能为 0。因为 R_t^* 很稳定，而 R_t 特别反复无常，$R_t^* - R_t$ 的变化密切对应于 R_t 的变化，因此 $R_t^* - R_t$ 和 R_t 可能显示趋近于−1 的相关性。然而，这种回归中的残差序列相关，使得普通的显著性检验无效。沿着广义最小二乘法提出的方法，通过减去 γ 乘以所有这些变量当前值的导出值，数据可以被改造以消除序列相关性。因此，这种“广义最小二乘”回归相当于 $\widetilde{H}_t - r_t$ 关于变形的自变量的回归。[13] 除了归因于 Φ 的常数外，像 $R_t^* - R_t$ 一样，$\widetilde{H}_t - r_t$ 是应该与时间 t 时的所有信息不相关的预测误差，但不像 $R_t^* - R_t$，它是序列不相关的，因为它的滞后值在时间 t 是知道的。然而，这个模型和通常的广义最小二乘回归模型仍然存在一个重要差别，也就是说，残差 $\widetilde{H}_t - r_t$ 与所有当前和过去的而非未来的利率不相关，因此变量 $R_t - \gamma R_{t+1}$ 和变量 $r_t - \gamma \cdot r_{t+1}$ 不可能包括在回归中。检验这个模型的正确程序是 $\widetilde{H}_t - r_t$ 对常数和 $R_{t-1} - \gamma R_t, R_{t-2} - \gamma R_{t-3}, \cdots$ 及 $r_{t-1} - \gamma \cdot r_t, r_{t-2} - \gamma \cdot r_{t-3}, \cdots$ 回归，或者只对常数和 $R_t, R_{t-1}, \cdots, r_t, r_{t-1}, \cdots$ 进行回归，并像对系数进行常规的 F 检验一样进行显著性检验。我将沿用 15.4 节的方法实施检验。在这一节的其余部分，我们将关注式（15—10）利率波动性的意义。

式（15—10）利率波动性的第一个含义已经提出过。如果 $R_t^* - R_t$ 关于 R_t 和常数回归要产生 R_t 的零系数，那么像希勒（Shiller，1972）和勒劳伊与波特（LeRoy and Porter，1979）提出的一样，var(R) 一定

小于 $\mathrm{var}(R^*)$。因为 $R_t^* - R_t$ 一定与 R_t 不相关，所以 $\mathrm{var}(R_t^*) = \mathrm{var}(R_t) + \mathrm{var}(R_t^* - R_t)$。此外，因为 R_t 是 r_t 的移动平均值，所以它的方差一定比 r_t 的方差更小，从而 $\mathrm{var}(R_t) \leqslant \mathrm{var}(R_t^*) \leqslant \mathrm{var}(r)$。

这意味着模型（15—1）一定隐含比方程（15—9）预测的长期利率更小的振幅。于是，如果预期短期利率将来大致像 1967—1971 年和 1972—1976 年观察到的周期那样按重复情节上下波动，那么像图 15—1 中观察到的一样，看来长期利率变化的巨大振幅可能与短期利率行为不一致是明显的。然而，我们不能排除短期利率的其他行为被预期到，除非我们对短期利率的随机行为建立模型。如果预期 r 在将来有一些非常缓慢的变化（长周期），那么这些变化将不会被移动平均值（15—9）有效地降低，所以 R^* 和 R 仍然有很高的方差。

不等式 $\mathrm{var}(R) < \mathrm{var}(R^*)$ 对长期利率序列的总振幅施加了限制。它没有告诉我们长期利率序列是否必须是“平滑”序列。直觉可能暗示从图 15—3 观察到的平滑性至少从某种意义上应该推广到模型（15—1）。我们能够证明这是找到线性化持有收益 $\widetilde{H}$ 或 $\widetilde{H} - r$ 的方差上界的情况。在这么做时，我们没有作任何假设，应该强调关于随机过程的性质或者勒劳伊与波特（LeRoy and Porter，1979）假定的双变量 ARIMA 预测中应用的信息。我们仅仅假定式（15—10）和那个过程是平稳的。

根据式（15—10）和我们上面的讨论，我们知道 $\mathrm{cov}(\widetilde{H}_t - r_t, R_t) = 0$。利用 $n = \infty$ 时 $\widetilde{H}_t$ 的定义式（15—7）（以致 $\gamma_n = \gamma$），我们认为

$$\mathrm{cov}(R_{t+1}, R_t) = \frac{1}{\gamma}\mathrm{var}(R_t) - \frac{(1-\gamma)}{\gamma}\rho_{rR}\sqrt{\mathrm{var}(R_t)}\sqrt{\mathrm{var}(r_t)} \tag{15—11}$$

其中，ρ_{rR} 是 r_t 和 R_t 之间的相关系数。接着，我们取持有收益 $\widetilde{H}_t$ 的方差表达式[14] $\mathrm{var}(\widetilde{H}_t) = \mathrm{var}[(R_t - \gamma R_{t+1})/(1-\gamma)] = [(1+\gamma^2)\mathrm{var}(R_t) - 2\gamma\mathrm{cov}(R_t, R_{t+1})]/(1-\gamma)^2$，而且将 $\mathrm{cov}(R_t, R_{t+1})$ 的表达式（15—11）代入这个表达式，并对推出的表达式关于 $\mathrm{var}(R_t)$ 求最大化（通过求微分并令其等于 0）。二阶导数一定是负的，因为我们的模型隐含 $\rho_{rR} > 0$。我们求得最大值是 $V_{\widetilde{H}} = \mathrm{var}(r)\rho_{rR}^2/(1-\gamma^2)$。因为半正定性要求 $\rho_{rR}^2 \leqslant 1$，那么我们的模型暗指

$$\sigma(\widetilde{H}_t) \leqslant a\sigma(r_t) \tag{I—1}$$

其中，$a = (1-\gamma^2)^{-1/2}$ 而 σ 表示标准差。因为 $\rho_{rR}^2\mathrm{var}(r) = \mathrm{var}(\hat{r})$，其中

$\hat{r}$ 是 r_t 关于 R_t 的回归的拟合值，我们还有更强的不等式：

$$\sigma(\widetilde{H}_t) \leqslant a\sigma(\hat{r}_t) \qquad (\text{I—1}')$$

系数 a 可能比预期的系数（季度数据 $\gamma = 0.98, a \cong 5$）大很多，所以相当高的持有收益波动与模型相符。a 是有限的，且式（I—1）和式（I—1′）能够被检验。系数 a 取决于我们对 $\gamma = 1/(1+\bar{R})$ 的选择，并最终取决于我们进行线性化的利率 $\bar{R}$。然而，对小 $\bar{R}$，$a \cong 1/\sqrt{2\bar{R}}$，以致 a 对 $\bar{R}$ 的选择不是高度敏感。如果我们将 $\bar{R}$ 的对数改变 ± 0.30，那么 a 的对数可能仅仅改变 ± 0.15。这一点一般不会影响我们的结果。

这些不等式证明模型的平滑行为是合理的，因为 R 是参差不齐的非平滑序列时 $\sigma(\widetilde{H}_t)$ 较高。显然，$\widetilde{H}$ 可允许的标准差随 r 的标准差且仅仅随 r 的方差成分增加，就是说，与 R 相关的 $\hat{r}$ 的方差是恰当的。相关系数 ρ_{rR} 衡量有多少关于未来 r 的信息隐含在现在的 r_t 中。如果 ρ_{rR} 是 1，那么 r 是一阶自回归过程 $\tilde{r}_t = \lambda\tilde{r}_{t-1} + \varepsilon_t$，而且 $E_t(\tilde{r}_{t+j}) = \lambda^j \tilde{r}_t, j \geqslant 0$，我们还有 $\tilde{R}_t = \tilde{r}_t(1-\gamma)/(1-\gamma\lambda)$，其中～表示剔除均值的序列。于是，对给定的 $\sigma(r)$，最大可能值 $\sigma(\widetilde{H})$ 出现在 $\lambda = \gamma$ 时，而这里的 $\sigma(R) = \sigma(r)/(1+\gamma) \cong \frac{1}{2}\sigma(r)$。[15]

按照同样的推理，我们还可以证明长期利率序列平滑性的约束条件不要求了解 $\text{var}(r_t)$，而且技术上即使 $\text{var}(r_t)$ 是无限的（r_t 是非平稳的），只要 $\text{var}(\Delta r_t)$ 是已知的并且有限，该约束条件就成立。[16] 只要 Δr_t 是平稳的，$\widetilde{H}_t - r_t$ 和 $R_t - r_t$ 也就是平稳的，而且对给定的 $\text{var}(\Delta r_t)$，我们能够对 $\text{var}(\widetilde{H}_t - r_t)$ 施加这个限制。

为了证明这一点，我们应用前面根据式（15—10）推导的约束 $\text{cov}(\widetilde{H}_t - r_t, R_t - r_t) = 0$。与式（15—11）不同，这个约束条件暗含

$$\text{cov}(R_t - r_t, R_{t+1} - r_{t+1}) = \frac{1}{\gamma}\text{var}(R_t - r_t) - \text{cov}(R_t - r_t, \Delta r_{t+1}) \qquad (15\text{—}11')$$

我们将式（15—11′）代入 $\text{var}(\widetilde{H}_t - r_t) = (1-\gamma)^{-2}\text{var}[(R_t - r_t) - \gamma(R_{t+1} - r_{t+1}) - \gamma\Delta r_{t+1}]$ 得到

$$\text{var}(\widetilde{H}_t - r_t) = (1-\gamma)^{-2}[(\gamma^2 - 1)\text{var}(R_t - r_t) + \gamma^2\text{var}(\Delta r_t) + 2\gamma^2 \rho_{R_t - r_t, \Delta r_t} \sqrt{\text{var}(R_t - r_t)}\sqrt{\text{var}(\Delta r_t)}]$$

如果我们将这个表达式关于 $\text{var}(R_t - r_t)$ 和 $\rho_{R_t - r_t, \Delta r_t}$ 求最大化，我们得到 $\text{var}(\widetilde{H}_t - r_t)$ 的上界。于是，我们的模型隐含着

$$\sigma(\widetilde{H}_t - r_t) \leqslant b\,\sigma(\Delta r_t)$$
$$b = \gamma(1-\gamma^2)^{-1/2}/(1-\gamma) = a\gamma/(1-\gamma) = a/\bar{R} \qquad (\text{I—2})$$

如果 $\rho_{R_t-r_t,\Delta r_t}=1$ 就得到上界，在类似于式（I—1）求得上界的情况下，Δr_t 是一阶自回归过程，$\Delta r_t=\gamma\Delta r_{t-1}+\varepsilon_t$，而且 $E_t(\Delta r_{t+j})=\gamma^j\Delta r_t, j\geqslant 0$。这个很高的上界只有当 r_t 是非常强烈的非平稳序列时才能得到。事实上，对我们所有的数据集来说 Δr_t 与 R_t-r_t 负相关。如果我们要求 $\rho_{R_t-r_t,\Delta r_t}$ 小于或等于 0，当 $\text{var}(R_t-r_t)=0$ 时，$\text{var}(\widetilde{H}_t-r_t)$ 取最大值，所以我们的模型隐含着

$$\sigma(\widetilde{H}_t - r_t) \leqslant c\sigma(\Delta r_t)$$
$$c = \gamma/(1-\gamma) = 1/\bar{R} \qquad (\text{I—3})$$

当 Δr_t 是白噪音，r_t 是随机游走且 $R_t=r_t+\Phi$ 时得到上界。

不等式（I—1）、不等式（I—1′）、不等式（I—2）和不等式（I—3）的原理可用表 15—1 的 6 个数据集检查。所有 6 个数据集包括到期时间充分长、因我们的目的可近似为统一公债的债券，且 $\gamma_n\cong\gamma$。[17]然而，γ_n（用 n 表示样本中典型债券的到期期限，而 $\bar{R}$ 表示样本中 R 的平均值）用上述公式中的 γ 代替是为了不夸大持有收益的方差。[18]

从样本标准差中我们可以看到 6 个数据集中有 5 个数据集 $\sigma(\widetilde{H})>a\sigma(r)$，违反不等式（I—1′），且 6 个数据集 $\sigma(\widetilde{H})>a\sigma(\hat{r})$，违反不等式（I—1′）。[19]我们也注意到有两个数据集 $\sigma(R)>\sigma(r)$。然而，数据集满足不等式（I—2）和不等式（I—3）。

不等式（I—1）和不等式（I—1′）被数据集违反构成了反对模型（15—1）的证据。数据集满足不等式（I—2）和不等式（I—3）意味着我们不能仅仅基于对 $\sigma(\Delta r)$ 的了解和以前提及的关于式（15—1）中求平均值施加的平滑性的简单论据找到与模型相反的证据。用简单的术语说，如果预期将来 r 在远远高于历史值的范围里缓缓地变化（Φ 在 R 不大时充分地为负值），可以想象即使 $\sigma(\Delta r)$ 很小，$\sigma(r)$ 也可能很大。R 的短期变化可能反映关于将来出现的大 r 值的真正新信息。

因为 $\widetilde{H}_t-r_t$ 和 $\widetilde{H}_t$ 近似序列不相关，我们能够通过计算基于 χ^2 抽样分布的序列单侧 95%置信区间对 $\sigma(\widetilde{H}-r)$ 和 $\sigma(\widetilde{H})$ 确定更低的边界。[20]表 15—1 中更低的边界用 $\sigma_m(\widetilde{H}-r)$ 和 $\sigma_m(\widetilde{H})$ 表示。而且，如果我们接受真实的标准差高于这些值，那么 $\sigma_m(\widetilde{H})/a$ 是 $\sigma(r)$ 和 $\sigma(\hat{r})$ 的最低可能值，如果模型（15—1）成立。在假定不等式（I—1）成立的情况下，对数据集 1、2、3 和 5 来说，短期利率的标准差可能必须要大致等于历史观察值的 2 倍才能证明 $\widetilde{H}$ 的标准差的合理性。

表 15—1　利率和持有收益的标准差[a]

数据集、国家、样本期	γ_n / n	$\sigma(R)$ / $\sigma(\Delta R)$	$\sigma(r)$ / $\sigma(\Delta r)$	$\sigma(H)$ / $\sigma_m(H)$	$\sigma(\widetilde{H})$ / $\sigma_m(\widetilde{H})$	$a\sigma(\hat{r})$ / $a\sigma(r)$	$\sigma(\widetilde{H}-r)$ / $\sigma_m(\widetilde{H}-r)$	$b\sigma(\Delta r)$ / $c\sigma(\Delta r)$
1. 美国，季度初，1966 年第Ⅰ季度—1977 年第Ⅱ季度	0.978	1.39	1.78	18.6	19.5	4.75	19.7	213
	100	0.429	0.999	15.8	16.5	8.55	16.8	44.4
2. 美国，月初，1969 年 1 月—1974 年 1 月	0.992	0.433	1.77	27.7	27.4	6.25	27.5	503
	288	0.206	0.512	24.0	23.6	14.03	23.8	63.5
3. 美国，年初，1960—1970 年	0.925	1.85	1.39	9.09	9.82	2.93	9.69	41.9
	25	0.760	1.29	7.09	7.65	3.66	7.55	15.9
4. 美国，年初，1919—1958 年	0.940	1.04	1.86	5.21	5.48	4.73	5.31	43.5
	25	0.327	0.950	4.36	4.58	5.44	4.44	14.8
5. 英国，季度末，1956 年第Ⅰ季度—1977 年第Ⅱ季度	0.980	3.31	2.84	25.8	34.4	12.3	34.3	335
	∞	0.689	1.36	22.9	30.4	14.3	30.4	66.7
6. 英国，年度平均，1824—1929 年	0.968	0.596	1.17	4.27	4.95	2.28	4.97	144
	∞	0.159	1.20	3.82	4.43	4.66	4.44	36.2

a. 表头栏最上面一行的项指每个数据集的第 1 行。第 2 行的项指每个数据集的第 2 行。数据集 1～6 的描述参看附录 B。σ 表示样本标准差；σ_m 表示标准差的单侧 95%置信区间的更低边界，假定观察值是正态和不相关的。除了数据集 2（参看附录 B），H 是根据表达式（15—5）应用必要的 n 和 $C=R_t$ 计算的。对所有数据集，$\widetilde{H}$ 是根据表达式（15—7）应用必要的 γ_n 计算的；γ_n 是用必要的 n 和样本期 R 的平均 R 值像（15—7）那样计算的。这个表和后面的表中的所有利率用每年百分点表示且必须转换成每期利率以与正文的表述一致。应用第 1 行给出的 γ 参数，a 像不等式（1—1）那样定义，参数 b 像不等式（1—2）那样定义，参数 c 像不等式（1—3）那样定义。

15.4　检验交叉协方差函数的约束条件

我们已经看到所有数据集中 $\widetilde{H}_t$ 和 r_t 的样本标准差不满足不等式（I—1′）。这意味着样本协方差不满足用于证明不等式（I—1′）（充其量只要 R_t 的样本方差近似地等于 R_{t+1} 的样本方差）的等式约束条件 $\text{cov}(\widetilde{H}_t - r_t, R_t) = 0$。然而，我们已经注意到许多作者已经对各种样本研究了模型（实施适当的回归）隐含的一些协方差约束条件，并作出了有利于理性预期模型的结论。那么，为什么该样本中协方差约束条件被违反没有被这些作者发现呢？我将提出两种解释。首先（最重要的），即使持有期收益方差常常太高，揭示这个现象的回归决定系数 R^2 也可能很低。其次，许多作者没有实施正确的回归；也就是说，他们检验了与持有期收益方差不等式无关的一些约束条件。

例如，为了明白第一点，考虑特征最显著的月度数据集。利用月度数据集，参数 γ_n 将非常接近于 1。数据集 2 中，它是 0.992。当 R_t 由简单自回归 $R_t = \gamma_n R_{t+1} + \varepsilon_t$ 给出时，与理性预期模型一致的 1 期持有收益出现最大标准差，而且 $\widetilde{H}_t$ 的标准差大约是 R_t 的标准差的 12 倍。另一方面，如果 R_t 和其自身滞后值的相关系数仅仅稍微小一点，那么 1 期持有收益的标准差可能更高。例如，如果 R_t 与 R_{t+1} 的相关系数是 0.96，那么 $\widetilde{H}$ 的标准差大约是 R_t 的标准差的 35 倍。在这种情况下，如果 ΔR_{t+1} 被回归到 R_t，决定系数 R^2（即 ΔR_{t+1} 的方差被 R_t 解释的比例）仅有 0.02。这证明这个决定系数 R^2 很小（如果增加其他独立变量，可能仍然小），使得在小样本中不可能显著。因此，许多人可能被诱使断定 R_t 是近似随机游走过程。

第二个特征是对模型隐含的协方差约束条件的许多详尽研究，如萨奇（Satch，1968）、希勒（Shiller，1972）、莫迪里亚尼和希勒（Modigliani and Shiller，1973）等人的研究完全没有检验这些特定的约束条件。实质上，这些研究检验 R 关于当前和滞后的 r 与当前和滞后的通货膨胀率是否产生和 R^* 基于同样变量的最优预测方程一样的方程（期限结构方程）。R 和 $R-r$ 都没有出现在方程的右边。实际上，期限结构方程中的序列不相关残差（部分归结于对各种“区间”供给和需求的外部冲击）意味着高的 R 或高的 $R-r$ 可能确实隐含着高的 $\widetilde{H}-r$。

另一方面，萨金特（Sargent，1979）应用似然比检验检验了（根本上）这些约束条件和模型隐含的其他约束条件。他的检验没有拒绝所有约束条件成立的假设，这可能归因于我们这里关心的特定约束条件的检验低能力和他用比较短期的债券（5年）代表长期债券。

现在我们通过实施上面描述的回归检验模型（15—10）的约束条件。当我们考虑实施这种回归时，我们必须面对模型中存在潜在无限值系数的事实，然而只有有限值的数据。在实施回归前，我们应该排除一些变量。因为所有系数是0，从模型的角度看哪个变量被排除无关紧要。我的方法是排除 R_t（表15—2）或 R_t-r_t（表15—3）以外的所有变量。将检验的能力集中在有趣的替代假设上是一种恰当的统计方法。在考虑上述提到的波动性论点（这些约束条件产生不等式）和替代假设的可理解性与简明性时，我已经试图这样做了。实际上，萨金特（Sargent，1979）的回归包括8个自变量：R 和 r 的当前值和3个滞后值。[21]

表15—2　长期债券的短期持有收益和短期利率的利差对长期利率的回归

$(H_t-r_t=A+B\cdot R_t+e_t)$[a]

数据集，国家和样本期	$\hat{A}$ (t_A)	$\hat{B}$ (t_B)	R^2	SE	D-W
1. 美国，季度初，1966年第Ⅰ季度—1977年第Ⅱ季度	−40.2 (−2.72)[b]	4.97 (2.62)[b]	0.135	17.7	1.63
2. 美国，月初，1969年1月—1974年1月	−139 (−2.28)[b]	18.2 (2.27)[b]	0.080	26.9	2.01
3. 美国，年初，1960—1970年	−8.81 (−1.14)	1.32 (1.11)	0.076	8.81	1.48
4. 美国，年初，1919—1958年	−1.14 (−0.373)	0.748 (0.954)	0.023	5.08	1.59
5. 英国，季度末，1956年第Ⅰ季度—1977年第Ⅱ季度	−14.7 (−2.03)[b]	1.54 (1.86)[b]	0.040	25.2	1.88
6. 英国，年度平均，1824—1929年	−2.50 (−1.51)	0.646 (0.913)	0.008	4.32	1.25

a. 括号中的数字是 t 统计量。

b. 单侧检验在5%水平下显著。

资料来源：参看附录B。

对每个数据集应用 $\widetilde{H}_t$ 和 H_t 进行回归。利用1期持有收益的两个不同度量方法得到的结果非常类似，而且我将那些应用 $H_t - r_t$ 和 R_t 的结果在表 15—2 中提出，而那些应用 $\widetilde{H}_t - r_t$ 和 $R_t - r_t$ 的结果在表15—3 中提出。表 15—3 报告了 $R_{t+1} - R_t$ 关于 $R_t - r_t$ 的回归结果，而且因为 $R_{t+1} - R_t$ 是 $\widetilde{H}_t - r_t$ 和自变量的线性组合，它相当于同样的回归。于是，$R_t - r_t$ 的系数应该等于一个大于 0 的数 $(1-\gamma_n)/\gamma_n$。

表 15—3　　长期利率的变化对长期—短期利率的利差的回归[a]

($R_{t+1} - R_t = A + B \cdot [R_t - r_t] + e_t$)

数据集、国家和样本期	$\hat{A}$ (t_A)	$\hat{B}$ (t_B) [t'_B]	R^2	SE	D-W
1. 美国，季度初，1966 年第Ⅰ季度—1977 年第Ⅱ季度	0.211 (2.97)[b]	−0.125 (−3.33)[b] [−3.93][b]	0.201	0.388	2.21
2. 美国，月初，1969 年 1 月—1974 年 1 月	0.039 (1.27)	−0.020 (−1.22) [−1.68][b]	0.024	0.206	2.17
3. 美国，年初，1960—1976 年	0.451 (1.49)	−0.187 (−1.10) [−1.58]	0.075	0.755	1.88
4. 美国，年初，1919—1958 年	0.005 (0.068)	−0.028 (−0.582) [−1.90][b]	0.009	0.323	2.12
5. 英国，季度末，1956 年第Ⅰ季度—1977 年第Ⅱ季度	0.164 (2.06)[b]	−0.120 (−2.81)[b] [−3.29][b]	0.086	0.662	2.27
6. 英国，年度平均，1824—1929 年	0.011 (0.715)	0.002 (0.183) [−2.32][b]	0.0003	0.162	1.46

a. 括号中的数字是 t 统计量；[t'_B] 是假设 $B = (1-\gamma_n)/\gamma_n$ 的 t 统计量，其中 γ_n 和表 15—1 中含义相同。

b. 单侧检验在 5%水平下显著。

我们注意到，因为 R_t 明确地进入 H_t 和 $\widetilde{H}_t$ 的决定关系中，实际上 R_t 在所有方程的两边都出现。看来这可能暗示回归中的斜率系数的向上偏差。然而，实际上在理性预期假设下回归中的误差项与自变量不相关，所以在这个假设下没有偏差。另一方面，如果理性预期假设仅仅是部分正确的，且 R_t 受理性预期模型中没有的其他因素的影响，那么如果这种“偏差”出现且证明斜率系数显著，我们就不应该感到惊奇。

很不幸，即使理性预期模型是正确的，R_t 或 $R_t - r_t$ 系数中的向上偏差也可能在一些数据集中出现。有可能 R_t 序列的度量误差能够引致 R_t 或 $R_t - r_t$ 系数的向上偏差。然而，这些序列中没有什么度量误差。当然，实际上并非具有同样期限和利息的所有债券都按完全一样的价格出售，以致不同债券的收益序列可能稍有不同，但这与其说是度量误差还不如说正是我们对描述感兴趣的理性预期模型的偏离的反映。[22]

在表 15—2 中，我们观察到数据集 1、2 和 5 中 R_t 的显著正系数（基于 5%水平的单侧检验）。[23] 虽然其他数据集在 5%水平上不显著，但对所有 6 个数据集而言模式好像是一样的：负的截距和正的斜率系数。[24]

正如我们可能预期的一样，表 15—2 中所有回归的 R^2 都小。然而，系数却不小。例如，应用数据集 1，系数 4.97 意味着如果 R_t 序列上升一个百分点，那么长期债券相对于短期收益预期年度化的 1 季度持有收益将上升 4.97 个百分点。R^2 仍然小，因为短期持有收益中存在如此大量不可预测的变化。

在表 15—3 中，在数据集 1～5 中 $R_t - r_t$ 的系数有一个负号［与模型（15—1）的意义相反］，而且显著低于基于除数据集 3 以外的所有数据集的单尾检验在 5%水平下 $(1-\gamma_n)/\gamma_n$ 的理论值。

表 15—3 的结果与可能被看作理性预期模型的基本特征相矛盾：长期利率趋向于平均按照某种方式变化使得短期持有收益实现均衡。我们注意到这个特征与图 15—3 描述的完全确信模型有关，在长期利率相对于短期利率高时平均看应该上升，而长期利率相对于短期利率低时平均看应该下降的情况下，这个特征延伸到模型（15—1）。相反，如果稍有区别的话，长期利率在相反的方向变化意味着当长期利率相对于短期利率高时，它们倾向于在随后的时期向下变化。因此，当这些长期债券有更高的当期收益时，产生的资本利得增加（而不是抵消）了持有长期债券的优势。这种行为与我们的理性预期模型不一致，但是与我们可能希望发现的一致，如果长期利率受导致长期利率相对于短期

利率暂时上升然后下降到一个更“正常”水平的噪音的影响。[25]

15.5　小结和结论

设计这一章的目的在某些方面是雄心勃勃的。我寻求找到理解数据是否被为数众多的期限结构预期模型中的任何一个妥善描述的简单方法。然而，我被一个看上去与这些模型相矛盾的简单事实所指引，即实际的长期利率序列（如图 15—1 描绘的一样）看起来完全不同于事后理性长期利率序列（如图 15—3 描绘的一样）。

因为事后理性长期利率序列非常平滑，看起来期限结构预期模型的强烈意义可能是现实的长期利率序列也应该是类似平滑的。然而，对所有这些模型给出这个意义的正规要旨并不容易。产生表达式（15—1）的线性化使我能够推导出做这个事情但受线性化的近似误差影响的一些不等式。这些不等式施加的长期利率波动的上界仅仅在短期利率具有特定的自协方差函数的最坏可能的情况下才出现。在应用这些不等式考察模型时，我们放弃了应用与预期模型相关的实际自协方差函数对长期利率序列波动施加更严格限制的机会。

基于样本标准差（表 15—1），线性化预期模型隐含的不等式（I—1）和不等式（I—1′）好像被数据违反了。如果我们希望检验总体标准差是否违反这些不等式，那么我们应该调查清楚在小样本中的一般假设下，不等式中的项是否能够被可靠地衡量。感觉上认为假定我们能够用通常的 χ^2 单侧置信区间确定不等式的左边更低的边界是合理的，因为被衡量标准差的变量是近似序列不相关的。确定不等式右边的上界是另一码事，因为我们没有关于可能的趋势或利率的长周期的小样本的真实信息。确实，有些人可能主张短期利率可以是非平稳的，因此具有无限方差。如果我们希望保留预期模型，那么左边更低的边界超过右边样本值的事实可以放心地解释为我们应该依赖这种未观察到的方差或短期利率的预期爆炸性行为。对更早的时期和更近的时期，这个结论好像也成立。

刻画平滑行为的不等式不是构造强烈反对长期利率太反复无常的可选择假设的模型检验的唯一途径，而且实际上小样本检验是有效的。这种回归检验（表 15—2 和表 15—3）确实普遍拒绝支持长期利率被与预期无关的短暂效应干扰的可选择假设的预期模型。回归结果可能仍然被解释为在 R^2 小的意义下对预期模型提供支持。然而，基于这里报告的结果，对预期模型再也没有什么可说的了。表15—3的回归显示，长期利率的变化趋向于与预期模型的预测相反。

关于预期模型的这些负面结果可以与前面萨奇（Sutch，1968）、希勒（Shiller，1972）、莫迪里亚尼和希勒（Modigliani and Shiller，1973）、萨金特（Sargent，1979）的正面结果进行对照。根据期限结构方程的残差，上面提供了对照的一些解释。试图进一步使这些明显相互冲突的结果一致将是另一篇文章的主题。

附录A：利率谱密度的模型约束

事后理性长期利率 R_t^* 在式（15—9）中被定义为 r_t 的移动平均值。这个移动平均值的平方收益或“线性滤子”是 $g^2(\omega)=(1-\gamma)^2/[1-2\gamma\cos(\omega)+\gamma^2]$，其中 ω 是频率（$-\pi\leqslant\omega\leqslant\pi$）。$\omega=0$ 时平方收益是1.00，当频率增加时单调下降，且 $\omega=\pi$ 时到达 $[(1-\gamma)/(1+\gamma)]^2$。[26] 如果 γ 接近1.00，像我例子描述的一样，下降将非常显著。因此，除 $\omega=0$ 外，R^* 的谱处处低于 r 的谱，而且在更低的频率上相对地更集中。然而，实际利率时间序列的谱分析（Granger and Rees，1968）没有揭示长期利率序列中高频成分的任何这种减小。

我们可能认为我们完全确信模型（15—9）的结果——R^* 的谱在更低的频率上应该更集中，而且应该处处低于 r 的谱——也应当延伸到一般模型（15—1）中的 R 上。然而，像一个简单例子将描述的一样，情况并非如此。假定 r_t 是白噪音过程 ε_t 的一阶移动平均值：$\tilde{r}_t=\varepsilon_t+\theta\varepsilon_{t-1}$，$0<\theta<1$，并假定 ε_t 也是序列独立的，且没有其他信息可以用于预测，使得最优预测是当前和滞后 r 的线性函数。于是，在特殊情况下，$E_t(\tilde{r}_{t+1})=\theta\varepsilon_t$ 而且有 $E_t(\tilde{r}_{t+K})=0$，$K>1$，使得 $\widetilde{R}_t=(1-\gamma)[(1+\gamma\theta)\varepsilon_t+\theta\varepsilon_{t-1}]$ 好像不如 r_t 平滑，因为 R_t 的移动平均权数相对更集中于 ε_t。更精确地说，从 r 到 R 的平方收益（也是它们谱的比率）是 $g^2(\omega)=(1-\gamma)^2[(1+\gamma\theta)^2+\theta^2+2\theta(1+\gamma\theta)\cos(\omega)]/[1+\theta^2+2\theta\cos(\omega)]$，它是随 $0\leqslant\omega\leqslant\pi$ 的 ω 单调增加的函数。我们还可能注意到随着 θ 趋近于1，$g^2(\omega)$ 在 $\omega=\pi$ 时趋近于无穷大。这说明特定频率的谱比率不存在极限，而且 R 的谱不需要像 R^* 的谱一样处处低于 r 的谱。

尽管有这些反例，R_t 在高频率时不可能有太大的能力这一观点仍然正确。在上面的例子中，R_t 的方差很小，以致即使 R 的谱在高频率时相对更集中，而且可以在最高的频率上绝对地有更强的能力，在更高频率上 R 的谱的总能力仍然小。R_t 在高频率上总能力的不等式约束条件能够从模型（15—1）施加在双变量过程（r_t,R_t）的自协方差函数上的约束条件推导出来。

根据交叉协方差函数，协方差约束条件（15—10）可以改写成

$$C_{RR}(\tau)=(1-\gamma)\sum_{K=0}^{\infty}\gamma^{K}C_{rR}(K+\tau),\quad \tau\geqslant 0 \tag{A1}$$

$$C_{rR}(-\tau)=(1-\gamma)\sum_{K=0}^{\infty}\gamma^{K}C_{rr}(K+\tau),\quad \tau\geqslant 0 \tag{A2}$$

对任何一对变量 x 和 y，$C_{xy}(\tau)$ 将指 $E[x_t-E(x)]\cdot[y_{t-\tau}-E(y)]$。这些表达式给出了我们关于双变量过程（$r_t$,$R_t$）的自协方差函数的模型施加的所有约束条件。因为 $C_{rR}(\tau)$ 一般不是 τ 的均匀函数（$C_{RR}[\tau]$ 和 $C_{rr}[\tau]$ 是其均匀函数），给定 $C_{rr}(\tau)$，这些表达式不足以确定 $C_{RR}(\tau)$，因此 R_t 的谱不是被 r_t 的谱决定的，因为这是完全确信的情况或者上述讨论的一阶移动平均情况。这正像我们愿意预期的一样，因为我们还没有确定预测中使用的所有信息。上面考虑的两个特殊情况实际上符合上面的方程，虽然每种情况都包括另外的约束条件。当确切地知道未来短期利率时，关系式（A1）和关系式（A2）对所有 τ 都成立。当预期的未来短期利率是基于当前和滞后短期利率的最优线性预测时（像上面考虑的移动平均情况一样），其他约束条件能够被证明刻画了交叉协方差函数；就是说，R 没有使 r 出现格兰杰（Granger，1969）和西姆斯（Sims，1972）的情况。然而，这些约束条件没有一个在一般情况下有保证，而且我没有采用这些约束条件。

现在，我们可以看到在什么意义下约束条件（A1）和（A2）可以被描述为对 R_t 的高频方差施加限制。因持有期收益 $\widetilde{H}_t$ 是通过 R_t 经过线性滤波 $(1-\gamma F)/(1-\gamma)$ 推导的，则 $\widetilde{H}_t$ 的谱 $S_{\widetilde{H}}(\omega)$ 为 R_t 的谱 $S_R(\omega)$ 乘以此滤波的平方收益 $g^2(\omega)=[1+\gamma^2-2\gamma\cos(\omega)]/(1-\gamma)^2$。这个收益函数随着频率的绝对值单调上升。在 $\omega=0$ 时，平方收益是 1.0，而且对 $\gamma=0.98$（相当于季度数据每年 $\bar{R}=8\%$）它上升到大约10 000。$\widetilde{H}_t$ 的方差是它的谱从 $-\pi$ 到 π 的积分，于是它等于 $g^2(\omega)$ 从 $-\pi$ 到 π 的积分乘以 R 的谱，使得根据不等式（I—1）有

$$\int_{-\pi}^{\pi}\frac{1+\gamma^2-2\gamma\cos(\omega)}{(1-\gamma)^2}S_{\boldsymbol{R}}(\omega)\mathrm{d}\omega\leqslant\frac{\operatorname{var}(r_t)}{1-\gamma^2}$$

这个表达式的左边是高频率有很高权数的 R_t 的谱的加权积分。因此，持有期收益方差不满足不等式的观察值一般可以被描述成 R_t 的高频成分太强以致不符合模型（15—1）的观察值。

约束条件（I—2）和（I—3）可以类似地被解释成双变量过程 $(\Delta r_t, R_t - r_t)$ 的谱的加权积分上的不等式约束条件。我们 R 的方差应该小于 R^* 的方差的观察值也是这种形式。这种形式的其他（可能不大容易解释）不等式约束条件也能够根据条件（A1）和条件（A2）推导。

附录 B：资料来源

如无特别声明，数据来自联邦储备系统的宏观数据图书馆或联邦储备公报。

数据集 1（季度数据，1966 年第Ⅰ季度—1977 年第Ⅲ季度）：长期利率 R 是联邦储备系统最近提供的 AAA 级公用事业债券收益序列（Kichline，Laub，and Stevens，1973），而短期利率 r 是 4～6 个月优惠商业票据利率。两个序列都是该季度第一周的数据。

数据集 2（月度数据，1969 年第Ⅰ季度—1974 年第Ⅱ季度）：长期利率 R 是所罗门兄弟产生的 Aa 级公用事业和工业综合投资组合的第一个月收益序列（Leibowitz and Johannesen，1975，table Ⅻ）。年度化的 1 个月持有收益 H（Leibowitz and Johannesen，1975，table ⅩⅤ）不是根据 R 序列而是根据利用实际平均利息和平均到期时间的债券平均价格序列计算的。短期利率序列 r 是始于 1972 年 6 月的 90～119 天优惠商业票据利率和 1972 年 6 月前 4～6 个月优惠商业票据利率，两个数据都是该月第一周的数值。

数据集 3（年度数据，1960—1977 年）：长期利率 R 是联邦储备系统新发行的 AAA 级公用事业债券在该年第一个月的收益序列，而短期利率 r 是该年第一个月 12 个月期美国财政票据利率的平均值。

数据集 4（年度数据，1919—1959 年）：长期利率 R 是穆迪公司 Aaa 级债券收益的平均值，而短期利率 r 是 4～6 个月优惠商业票据利率，两个序列都是该年第一个月的数值。样本结束于 1959 年是为了提供与数据集 1～3 不重叠的样本期估计值。

数据集 5（季度数据，1956 年第Ⅰ季度—1977 年第Ⅲ季度）：长

期利率 R 是始于 1962 年的中央统计办公室《金融统计》和更早年份的《伦敦时报》报道的 2.5%英国统一公债的水平收益。观察值取自每季度的最后一个星期五。利息在下一个季度的第 5 天支付。短期利率序列 r 是《英格兰银行统计摘要》第Ⅰ号（1970）表 29 和随后发行的《英格兰银行季报》报道的始于 1960 年第Ⅲ季度的每季度最后一个星期五和 1960 年第Ⅲ季度前每季度最后一个星期六地方政府 3 个月临时贷款利率。

数据集 6（年度数据，1824—1930 年）：长期利率 R 是直到 1888 年的 3%英国统一公债利率与始于 1889 年的 2.5%英国政府永续年金的年度平均利率（Homer，1963，table 19，col. 2 and table 59，col. 2）。1824—1844 年的短期利率 r 是 3 个月 1 级票据利率的年度平均值，1844 年后是 3 个月银行票据的年度平均利率（用最大值和最小值求平均），两个数据序列都来自于 Mitchell and Deane（1962，p. 460）。数据序列结束于 1930 年是为了提供大萧条以前时期的估计值。

注　释

[1] 这是附录 B 描述的数据集 1 的图形。

[2] 利用表达式（15—5）计算的，下面的 $R_t^{(n)}$ 是图 15—1 的长期利率（除以 400）而 $R_{t+1}^{(n-1)}$ 是下一个季度的长期利率（除以 400），C 取作 $R_t^{(n)}$。计算以后，持有期收益再乘以 400 转换成年度百分数。参见关于这个持有期收益度量的近似误差的注释 9。

[3] 利用附录 B 描述的数据集 5，根据注释 7 但没有注释 2 提到的近似误差的表达式计算。除以标准差的范围高，预示着下面所讨论的异方差性。

[4] 参见 Culbertson（1957，p. 508）。然而，他没有清晰地说明我们这里提出的论点。

[5] 整个这一章，上标用添加的括号区别指数。即 $r_t = R_t^{(1)}$。为了表述的方便，我用小写 r_t 表示 1 期利率。以后，我们用没有上标的大写 R 表示永久利率，即 $R_t = R_t^{(\infty)}$。

[6] $V^{(n)}[R_t^{(n)}]$ 指 $R_t^{(n)}$ 用 $r_t, r_{t+1}, \cdots, r_{t+n-1}$ 的每一个代替的函数 $V^{(n)}$；$R_t^{(n)}$ 是方程（15—3）的单一正实根。

[7] 已经指出如果式（15—4）的分子和分母是联合正态分布，则

该比率不会具有有限的方差。我们不应该被这个事实误导。如果分母的平均值相对于它的标准差大，则比率的分布函数近似于正态分布。不管怎样，分母不可能是正态分布，因为价格不可能为负。

[8] 如果债券是永久的，$n = \infty$，则表达式（15—5）变成 $H_t = R_t - \Delta R_{t+1}/R_{t+1}$。

[9] 线性化表达式（15—7）带来的近似误差不大。在像表 15—1 一样计算的数据集 1～6 中，H 和 $\widetilde{H}$ 的相关系数分别是 0.993、0.994、0.990、0.997、0.947 和 0.978。描述纯贴现债券和使预期对数持有收益相等的模型好像避免了这种近似的必要性。然而，这种明显的优势是虚幻的，因为如果这些模型与下面讨论的假设的变化类似地强烈，则应该得到同样种类的线性化论据。另一种影响我们基于新发行的或最近提供的收益序列的估计持有期收益的近似误差，甚至没有线性化，还是被我将时间 t 时的收益平均值和时间 $t+1$ 时的收益平均值代替表达式（15—5）或式（15—7）中的 $R_t^{(n)}$ 和 $R_{t+1}^{(n-1)}$ 的做法引入了。这个做法的问题是在取收益平均值时到期日和利息从一期到另一期并不是保持不变的，而实际上利息大致等于当前的收益。未能使到期日保持不变带来的误差确实是不可忽视的。例如，25 年期债券和 $25\frac{1}{4}$ 年期债券之间不存在可以度量的收益差异。在对收益取平均值时，时间 t 和 $t+1$ 之间的利息率并没有保持不变的事实带来了更大的误差。正如希勒和莫迪里亚尼（Shiller and Modigliani，1979）的一项研究作出的结论一样，单个债券的利息和收益之间存在某种关系。这种关系可能归因于资本利得相对于收入的差别税收，而它实际上通过净化我们序列的税收效应，在引起我们测度 H 和 $\widetilde{H}$ 时稍微夸大了实际持有期收益的作用。

[10] 这里考虑的四种特殊情况是考克斯、英格索尔和罗斯（Cox，Ingersd，and Ross，1977）提出的四种形式的理性预期期限结构模型，虽然他们的分析只考虑了纯贴现债券。对息票债券而言，提到的最后一个模型有点更难以理解，因为人们不能事前计划这种短期利率序列。事后，人们能够看出如何在时间 t 以短期利率投资 1 美元，并在每个后继的时期提取 C 美元，到期剩下 1 美元。这个模型规定 $R_t^{(n)}$ 等于将会实现的 C 的事前预期。

[11] 所有这些模型都可以写成 $P_t^{(n)} = g^{(n)}(E_t, \boldsymbol{r}_t)$ 的形式使得 $g^{(n)}(1, \boldsymbol{r}_t) = V^{(n)}(r_t + \boldsymbol{\phi})$。于是，它们可以用一个两步程序线性化。

首先，我们将没有包含围绕 $r_t+\phi^{(n)}=r_{t+1}+\phi^{(n-1)}=\cdots=r_{t+n-1}+\phi^{(1)}=\bar{R}=C$ 的 E_t 的 $g^{(n)}(E_t,\boldsymbol{r}_t)$ 的所有子表达式线性化。于是，预先乘表达式的期望算子可以放进来（利用分配律），得到一个用 $E_t[r_t+\phi^{(n)}]$，$E_t[r_{t+1}+\phi^{(n-1)}],\cdots,E_t[r_{t+n-1}+\phi^{(1)}]$ 表示的 P_t^n 的近似表达式。第二步是将围绕 $E_t[r_t+\phi^{(n)}]=E_t[r_{t+1}+\phi^{(n-1)}]=\cdots=E_t[r_{t+n-1}+\phi^{(1)}]=\bar{R}=C$ 的 P_t^n 的近似表达式线性化。这得到一个与 $E_t(\boldsymbol{r}_t+\boldsymbol{\phi})$ 呈线性关系的表达式。因为我们知道 $g^{(n)}(1,\boldsymbol{r}_t)=V^{(n)}(\boldsymbol{r}_t+\boldsymbol{\phi})$，我们知道在 $E_t=1$ 时评估的线性化只是围绕 $r_t+\phi^{(n)}=r_{t+1}+\phi^{(n-1)}=\cdots=r_{t+n-1}+\phi^{(1)}=\bar{R}=C$ 对 $V^{(n)}(\boldsymbol{r}_t+\boldsymbol{\phi})$ 的线性化。因此，我们线性化的 $g^{(n)}(E_t,\boldsymbol{r}_t)$ 应该是 E_t 乘以线性化的 $V^{(n)}(\boldsymbol{r}_t+\boldsymbol{\phi})$。

[12] 图 15—3 是基于终身年金假设的，但关于长周期平滑性的基本结果可推延到有限期限的债券。基于 $n=100$ 个季度和 $\gamma=0.98$（适合于这个数据集）的表达式（15—1）滤波的收益，我们发现对 5 年左右的频率，振幅按照 0.065～0.085 的因子下降，大体上像图 15—3 描述的一样。这种相似性的原因是清楚的：100 个季度充分接近于无穷大（$0.98^{100}=0.13$），债券近似于统一公债。因为 R_t^* 没有什么变化，作为式（15—9）基础的线性化关系（15—7）相当精确。在完全确定的假设和与图 15—3 选择的 $\bar{R}$ 一致的关于 Φ 的假设下，按现值公式 $V(\boldsymbol{r}+\boldsymbol{\phi})$（而不是我们的线性化近似公式）确定价格的统一公债的精确收益实际上看起来难以区分，从这里描述的序列整体来看只不过相差一个基点（除 Φ 以外）。如果线性化关系（15—7）在实际利率 R 发生变化的区域不够精确，那么事实本身就是对模型的否定，其原因并不在于用线性化描述模型。如果我们已经选择 R^* 更高的期末价值，那么我们实际上在图 15—3 中描述的 R^* 增加了一个指数趋势，而且图 15—3 可能表示对趋势的偏离。因此，不管样本外我们关于利率的假设如何，R^* 是平滑的。

[13] 我们可以写成 $R_t^*=G(F)r_t$，F 是 $F^K r_t=r_{t+K}$ 定义的远期算子，$G(F)$是远期算子多项式。于是 $G(F)=(1-\gamma)/(1-\gamma F)$。将多项式颠倒，得 $r_t=G(F)^{-1}R_t^*=[(1-\gamma F)/(1-\gamma)]R_t^*$。线性化的持有期收益 $\widetilde{H}_t$ 可写成 $\widetilde{H}_t=[(1-\gamma F)/(1-\gamma)]R_t$，因此 $R_t=[(1-\gamma)/(1-\gamma F)]\widetilde{H}_t$。所以，$(R_t-R_t^*)=[(1-\gamma)/(1-\gamma F)](\widetilde{H}_t-r_t)$。因为根据我们的模型 $\widetilde{H}_t-r_t$ 是滞后值在时间 t 时已知的预测误差，$\widetilde{H}_t-r_t$ 是序列不相关的，因此广义最小二乘法变形得到序列无关的残差。这也意味着 $\mathrm{var}(R_t-R_t^*)=[(1-\gamma)^2/(1-\gamma^2)]\cdot\mathrm{var}(\widetilde{H}_t-r_t)$，这正是勒劳伊和波特（LeRoy and Porter，1979）提出的并构成他们拒绝股票价格模型

的检验的基础。

［14］平稳性要求 $\mathrm{var}(R_t)=\mathrm{var}(R_{t+1})$。按照随机过程理论，平稳性意味着 R_t 的无条件分布没有变化，因此 R 没有爆发。然而条件方差 $E_t\,(R_t-\overline{R})^2$ 可能变化。

［15］如果 r_t 对常数项和 r_{t+1} 进行回归，则对数据集 1～6 而言，r_{t-1} 的系数分别是 0.843、0.966、0.588、0.845、0.885 和 0.502，总是大大低于表 15—1 中相应的 γ_n。

［16］如果预期 r 在相关的时间范围漂移得太远，我们对式（15—1）的线性化论据可能失败。这好像不是我们样本中的问题，因为 R_t 的值仍然相当接近于 $\overline{R}$。

［17］数据的其他几个特征值得一提。债券是可赎回的，虽然对联邦储备序列而言存在 5 年的赎回保护，对数据集 5 的统一公债而言赎回价格抑制性的高。考虑赎回条款仅仅强化我们的情况。赎回条款应该通过缩短有效到期时间或对价格规定上端障碍来降低债券价格的波动。如果我们的时期足够长使得资本利得税率适用，利息和资本利得的差别税收认为公式（15—4）中的 $P_{t+1}^{(n-1)}-P_t^{(n)}$ 应该乘以 $(1-g)/(1-i)$，其中 g 是资本利得的有效税率。而 i 是“典型”的债券投资者的收入税率（Shiller and Modligliani，1979）。这个考虑也强化了我们的情况。对资本利得提供税收优势意味着债券价格未必应该和实现（税后）收益均衡变化得一样多。

［18］应用于有限到期期限债券的近似误差仅仅在我们应用 $R_{t+1}^{(n)}$ 而不是 $R_{t+1}^{(n-1)}$ 计算 $\widetilde{H}_t^{(n)}$ 时才出现。对长期债券而言，这个误差应该是可以忽略的。对有限到期期限的债券而言，在 $\widetilde{H}_t^{(n)}$ 的表达式中，n 被 $n-1$ 代替后，γ_n 被 γ 代替的不等式按同样的方法推导。

［19］结果最弱的样本期是美国的 1919—1959 年数据集 4，显然主要由于萧条期和第二次世界大战，短期利率水平低而且当时官方固定的利率水平接近于 0，但长期利率就此范围而言没有下降。在这个异常形势下，市场显然正确地预期到固定的利率水平可能要结束，所以预期理论在这里最适用。如果把低短期利率的年份 1933—1951 年从样本中删除，则 $a\sigma(\hat{r})$ 下降到 3.82，$a\sigma(r)$ 下降到 4.32，$\sigma(\widetilde{H})$ 上升到 6.81。不等式（I—1）被这个更短的样本期违反不是由于 1920—1921 年的情况。虽然短期持有收益当时产生了巨大的变化，但短期利率也变化显著。如果 1920—1921 年也从数据集 4 中删除（和 1933—1951 年一样），则 $\sigma(\widetilde{H})$ 从 6.81 下降到 6.09，但 $a\sigma(r)$ 甚至从 4.32 进一步下降到

3.33，甚至导致不等式（I—1）被更强烈地违反。

[20] χ^2 置信区间取决于仍有疑问的正态性假设。正态性好像对大多数数据集是成立的（参看注释 23）。

[21] 这个解释没有在萨金特强调他的模型检验（r_t, R_t）的自回归系数的一些复杂的非线性约束条件的论文中出现。约束条件的非线性是由他应用 R_t 序列涉及有限到期期限的纯贴现债券的假设导入的。因为到期时间是常数，$H_t^{(n)}$ 不可能被表示成它的 $R_t^{(n)}$ 序列的线性函数。通过讨论统一公债或可以近似为统一公债的长期息票债券，我们已经排除了非线性。于是，我们的模型对（r_t, R_t）的自回归系数给出了简单线性约束条件，实际上这是在式（15—10）中总结的。

[22] 假定真实的未观察到的长期利率（我们将用 $\tilde{R}_t$ 表示）行为与预期模型一致，并假定（表 15—3）$\tilde{R}_{t+1}-\tilde{R}_t=a+b(\tilde{R}_t-r_t)+U_t$，其中 $b=(1-\gamma_n)/\gamma_n$。如果度量误差 $e_t=R_t-\tilde{R}_t$ 与所有其他变量（包括它的滞后值）不相关，而且如果 U_t 与 R_t-r_t 不相关，那么其估计值出现在表 15—3 中的系数将等于 $\hat{b}=[b\text{var}(\tilde{R}-r)-\text{var}(e)]/[\text{var}(\tilde{R}-r)+\text{var}(e)]$。应用 $\text{var}(R-r)=\text{var}(\tilde{R}-r)+\text{Var}(e)$ 并求解 $\text{var}(e)$，我们得到 $\text{var}(e)=[(b-\hat{b})\text{var}(R-r)]/(1+b)$。如果要解释表 15—3 中的结果，利用这个表达式我们能够推断出可能必须要多大的度量误差。根据表 15—1 我们令 $b=(1-\gamma_n)/\gamma_n$，那么我们发现对数据集 1～6 而言，度量误差的标准差可能必须分别是 58、27、55、32、62 和 17 个基点。真实的度量误差能够达到这么高是不可想象的。对几个序列而言，四个标准差的范围可能超过 2 个百分点。意图度量大致同一个事物的不同债券收益平均值之间的差异远远没有接近这么高，而且和上面提到的一样，甚至这些偏差并非主要归因于度量误差，而是应归因于类似高级债券中实际价格的变化。

[23] 评估 t 统计量的另一个潜在问题是误差项可能是非正态的。法玛和罗尔推荐的作为正态检验的学生化的范围检验（range test）对数据集 1～6 给出的 H_t-r_t 统计量分别是 3.97、4.61、3.18、4.40、6.81 和 6.94。比率没有显示数据集 1～4 的非正态性的证据，但对数据集 5 和 6 在 0.5%的水平上显著。考察数据暗示对数据集 5 而言，问题是随时间逐步增加的方差而不是小峰度的问题。因此，对数据集 5 而言，方程是根据广义最小二乘法用 $e^{-0.1t}(t=1,\cdots,86)$ 的因子调节观察值重新估计的。于是，表 15—2 中回归的 t 统计量下降到 1.33，在 5%的水平上不再显著，但表 15—3 中的 t_b 和 t'_b 仍然显著（$t_b=-1.88$ 和 $t'_b=-2.40$）。

[24] 巴苏（Basu，1977）得到了价格—盈利比率与公司股票收益负相关的类似结果。

[25] 这个观察（是莫迪里亚尼首先向我指出的）类似于前面希勒和西格尔（Shiller and Siegel，1977）（第 14 章）报告的结果，长期债券收益平均来看在加剧而不是缓和通货膨胀对实际收益影响的方向上变化。米什金（Mishkin，1978）已经进一步用美国中期债券的高级短期持有收益数据和异方差修正证实表 15—2（和表 15—3 一样），虽然他表 3 的结果稍微不如这里大致相同的样本报告的结果那么显著。

[26] 如果利率 r_{t+K} 没有有限的二阶矩［例如，如罗尔（Roll，1970）对远期利率主张的一样］，那么就不能应用这个分析。如果像这些作者估计的那样，特征指数大于 1，利率的离中趋势将按照取平均值的方式下降这一观点仍然是正确的。不管怎样，克拉克（Clark，1973）证明了有限方差模型能充分地解释投机性价格数据。

参考文献

Basu, Sanjoy. 1977. "The Investment Performance of Common Stocks in Relation to Their Price-Earnings Ratios: A Test of the Efficient Markets Hypothesis," *Journal of Finance* 32: 663—682.

Bierwag, G. O., and Grove, M. A. 1971. "A Model of the Structure of Prices of Marketable U. S. Treasury Securities," *Journal of Money, Credit and Banking* 3: 605—629.

Black, Fischer; Jensen, Michael; and Scholes, Myron. 1972. "The Capital Asset Pricing Model: Some Empirical Tests." In *Studies in the Theory of Capital Markets*, edited by Michael Jensen. New York: Praeger.

Cargill, Thomas. 1975. "The Term Structure of Interest Rates: A Test of the Expectations Hypothesis," *Journal of Finance* 30: 761—771.

Clark, Peter K. 1973. "A Subordinated Stochastic Process Model with Finite Variance for Speculative Prices," *Econometrica* 41: 135—155.

Cox, John C.; Ingersoll, Jonathan E., Jr.; and Ross, Stephen A. 1977. "A Theory of the Term Structure of Interest Rates and the Valuation of Interest-Dependent Claims." Mimeographed. Stanford Univ.

Culbertson, John M. 1957. "The Term Structure of Interest Rates," *Quarterly Journal of Economics* 71: 485—517.

Fama, Eugene F. 1976. "Foreward Rates as Predictors of Future Spot Rates,"

Journal of Financial Economics 3: 361—377.

Fama, Eugene F., and Roll, Richard. 1971. "Parameter Estimates for Symmetric Stable Distributions," *J. American Statis. Assoc.* 66: 331—338.

Friend, Irwin, and Blume, Marshall E. 1970. "Measurement of Portfolio Performance under Uncertainty," *American Economic Review* 60: 561—575.

Friend, Irwin; Westerfield, Randalf; and Granito, Michael. 1978. "New Evidence on the Capital Asset Pricing Model," *Journal of Finance* 33: 903—917.

Granger, C. W. J. 1969. "Investigating Causal Relations by Econometric Models and Cross-spectral Methods," *Econometrica* 37, no. 3: 424—438.

Granger, C. W. J., and Rees, H. J. B. 1968. "Spectral Analysis of the Term Structure of Interest Rates," *Review of Economic Studies* 33: 67—76.

Homer, Sidney. 1963. *A History of Interest Rates*. New Brunswick, N. J.: Rutgers University Press.

Kichline, James L.; Laub, P. Michael; and Stevens, Guy V. G. 1973. "Obtaining the Yield on a Standard Bond from a Sample of Bonds with Heterogeneous Characteristics." Staff Econ. Study no. 77, Board Governors Federal Reserve System.

Laffer, Arthur B., and Zecher, Richard. 1975. "Some Evidence on the Formation, Efficiency and Accuracy of Anticipations of Nominal Yields," *Journal of Monetary Economics* 1: 327—342.

Leibowitz, Martin L., and Johannesen, Richard I., Jr. 1975. "Introducing the Salomon Brothers Total Performance Index for the High Grade Long-Term Corporate Bond Market." Mimeographed. New York: Salomon Brothers.

LeRoy, Stephen, and Porter, Richard. 1979. "The Present Value Relation: Tests Based on Implied Variance Bounds." Mimeographed. Board Governors Federal Reserve System.

McCallum, John S. 1975. "The Expected Holding Period Return, Uncertainty and the Term Structure of Interest Rates," *Journal of Finance* 30: 307—323.

Mishkin, Frederic S. 1978. "Efficient Markets Theory: Its Implications for Monetary Policy," *Brookings Papers on Economic Activity* 3: 707—752.

Mitchell, Brian R., and Deane, Phyllis. 1962. *Abstract of British Historical Statistics*, Cambridge: Cambridge University Press.

Modigliani, Franco, and Shiller, Robert. 1973. "Inflation, Rational Expectations, and the Term Structure of Interest Rates," *Economica* 40: 12—43.

Pesando, James E. 1978. "On the Efficiency of the Bond Market: Some Canadian Evidence," *Journal of Political Economy* 86: 1957—1076.

Phillips, Llad, and Pippenger, John. 1976. "Preferred Habitat vs. Efficient Market: A Test of Alternative Hypotheses," *Federal Reserve Bank St. Louis Review* 58: 11—19.

Roll, Richard. 1970. *The Behavior of Interest Rates: An Application of the Efficient Market Model to U. S. Treasury Bills*. New York: Basic.

Roll, Richard. 1971. "Investment Diversification and Bond Maturity," *Journal of Finance* 26: 51—66.

Sargent, Thomas J. 1972,. "Rational Expectations and the Term Structure of Interest Rates," *Journal of Money, Credit and Banking* 4: 74—97.

Sargent, Thomas J. 1976. "A Classical Macroeconometric Model for the United States," *Journal of Political Economy* 84: 207—237.

Sargent, Thomas J. 1979. "A Note on Maximum Likelihood Estimation of the Rational Expectations Model of the Term Structure," *Journal of Monetary Economics* 5: 133—143.

Shiller, Robert J. 1972. "Rational Expectations and the Term Structure of Interest Rates." Ph. D. dissertation, MIT.

Shiller, Robert J. 1978. "Rational Expectations and the Dynamic Structure of Macroeconomic Models," *Journal of Monetary Economics* 4: 1—44.

Shiller, Robert J. 1979. "Do Stock Prices Move Too Much to Be Justified by Subsequent Changes in Dividends?" Mimeographed. Univ. Pennsylvania.

Shiller, Robert J. , and Modigliani, Franco. 1979, "Coupon and Tax Effects on New and Seasoned Bond Yields and the Measurement of the Cost of Debt Capital," *Journal of Financial Economics* 7, no. 3.

Shiller, Robert J. , and Siegel, Jeremy J. 1977. "The Gibson Paradox and Historical Movements in Real Interest Rates," *Journal of Political Economy* 85: 891—908.

Sims, Christopher A. 1972. "Money, Income and Causality," *American Economic Review* 62: 540—552.

Sutch, Richard C. 1968. "Expectations, Risk and the Term Structure of Interest Rates." Ph. D. dissertation, MIT.

第16章　协整和现值模型的检验①

现值模型是经济学中最简单的动态随机模型。两个变量 y_t 和 Y_t 的现值模型阐明了 Y_t 是预期未来 y_t 的当前贴现值的线性函数：

$$Y_t = \theta(1-\delta)\sum_{i=0}^{\infty} \delta^i E_t y_{t+i} + c \tag{16—1}$$

其中，常数 c、比例系数 θ 和贴现因子 δ 是可能提前知道或可能需要估计的参数。这里和接下来的内容中，E_t 表示以包括 y_t 和 Y_t 本身而且一般超过计量经济学家可以获得的信息集 $\boldsymbol{H}_t$ 的所有公开的信息集 $\boldsymbol{I}_t$ 为条件的数学期望。这种形式的模型包括利率的预期理论（Y_t 是长期收益，而 y_t 是1期

① 与 John Y. Campbell 合作。改编自 *Journal of Political Economy* 95（1987）：1062—1088. © 1987 The University of Chicago。

利率)、股票价格的现值模型(Y_t 是股票价格,而 y_t 是股利)及这些模型的改进、消费的恒久收入理论。[1]

尽管结构具有简明性,但关于债券、股票和其他经济变量的现值模型的有效性存在的争议令人惊奇。[2]争议好像是被检验方程(16—1)存在的三个问题激发出来的。首先,文献中存在几种检验程序:这些程序包括单方程回归检验、向量自回归(VAR)的交叉方程约束条件的检验和方差边界检验。但不清楚这些可选择的方法是如何相互关联的。

其次,统计上对模型(16—1)的拒绝可能没有太多的经济学含义。用模型解释 Y_t 的大部分变化是完全可能的,即使它在 5%的水平下被拒绝。对现值模型的大多数研究集中在统计检验而不是模型"拟合"的非正式评估。

最后,变量 y_t 和 Y_t 在应用平稳随机过程理论以前,通常需要进行某些变形。一个方法是消除确定性的线性趋势,但这种做法有可能偏离对模型(16—1)的检验程序,如果事实上 y_t 和 Y_t 的水平值是非平稳的。[3]

这一章我们发展了变量一阶差分平稳时有效的现值关系的检验。[4]汉森和萨金特(Hansen and Sargent,1981a)、曼昆等人(Mankiw et al.,1985)和威斯特(West,1986,1987)已经研究了这种情况。通过应用一个相对大的信息集 $\boldsymbol{H}_t$,我们应用遵循汉森和萨金特但不同于曼昆等人和威斯特的方法。我们不仅把 y_t 而且把 Y_t 的现在和滞后值都包括在信息集 $\boldsymbol{H}_t$ 中。

我们信息集的选择具有几个优势。由于把 Y_t 包括在分析的向量随机过程中,我们实际上包含市场参与者的所有相关信息,即使计量经济学家没有观察到他们的所有信息变量。我们可以对双变量过程(y_t,Y_t)检验模型的所有含义,将法玛(Fama,1970)"弱式"检验概念进行自然推广。我们可以应用最近发展的协整过程理论(Phillips and Durlauf,1986;Phillips and Ouliaris,1986;Engle and Granger,1987;Stock,1987)。我们的检验程序可以解释为单方程回归或 VAR 的约束条件检验。我们提出了一种评估偏离模型(16—1)的经济意义的方法,比较包含在 Y_t 中的未来 y_t 的现值预测和无约束 VAR 预测。因为信息集 $\boldsymbol{H}_t$ 包含 Y_t,如果模型是正确的,那么两个预测应该相等。

我们考察债券和股票的现值模型,而我们的一个同事(Campbell,1987)研究了消费的恒久收入理论。这一章是按如下方式组织的。

16.1 节讨论当 y_t 和 Y_t 一阶差分而不是水平值平稳时，现值关系的可选择检验。16.2 节是协整文献的介绍，总结我们在检验现值模型时应用的结果。16.3 节将这个方法应用于债券和股票数据。16.4 节提出结论。

16.1　现值关系的可选择检验

检验模型（16—1）的简单方法是应用模型约束变量 $\xi_t \equiv Y_t - (1/\delta)[Y_{t-1} - \theta(1-\delta)y_{t-1}]$ 的行为。根据模型（16—1）的代换表明

$$\xi_t = Y_t - E_{t-1}Y_t + c\left(1 - \frac{1}{\delta}\right) \tag{16—2}$$

除常数以外，ξ_t 是时间 t 时 Y_t 中的真实新息（即关于整个市场信息集 $\boldsymbol{I}_t$ 的新息）。这个模型有显著的意义，仅当 Y_t, Y_{t-1}, y_{t-1} 和参数 c、θ、δ 已经知道时，新息是可观察的。[5] 在应用这篇论文时，ξ_t 有资产收益的经济学解释。在期限结构中，它是长期债券相对于短期票据的超额收益，而在股票市场上它是股票超过常数均值的超额收益乘以股票价格。

因为根据常数调整的式（16—2）的右边与信息集 $\boldsymbol{I}_{t-1}$ 中的所有元素正交，我们通过 ξ_t 关于这个集合的变量进行回归并检验系数共同为 0 来检验现值关系。这个方法是文献中的标准方法，并且好像极其简单。然而，存在一些计量经济学陷阱和需要谨慎处理的解释问题。

第一，若应用通常的渐近分布理论，用于预测 ξ_t 的回归量应该是平稳的。当然，$\boldsymbol{I}_{t-1}$ 中存在许多平稳的元素，但我们可能需要选择综合 y_t 和 Y_t 共同历史的变量。如果 y_t 和 Y_t 本身是非平稳的，平稳性要求怎样才能与这些目标一致还不清楚。

第二，虽然式（16—1）意味着式（16—2），但反之不成立。方程（16—2）与包括“理性泡沫”的式（16—1）的更一般的形式一致，该理性泡沫是一个满足 $b_t = \delta E_t b_{t+1}$ 的随机变量 b_t。最近，人们对检验式（16—1）反对 Y_t 受理性泡沫影响的选择一直存在极大的兴趣（Blanchard and Watson，1982；Hamilton and Whiteman，1985；Quah，1986；West，1987）。

第三，并不清楚 ξ_t 关于信息的回归中非零系数的 Y_t 的意义是什么。收益的可预测性有资产价格行为的后果，而且我们可能需要明确地计

算这些结果。

通过定义一个新变量 $S_t \equiv Y_t - \theta \cdot y_t$ 可以进一步认识这些问题。我们将称 S_t 为“利差”。在期限结构情况下，它正好是长期利率和短期利率的利差；对股票而言，它是股票价格和股利序列组之间的差。利差也可以写成变量 ΔY_t、Δy_t 和 ξ_t 的线性组合：$S_t = [1/(1-\delta)]\Delta Y_t - \theta\Delta y_t - [\delta/(1-\delta)]\xi_t$。

现值模型（16—1）隐含着利差的两个可选择解释。从方程（16—1）的两边减去 θy_t 并整理，我们得到

$$S_t = E_t S_t^* + c \tag{16—3}$$

其中

$$S_t^* = \theta \sum_{i=1}^{\infty} \delta^i \Delta y_{t+i}$$

并且

$$S_t = \left(\frac{\delta}{1-\delta}\right) E_t \Delta Y_{t+1} + c \tag{16—4}$$

方程（16—3）表明利差等于常数加上 y 未来变化的加权平均值 S_t^* 的最优预测；方程（16—4）表明利差与 Y 的变化的最优预测是线性关系。

方程（16—4）也可以应用于现值模型的可替代检验中，将 ΔY_t 对常数、S_{t-1} 和其他变量进行回归。S_{t-1} 的系数应该是 $(1-\delta)/\delta$，而其他变量的系数应该等于 0。这个回归只是 ξ_t 作因变量的回归的线性变形，它产生相同的检验统计量。

方程（16—3）和方程（16—4）有助于解决上面提出的两个问题。如果 Δy_t 是平稳的，从方程（16—3）推得 S_t 平稳；那么方程（16—4）隐含着 ΔY_t 平稳的意思。因此，我们能够应用 S_t 和 Δy_t 或 S_t 和 ΔY_t 作为概括模型回归检验中 y_t 和 Y_t 的双变量历史的平稳变量。（变量对 Δy_t 和 ΔY_t 也是平稳的，但由于应用这些变量我们可能失去 y_t 和 Y_t 的相对水平的信息。）我们的策略是将 S_t 和 Δy_t 一起使用。

应用方程（16—3）和方程（16—4）容易看出“理性泡沫”选择的影响。如果将满足 $b_t = \delta E_t b_{t+1}$ 的 b_t 加到方程（16—1）的右边，它出现在方程（16—3）的右边但没有影响方程（16—2）和方程（16—4）。通过构造，b_t 项是爆炸性的，正如通过方程（16—3）导致 S_t 的爆炸性

行为一样，而且这个性质通过方程（16—4）传递到 ΔY_t。[6]

因此，检验理性泡沫的意义的一种方法是检验 S_t 和 ΔY_t 的平稳性。这个方法已经由迪巴和格罗斯曼（Diba and Grossman，1984）以及其他人提出。正如我们上面提到的，S_t 可以写成 ΔY_t、Δy_t 和 ξ_t 的线性组合。因此，不依赖于任何模型，如果变量 S_t、ΔY_t、Δy_t 和 ξ_t 中有三个变量是平稳的，那么第四个变量也一定是平稳的。在平稳性检验中需要考虑这种线性依赖性。

最后，方程（16—3）和方程（16—4）提出了估计可预测的变量 ξ_t 对 Y_t 的意义的一种方法。考虑估计 Δy_t 和 S_t 的（应用它们剔除均值的值）一种 VAR 表述：

$$\begin{bmatrix}\Delta y_t\\ S_t\end{bmatrix}=\begin{bmatrix}a(L) & b(L)\\ c(L) & d(L)\end{bmatrix}\begin{bmatrix}\Delta y_{t-1}\\ S_{t-1}\end{bmatrix}+\begin{bmatrix}u_{1t}\\ u_{2t}\end{bmatrix}\tag{16—5}$$

其中，滞后算子 $a(L)$、$b(L)$、$c(L)$ 和 $d(L)$ 中的多项式都是 p 阶的。这个 VAR 可以用于 Δy_t 的多期预测，而且它包括变量 S_t，根据方程（16—3），变量 S_t 是未来 Δy_t 的现值的最优预测。

为了简化符号，方程（16—5）可以堆成一阶系统：

$$\begin{bmatrix}\Delta y_t\\ \vdots\\ \Delta y_{t-p+1}\\ S_t\\ \vdots\\ S_{t-p+1}\end{bmatrix}=\begin{bmatrix}a_1 & \cdots & a_p & b_1 & \cdots & b_p\\ 1 & & & & & \\ & \ddots & & & & \\ & & 1 & & & \\ c_1 & \cdots & c_p & d_1 & \cdots & d_p\\ & & & 1 & & \\ & & & & \ddots & \\ & & & & & 1\end{bmatrix}\begin{bmatrix}\Delta y_{t-1}\\ \vdots\\ \Delta y_{t-p}\\ S_{t-1}\\ \vdots\\ S_{t-p}\end{bmatrix}+\begin{bmatrix}u_{1t}\\ 0\\ \vdots\\ 0\\ u_{2t}\\ 0\\ \vdots\\ 0\end{bmatrix}\tag{16—6}$$

这里空白处的元素都是 0。这个表达式可以更简明地写成 $\boldsymbol{z}_t=\boldsymbol{A}\boldsymbol{z}_{t-1}+\boldsymbol{v}_t$。矩阵 $\boldsymbol{A}$ 称为 VAR 的伴随矩阵。对所有 i，$E(\boldsymbol{z}_{t+i}\mid \boldsymbol{H}_t)=\boldsymbol{A}^i\boldsymbol{z}_t$，其中 $\boldsymbol{H}_t$ 是包括 y_t 和 Y_t 或相当于 $\boldsymbol{z}_t$ 的当前和滞后值的约束信息集。这一章的其他地方，我们取条件期望为信息的线性映射。

现在我们可以讨论 VAR 体系的现值关系的含义了。一个相当弱的意义是 S_t 应该与格兰杰原因 Δy_t 呈线性关系，除非 S_t 本身是当前和滞后 Δy_t 的精确线性函数（我们在数据中没有观察到的随机奇异性；例如，它可能要求 u_{1t} 和 u_{2t} 的方差—协方差矩阵 $\boldsymbol{\Omega}$ 是奇异的)。

这个结果的直观解释是 S_t 是在以行为主体的完整信息集为条件的情况下 Δy_t 未来值的加权和的最优预测。因此，如果除变量 Δy_t 的历史外行为主体具有对预测 Δy_t 有用的信息，那么 S_t 将对未来的 Δy_t 具有增加的解释能力。如果行为主体没有这种信息，他们将 S_t 构造为当前和滞后 Δy_t 的精确线性函数。[7]

现值模型的完全约束集要求更高。通过将方程（16—3）映射到信息集 $\boldsymbol{H}_t$，我们获得这些约束条件，注意到左边没有改变，因为 S_t 在 $\boldsymbol{H}_t$ 中并改写成

$$\mathbf{g}'\mathbf{z}_t = \theta\sum_{i=1}^{\infty} \delta^i \boldsymbol{h}'\mathbf{A}^i\mathbf{z}_t$$

其中，$\mathbf{g}'$ 和 $\boldsymbol{h}'$ 是带有 $2p$ 个元素的行向量，除了 $\mathbf{g}'$ 的第 $p+1$ 个元素和 $\boldsymbol{h}'$ 的第 1 个元素是 1 外，其余元素都是 0。如果这个表达式对一般的 $\mathbf{z}_t$ 成立（如非奇异的 $\boldsymbol{\Omega}$），它应当是如下形式：

$$\mathbf{g}' = \theta\sum_{i=1}^{\infty} \delta^i \boldsymbol{h}'\mathbf{A}^i = \theta\boldsymbol{h}'\delta\mathbf{A}(\boldsymbol{I} - \delta\mathbf{A})^{-1} \tag{16—7}$$

其中，第二个等号是通过求无限和得到的，注意到它应该收敛，因为 Δy_t 和 S_t 在零假设下是平稳的。[8]

方程（16—7）的约束条件好像是被汉森和萨金特（Hansen and Sargent，1981b）描述成理性预期模型的“标志”类的高度非线性交叉方程约束条件。然而，最终证明方程（16—7）是可以简化的，因此（取 θ 和 δ 为已知的）其约束条件是线性而且容易解释的。方程（16—7）的两边后乘$(\boldsymbol{I}-\delta\mathbf{A})$，我们得到

$$\mathbf{g}'(\boldsymbol{I} - \delta\mathbf{A}) = \theta\boldsymbol{h}'\delta\mathbf{A} \tag{16—8}$$

根据矩阵 $\mathbf{A}$ 的结构，方程（16—8）的单个系数约束是 $c_i = -\theta a_i$ $(i=1,\cdots,p), d_1 = (1/\delta) - \theta b_1$；而且 $d_i = -\theta b_i (i=2,\cdots,p)$。将 $\theta\Delta y_t$ 加到 S_t 上，我们就可以解释这些约束条件。他们阐明在给定滞后的 Δy_t 和 S_t 时 $\xi_t = S_t - (1/\delta)S_{t-1} + \theta\Delta y_t$ 是不可预测的，这是方程（16—2）的信息集 $\boldsymbol{H}_t$ 隐含的意思。在我们的实证应用中，我们得到了方程（16—8）的瓦尔德检验统计量数值等同于 ξ_t 对滞后的 Δy_t 和 S_t 进行回归的瓦尔德检验统计量。[9]

VAR 框架的主要优势是它能够应用于推广偏离现值关系的不限于

统计显著性的经济意义的可选择度量。为了更清楚地理解这一点，假定现值模型是错误的以致对 $i \geqslant 1$，$E_t\xi_{t+i} \neq 0$。于是，方程（16—3）和方程（16—4）不再成立。给定信息集 $\boldsymbol{H}_t$，我们定义“理论利差”S'_t 为 y 的所有未来变化的现值的最优预测：

$$S'_t \equiv E(S_t^* \mid \boldsymbol{H}_t) = \theta \boldsymbol{h}'\delta \mathbf{A}(\boldsymbol{I} - \delta \mathbf{A})^{-1} \boldsymbol{z}_t \tag{16—9}$$

于是，忽略常数项我们有

$$S_t - S'_t = \sum_{i=1}^{\infty} \delta^i E(\xi_{t+i} \mid \boldsymbol{H}_t) \tag{16—10}$$

而且有

$$S_t - \left(\frac{\delta}{1-\delta}\right) E(\Delta Y_{t+1} \mid \boldsymbol{H}_t) = \left(\frac{1}{1-\delta}\right) E(\xi_{t+1} \mid \boldsymbol{H}_t) \tag{16—11}$$

方程（16—10）和方程（16—11）用两个不同的方法衡量对模型的偏离。给定信息集 $\boldsymbol{H}_t$，方程（16—11）的公制是 S_t 和 Y1 期变化的最优预测的差。方程（16—11）说明这个差很大，如果超额收益是提前 1 期可预测的。

方程（16—10）的公制是 S_t 和理论利差的差，如果所有未来超额收益的现值是可预测的，则理论利差很大。按照这种度量方法，对模型的巨大偏离不仅要求 ξ_t 提前 1 期可预测且要求它们提前许多期可预测。不严格地说，可预测的超额收益应和变量一样持续一致。[10]

我们应用 VAR 框架不仅要进行现值关系的统计检验，而且要评价应用方程（16—10）的公制的失败。我们描绘利差 S_t、理论利差 S'_t 和 y 的未来变化现值的非约束 VAR 预测的时间序列图。如果现值模型正确，这些变量应当不仅仅由于抽样误差而不同。已经观察到的两个变量的巨大时间序列变化差异（受抽样误差的影响）隐含着经济学上对模型的重大偏离。

VAR 框架还可以应用于检验反对更具体的选择的现值模型。例如，波动性检验是设计用于检验反对 Y_t 或“它变化太大”的一些变形的选择。

我们提出两个不同的波动性检验。第一个只是比率 $\mathrm{var}(S_t)/\mathrm{var}(S'_t)$ 等于 1 的检验。这个比率连同它的标准误差可以根据 VAR 体系进行计算。在现值模型下，这个比率应该等于 1，但是如果利差相对于未来 y 的信息太反复无常，这个比率可能大于 1。对此有所补充的统计量是 S_t

和 S'_t 之间的相关系数，因为如果方差比率和相关系数都等于 1，那么 S_t 应该等于 S'_t 且模型得到满足。[11]

按照威斯特（West，1987）的论述，我们得到如下的第二个波动性检验。让我们定义 ξ'_t 为 θ 乘以从时间 $t-1$ 到 t 以 VAR 信息集为条件的 Δy 的预期现值中的新息：

$$\begin{aligned}\xi'_t &\equiv \theta\sum_{i=0}^{\infty}\delta^i[E(\Delta y_{t+i}\mid \boldsymbol{H}_t)-E(\Delta y_{t+i}\mid \boldsymbol{H}_{t-1})]\\ &=S'_t-\left(\frac{1}{\delta}\right)S'_{t-1}+\theta\Delta y_t \qquad (16\text{—}12)\end{aligned}$$

在现值模型下，$\xi'_t=\xi_t$，因为 $S'_t=S_t$。我们再次应用标准误差构造比率 $\text{var}(\xi_t)/\text{var}(\xi'_t)$。[12]现值模型意味着这个比率应该等于 1，而股票价格太反复无常的观点暗示它将大于 1。我们称第一个方差比率为“水平方差比率”，称第二个为“新息方差比率”。

尽管 y_t 和 Y_t 各自仅仅在一阶差分是平稳的，y_t 和 Y_t 的线性组合 S_t 在水平值平稳的事实对理解现值模型是重要的。用时间序列分析的语言说，向量 $\boldsymbol{x}_t=(y_tY_t)'$ 协整。协整向量有许多我们现在讨论的重要性质。

16.2 协整向量的性质

在这一节，我们概括协整过程理论并说明如何应用于现值模型。

定义（Engle and Granger，1987）向量 $\boldsymbol{x}_t$ 是（d，b）阶协整，用 $\boldsymbol{x}_t\sim \mathbf{CI}$（$d$，$b$）表示，如果（ⅰ）$\boldsymbol{x}_t$ 的所有元素都是 d 阶单整（d 阶差分平稳）；（ⅱ）至少存在一个向量 $\boldsymbol{\alpha}$（$\neq 0$）使得 $\boldsymbol{\alpha}'\boldsymbol{x}_t$ 是 $d-b$ 阶单整，$b>0$。

当 y_t 一阶差分平稳时，向量 $\boldsymbol{x}_t=(y_tY_t)'$ 是 $\mathbf{CI}(1,1)$，如果现值模型成立的话。$\mathbf{CI}(1,1)$ 情况是理论文献中唯一被研究得最多的情况，推出的结果适用于它。

（1，1）阶协整系统具有两个不寻常的性质。这些性质关系到协整变量表现恰当的向量时间序列表达式的存在性和向量 $\boldsymbol{\alpha}$ 未知元素的估计。两个性质都与检验现值模型有关。

协整向量的第一个重要性质是一阶差分 $\Delta\boldsymbol{x}_t$ 的向量移动平均表达式（VMA）不可逆。同样地，$\Delta\boldsymbol{x}_t$ 的谱密度矩阵在零频率时奇异。这个奇异性就是"共同保持"$\boldsymbol{x}_t$ 的元素使得线性组合平稳。

更正式地，写成 $\Delta\boldsymbol{x}_t=\boldsymbol{K}(L)\boldsymbol{\varepsilon}_t=\boldsymbol{I}\boldsymbol{\varepsilon}_t+\boldsymbol{K}_1\boldsymbol{\varepsilon}_{t-1}+\cdots$。矩阵 $\boldsymbol{M}=\boldsymbol{K}(1)\boldsymbol{K}(1)'$，这里 $\boldsymbol{K}(1)=\boldsymbol{I}+\boldsymbol{K}_1+\boldsymbol{K}_2+\cdots$ 是 $\Delta\boldsymbol{x}_t$ 在零频率的谱密度矩阵。现在如果 $\boldsymbol{\alpha}'\boldsymbol{x}_t$ 的方差存在，它将由下式给出：

$$\mathrm{var}(\boldsymbol{\alpha}'\boldsymbol{x}_t)=\sum_{i=0}^{\infty}\boldsymbol{\alpha}'\boldsymbol{C}_i\boldsymbol{V}\boldsymbol{C}'_i\boldsymbol{\alpha}$$

其中，$\boldsymbol{V}$ 是 $\boldsymbol{\varepsilon}_t$ 的方差—协方差矩阵，而 $\boldsymbol{C}_i=\boldsymbol{I}+\boldsymbol{K}_1+\cdots+\boldsymbol{K}_i$。忽略 $\boldsymbol{V}$ 是奇异的退化情况，当且仅当 $\boldsymbol{\alpha}'\boldsymbol{C}_i$ 收敛于 0 时上述求和项收敛。但当 $i\to\infty$ 时 $\boldsymbol{C}_i$ 的极限是 $\boldsymbol{K}(1)$，所以对收敛而言，我们应该有 $\boldsymbol{\alpha}'\boldsymbol{K}(1)=0$，它要求 $\boldsymbol{K}(1)$ 和 $\boldsymbol{M}$ 是奇异的。

从这一点可以推出如果经济理论对非平稳变量集施加协整，所有变量的简单一阶差分可能导致计量经济学问题。VMA 的非可逆性破坏了应用有限 VAR 表达式的常规论据，有限 VAR 能够任意令人满意地近似到真实的 VMA。直观上，这个问题是因为协整系统比变量的单位根更少而产生的，所以对所有变量求一阶差分相当于对整个系统过度求差分。[13]

幸运的是，对于这个困难有简单的解决办法，即将 $\boldsymbol{\alpha}'\boldsymbol{x}_t$ 和 $\Delta\boldsymbol{x}_t$ 的一个元素的子集包含在 VAR 中。联系 $\boldsymbol{x}_t$ 的一个元素的变化与它自己的滞后值和 $\boldsymbol{\alpha}'\boldsymbol{x}_t$ 的滞后值的方程被称为 $\boldsymbol{x}_t$ 的该元素的误差修正模型。前面一节提出的检验现值模型的 VAR 与描述 $\boldsymbol{\alpha}'\boldsymbol{x}_t$ 演化的一个方程一起构成 y_t 的误差修正模型。

从协整理论得到的第二个重要结果涉及"协整向量"$\boldsymbol{\alpha}$。在现值模型中，$\boldsymbol{\alpha}$ 唯一适合于标量正态化且与（$-\theta\quad 1$）$'$ 成比例。斯托克（Stock，1987）与菲利普斯和欧里亚斯（Phillips and Ouliaris，1986）证明了许多方法都提供以与样本规模 T（而不是像通常情况的 $\sqrt{T}$）成比例的速度收敛到真实参数的估计。这样做的理由是，渐近地看除 $\boldsymbol{\alpha}'\boldsymbol{x}_t$ 外 $\boldsymbol{x}_t$ 的元素的所有线性组合具有无限的方差。

实际意义是 $\boldsymbol{\alpha}$ 的未知元素可以用 1 阶段回归进行估计，接着可以在 2 阶段程序中当作已知量处理，渐近标准误差仍然是正确的。这一点在实施前一节的 VAR 检验时极其有用。例如，在股票价格情况下，现值模型约束 $\theta=\delta/(1-\delta)$，所以我们能够根据初步回归估计贴现因子然后在检验模型时把它当作已知量对待。

已经提出两种估计未知参数 θ 的初步回归。第一种回归被英格尔和格兰杰（Engle and Granger，1987）称为协整回归，它只是 Y_t 关于 y_t 的回归。第二种回归是 Δy_t 或 ΔY_t 关于 y_t 和 Y_t 的滞后变化和水平值的“误差修正”回归。在第一种情况下，我们将 θ 估计为 y_t 的系数，而在第二种情况下，我们取滞后 y_t 的系数和滞后 Y_t 的系数的比率。

我们可以证明应用误差修正回归更可取，因为它更完美地解释了 Y_t 和 y_t 短期动态变化的原因。然而，它也有一个重要的缺陷。对任何两元素的协整向量而言，存在两种可能的误差修正回归，一个对 Δy_t，一个对 ΔY_t。在这些回归的一种回归中，单独的协整没有排除滞后的 Y_t 和 y_t 具有样本总体零系数，使得系数比率不能识别想要的参数。[14] 当然，在现值模型下，Δy_t 的误差修正方程具有非零系数（因为 $\boldsymbol{\alpha}'\boldsymbol{x}_t$ 是 Δy_t 的格兰杰原因），但这不是所有合理选择隐含的意思。相应地，我们主要依赖于协整回归识别 θ。

我们可能需要实施 $\boldsymbol{x}_t$ 不是协整的零假设的正式统计检验。这会造成一些困难的统计问题。如果可以获得协整向量 $\boldsymbol{\alpha}$ 的一个候选向量，零假设是 $\boldsymbol{\alpha}'\boldsymbol{x}_t$ 非平稳，而且我们能够应用修正的迪克-富勒（Dicker-Fuller，1981）检验，将 $\boldsymbol{\alpha}'\boldsymbol{x}_t$ 的变化关于常数和单个滞后水平值进行回归。t 统计量和 F 统计量由于方程残值的序列相关性而像菲利普斯和佩龙（Phillips and Perron，1986）与菲利普斯（Phillips，1987）提出的那样修正，然后与迪克和富勒用数值方法计算的显著性水平进行比较。如果统计量充分高，零假设被拒绝。

如果协整向量不知道但必须根据协整回归进行估计，那么迪克-富勒显著性水平不再合适。英格尔和格兰杰（Engle and Granger，1987）分析了应用来自于协整回归和 $\boldsymbol{\alpha}'\boldsymbol{x}_t$ 的估计的残值的许多检验。我们报告这些检验统计量的两个，一个基于迪克-富勒回归，而另一个基于扩充带有四个滞后因变量的回归。英格尔和格兰杰提供了这些检验的基于蒙特卡罗研究的显著性水平。[15]

菲利普斯和奥里亚斯（Phillips and Ouliaris，1986）提出了非协整的零假设的一个可选择检验程序。他们的方法包括非参数地计算零频率的谱密度矩阵 $\boldsymbol{M}$。正如上面讨论的一样，这个矩阵将在零假设下非奇异，而在协整选择下奇异。与英格尔-格兰杰程序不同，他们的检验统计量具有渐近摆脱讨厌参数的分布。他们将他们的方法应用于我们的数据，而且我们下面将提到他们的结果。

16.3　检验债券和股票市场的模型

这一节我们应用上面发展的方法检验债券和股票的现值模型。常常称为“期限结构的预期理论”的债券模型是参数 θ 和 δ 预先知道（θ 等于 1，δ 是线性化参数）而常数 c 为模型未加限制的流动性溢价的方程（16—1）的特殊情况。[16]

我们就月度美国财政部债券 20 年收益序列检验债券的现值模型，1959—1983 年的数据可以从所罗门兄弟的收益和收益差的分析记录获得。使用的短期利率是 1 个月国库券利率，1982 年以前的数据从《财政部公报》获得，此后数据来自于《华尔街日报》。[17]这些数据以前在坎贝尔和希勒（Campbell and Shiller，1984）的文章中研究过；希勒等人（Shiller et al.，1983）用非常类似的数据研究过。我们对 1959 年 1 月—1983 年 10 月的全样本和结束于 1978 年 8 月的短样本提出两个实证结果，短样本更可能对应于单一利率体制。[18]

股票的现值模型是方程（16—1）中已知 θ 等于 $\delta/(1-\delta)$ 的特例。该模型限制常数 c 等于 0。贴现因子 δ 事先不知道但可以通过估计股票价格和股利的协整向量进行推断；股票的样本平均收益也提供了一致的估计。[19]

用这个公式计算股票价格的一个难题是 Y_t 和 y_t 不是被同时度量的。Y_t 项是期初的股票价格，而 y_t 是时间 t 以内的某个时间支付的。16.1 节提出的方法的朴实应用可能要求我们假定 y_t 在时间 t 开始就为市场所知；但正如威斯特（West，1987）和其他人指出的那样，如果实际上 y_t 仅仅在时间 $t+1$ 开始时才为市场所知，这可能诱使我们陷于对该模型的虚假拒绝。直观上，利用事后信息不难“预测”超额收益。为了避免这个问题，通过构造一个变量 $SL_t \equiv Y_t - \theta y_{t-1}$，我们修改了 16.1 节的程序。在检验中我们应用这个变量并恰当地改变交叉方程约束条件。VAR 中的因变量现在是 SL_t 和 Δy_{t-1}，在我们关于市场信息的保守假设下，两者都在从时间 t 开始的信息集中但两者不在从时间 $t-1$ 开始的信息集中。[20]因为 $SL_t = S_t + \theta\Delta y_t$，如果 S_t 和 Δy_t 是平稳的，SL_t 当然也是平稳的。

我们利用 1871—1986 年更广泛的股票指数的实际年度价格和股利的时间序列数据检验股票模型。Y_t 项是 1 月份标准普尔综合股票价格指数，除以调整的 1 月份生产者价格指数，使得 1967 年的生产者价格指数等于 100。（1900 年以前应用年度平均生产者价格指数。）始于 1926 年的名义股利序列是根据标准普尔综合股票价格指数调整的每股四个季度总和股利。1926 年前的名义股利来自于考沃勒斯（Cowles，1939），他将标准普尔序列作了相应的拓展。[21]最后，y_t 是名义股利序列除以调整的年度平均生产者价格指数，使得 1967 年的生产者价格指数等于 100。

如同表 16—1 的 A 部分和 B 部分显示的，我们对原始数据和 16.1 节讨论的各种线性组合进行单位根检验。这是一个重要的开始，因为我们的方法当且仅当 y_t 是一阶单整时适用。我们提出基于迪克-富勒回归中的滞后水平值的 t 统计量、由菲利普斯和佩龙（Phillips and Perron，1986）与菲利普斯（Phillips，1987）提出的四阶序列相关性修正的检验统计量。[22]我们进行有和没有时间趋势的迪克-富勒回归；当可选择假设是序列围绕趋势平稳时前者是适用的，而当可选择假设是序列围绕固定的平均值平稳时后者是适用的。

表 16—1A 部分的结果普遍支持短期利率和长期利率协整的观点，协整向量像预期理论隐含的那样等于 [−1 1]。在 1959—1978 年的短样本中，我们不能拒绝短期利率和长期利率在相同的 10%水平上有单位根的假设；然而，存在利率变化平稳的强烈证据。当估计趋势时，长短期利差具有单位根的假设在 10%的水平下被拒绝，而当趋势被回归排除时，该假设在 5%的水平下被拒绝。最后，超额收益 ξ_t 好像也是平稳的；由于 16.1 节讨论的线性依赖性，这一点连同 Δy_t 和 ΔY_t 的结果一起成为利差平稳的间接证据。

全样本期 1959—1983 年的结果是相当类似的。甚至存在利差平稳的更强烈证据，而且短期利率的单位根假设能够被拒绝，除非利率中的趋势在先前的区域被消除。[23]

在表 16—1B 部分，我们对股票市场的数据重复这些检验。y_t 和 Y_t 好像仍然是一阶单整的。在股票市场，参数 θ 不是被现值模型决定的，因为参数 θ 在期限结构中。因此，我们应该利用从数据中获得的 θ 的估计值计算 SL_t 和 ξ_t。严格地说，这一点使 SL_t 和 ξ_t 的菲利普斯-佩龙检验无效，但我们像数据描述的那样报告统计量。

表 16—2 给出了 θ 的另一可选择估计程序的细节。协整回归估计 θ 为 31.092；对应的实际贴现率（θ 的倒数）是 3.2%，它低于平均股利—价格比率且大大低于 8.24%的样本平均收益。[24]误差修正回归提供了一个相当类似的估计，θ 为 37.021，而隐含的实际贴现率为 2.7%。利用 8.2%和 3.2%的贴现率作为我们方法稳健性的检查，我们构造 SL_t。

表 16—1　　　　单位根检验（检验统计量 $zt\alpha$）[a]

变量	带有趋势的变量	没有趋势的变量
	A. 期限结构	
样本期：1959—1978 年		
y_t	−2.78	−1.72
Y_t	−2.76	−.46
Δy_t	−17.40（1%）	−17.44（1%）
ΔY_t	−15.30（1%）	−15.32（1%）
S_t	−3.15（10%）	−3.08（5%）
ξ_t	−15.22（1%）	−15.25（1%）
样本期：1959—1983 年		
y_t	−3.83（2.5%）	−2.32
Y_t	−2.51	−.50
Δy_t	−17.05（1%）	−17.08（1%）
ΔY_t	−15.27（1%）	−15.29（1%）
S_t	−4.77（1%）	−4.67（1%）
ξ_t	−15.18（1%）	−15.19（1%）
	B. 股票市场	
y_t	−2.88	−1.28
Y_t	−2.19	−1.53
Δy_t	−8.40（1%）	−8.44（1%）
ΔY_t	−9.91（1%）	−9.96（1%）
θ=31.092		
SL_t	−4.35（1%）	−4.31（1%）
ξ_t	−9.93（1%）	−9.99（1%）
θ=12.195		
SL_t	−2.68	−2.15
ξ_t	−9.76（1%）	−9.69（1%）

a. 变量 X_t 的检验统计量是基于（带有趋势的）回归 $\Delta X_t=\mu+\beta t+\alpha X_{t-1}$ 或（没有趋势的）回归 $\Delta X_t=\mu+\alpha X_{t-1}$ 中 α 的 t 统计量。t 统计量是根据菲利普斯和佩龙（Phillips and Perron，1986）及菲利普斯（Phillips，1987）提出的方法中方程残值的序列相关性而矫正的。显著性水平是①带有趋势的：10%，−3.12；5%，−3.41；2.5%，−3.66；1%，−3.96；②没有趋势的：10%，−2.57；5%，−2.86；2.5%，−3.12；1%，−3.43。

表 16—2　　股票市场协整向量的估计和协整检验[a]

	R^2	θ的估计值	隐含的贴现率（%）
1. $Y_t=-12.979+31.092y_t$	0.842	31.092	3.2
2. $\Delta y_t=0.101+0.165\Delta y_{t-1}$			
$+0.010\Delta Y_t$	0.373	37.021	2.7
$-0.157y_{t-1}+0.004Y_t$			
3. 样本平均收益=8.2%	—	12.195	8.2

a. 无协整的检验：方程（16—1）残值的英格尔和格兰杰（Engle and Granger，1987）ξ_2 统计量，3.58；显著性水平：10%，3.03；5%，3.37；1%，4.07。方程（16—1）残值的英格尔和格兰杰（Engle and Granger，1987）ξ_3 统计量，2.64；显著性水平：10%，2.84；5%，3.17；1%，3.77。

英格尔和格兰杰基于协整回归残值的无协整的检验给出了不同的结果：ξ_2 统计量在5%水平上拒绝，而 ξ_3 统计量在10%水平上勉强没有拒绝。表 16—1B 部分的菲利普斯-佩龙检验也是综合的。当应用 3.2%的贴现率时，SL_t 和 ξ_t 好像都是平稳的，但在 8.2%的贴现率情况下检验未能拒绝 SL_t 的单位根零假设，即使这些检验对 Δy_t 、ΔY_t 和 ξ_t 都拒绝。股票价格和股利之间好像存在一些协整的证据，但比期限结构中的协整证据更弱。[25]

表 16—1 的结果没有暗示“理性泡沫”在期限结构或股票市场出现，因为泡沫可能导致 ΔY_t 和 S_t 都是非平稳的。相应地，我们下面按照可预测的超额收益解释检验统计量。

在表 16—3 中，A 部分我们报告期限结构预期理论的 VAR 检验的描述性统计量。VAR 以 Δy_t 和 S_t 作为变量，滞后期数按照赤池信息准则（AIC）选择。[26]在构造标准误差和检验统计量时应用怀特（White，1984）的异方差—一致协方差矩阵估计量。对短样本 1959—1978 年和全样本 1959—1983 年估计 VAR；它们分别有 11 个和 6 个滞后期。

在两个样本期中，滞后变量对短期利率的变化具有程度相当的解释能力。Δy_t 方程的 R^2 在短样本下是 21.6%，而在全样本下是 17.1%。这个观点为反对曼昆和米伦（Mankiw and Miron，1986）认为美国战后时期短期利率变化基本上不可预测的观点而辩解。而且，存在利差是短期利率变化的格兰杰原因的强烈证据，因为如果预期理论是真实的它们应该如此。没有格兰杰因果关系的假设对短样本能够在 0.01%的水平拒绝，而对全样本能够在 0.3%的水平拒绝。

表 16—3　　现值模型的检验

A. 期限结构

样本期：1959—1978 年

赤池信息准则选择滞后期为 11 的 VAR

Δy 方程 $R^2=0.216$；在 0.01%的水平上 S 是 Δy 的格兰杰原因

S 方程 $R^2=0.877$；在 0.3%的水平上 Δy 是 S 的格兰杰原因

现值模型：$\chi^2(22)=83.02$；P 值<0.005%

描述性统计量：

$E(\Delta y)=0.016$	$\sigma(S)=1.060$
$E(S)=1.144$	$\mathrm{var}(S)/\mathrm{var}(S')=0.987(0.360)$
$E(S')=0.016$	$\mathrm{corr}(S,S')=0.978(0.011)$
$\sigma(\Delta y)=0.442$	$\mathrm{var}(\xi)/\mathrm{var}(\xi')=1.160(1.146)$

样本期：1959—1983 年

赤池信息准则选择滞后期为 6 的 VAR

Δy 方程 $R^2=0.171$；在 3%的水平上 S 是 Δy 的格兰杰原因

S 方程 $R^2=0.772$；在 1.3%的水平上 Δy 是 S 的格兰杰原因

现值模型：$\chi^2(12)=35.63$；P 值=0.03%

描述性统计量：

$E(\Delta y)=0.021$	$\sigma(S)=1.320$
$E(S)=1.138$	$\mathrm{var}(S)/\mathrm{var}(S')=3.394(3.948)$
$E(S')=0.021$	$\mathrm{corr}(S,S')=0.956(0.098)$
$\sigma(\Delta y)=0.793$	$\mathrm{var}(\xi)/\mathrm{var}(\xi')=0.502(0.506)$

B. 股票市场

样本期：1871—1986 年

$\theta=12.195$（8.2%贴现率）：赤池信息准则选择滞后期为 4 的 VAR

Δy 方程 $R^2=0.400$；在低于 0.001%的水平上 SL 是 Δy 的格兰杰原因

SL 方程 $R^2=0.837$；在 63.3%的水平上 Δy 是 SL 的格兰杰原因

有均值约束的现值模型的检验：$\chi^2(9)=15.74$；P 值=7.2%

没有均值约束的现值模型的检验：$\chi^2(8)=15.72$；P 值=4.7%

描述性统计量：

$E(\Delta y)=0.017$	$\sigma(SL)=15.51$
$E(SL)=16.07$	$\mathrm{var}(SL)/\mathrm{var}(SL')=67.22(86.04)$
$E(SL')=2.563$	$\mathrm{corr}(SL,SL')=-0.459(0.801)$
$\sigma(\Delta y)=0.168$	$\mathrm{var}(\xi)/\mathrm{var}(\xi')=11.27(4.49)$

续前表

B. 股票市场	
$\theta=31.092$（3.2%贴现率）：赤池信息准则选择滞后期数为 2 的 VAR	
Δy 方程 $R^2=0.378$；在低于 0.001%的水平上 SL 是 Δy 的格兰杰原因	
SL 方程 $R^2=0.516$；在 1.8%的水平上 Δy 是 SL 的格兰杰原因	
有均值约束的现值模型的检验：$\chi^2(5)=14.90$；P 值=1.1%	
没有均值约束的现值模型的检验：$\chi^2(4)=5.75$；P 值=21.8%	
描述性统计量：	
$E(\Delta y)=0.017$	$\sigma(SL)=9.937$
$E(SL)=-12.52$	$\text{var}(SL)/\text{var}(SL')=4.786(5.380)$
$E(SL')=16.66$	$\text{corr}(SL,SL')=0.911(0.207)$
$\sigma(\Delta y)=0.167$	$\text{var}(\xi)/\text{var}(\xi')=1.414(0.441)$

方程（16—8）中预期理论约束条件的正规检验非常强烈地被拒绝了。长期债券的超额收益不可预测的零假设对短样本能够在低于0.005%的水平上被拒绝，而对全样本能够在 0.03%的水平上被拒绝。超额收益的 R^2 值分别是 26.3%和 16.7%。[27] 在相应的回归（16—4）中，使长期利率的变化作为因变量，利差系数得到了一个错误的符号（短样本为−0.020，全样本为−0.039）。[28]

尽管有这些不利结果，表 16—3A 部分的描述性统计量暗示期限结构预期理论存在一个重要的真实成分。利差看起来确实与未来短期利率现值的非约束预测的理论利差的变化非常接近。在两个样本期中，利差的方差无关紧要地不同于理论利差的方差（即我们的“水平方差比率”没有拒绝），而且两个变量具有类似的新息方差和极高的相关性。在 1959—1978 年，实际利差和理论利差之间的相关系数是 0.978，标准误差为 0.011，在 1959—1983 年相关系数是 0.956，标准误差为0.098。图 16—1 描述了短样本中 S_t 和 S'_t 的共同变化。[29]

这个现象提出的思想是收益可预测性的检验对背离预期理论高度敏感——事实上如此敏感使得它们可能掩盖理论的一些功绩。一个例子可以说明这一点。假定长期和短期利率按下面的方式不同于预期理论：$S_t=S'_t+\omega_t$，其中，ω_t 是序列不相关的噪音。正如坎贝尔和希勒（Campbell and Shiller，1984）指出的那样，债券超额收益将根据 S_t 预测，而且 ΔY_{t+1} 关于 S_t 的回归可以得到与方程（16—4）预测的符号相反的系数，即使 ω_t 的方差相当小。然而，S_t^* 关于 S_t 的回归将得到与方

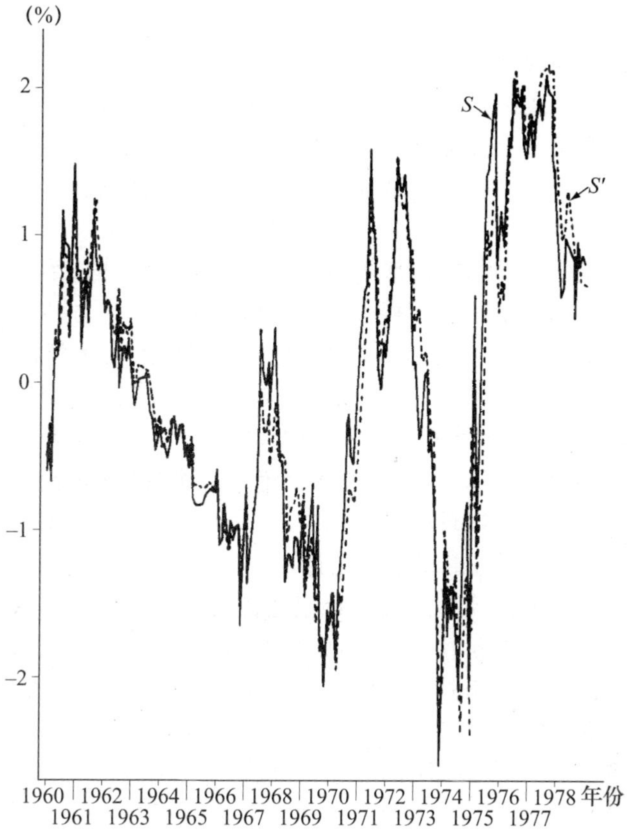

图 16—1　期限结构：对长短期利差 S_t 和理论利差 S'_t 的平均值的背离

程（16—3）预测的符号相同的系数，而且如果 ω_t 的方差小，ω_t 引起的向下偏差将小。此外，方差比率 $\mathrm{var}(S_t)/\mathrm{var}(S'_t)$ 和 $\mathrm{var}(\xi_t)/\mathrm{var}(\xi'_t)$ 可能不会比 1 大很多。在这个例子中，利差几乎正确地预测出短期利率的变化，即使利差糟糕地错误预测了长期利率的变化。背离现值模型是暂时的而不是持续的，所以方程（16—10）的公制揭示了被方程（16—11）的公制掩盖的预期理论的力量。[30]

表 16—3 的 B 部分，我们重复股票价格和股利的上述做法。我们用一个样本期但用两个贴现率进行研究。当样本平均贴现率用 8.2％时，赤池准则选择 4 阶滞后的数据阐述，而当协整回归贴现率用 3.2％时选择 2 阶滞后数据阐述。

VAR 估计值提出股利变化是相当高度可预测的；解释股利变化的方程的 R^2 值大约是 40％。存在价格—股利利差是股利变化的格兰杰原因的非常强烈的证据，它是我们能够预期的，如果股票价格的现值模型存在任何真理因素的话。

我们对模型实施两个正规的检验。第一个检验限制价格—股利差的平均值，而第二个检验让平均值不受约束而只限制变量的动态。（在期限结构情况下，平均利差常常是无约束的，因为我们允许常数风险溢价。）

这些检验的结果包括在常规显著性水平上的统计拒绝，但它们几乎没有期限结构中拒绝得那样强烈。这些结果的模式对贴现率的选择敏感。当应用样本平均收益时，SL_t 的平均值约束几乎精确地得到满足。因此，与全部约束集 7.2%的水平相比，只有方程（16—8）的动态约束检验在 4.7%的水平上更强烈地被拒绝。当应用协整回归的贴现率时，全部约束集在 1.1%的水平被拒绝，而动态约束的显著性水平只有 21.8%。[31]对两个贴现率而言，ΔY_{t+1} 关于 SL_t 的回归给出带负号而不是现值模型隐含的正号的系数估计。[32]

这些检验是现值模型反对非特定选择的现值模型的“旅行箱”检验。为检验反对股票价格水平或新息“变化太大”的特定选择，我们还提出方差比率。当应用样本平均贴现率时，水平值方差比率 $\mathrm{var}(SL_t)/\mathrm{var}(SL'_t)$ 的点估计为 67.22，它显著不同于 1。不出意外地，当未来股利变化用协整回归估计的更低的利率贴现时方差比率更小，但它为 4.79，仍然很大。然而，这些比率的渐近标准误差巨大，而且我们不能拒绝两者等于 1 的假设。

新息方差比率 $\mathrm{var}(\xi_t)/\mathrm{var}(\xi'_t)$ 也被估计大于 1，而这里的标准误差不那么极端。在样本平均贴现率情况下，我们能够在 5%的水平上拒绝新息方差比率等于 1 的假设；估计它等于 11.27，标准误差为 4.49。利用更低的贴现率，这个比率被估计为 1.41，标准误差为 0.44。

价格—股利差和股利变化的非约束 VAR 预测的图形给出了这些方差结果的形象化图像。在 8.2%的贴现率下（见图 16—2），SL_t 和 SL'_t 负相关（但相关系数有一个很大的标准误差）而且利差的过度波动十分显著。在 3.2%的贴现率下（见图 16—3），SL_t 和 SL'_t 有一个 0.911 的相关系数（标准误差 0.207），而过度波动性更不显著。[33]

为了比较我们关于波动性的结果与利用前面方法的结果，我们还利用期末条件 $S_T^* = S_T$ 计算 S_t^* 的样本值，其中 T 是我们样本中最后的观察点。类似地，我们计算 SL_t^*。方程（16—3）隐含着 $\sigma(S_t^*) > \sigma(S_t)$ 和 $\sigma(SL_t^*) > \sigma(SL_t)$。对 1959—1978 年的债券数据而言，$\sigma(S_t^*) =$

1.217，而 $\sigma(S_t)=1.060$，所以不等式满足。对 8.2%的贴现率的股票数据而言，$\sigma(SL_t^*)=7.928$，而 $\sigma(SL_t)=15.506$，所以不等式被明显地违反。不等式再次被 3.2% 的贴现率的股票数据满足，其中 $\sigma(SL_t^*)=12.888$，$\sigma(SL_t)=9.937$。

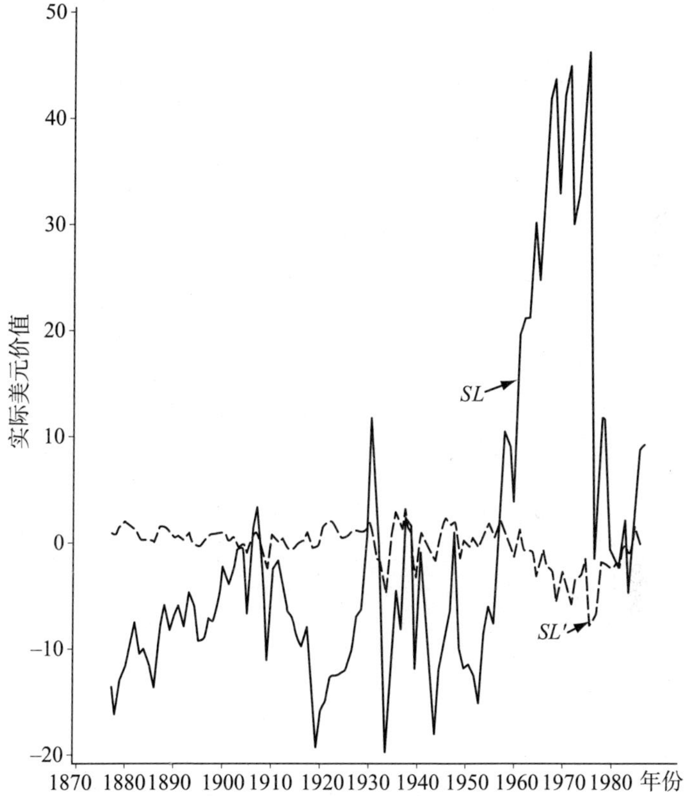

图 16—2

股票市场：对实际利差（$SL_t=P_t-\theta\cdot D_{t-1}$）和理论利差 SL'_t 的平均值的背离，$\theta=12.195$。其中 P_t 为价格，D_{t-1} 为红利。

按照斯科特（Scott，1985）的方法，我们还将 S_t^* 关于 S_t 和常数进行回归。如果现值模型正确，S_t 的系数应该等于 1。同样的结论对 SL_t^* 和 SL_t 的相应回归也成立。对 1959—1978 年的债券而言，我们估计的系数为 0.81；对贴现率为 8.2%的股票，我们估计的系数为 0.16，而对贴现率为 3.2%的股票，我们估计的系数为 0.02。因此，应用 S_t^* 和 SL_t^* 得到的结果普遍支持债券现值模型拟合数据比较好的结论，而

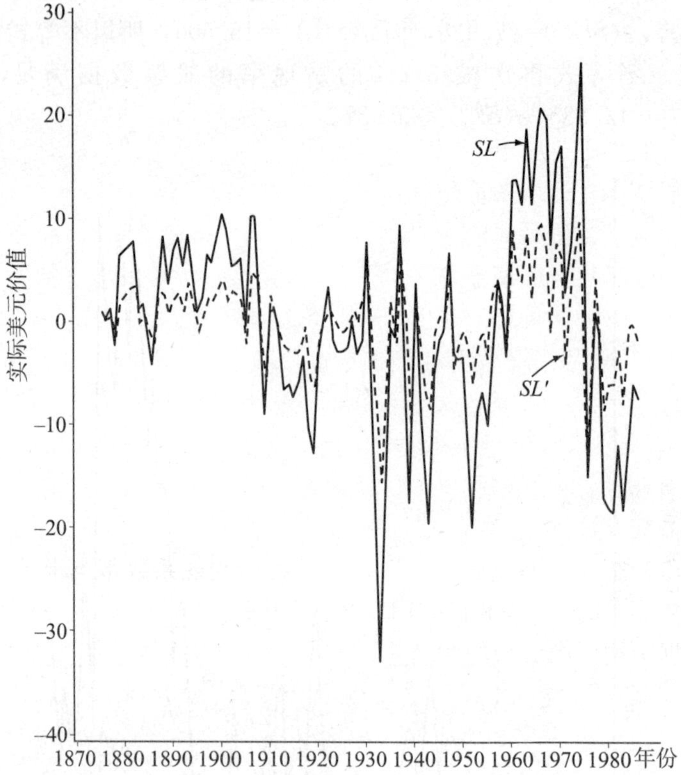

图 16—3

股票市场：对实际利差（$SL_t = P - \theta \cdot D_{t-1}$）和理论利差 SL'_t 的平均值的背离，$\theta =$ 31.092。

股票现值模型拟合性糟糕，即使从统计上看它不能在高置信水平被拒绝。

我们以关于图形和 VAR 体系产生的描述性统计量的说明结束。如果选择错误的 θ 值以致利差变量是非平稳的，VAR 模拟方法可能正在误导人。例如，如果 θ 值选得太大，则 S_t 的变化被 $-\theta y_t$ 的变化所控制。于是，如果我们将 Δy_t 和 $-\theta y_t$ 关于这些变量的滞后值进行回归，VAR 结果近似于我们可能得到的那些回归结果。众所周知，非平稳变量的自回归参数的有限样本估计是向下偏离的，而且如果 θ 值太大，这个问题将困扰 VAR。

在 y_t 服从带有单位根的 AR(1) 过程和 VAR 仅仅包括一个滞后的简单情况下，我们能够证明估计的 VAR 伴随矩阵将使第一列为 0，而

第二列为 $((1-\rho)/\theta, \rho)'$，其中 ρ 是单位根的向下偏离的估计。不管变量 Y_t 的行为是什么，这个伴随矩阵几乎严格地满足方程（16—9）的约束条件。这种错误表述的症状可能是平均收益不遵循模型，即使收益的动态变化好像满足约束条件。

当我们应用对应于 31.092 的高 θ 值的低贴现率 3.2%时，这种问题影响股票市场的结果是可能的。生成这个 θ 估计值的协整回归——Y 的水平值对 y 的水平值的回归——被战后股票价格的巨大隆起所控制。因为这个隆起与实际股利温和得多的隆起恰好重合，回归估计出的 y 的系数比历史平均价格—股利比率大许多。负截距防止拟合值在样本期总体上过高预测 Y。结果，在大部分样本期，利差 SL_t 与滞后股利明显地负相关。[34] VAR 估计值将很大的权数放在样本期的前面部分，因为股利方程按照 1946 年以前更可变的股利变化确定。因此，SL_t 和 SL'_t 的高相关性在某种程度上可能是虚假的。

这个观点被 SL_t^* 关于 SL_t 的回归结果所支持。这是被战后股票价格隆起所控制的水平值回归，而且这里我们发现系数基本上等于 0 而不是模型要求的 1。当我们应用 3.2%的贴现率时，我们强烈地拒绝适合于数据平均值的模型的意义的事实给这个观点提供了进一步的支持。

16.4　结　论

这一章我们已经说明当模型的变量 y_t 和 Y_t 服从一阶差分平稳而不是水平值平稳的线性随机过程时，现值模型可以怎样检验。如果现值模型是正确的，那么变量的线性组合——我们称为利差——是平稳的。因此，y_t 和 Y_t 协整。模型隐含着利差与 Y_t 的 1 期变化的最优预测呈线性关系，也与 y_t 所有未来变化的现值的最优预测呈线性关系。我们已经说明怎么实施这些意义的正规瓦尔德检验。

我们还提出了评价现值模型“拟合”的非正式方法。应用 VAR 构造未来 y_t 变化的现值的最优非约束预测，而且用这个预测与利差相比较。如果模型正确，非约束预测或“理论利差”应该等于实际利差。我们计算两个变量的方差和相关系数并描绘它们的历史变化。

将我们的方法应用于有争议的股票和债券的现值模型。我们发现在通常的显著性水平上两个模型都能够在统计上被拒绝，对债券而言证据要强烈得多。然而，在我们的数据集中，长期利率和短期利率之间的利差好像与未来短期利率变化的现值的非约束预测的变化相当接近。这一点可以被解释为背离债券现值模型是暂时的证据。与之对照，我们对股票现值模型的评价表明股票价格与股利之间的利差变化太大，而且对现值模型的背离相当持久，虽然这一点的证据敏感地依赖于检验中采用的贴现率。

注　释

［1］将方程（16—1）的贴现总和推广到无穷区间。这一章的大多数方法能应用于有限区间情况，但要以增加复杂性为代价。整个这一章，我们将把条件期望看作信息的线性映射处理。

［2］对债券而言，参看 Sargent（1979）；Shiller［1979（chapter 15），1981a，1987］；Hansen and Sargent（1981a）；Shiller，Campbell and Schoenholtz（1983）；Campbell and Shiller（1984）。对股票而言，参看 LeRoy and Porter（1981）；Shiller［1981b（chapter 5），1984］；Mankiw，Romer and Shapiro（1985）；Scott（1985）；Marsh and Merton（1986）；West（1986，1987）。

［3］这个观点是克莱登（Kleidon，1986）与马什和默顿（Marsh and Merton，1986）针对股票提出来的，曼昆和夏皮罗（Mankiw and Shapiro，1985）对消费的恒久收入理论提出了类似的论点。

［4］将变量 y 和 Y 建立对数一阶差分平稳的模型可能是有吸引力的。然而，因为模型（16—1）与水平值呈线性关系，所以用对数表述是难以处理的，除非我们愿意集中于特殊情况或使模型近似（Campbell and Shiller，1986）。

［5］变量 ξ_t 还可以写成常数加所有未来 y_t 的预期现值的真实新息。然而，我们注意到一般的模型没有识别 y_t 本身的新息。

［6］奎伊（Quah，1986）给出了 b_t 满足 $b_t = \delta E_t b_{t+1}$ 但平稳的一个例子。然而，这个例子违背了我们这里假定的条件期望和线性映射的等价性。

［7］正式的证明过程如下。假定 S_t 不是 Δy_t 的格兰杰原因。那么，$E(\Delta y_{t+i} \mid \boldsymbol{H}_t) = E(\Delta y_{t+i} \mid \Delta y_t, \Delta y_{t-1}, \cdots)$ 对所有 i 成立，而且根据方程（16—3），$E(S_t \mid \boldsymbol{H}_t) = E(S_t \mid \Delta y_t, \Delta y_{t-1}, \cdots)$，它是当前和滞后 Δy_t 的精确线性函数。因为 S_t 自身就在信息集 $\boldsymbol{H}_t$ 中，$S_t = E(S_t \mid \boldsymbol{H}_t)$。

［8］在爆炸性泡沫选择下，这个无穷和不会收敛，而且矩阵（$\boldsymbol{I}$ −

δA）是奇异的。

［9］然而，这个统计量在数值上不同于方程（16—7）的检验的瓦尔德统计量，即使方程（16—7）和方程（16—8）是数学上等价的约束条件。约束条件的非线性变形会改变瓦尔德统计量的数值，而且正如格里高利和维耶尔（Gregory and Veall，1985）指出的那样，它能显著改变它们的效能。我们将方程（16—8）的瓦尔德统计量报告在概括我们的实证结果的表中，并将方程（16—7）的瓦尔德统计量放在注释中。

［10］我们以前文章（Campbell and Shiller，1984）的术语可能有助于理解方程（16—10）和方程（16—11）。方程（16—11）的右边与我们所称的 1 期“持有溢价”成比例，而方程（16—10）的右边是我们所称的“滚动溢价”。

［11］我们根据 S_t 和 S_t' 的样本矩计算水平值方差比率和相关系数。我们报告以 z_t 的样本矩为条件的数值标准误差，而且仅仅在估计的 VAR 的系数中考虑抽样误差。

［12］我们应用 VAR 估计的方差—协方差矩阵计算新息方差比率。标准误差和 VAR 系数一样考虑了这个矩阵的抽样误差。

［13］希勒（Shiller，1981a）和梅里诺（Melino，1983）根据这个理由批评萨金特（Sargent，1979）（因为他没有检验对 y_t 和 Y_t 的相对水平而言模型的意义）。拜里、利朋斯和麦克马弘（Ballie，Lippens and Mcmahon，1983）也过度区分了他们的系统。汉森和萨金特（Hansen and Sargent，1981a）利用萨金特的程序纠正了这个问题。

［14］协整确实排除了两个误差修正回归中系数为 0 的情况。

［15］蒙特卡罗结果基于独立随机游走的 100 个观察值的1 000次重复实验，检验中包括四个滞后的残差值变化。

［16］要求按这种形式写出预期理论的线性化在希勒（Shiller，1979，chapter 15）和希勒等人（Shiller et al.，1983）的文章中解释了。

［17］《财政部公报》和《华尔街日报》数据在两者都可以获得的日期是相互一致的。

［18］对两个样本而言，线性化的参数 δ 被规定等于 $1/(1+R)$，R 等于0.058 7/12（短样本中平均的 20 年债券利率，以月度利率表示）。我们后面的实证结果是以固定的 δ 值为条件的。

［19］样本平均收益仅仅以速度 $\sqrt{T}$ 收敛于样本总体平均值，所以

在两阶段程序中不应该被严格地看成已知的。然而，我们在实证研究中忽略了这个问题。

[20] 英格尔和瓦特森（Engle and Watson，1987）做的回归类似于我们应用股票价格和股利的类似数据集的回归。他们应用变量 S_t 而不是 SL_t。他们的结果与我们的结果的差别在于他们没有找到从 S_t 到 Δy_t 的格兰杰因果关系的证据，但他们没有比我们更强烈地拒绝现值模型。

[21] 股利数据与希勒（1981b，chapter 5）、曼昆等人（Mankiw et al.，1985）、威斯特（West，1987）和其他人应用的数据稍有不同。最近引起我们注意的考沃勒斯手册第二版（1939）包括了对 1938 年第一版提出的股利序列数据的一些修正，这里已经把这些修正加进来了。

[22] 通过考虑迪克-富勒回归的其他统计量或通过改变 1 到 10 之间的序列相关性修正的阶数，这些结果在性质上没有发生变化。

[23] 表 16—1 中 A 部分的结果比菲利普斯和奥里亚斯（Phillips and Ouliaris，1986）报告的结果更有利于长期利率和短期利率的协整假设。他们仅仅在 15%的水平上拒绝没有协整的零假设（他们的表 6）。然而，他们的程序没有优先利用协整向量，而这一点可能涉及效能的损失。

[24] 相当于样本平均值的 θ 的估计值是 12.195。协整回归中更高的估计值与负的常数项有关；在现值模型下，常数应该与股利的无条件平均变化成比例，所以常数应该是正的而不是负的。仅当预期股利随时间下降而历史上的上升归因于抽样误差时，估计的贴现率低于平均股利—价格比率才与模型一致。

[25] 菲利普斯和奥里亚斯（Phillips and Ouliaris，1986）没有在相同的 25%水平上拒绝股票价格和股利之间没有协整的零假设（他们的表 6）。坎贝尔和希勒（Campbell and Shiller，1986）报告了对数股利、对数价格和对数股利—价格比率的单位根检验。存在对数股利的趋势平稳的一些证据，但不存在反对对数价格的单位根零假设的证据，而存在股利—价格比率平稳的强烈证据。

[26] 就是说，我们选择 VAR 中求最小化的滞后数（－ln 似然数＋参数的个数）。萨瓦（Sawa）已经证明赤池准则倾向于选择比正确模型更高阶的模型，但阐明了当 $p<T/10$ 时，这个偏差是可以忽略的，就像这里的一样。表 16—3 的检验统计量对 VAR 系统的滞后长度的小变化不是高度敏感的。

[27] 方程（16—7）的非线性瓦尔德检验在短样本低于 0.005%的显著性水平上拒绝，并在全样本 8.4%的显著性水平上拒绝。

[28] 这与希勒等人（Shiller et al.，1983）的结果一致。

[29] 战后美国数据中这些变量的高度相关性也可以根据莫迪里亚尼和希勒（Modigliani and Shiller，1973）的结果推断出来（利用那篇文章 221 页的图 13—1）。尽管有莫迪里亚尼和希勒及现在这一章报告的证据，我们中的一个（Shiller，1979，chapter 5）提出的证据暗示长期利率太反复无常以致不符合预期理论。将莫迪里亚尼和希勒的结果与这一章进行对照，希勒（Shiller，1979，chapter 5）假定短期利率的水平值是平稳的，这个假设更明确地适合于战前的数据集。

[30] 我们并没有宣称这个例子对我们的数据确确实实是正确的。对 w 的任何 MA(q)过程，通过将 ξ 对更早的 $q+2$ 期知道的信息进行回归，模型 $S=S'+w$ 能够被检验。我们发现应用 1959—1978 年的债券数据，这个检验拒绝 q 直到 8 的模型。

[31] 结构式（16—7）而不是结构式（16—8）中的动态约束条件的非线性瓦尔德检验对 8.2%的贴现率在低于 0.005%的水平上拒绝，而对 3.2%的贴现率在 7.3%的水平上拒绝。

[32] 对 8.2%的贴现率而言，系数是－0.064，而对 3.2%的贴现率而言，系数是－0.079。

[33] 应该强调利差 SL_t 的过度波动与希勒（Shiller，1981b，chapter 5）讨论的过度波动不十分相同。后者提出股票价格应该非常紧密地遵循一种趋势。如果这实际上是被观察到的现象，那么利差 SL_t 可能由于股利的变化而相当反复无常。

[34] 在 1871—1946 年，当规定 θ 等于 31.092 时，利差与滞后股利的相关系数为－0.7。

参考文献

Baillie, Richard T.; Lippens, Robert E.; and McMahon, Patrick C. 1983. "Testing Rational Expectations and Efficiency in the Foreign Exchange Market," *Econometrica* 51: 553－563.

Blanchard, Olivier J., and Watson, Mark W. 1982. "Bubbles, Rational Expectations and Financial Markets." In *Crises in the Economic and Financial Struc-*

ture: *Bubbles*, *Bursts and Shocks*, edited by Paul Wachtel. Lexington, Mass.: Lexington.

Campbell, John Y. 1987. "Does Saving Anticipate Declining Labor Income? An Alternative Test of the Permanent Income Hypothesis," *Econometrica* 55: 1249—1273.

Campbell, John Y., and Shiller, Robert J. 1984. "A Simple Account of the Behavior of Long-Term Interest Rates," *American Economic Review* 74: 44—48.

Campbell, John Y., and Shiller, Robert J. 1986. "The Dividend-Price Ratio and Expectations of Future Dividends and Discount Factors," Working Paper no. 2100. Cambridge, Mass.: NBER.

Cowles, Alfred. 1939. *Common-Stock Indexes*. 2d ed. Bloomington, Ind.: Principia.

Diba, Behzad T., and Grossman, Herschel 1. 1984. "Rational Bubbles in the Price of Gold," Working Paper no. 1300. Cambridge, Mass.: NBER.

Dickey, David A., and Fuller, Wayne A. 1981. "Likelihood Ratio Statistics for Autoregressive Time Series with a Unit Root," *Econometrica* 49: 1057—1072.

Engle, Robert F., and Granger, Clive W. J. 1987. "Cointegration and Error Correction: Representation, Estimation and Testing," *Econometrica* 55: 251—276.

Engle, Robert F., and Watson, Mark W. 1987. "The Kalman Filter: Applications to Forecasting and Rational Expectations Models," in Truman Bewley, ed., *Advances in Econometrics*, Fifth World Congress, Vol. 1. Cambridge, England: Cambridge University Press.

Fama, Eugene F. 1970. "Efficient Capital Markets: A Review of Theory and Empirical Work," *Journal of Finance* 25: 383—417.

Gregory, Allan W., and Veall, Michael R. 1985. "Formulating Wald Tests of Nonlinear Restrictions," *Econometrica* 53: 1465—1468.

Hamilton, James D., and Whiteman, Charles H. 1985. "The Observable Implications of Self-fulfilling Expectations," *Journal of Monetary Economics* 16: 353—373.

Hansen, Lars Peter, and Sargent, Thomas J. 198la. "Exact Linear Rational Expectations Models: Specification and Estimation," Staff Report no. 71. Minneapolis: Fed Reserve Bank, November.

Hansen, Lars Peter, and Sargent, Thomas J. 1981b. "Linear Rational Expectations Models for Dynamically Interrelated Variables." In *Rational Expectations and Econometric Practice*, edited by Robert E. Lucas, Jr., and Thomas J. Sargent. Minneapolis: University Minnesota Press.

Kleidon, Allan W. 1986. "Variance Bounds Tests and Stock Price Valuation Models," *Journal of Political Economy* 94: 953—1001.

LeRoy, Stephen F., and Porter, Richard D. 1981. "The Present-Value Relation: Tests Based on Implied Variance Bounds," *Econometrica* 49: 555—574.

Mankiw, N. Gregory, and Miron, Jeffrey A. 1986. "The Changing Behavior of the Term Structure of Interest Rates," *Quarterly Journal of Economics* 101: 211—228.

Mankiw, N. Gregory; Romer, David; and Shapiro, Matthew D. 1985. "An Unbiased Reexamination of Stock Market Volatility," *Journal of Finance* 40: 677—687.

Mankiw, N. Gregory, and Shapiro, Matthew D. 1985. "Trends, Random Walks, and Tests of the Permanent Income Hypothesis," *Journal of Monetary Economics* 16: 165—174.

Marsh, Terry A., and Merton, Robert C. 1986. "Dividend Variability and Variance Bounds Tests for the Rationality of Stock Market Prices," *American Economic Review* 76: 483—498.

Melino, Angelo. 1983. "Essays on Estimation and Inference in Linear Rational Expectations Models." Ph. D. dissertation, Harvard Univ.

Modigliani, Franco, and Shiller, Robert J. 1973. "Inflation, Rational Expectations and the Term Structure of Interest Rates," *Economica* 40: 12—43.

Phillips, P. C. B. 1987. "Time Series Regression with Unit Roots," *Econometrica* 55: 277—302.

Phillips, P. C. B., and Durlauf, Stephen N. 1986. "Multiple Time Series Regression with Integrated Processes," *Review of Economic Studies* 53: 473—495.

Phillips, P. C. B., and Ouliaris, Sam 1986. "Testing for Cointegration." Discussion Paper no. 809. New Haven, Conn.: Yale University, Cowles Foundation.

Phillips, P. C. B., and Perron, Pierce 1986. "Testing for Unit Roots in Time Series Regression." Discussion Paper. New Haven, Conn.: Yale University, Cowles Foundation.

Quah, Danny. 1986. "Stationary Rational Bubbles in Asset Prices." Manuscript. Cambridge: MIT.

Sargent, Thomas J. 1979. "A Note on Maximum Likelihood Estimation of the Rational Expectations Model of the Term Structure," *Journal of Monetary Economics* 5: 133—143.

Sawa, Takamitsu. 1978. "Information Criteria for Discriminating among Alterna-five Regression Models," *Econometrica* 46: 1273—1291.

Scott, Louis O. 1985. "The Present Value Model of Stock Prices: Regression Tests and Monte Carlo Results," *Review of Economics and Statistics* 67: 599—605.

Shiller, Robert J. 1979. "The Volatility of Long-Term Interest Rates and Expectations Models of the Term Structure," *Journal of Political Economy* 87: 1190—1219.

Shiller, Robert J. 1981a. "Alternative Tests of Rational Expectations Models: The Case of the Term Structure," *Journal of Econometrics* 16: 71—87.

Shiller, Robert J. 1981b. "Do Stock Prices Move Too Much to Be Justified by Subsequent Changes in Dividends?" *American Economic Review* 71: 421—436.

Shiller, Robert J. 1984. "Stock Prices and Social Dynamics," *Brookings Papers on Economic Activity*, no. 2, pp. 457—498.

Shiller, Robert J. 1987. "Conventional Valuation and the Term Structure of Interest Rates." In *Macroeconomics and Finance: Essays in Honor of Franco Modigliani*, edited by Rudiger Dornbusch, Stanley Fischer, and John Bossons. Cambridge, Mass.: MIT Press 63—68.

Shiller, Robert J.; Campbell, John Y.; and Schoenholtz, Kermit L. 1983. "Forward Rates and Future Policy: Interpreting the Term Structure of Interest Rates," *Brookings Papers on Economic Activity*, no. 1, pp. 173—217.

Stock, James H. 1987. "Asymptotic Properties of Least Squares Estimates of Cointegrating Vectors," *Econometrica* 56: 1035—1036.

West, Kenneth D. 1986. "A Specification Test for Speculative Bubbles," *Quarterly Journal of Economics* 102: 553—580.

West, Kenneth D. 1987. "Dividend Innovations and Stock Price Volatility," *Econometrica* 56: 37—61.

White, Halbert. 1984. *Asymptotic Theory for Econometricians*. Orlando, Fla.: Academic Press.

第四部分

房地产市场

第17章 概　　述

房地产市场受常常难以像股票和债券市场的价格变化那样解释的剧烈价格波动的影响。但我们在研究这些市场的波动性沿用股票和债券市场同样的路线时面临一个问题：不存在这种长期高质量的价格和相当于不动产股利的租金的时间序列。第 4 章已经证明我们需要跨越数十年的价格和股利序列做在股票市场可行的那种波动性分析。

不动产价格序列难以构造，因为大多数不动产不是标准商品。任何一个时间市场上不动产的性质或质量可能不同于另一个时间不动产的性质或质量。例如，大房子的销售可能倾向于与有孩子的家庭更可能迁移的学年同步到来。例如，不动产的质量倾向于因跌价或（未衡量的）房屋改建花费的资金而随时间发生变化。

由于不相信现存的房屋价格序列，卡尔·卡斯（Karl Case）和我追溯到我们拥有房屋种类和质量信息的单个房屋重复销售的数据。利用这些信息，我们能够将任何显示巨大特征变化的房子扔出我们的样本。但我们不能找到1970年以前的机器可读型数据。

大多数房子赚取的实际租金事实上没有被观察到，因为大多数房子被所有者使用而没有流通到租赁市场。房屋的屋主—居住者以没有市场定价的住房服务形式赚取隐含租金。看起来我们拥有的隐含租金的最好代表是美国劳工统计局发布的租赁指数（根据租赁财产数据计算）。

当用于股票和债券市场的波动性检验对住房市场不可行时，利用这些短期数据序列还是有可能找到这些市场无效的大量证据。市场可能以价格变化的序列相关形式表现出引人注目的无效性。这些市场上“机智钱”存在更少的操作机会从而使得市场更有效。下一章的结果确实找到了这种无效性的证据。

大量时期的农业土地数据是可以获得的，而且有些作者已经寻求将简单的波动性检验应用于这些市场。科林和欧文（Colling and Irwin，1988）应用实际的美国农业资产总价值和联邦储备体系委员会出版的《农业金融数据汇总》（*Agricultural Finance Databook*）1910—1986年的资产收入。农业资产主要由土地构成，但也包括建筑物和设备。他们使用的方法显然与我第5章分析这些数据使用的那些方法相同，而且发现剔除趋势的价格 P_t 的标准差等于2.39乘以剔除趋势的事后价值 P_t^* 的标准差，就是说，第5章的不等式（5—1）实际上被违反了。他们的数据图揭示 P_t^* 的大部分可变性来自于他们的样本中 P_t 和 P_t^* 都明显下降的第一个十年。土地价值的下降出现在20世纪30年代和40年代早期，与 P_t^* 的任何下降不匹配。20世纪70年代目睹了资产价值的剧烈上涨，而80年代虽经历了迅速下降，但 P_t^* 仍然相当稳定。[1]然而，违反不如股票市场的例子那么明显，而且因为他们的样本期稍微短一点，所以应该认为过度波动的证据是微弱的。

佛克（Falk，1988）利用不同的数据来源获得艾奥瓦1921—1986年的农田价值。他利用美国农业经济研究服务部（U. S. Department of Agriculture Economic Research Service）1921—1941年的数据和艾奥瓦州立大学推广服务部（Iowa State University Extension Service）的《艾奥瓦土地价值调查》（*Iowa Land Value Survey*）1942—1986年的

数据，将两个艾奥瓦土地价格序列拼接起来。艾奥瓦所有土地的现金租金是由美国农业经济研究服务部基于艾奥瓦农牧报道服务部（Iowa Crop and Livestock Reporting Service）的数据提供的。

他的数据看起来明显类似于科林和欧文的数据，显示出 20 世纪 70 年代同样的实际价格上涨和 80 年代的价格下跌，P_t^* 同样缺乏变化。他应用坎贝尔和我使用的（第 16 章）那些方法强烈地拒绝现值模型。注意到他发现利差 S_t 和理论利差 S'_t 的负相关性是有趣的，正像贴现率有一个合理值时（表 16—3 的 B 组 $\theta=12.195$）我们利用股票市场做的分析一样。正如第 1 章提到的一样，发生这种现象的原因好像是价格对股利过度反应的倾向。考虑第二次世界大战后时期，这个时期的变化模式是引人注目的。佛克的数据说明价格和租金在 20 世纪 70 年代直到 1986 年具有相当类似的隆起形的模式，但价格比租金隆起得更大而且更显著。在租金隆起后，价格出现向上的隆起，而当价格确实出现隆起时，这个隆起就要巨大而急剧得多。当实际租金开始下降时（隆起的向下部分），实际价格的下降要剧烈得多。尽管不那么精确，美国股票价格的战后表现也能够用同样的术语描述。1950—1973 年上升，进入 1975 年急剧下降的美国总的实际股票价格隆起比实际股利 50—60 年代晚期温和地上升然后温和地下降的隆起更大而且更剧烈（参看图 10—1）。

注 释

[1] 图 19—1 的实际土地价值图正好止于没有土地价值急剧下降的 20 世纪 80 年代。

参考文献

Colling, Phil L., and Scott H. Irwin, 1988. “Has the Farm Asset Market Been Too Volatile?” Economic and Sociology Occassional Paper # 1350, Department of Agricultural Economics and Rural Sociology, Ohio State University.

Falk, Barry. 1988. “The Search for Speculative Bubbles in Farmland Prices,” reproduced, Department of Economics, Iowa State University.

第18章　单纯家庭住房市场的有效性[1]

有充分的理由认为单纯家庭住房市场应该不如金融市场那么有效。市场被人们就其所居住房屋的交易控制。出于交易成本、运输成本和税收考虑，专业人员发现在这个市场上利用盈利机会相对比较困难。由于这些原因，普遍有理由宣称单纯的家庭住房市场是无效的，而且经常宣称出现住房“牛市”（即住房价格暂时上升的惯性）。但很难找到学术研究文献证实是否如此。

我们已经发现检验不动产市场有效性的文献少得惊人。计算机搜索只发现乔治·高（George Gau）和彼得·莱尼曼

① 与 Karl E. Case 合作。改编自 *American Economic Review* 79（1989）：125—137. © 1989 American Economics Asssociation。

(Peter Linneman）的 3 篇最近的文章。高将他的两篇文章（Gau 1984，1985）描述成对不动产市场有效性的“首次严格的检验”[1]。然而，他的数据只局限于以盈利为目的的不动产和 1971—1980 年的温哥华地区。他断定温哥华市场的价格能被恰当地描述为随机游走。宣称“不存在住房市场有效性的实证研究”[2]的莱尼曼（Linneman，1984）应用费城 1975 年和 1978 年两个时间单个房屋所有者对住房价值评价（而不是实际销售价格）的观察做了一个研究。他发现相对于 1975 年享乐主义回归（即价格对住房性能回归有负残值），定值过低的房屋后来倾向于价值上升，但由于交易成本，只有极少数套数的住房好像呈现出有利可图的套利候选者的形象。罗伯特·恩格尔、戴维·里利恩和马克·沃斯登（Robert Engle，David Lilien and Mark Waston，1985）应用圣迭戈 1973—1980 年零售房屋销售数据估计出住房转卖市场的模型。他们断定这个时期住房价格的许多总体变化能够根据住房服务成本中人口驱动的变化、命题 13（Proposition 13）和边际税率中通货膨胀推动的变化这些因素来解释。但他们没有直接调查研究市场是否有效。

这一章利用亚特兰大、芝加哥、达拉斯和旧金山/奥克兰 1970—1986 年不动产评估师协会磁带上的数据（参见本章附录）实施住房市场有效性的检验。磁带包括实际销售价格和关于住房的其他信息。我们从每个城市的磁带中选取一卷没有明显的质量变化和应用常规抵押的卖过两次的住房数据。对每个住房而言，我们应用的数据由两个销售价格和发生销售的两个日期（季度）组成。这种相对不变的住房两次销售的观察资料总数是39 210个（亚特兰大8 945个、芝加哥15 530个、达拉斯6 669个和旧金山8 066个）。其他研究根本没有一个有单个房屋的实际重复销售价格数据，更不用说这样大的数目了，没有一个研究跨越我们研究的时间间隔和地理区域。此外，目前的研究对高在检验住房价格随机游走理论的尝试方面提出了一些统计方法上的改进。

18.1　WRS 指数

在相伴的文章中（1987）我们讨论我们称为加权重复销售（Weighted Repeat Sales，WRS）程序的价格指数构造方法。这种方法是对马丁·拜里、理查德·穆思和休·诺斯（Matin Bailey，Richard Muth and Hugh Nourse，简称 BMN）提出的回归方法的修正。通过利用普通最小二乘法将每个住房的对数价格变化对样本中除第一个时期外每个时期一个虚拟变量的一组虚拟变量进行回归，BMN 方法可以得出住房价格指数的估计值和标准误差。每个对数价格指数值 BMN(t)是根据回归系数阐述的，除了第一个对数价格指数值外，作为标准化，每个对数价格指数值都规定为 0。除了虚拟变量等于+1 对应于房屋被销售的第二个时期外，虚拟变量值是 0，而虚拟变量等于−1 对应于房屋被销售的第一个时期（除非这是第一个时期）。拜里、穆思和诺斯证明如果单个房屋的对数价格变化以独立同分布的噪音项区别于城市范围的对数价格变化，那么根据高斯-马尔可夫定理，他们估计的指数是城市范围对数价格的最优线性无偏估计。

我们的程序不同于 BMN 程序，因为我们认为对数价格变化的住房特有因素可能不是同方差的，但这个噪音的方差随着销售之间的时间间隔而增加。我们 WRS 方法的促动因素是时间 t 第 i 套住房的对数价格 P_{it} 由下式给出的假设：

$$P_{it} = C_t + H_{it} + N_{it} \tag{18—1}$$

其中，C_t 是时间 t 城市范围住房价格水平的对数，H_{it} 是对所有 T ($i \neq j$)，与 C_T 和 H_{jT} 不相关的高斯随机游走（ΔH_{it} 的均值为 0，方差为 σ_h^2)，而 N_{it} 是同分布的正态噪音项（均值为 0，方差为 σ_N^2），并且对所有 j 和 T 与 C_T、H_{jT} 和 N_{jT} 不相关，除非 $i=j$ 和 $t=T$。其中，H_{it} 表示整个时间范围里单个住房价值的漂移，而 N_{it} 表示归因于住房市场不完善的价格噪音。[3]大概房屋出售时带来的价值取决于感兴趣的购买者的随机到达、房地产代理者的行为和其他随机因素，以致销售价格不等于真实价值。此外，购买日可以打包销售的房屋真实价值可能存在某种变化。

我们采取三步加权（广义）最小二乘程序。第一步，严格地遵循 BMN 程序，并计算回归残值向量。第二步，将第一步回归的平方残值关于常数和销售之间的时间间隔回归。[4]常数项是 σ_N^2 的估计，而斜率项是 σ_H^2 的估计。第三步，通过将第一步回归的每个观察值除以第二步回归的拟合值的平方根，并再次进行回归实施广义最小二乘回归（加权回归）。

估计的 WRS 指数 WRS(t) 和其精确性在本文的姐妹篇中讨论。指数水平是相当恰当度量的，指数的季度一阶差分不是恰当度量，而指数的年度差分是相当恰当度量的。描述这些变量如何恰当度量的方法是计算变量的标准差与该变量的平均标准误差的比率。对水平值的对数指数而言，这个比率是亚特兰大 13.87、芝加哥 24.52、达拉斯 9.94 和旧金山/奥克兰 28.03。因此，我们能够对这些城市的住房价格水平作出非常精确的陈述。对对数指数的季度差分而言，这个比率分别是 1.64、1.61、1.35 和 1.54。因此，我们不能精确地描述对数价格的季度变化，虽然指数可以给出一个大致的描述。对对数指数的年度差分而言，这个比率分别是 2.73、3.99、2.90 和 3.62；我们能够对对数住房价格的年度变化作出相当精确的陈述。

其他现有的住房价格指数被广泛解释为说明了住房价格的均匀月度变化。在本文的姐妹篇中，我们证明了这些指数（没有提供标准误差）可能不如我们的指数那么精确。

18.2　季节性、城市影响和贝塔

表 18—1 的 A 部分给出 $W(t)=\mathrm{WRS}(t)-\ln(\mathrm{CPI}_t)$ 的样本统计量。$W(t)$是每个城市用城市特定的消费者价格指数平减的实际 WRS 指数。所有城市实际价格的增长每个季度不到 1%，甚至发生房地产“繁荣”的旧金山也是如此。季度实际价格变化的标准差每个季度不到 3%，或者相当于综合实际股票价格指数的季度变化标准差的 1/3。

单个住房价格像年度变化百分比的标准差巨大的许多公司股票价格一样，单个住房价格一年的变化百分比接近 15%。我们样本中的住房价格与股票价格的区别在于单个住房价格不是如此严重地受总体市场价格的影响。当单个住房实际价格的 1 年变化关于同期实际 WRS 指数的 1 年变化进行回归时，亚特兰大的 R^2 值只有 0.066，芝加哥只有 0.158，达拉斯只有 0.121，旧金山只有 0.270。

表 18—1　　描述性统计量[a]

A. 实际 WRS 对数价格指数 $z=W(t)-W(t-1)$ 的季度变化						
城市	所有季度：平均值，标准差	季度 t 的平均值 $t=1$（t 统计量）	$t=2$（t 统计量）	$t=3$（t 统计量）	$t=4$（t 统计量）	H_0：所有季度相同的均值，F 概率
亚特兰大	0.000 1	−0.001 3	0.005 0	−0.004 3	0.000 6	0.33
	0.027 0	(−0.204 0)	(0.769 4)	(−0.646 1)	(0.088 8)	0.85

续前表

城市	所有季度：平均值，标准差	季度 t 的平均值 $t=1$（t 统计量）	$t=2$（t 统计量）	$t=3$（t 统计量）	$t=4$（t 统计量）	H_0：所有季度相同的均值，F 概率
	A. 实际 WRS 对数价格指数 $z=W(t)-W(t-1)$ 的季度变化					
芝加哥	0.000 7	0.008 8	0.007 1	−0.0019	−0.011 5	3.32
	0.021 8	(1.645 6)	(1.368 2)	(−0.357 1)	(−2.197 0)	0.02
达拉斯	0.0050	0.003 1	0.0114	0.002 4	0.002 8	0.43
	0.026 5	(0.461 2)	(1.778 8)	(0.358 6)	(0.417 2)	0.79
旧金山	0.009 2	0.010 0	0.016 1	0.002 4	0.008 2	0.84
	0.025 4	(1.504 0)	(2.582 2)	(0.362 1)	(1.231 7)	0.51

B. 名义 WRS 指数的变化对对数标准普尔综合指数的回归

$$\mathrm{WRS}(t)-\mathrm{WRS}(t-1)=\alpha+\beta(\mathrm{LSP}(t)-\mathrm{LSP}(t-1))+u(t)$$

城市	观察值的个数、估计值的标准误差	α (t)	β (t)	R^2 $\bar{R}^2$
亚特兰大	65	0.017	−0.022	0.003
	0.025	(5.264)	(−0.454)	−0.013
芝加哥	65	0.017	−0.014	0.002
	0.018	(7.418)	(−0.393)	−0.013
达拉斯	65	0.023	−0.066	0.026
	0.027	(6.698)	(−1.289)	0.010
旧金山	66	0.025	0.035	0.006
	0.028	(7.259)	(0.643)	−0.009

a. WRS(t)是正文描述的季度 WRS 指数（对数）。$W(t)$是用城市特定的消费者价格指数季度平均值平减的 WRS(t)。LSP(t)是每日价格取季度平均值的标准普尔综合指数的对数。样本期是 1970 年第二季度到 1986 年第二季度（65 个观察值），旧金山除外，它的数据是 1970 年第二季度到 1986 年第三季度（66 个观察值）。

当第二季度价格变化趋向于高而第三季度变化低时，差别小而且只有芝加哥在 5%水平的季节性统计检验显著。全国房地产经纪人协会的现有单个家庭住房的中等价格序列好像表现出更显著的季节性；我们在其他地方证明这种现象的大部分可以归因于该年被出售房屋构成的季节性（参看本文的姐妹篇）。而且，NAR 和 WAR 指数确实与年中价格最高的主张一致（NAR 指数 7 月份趋向于达到高峰）。

β（通过将对数名义 WRS 指数的季度变化对相应的对数标准普尔综合指数变化进行回归估计每个城市的 β）实际上常常等于 0（表 18—1 的 B 部分）。这一点证实了高的结论。

18.3　市场有效性检验

我们可能认为通过指数的变化对指数的滞后变化进行回归能够检验价格的随机游走性质。但估计的指数中存在噪音问题。为了理解这一点，我们考虑只有两个对数住房价格观察值的非常简单的情况。房屋 A 在 0 期和 1 期被出售，而房屋 B 在 0 期和 2 期被出售。对第 1 期而言，估计的对数价格指数变化（或者应用原来的 BMN 或者应用 WRS 程序，因为这个例子中观察值个数等于系数个数）是

$$P_{A1}-P_{A0}=C_1-C_0+H_{A1}-H_{A0}+N_{A1}-N_{A0}$$

对第 2 期而言，有

$$(P_{B2}-P_{B0})-(P_{A1}-P_{A0})=C_2-C_1-(H_{A1}-H_{A0}+N_{A1}-N_{A0})\\+H_{B2}-H_{B0}+N_{B2}-N_{B0}$$

由于公共项的符号相反，所以 0 期和 1 期之间的指数变化与 1 期和 2 期之间的指数变化负相关。

对数价格指数的估计变化也可能存在正的序列相关性。假定我们样本中有 3 个住房：住房 A 在 1 期和 3 期被出售，住房 B 在 0 期和 2 期被出售，住房 C 在 0 期和 3 期被出售。对数价格指数估计的变化（整个样本再次或者应用原来的 BMN 或者应用 WRS 程序）是第 1 期为 $(P_{C3}-P_{C0})-(P_{A3}-P_{A1})$，第 3 期为 $(P_{C3}-P_{C0})-(P_{B2}-P_{B0})$。这两个估计的变化在我们的模型中将正相关，因为住房 C 在两个表达式中以同样的符号出现，而对其他两个住房的特有冲击是独立的。三个住房的例子还使非接近的价格变化之间可能存在序列相关性变得清楚明白。

高检验温哥华地区商业房地产市场有效性的程序包括建立三个价格指数（非重复销售的指数）：销售价格除以平方英尺、销售价格除以总收入、销售价格除以房屋套数。他为他的指数每个月选择单个交易。他构造价格序列的方法可能导致价格变化中同样的伪序列相关性。他的价格指数近似于随机游走的结论可能是虚伪的。[5]

18.4 处理估计误差的简单权宜之计

我们已经看到不能通过 WRS 指数的实际变化对滞后变化进行回归和检验系数显著性来检验住房市场的有效性，因为单个住房销售中同样的噪音将因变量和自变量都污染了。处理这个问题的简单权宜之计是分离单个住房销售数据样本并估计两个 WRS 指数。对每个城市而言，住房在样本 A 和 B 之间随机分配，而且对数价格指数 WRS_A 和 WRS_B 用各自的样本估计。于是，通过实际对数指数的变化 $W_A(t)=WRS_A(t)-\ln(CPI(t))$ 对实际指数的滞后变化 $W_B(t)=WRS_B(t)-\ln(CPI(t))$ 的回归检验有效性，其中 $\ln(CPI(t))$ 是该城市季度 t 的消费者价格指数（季度平均值）。[6] 方程的两边都被噪音污染了，但因为同样的住房没有进入方程两边的指数，所以这些噪音项将不会相关。如果斜率系数在统计上显著，我们就能够拒绝弱式有效性。

表 18—2 描述了这种回归。对每个城市而言，作为对我们方法的诊断，我们首先报告以实际对数指数 A 的年度变化对同期实际对数指数 B 的年度变化的回归。如果指数被精确度量，系数应该等于 1，但由于变量问题的误差，对估计的指数而言，系数应该趋向于低于 1。幸运的是，估计的系数从来没有小于 1.00 太多。对每个城市而言，接着我们报告样本 A 实际指数的实际年度变化对样本 B 实际指数 1 年滞后的实际年度变化的回归，利用样本 A 和 B 反过来进行同样的回归。这些系数总是正的而且大，芝加哥和旧金山在 5%的水平统计上显著。芝加哥更高的显著性可能归因于该城市单个住房观察值个数更多，使得度量误差问题不那么严重。

表 18—2　利用一半样本估计的实际对数指数的变化对另一半样本估计的实际对数指数变化的回归：$W_j(t)-W_j(t-4)=\beta_0+\beta_1(W_k(t-L)-W_k(t-4-L))+u(t)$，$t$=1972 年第Ⅰ季度—1986 年第Ⅱ季度（1986 年第Ⅲ季度，旧金山）[a]

城市参数	观察值个数，估计值的标准误差	β_0 (t)	β_1 (t)	R^2 $\bar{R}^2$
亚特兰大				
j=A，k=B，L=0	58	0.001	0.857	0.629
	0.028	(0.074)	(5.981)	0.622

续前表

城市参数	观察值个数，估计值的标准误差	β_0 (t)	β_1 (t)	R^2 $\bar{R}^2$
j=A，k=B，L=4	58	−0.003	0.215	0.045
	0.045	(−0.279)	(0.991)	0.028
j=B，k=A，L=4	58	−0.004	0.191	0.046
	0.041	(−0.408)	(1.051)	0.029
芝加哥				
j=A，k=B，L=0	58	−0.001	0.871	0.836
	0.024	(−0.208)	(9.337)	0.833
j=A，k=B，L=4	58	−0.001	0.412	0.183
	0.053	(−0.076)	(1.953)	0.169
j=B，k=A，L=4	58	−0.000	0.502	0.234
	0.054	(−0.011)	(2.226)	0.220
达拉斯				
j=A，k=B，L=0	58	0.002	0.730	0.658
	0.029	(0.317)	(6.264)	0.652
j=A，k=B，L=4	58	0.011	0.254	0.090
	0.047	(0.857)	(1.474)	0.074
j=B，k=A，L=4	58	0.012	0.312	0.046
	0.052	(0.874)	(1.460)	0.029
旧金山				
j=A，k=B，L=0	59	0.017	0.608	0.313
	0.063	(0.947)	(3.061)	0.301
j=A，k=B，L=4	59	0.030	0.255	0.055
	0.074	(1.435)	(1.093)	0.038
j=B，k=A，L=4	59	0.021	0.430	0.220
	0.062	(1.206)	(2.462)	0.206

a. 住房被随机地分配成原来样本一半大的两个独立样本，即样本 A 和 B。$W_A(t)$ 是只应用样本 A 估计的实际 WRS 指数。$W_B(t)$ 是只应用样本 B 估计的实际 WRS 指数。两个序列应用实际城市特定的消费者价格指数平减。

我们把这些结果解释为住房价格上存在惯性的重要证据，即任何年份住房价格若上涨，都倾向于在随后年份继续上涨。

表 18—2 的回归说明实际价格变化是可预测的，但没有说明房地产投资中存在任何可预测的超额收益。原则上，价格变化的可预测性仅仅归因于实际利率或住房股利的可预测性是可能的。表 18—3 报告了类似的回归，这里因变量是应用一个指数的住房相对于 1 年期国库券利率的税后超额名义收益，而自变量是利用另一个指数的税后超额名义收益。样本 A 或 B 的税后超额收益根据下式定义：

$$E_j(t) = \frac{\exp(\mathrm{WRS}_j(t+4)) + C_j\{R(t)+R(t+1)+R(t+3)\}}{\exp(\mathrm{WRS}_j(t))} - 1 - (1-\tau)r(t)/100, \quad j = \mathrm{A,B}$$

其中，$\mathrm{WRS}_j(t)$ 是应用样本 j 估计的名义（未按通货膨胀矫正）WRS 指数（对数），$R(t)$是来自于美国劳工统计局的城市特定的住宅租金指数，τ 是边际个人收入税率（假定等于 0.30），$r(t)$是二级市场 1 年期国库券利率。[7]常数 C_j 的选择要使得平均“股利—价格比率”$C_j\{R(t)+R(t+1)+R(t+2)+R(t+3)\}/\exp(\mathrm{WRS}_j(r))$ 等于 0.05。我们正在应用住宅租金指数表示住房的隐含“股利”（以住房服务的形式），而且应该按照指数和实际股利之间的比例因素推测。关于税收的假设是资本利得和隐含租金都不受收入税的影响，但利息从应税收入中扣除。[8]

正像在表 18—3 中看到的那样，超额收益甚至比实际价格变化更加可预测。甚至当我们调整常数 C_j 使得平均股利—价格比率或者等于 0.0 或者等于 0.1、将税率 τ 调整到 0.50，以及不管我们是否将住宅抵押贷款利率代替利率 $r(t)$时，超额收益都能保持更高的可预测性。显然，超额收益更大的可预测性主要是由于这个时期实际利率的可预测性，同时也由于住房价格没有考虑关于预测的实际利率的信息。实际利率完全可预测的事实可能使那些记得尤金·法玛实际利率几乎不可预测的主张的读者感到惊讶。该文章中法玛的样本期是 1953—1971 年，与我们的样本期几乎不重叠。因为 1971 年实际利率已经表现出严重持久的变化，而且一直非常可预测。20 世纪 70 年代实际利率从正的转变成负的，而且在 1979 年 10 月联邦储备体系操作程序变化后急剧地转变为巨大的正值（John Huizinga and Frederic Mishkin，1986）。实际利率的可预测性可能对城市范围住房收益相对于无风险利率的超额收益的可预测性比对公司股票指数相对于无风险利率的超额收益具有更大的影响，仅仅因为公司股票价格指数的可变性比城市范围住房价格指数的可变性高得如此之多。

表 18—3　利用一半样本估计的税后超额收益对另一半样本估计的税后超额收益的回归：$E_j(t)=\beta_0+\beta_1 E_k(t-L)+u(t+4)$[a]

城市参数	观察值个数，估计值的标准误差	β_0 (t)	β_1 (t)	R^2 $\bar{R}^2$	交易利润
亚特兰大					
j=A，k=B，L=0	58	0.012	0.831	0.673	
	0.030	(1.036)	(6.171)	0.667	
j=A，k=B，L=4	58	0.041	0.327	0.113	0.009
	0.049	(2.159)	(1.556)	0.097	
j=B，k=A，L=4	58	0.038	0.348	0.135	0.010
	0.041	(2.141)	(1.782)	0.120	
芝加哥					
j=A，k=B，L=0	58	0.004	0.915	0.862	
	0.026	(0.452)	(9.848)	0.859	
j=A，k=B，L=4	58	0.020	0.661	0.449	0.021
	0.052	(1.086)	(3.577)	0.439	
j=B，k=A，L=4	58	0.017	0.706	0.479	0.024
	0.051	(0.959)	(3.774)	0.470	
达拉斯					
j=A，k=B，L=0	58	0.010	0.856	0.762	
	0.036	(0.735)	(7.555)	0.757	
j=A，k=B，L=4	58	0.037	0.526	0.286	0.014
	0.061	(1.570)	(2.778)	0.273	
j=B，k=A，L=4	58	0.038	0.549	0.286	0.017
	0.063	(1.550)	(2.737)	0.273	

续前表

城市参数	观察值个数，估计值的标准误差	β_0 (t)	β_1 (t)	R^2 $\bar{R}^2$	交易利润
旧金山					
j=A，k=B，L=0	59	0.029	0.759	0.461	
	0.082	(0.991)	(3.881)	0.451	
j=A，k=B，L=4	59	0.055	0.507	0.203	0.024
	0.100	(1.502)	(2.130)	0.189	
j=B，k=A，L=4	59	0.046	0.550	0.379	0.029
	0.079	(1.708)	(3.474)	0.368	

a. 住房被随机地分配成样本 A 和 B。$E_A(t)$ 是只应用样本 A 估计的城市超额收益。$E_B(t)$ 是只应用样本 B 估计的城市超额收益。租金指数（用于计算收益）被调整使得平均股利—价格比率等于 0.05。假设的收入税率是 0.30。T=1971 年第Ⅰ季度—1985 年第Ⅱ季度（1985 年第Ⅲ季度，旧金山）。交易利润是用样本（A 或 B）的平均附加收益作为正文中交易规则的住房价值的一部分。

18.5 利用住房市场的序列依赖性

当然，观察到的序列依赖性没有单独隐含正式术语意义下市场无效的意思。一定存在某种方法利用这种依赖性。第一眼看来住房市场的制度结构使这种利用可能很困难。首先，没有未来合约市场而且没有卖空，以致如果市场预期下降就没有可利用的盈利机会。其次，交易成本高。传统上出售房地产包括经纪人佣金，典型的为 6%，它包括出售房屋者的搜寻成本。因为产品是异质的，购买者遭受高搜寻成本。对于从房屋增值中实现收益的组合投资者而言，必须支付资本利得税。对那些购买房屋居住的人而言，存在迁移成本。

缺乏期货市场或卖空交易仅仅意味着预测住房价格下降的机会不能被利用。如果由于房屋增值而预期超额收益是正的，那么就没有办法阻止购买并持有的策略。

将那些对利用潜在正超额收益感兴趣的人划分成三类：（1）打算住在这套房子中的首次购买者；（2）住在他们的套房中想要买进高价房屋或增加房产规模的房屋所有者；（3）购买并出售他们不打算居住

的房产而作为组合投资的人。第三种情况中用于准确预测超额收益的制度障碍不同于情况 1 和情况 2 的制度障碍。

情况 1 的购买者不支付任何经纪费用，因为经纪费是房屋出售者承担的，而且只要他们仍然是房屋所有者就没有资本利得税。想要执行购买的购买者也能够很迅速地这么做。如果买卖者在价格上达成一致，那么购买和销售协定可能只是几分钟谈判的事。当然，购买、销售和停止营业之间存在时滞，但因为价格在购买和销售时间上是固定的，停止营业期间的增值自然增加到购买者身上。在情况 2，购买者也是出售者而且应该就前面住房的销售支付经纪费。然而，这一次还是没有通常的资本利得税。

组合投资者或投机者的交易成本更高，因为成本是购买和销售时产生的。在销售时点，组合投资者必须支付资本利得税——在这个研究期间，最大有效资本利得税率是 20%。

为了探索实际利用表 18—3 的预测性回归揭示的盈利机会，我们模拟出一个简单的交易规则。考虑首次房屋购买者（情况 1）或者想买进更高价房屋的房主（情况 2），并且假定这个购买者是中立的，除了现在购买或等到另一年购买之间超额收益的可预测性变化外，给定动产和财务考虑。我们建立下面的交易规则：如果表 18—3 的回归预测的超额收益大于平均超额收益，那么现在购买；否则推迟一年购买。实施这种规则除了斜率系数的符号外不需要估计参数，当然，只需要自变量即超额收益的平均值。在这种情况下，我们可能对交易成本不予理会，因为购买无论如何都将产生。我们还可能不理会资本利得税，因为我们正在假定资本利得是根据资本居留期间计算的，而且它们将连续不断地滚动。表 18—3 最右边一列给出如果样本期间他们遵循这个交易规则，单个人可能获得的平均交易利润（住房价值的一部分）。平均交易利润是在给定交易规则下，样本中提前购买的季度的比例乘以通过回归发送信号提前购买的这些时期的平均超额收益与整个样本期的平均超额收益之差。这个平均交易利润也可以看成近似等于 1/2 乘以“校正”的超额收益的平均值。对一个给定的季度而言，如果交易规则发出提前购买的信号，校正的超额收益等于实际超额收益，否则它等于负的超额收益。

旧金山的平均交易利润在 2.4%到 2.9%之间，这暗示一些潜在购买者注意交易规则可能一直是值得的。这是所有季度的平均值，当然，大致一半季度是表明提前购买的，其平均超额收益是原平均超额收益的 2 倍。（有时预测的超额收益与平均超额收益相差 10 个百分点。）对芝加哥和达拉斯而言，平均交易利润下降到 1.4%～2.4%。对价格波动最小的亚特兰大而言，平均交易利润只有大约 1%。但这里甚至还存在一些预测性回归可能预测更高超额利润的季度。（有时预测的超额收益偏离平均超额收益 4 个百分点以上。）

18.6 预测单个住房销售数据

检验单纯家庭住房市场有效性的第二个程序是将时间 t 和随后时期之间单个住房价格的变化对时间 $t-1$ 时可以获得的信息进行回归。我们构造的对数价格指数看起来只是这些回归中的解释变量，所以对数价格指数中的任何伪序列相关性对我们的结果都不会有任何影响。在有效市场假设下，时间 t 的信息集中的任何变量对时间 t 后的单个住房价格变化应该没有解释能力。按这种方法建立有效市场假设的检验是自然的：我们关心预测单个住房价格，而且如果人们要应用过去的价格数据预测这些价格，预测变量可能是像我们那样的指数。

为了保证只利用滞后信息预测单个住房价格变化，我们只应用直到该季度为止的可用数据再次重新估计每个季度的 WRS 指数。就是说，我们再次估计每个样本中所有 N 个季度的全部 WRS 指数，因此提出从 1 到 N 时期 N 个不同的估计价格指数。在我们把过去的价格指数用作解释变量的预测性回归中，只有使用直到并包括房屋首次销售的季度前的那个季度的数据进行估计的过去的价格指数值被利用。[9]

通过回归单个住房对数价格变化实施有效市场假设的回归检验，确实提出了价格变化的许多观察值适合于时间间隔相互重叠的潜在问题。因此，我们不能假设残值相互不相关，即使它们与自变量不相关。

为了处理时间间隔重叠的问题，我们再次应用模型（18—1），其市场有效性零假设为 C_t 是与时间 $t-1$ 时的信息集中的任何变量无关的随机游走。考虑一个城市两个不同的住房，住房 A 在时间 t 和 t' 被出售，而住房 B 在时间 T 和 T' 被出售。对数实际价格变化对住房 A 的滞后信息回归的残差方差（在市场有效性的零假设下，这个残差只是价格的变化）是 $(\sigma_C^2+\sigma_h^2)(t'-t)+2\sigma_N^2$，而住房 A 和住房 B 残差之间的

协方差是 $n\sigma_C^2$，其中 n 是两个时间间隔的重叠长度。检验程序如下：实施初步的普通最小二乘回归（对回归的所有观察值，$t'-t$ 固定为常数）是为了获得估计的残差向量。参数 $(\sigma_C^2+\sigma_h^2)(t'-t)+2\sigma_N^2$ 被估计为残差的平均平方值。参数 σ_C^2 是根据时间间隔重叠的不同住房的残差构成所有可能的乘积、每个残差除以重叠的时间长度并求得这些值的平均值进行估计的。方差矩阵 $\boldsymbol{\Omega}$ 是应用这些估计值构造的，而且普通最小二乘估计的方差矩阵被取作 $(X'X)^{-1}X'\boldsymbol{\Omega}X'(X'X)^{-1}$。这个方差矩阵被用来构造市场有效性的 t 检验和 χ^2 检验。

18.7　单个住房数据的结论

回归结果一般没有发现统计显著性（见表 18—4 和表 18—5）。然而，表 18—4 估计的系数值大致与表 18—2 发现的那些系数值一致，而且表 18—5 的分布滞后模式表现出将大部分权数分配给最近的季度指数变化的指数衰减模式的粗糙迹象。单个住房价格对滞后指数变化好像存在巨大的反应，但单个住房中存在如此多的噪音（年度价格变化的标准差可以与总股票市场的标准差相比较），使得我们一般不能发现统计显著性。

回归没有揭示住房价格惯性更强或更一致证据的一个原因是数据不足。当我们每个预测时段拥有数百个单个住房销售观察值时，我们也只有 16 年的数据。尽管观察值数目巨大，序列相关矫正实际上没有接受大数目的“自由度”。

作为城市范围价格度量的 WRS 指数的误差是一个倾向于向 0 偏离我们系数的问题。这个指数在每个季度被再一次重新估计，且指数的最近观察值中总是存在大量的度量误差。[10]

为了试图处理这个问题，估计了带有时变误差变量的模型。众所周知，变量误差文献中如果单个自变量存在独立的度量误差，那么估计的系数倾向于按称作可靠性比率的比例因子偏向 0（例如，参看 Fuller，1987）。可靠性比率是正确度量的自变量方差与正确度量的自变量方差与度量误差的方差之和的比率。我们拥有度量误差规模的信息（以估计的标准误差的形式）；这个误差规模随时间发生变化，而我们能够评估随时间发生变化的可靠性比率的变化。重新估计自变量为时变估计的可靠性比率（因此降低了不精确度量的观察值的权数）的

表 18—4 没有大幅度提高结果的显著性。

表 18—4 单个住房对数价格变化对滞后实际指数变化的回归：$P(i,t_i+4)-P(i,t_i)=\beta_0+\beta_1(W(t_i-1,t_i-1)-W(t_i-1,t_i-5))+u(t+4)$[a]

城市	观察值个数，估计值的标准误差	β_0（t 统计量）	β_1（t 统计量）	R^2
亚特兰大	246	0.038 0	0.239 2	0.002
	0.141	(2.687 5)	(0.615 5)	
芝加哥	596	0.041 6	0.343 7	0.012
	0.137	(2.261)	(1.058 8)	
达拉斯	202	0.087 4	0.076 3	0.001
	0.146	(3.715 7)	(0.226 8)	
旧金山	332	0.100 0	0.333 7	0.028
	0.125	(3.183)	(1.010 8)	

a. 回归中，每个观察值 i 对应于相隔 4 个季度被出售两次的房屋，t_i 表示住房 i 首次销售的季度。价格是按实际术语表示的：$P(i,t)$是时间 t 时第 i 个房屋的自然对数价格减去时间 t 时该城市消费者价格指数的自然对数。$W(t,t')$，$t'<t$ 是应用直到时间 t 的数据估计的时间 t' 的 WRS 对数价格指数减去该城市时间 t' 的消费者价格指数的自然对数。括号中的数字是考虑销售之间重叠的时间间隔导致的误差项的序列相关性计算的 t 统计量。

18.8 结　论

这些城市中实际住房价格指数的变化率自始至终存在巨大的持久性。在给定年份中，城市范围的实际住房价格变化趋向于在同样方向预测下一年的变化范围为 1/4 到 1/2。实际利率的可预测变化好像没有被加入到价格中。我们带有许多种关于租金率和税收假设的实验指出，城市范围的税后超额收益是可预测的。

当我们提出对单个住房所有者而言好像有利可图的交易规则时，对结果仍然存在一些怀疑。我们不能精确地度量住房的股利。我们对住房股利的度量——BLS 居住租金指数，是根据质量可能与所有者居住的住房不同的租赁财产数据估计的，而且我们不知道指数比率的常数。我们仅仅对税法的影响给予初步关注。

表 18—5　　实际对数价格变化对滞后指数变化的回归：

$$P(i,t_i+4)-P(i,t_i)=\beta_0+\sum_{j=1}^{4}\beta_j(W(t_i-1,t_i-j)-W(t_i-1,t_i-j-1))+u(i,t+4)^{a}$$

城市	N	β_0	β_1	β_2	β_3	β_4	S. E. E	R^2	χ^2
亚特兰大	246	0.037	0.432	0.283	−0.009	−0.029	0.142	0.006	1.154
		(2.919)	(1.033)	(0.602)	(−0.019)	(−0.075)			
芝加哥	596	0.044	1.055	0.663	−0.253	−0.149	0.136	0.032	7.692
		(2.494)	(2.254)	(1.309)	(−0.565)	(−0.296)			
达拉斯	202	0.089	0.430	0.220	0.094	−0.483	0.145	0.019	3.259
		(4.841)	(0.992)	(0.487)	(0.213)	(−1.172)			
旧金山/奥克兰	332	0.099	0.652	0.511	0.118	−0.106	0.125	0.036	2.822
		(3.325)	(1.465)	(1.173)	(0.222)	(−0.214)			

a. χ^2 是所有斜率系数为 0 的零假设的 χ^2 统计量（4 个自由度）。χ^2 检验是考虑销售之间重叠的时间间隔导致的误差项的序列相关性后计算得出的。也可参看表 18—4 的注释。

确定地证明住房市场是否无效是没有什么希望的。我们知道没有办法获得房屋所有者居住的房屋的隐含租金的精确历史时间序列。可用的财产税序列好像有重大的缺陷。并非恰好存在单一的收入税收等级，所以将税收效应建模的任何努力都遇到了明确的问题。

从预测单个住房超额收益的角度看，这种因素可能只是次要问题。单个住房价格中的噪音相对于城市范围指数变化的标准差是如此巨大，以致归因于城市范围指数可预测性的单个住房价格的任何可预测性将趋向于被噪音淹没。当然，这个结论可能不适用于价格变化令人惊奇的时期，如过去几年美国东北部和在加利福尼亚观察到的现象。

附录：构建复合销售资料

复合销售数据资料是根据 1970—1986 年几个勉强低于 100 万套单个住房的销售信息的基本数据集构建的（亚特兰大221 876，芝加哥397 183，达拉斯211 638，旧金山121 909）。旧金山的数据实际上是从包括奥克兰、伯克利、皮德蒙特、哈伊沃德和阿拉米达市的东部城区获得的。其他三个城市的数据取自整个城市地区。

亚特兰大、芝加哥和达拉斯的数据与旧金山 1979 年以前的数据一样，是从亚特兰大房地产评估师协会的市场数据中心获得的。旧金山 1979—1986 年之间的数据是从加利福尼亚格伦带尔的一个领有协会许可证的加利福尼亚市场数据合作社获得的。

基本数据集中的数据是由包括许多房地产代理商、银行官员和评估师的协会会员收集的。当一个交易发生时（结账），会员填写一长串数据表格并上交到协会。我们没有关于会员如何描述的信息。我们确实知道每个地区的数据好像是同样分布的，而且它们包括大量高价和低价房地产。

每个观察值的信息代码包括准确的街道地址、销售价格、结账日期、融资类型，还包括依赖于城市和时期的房地产的 25～40 个特征。这些特征包括大量结构信息和部分描述性信息如房间数、状况和房间大小。为了完成我们的原始数据集，合并了 16 个独立的代码资料。

识别重复销售的过程包括几个步骤。首先，在地址区作准确匹配。其次，除单个家庭住房如公寓套房的个人所有权或合作单元房外，可识别的其他任何财产都被剔除。最后，如果存在结构确实已经被改变的证据，该套住房被剔除。这是通过检查房间总数、卧室数、表明的状况和任何房间是否已经被现代化来实施的。

状况和现代化变量被不同地记录在不得不合并的各种数据集中。就状况而言，大多数应用出色、好、正常、中等、差的评级。因为评级是主观的而且由不同的人给出，常常隔许多年，所以我们决定忽略小的变化。因此，从好到正常的地产被保留。销售之间表现出两个类别的跳跃的任何套房，如从好下降到中等的套房要被排除。两个时期中任何一个时期列在状况差中的所有房地产都被排除，因为发生质变的速度可能很快，而且很可能有不可观察的问题反映在价格中。

厨房或浴室是否已经被“现代化”也许以多种方法记录在表格中。表明已经现代化的房间的记录被打了旗号，如果旗号出现在第二个销售时间但没有出现在第一个销售时间，该记录被去掉。在总共39 267个没有打记号的住房中，57 个观察值好像有数据条目错误；2 个销售价格相差一个接近 10 的因子。

注　　释

[1] George Gau（1984），p. 301.

[2] Peter Linneman（1986），p. 140.

[3] 除了 $\sigma_N = 0$ 以外，卡里·韦伯（Cary Webb，1988）的模型与此类似。

[4] 因为对销售之间时间间隔更大的住房回归中的误差项有可能更大，所以应用加权回归，权数下降的观察值对应于大的时间间隔。

[5] 应该指出高（Gau，1984）的方法相对于我们方法的优势是他能更全面地研究房地产。他利用详细的外省土地所有权记录的债务留置权对低于市场利率的融资进行调整。我们的 SREA 磁带上没有这种信息。他还通过所包括的房地产的选择对其他质量差异进行控制。

[6] 因为应用季度数据而且价格指数变化是按四个季度衡量的，在随机游走假设下回归的误差项不独立但服从 MA(3) 过程。应用拉·汉森（Lars Hansen）和罗伯特·豪得里克（Robert Hodrick）的方法修正普通最小二乘估计的标准误差。

[7] 居住租金指数是美国劳工统计局每隔一个月计算的。对两个月可用的季度，$R(t)$ 是两个数字的平均值。当只有一个月可用时，$R(t)$ 是

月中的数字。利率 $r(t)$ 是来自联邦储备理事会的二级市场一年期国库券的月度序列的季度平均值。

[8] 我们也应该适当地说明财产税率随时间变化的原因。然而，现存的数据序列好像不允许我们令人满意地度量研究的城市和样本期中财产税率的变化。

[9] 注意到 WRS 估计程序的所有三个步骤是根据每个季度只应用该季度可用的数据分别实施的，所以没有将来的信息能够形成所构造的价格指数。在某些情况下（尤其是应用少量数据的更早的季度），步骤 2 估计的销售之间时间间隔的系数有一个错误的符号。当这种情况发生时，令系数等于 0，于是使得步骤 3 中的这个程序变成普通最小二乘法。

[10] 例如，当用直到 1980 年第Ⅱ季度的数据估计指数时，利用旧金山/奥克兰的数据，1980 年第Ⅰ季度到 1980 年第Ⅱ季度之间的实际住房价格估计有 6.2%的下降（实际下降，而不是年度化的比率）。当用直到 1986 年第Ⅲ季度的数据估计时，这两个季度之间的指数估计要上升 2.53%。

参考文献

Bailey, Martin J., Richard F. Muth, and Hugh O. Nourse. 1963. "A Regression Method for Real Estate Price Index Construction," *Journal of the American Statistical Association* 58: 933—942.

Case, Karl E., and Robert J. Shiller. 1987. "Prices of Single Family Homes since 1970: New Indexes for Four Cities," *New England Economic Review*, 45—56.

Engle, Robert F., David M. Lilien, and Mark Watson. 1985. "A DYMIMIC Model of Housing Price Determination," *Journal of Econometrics* 28: 307—326.

Fama, Eugene F. 1975. "Short-Term Interest Rates as Predictors of Inflation," *American Economic Review* 65: 269—282.

Fuller, Wayne A. 1987. *Measurement Error Models*, Wiley, New York.

Gau, George W. 1984. "Weak Form Tests of the Efficiency of Real Estate Investment Markets," *The Financial Review* 19: 301—320.

Gau, George W. 1985. "Public Information and Abnormal Returns in Real Estate Investment," *AREUEA Journal* 13: 15—31.

Hansen, Lars Peter, and Robert J. Hodrick. 1950. "Forward Exchange Rates as

Optimal Predictors of Future Spot Rates: An Econometric Analysis," *Journal of Political Economy* 88: 829—853.

Huizinga, John, and Frederic S. Mishkin. 1986. "Monetary Policy Regime Shifts and the Unusual Behavior of Real Interest Rates," *Carnegie Rochester Conference Series on Public Policy 24*: 231—274.

Linneman, Peter. 1986. "An Empirical Test of the Efficiency of the Housing Market," *Journal of Urban Economics* 20: 140—154.

U. S. Department of Labor, Bureau of Labor Statistics, *CPI Detailed Report*, Washington: U. S. Government Printing Office.

Webb, Cary. 1988. "A Probabilistic Model for Price Levels in Discontinuous Markets," in W. Eichhorn, ed., *Measurement in Economics*, Physica-Verlag, Heidelberg.

第五部分

总体经济

第19章 概 述[①]

关于投机性价格波动根源的同样的问题可能是对除投机性价格以外的宏观经济变量提出的。最根本地，我们观察到的国民生产总值变化的背后是什么？失业率变化的背后呢？通货膨胀率变化的背后呢？看来在这些问题上的看法还不像对投机性价格可变性的根本来源问题那样一致。第20章给出了这些问题的更广泛的观点。结论是许多不同的定性因素可能在这些宏观经济变量的变化背后起作用。这些定性因素是驱动投机市场的某些主张或心理因素，以及同样正在变化的流行模型。[1]

总股票市场长期以来一直被认为是随着商业周期变化的。在某种程度上是这样

的，宏观经济和股票市场波动好像有同样的根源。第 5、6 和 8 章已经证明股利现值的变化并没有足够大到可以作为解释股票价格变化的原因，而结论是商业周期不可能通过这个因素对股票价格产生影响。那么什么因素可能解释共同的变化呢?

可能是商业周期显著地影响股票需求，使得因为股票供给是相对固定的，股票价格必须调整，即使未来股利展望没有在商业周期中可被感知地变化。在衰退时期，过去价格水平上的股票需求可能比较低。在暂时的衰退中，人们有动机出售股票帮助他们克服个人花费上的困难。因此，衰退时价格应该趋向于走低，而未来股利的贴现率趋向于走高。在繁荣时期，人们应该有比较大的动机储蓄，而需求的一部分可能直接对准股票，导致股票价格比较高而贴现率比较低。

桑福德·格罗斯曼和我（第 21 章）利用卢卡斯和布里登更早的理论研究考查了上述商业周期效应的实证模型，而且发现这个股票价格模型比使价格等于用常数贴现率贴现的未来股利现值的简单模型更有前途。如果被称为相对风险厌恶系数的参数足够高，消费可变性的数据可以解释股票价格波动。[2]后来，汉森和辛格尔顿（Hansen and Singleton，1983）应用了展示出较小的相对风险厌恶系数估计值的类似分析，但他们因其他原因拒绝了这个模型。[3]

带有消费和总体经济波动分析的一个问题是消费没有在具体的时间被度量，因为消费只存在于抽象的理论模型中。大多数研究者不予理会这个偏差，但它可能导致某种有偏估计。格罗斯曼、梅里诺和希勒（Grossman，Melino and Shiller，1987）通过单位平均数据估计连续时间模型抨击这个问题。[4]然而，利用这些数据该模型表现不佳。

由于贴现率变化归结于需求波动，使股票价格随商业周期大幅变化的模型存在根本问题。实际利率好像没有适度地表现出与这些模型的相关性。正如从图 19—1 中看到的一样，其他投机资产如债券、土地或住房的价格根本没有表现出非常符合股票价格变化的变化。如果股票价格严重地受贴现率中与商业周期有关的变化影响，我们可能希望这些资产的价格随股票市场变化。这些其他资产的股利序列完全不同，而且房地产序列甚至不是完全被观察到的，只要未来股利现值相当平滑，我们可能希望至少在价格突然剧烈变化的时期看到这些不同价格的类似行为。例如，如果股票市场 1929—1932 年的下跌归因于贴现率的突然增加，我们可能希望看到其他投机性资产市场在那个时期也崩溃。如果 1929 年股票市场的崩溃是因为人们要出售股票（如果价格没有下降）以消费收益，那么其他投机市场可能有理由发生同样的事情。图 19—1 揭示了股票市场崩溃没有反映在土地、住房或债券的实际价格上，其他重要的股票价格变化也没有反映在土地、住房或债券的实际价格上。分段解释基于消费的资产定价模型的糟糕表现的一个尝试是假定消费产生多于一个时期的效用，使得消费实际上是耐用品（Eichenbaum，Hansen and Singleton，1988），或者消费中存在习惯塑造（Ferson and Constantinides，1988）。但这些可选择的解释看来无法解释股票价格的高度可变性和股票价格对其他资产价格的相对独立性。

资产价格和消费的这些分析具有真理成分是可能的，但它们过于依赖预期效用最大化范式。我们所知道的消费的流行模型根本没有提出消费被安排得相当好，以致像这些模型假设的那样使生命周期效用最大化。带有行为选择的这些模型的一些假设可能是有建设性的。

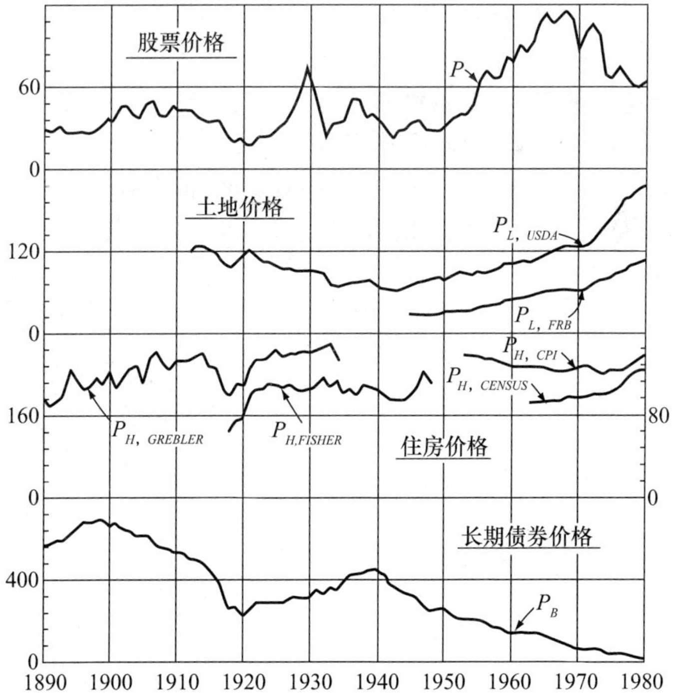

图 19—1

实际股票价格、实际土地价格、实际住房价格和实际的长期债券价格变化如上图。所有序列都除以非耐用品和服务的消费平减指数（1972＝1.0）。（第 1 组）P，标准普尔综合股票价格指数。（第 2 组）$P_{L,FRB}$，联邦储备理事会的土地价值序列来自于以 10 亿美元表示的年度和未清偿的国民净值的美国经济资产负债表；$P_{L,USDA}$，每英亩农业地产平均价值的 USDA 指数值，1967＝100。（第 3 组）$P_{H,Grebler}$，单个家庭房主居住房屋的格瑞伯勒-布兰科-威尼克（Grebler-Blank-Winnick）价格指数，1929＝100；$P_{H,Fisher}$，现有的单个家庭住房的以百美元表示的华盛顿特区费雪中等要价；$P_{H,CPI}$，所有城市消费者的消费者价格指数的住房购买成分，1967＝100；$P_{H,Census}$，被出售的新单个家庭住房的人口统计局价格指数，1972＝100（$P_{H,CPI}$ 和 $P_{H,Census}$ 的刻度在右边）。（第 4 组）P_B 是利率为 5%的 25 年期债券的价格，其收益是麦考利铁路债券收益计算的指数（1890—1935 年）和穆迪 AAA 级公司债券收益平均值。

资料来源：Robert J. Shiller，"Consumption，Asset Markets，and Macroeconomic Fluctuations"，*Carnegie Rochester Conference Series on Public Policy*，17（1982），p. 224.

注　释

[1] 霍尔（Hall，1988）在产出和投资模型、GNP 的噪音成分分析中利用类似于评价金融市场过度波动的方法进行估计。

[2] 然而，我们发现应用欧拉方程方法（1980），相对风险厌恶系数具有不合情理的巨大值。勒劳伊和拉西维塔（LeRoy and LaCivita，1981）独立地证明了股票价格波动可以像这里描述的模型一样，根据风险厌恶系数解释。也可参看 Michener（1982）。

[3] 塞切蒂、拉姆和马克（Cechetti，Lam and Mark，1988）研究了这种模型对度量均值回复和长期收益可预测性的意义。

[4] 因为格罗斯曼、梅里诺和希勒的论文已经发表，所以发现了数据集 1 和数据集 2、长样本期 1980—1981 年的年度数据错误。替代实际消费的对数时，我们错误地代入了实际消费的水平值。这个错误没有影响战后时期的季度数据集 3～6。在给定格罗斯曼和希勒（Grossman and Shiller，1980）表 1 结果的情况下，数据集 1 和数据集 2 需要高的相对风险厌恶系数值的基本结论仍然是正确的。

参考文献

Cechetti，Stephen G.，Pok-Sang Lam，and Nelson C. Mark. 1988. "Mean Reversion in Equilibrium Asset Prices，" reproduced，Columbus，OH：Ohio State University.

Eichenbaum，Martin S.，Lars Peter Hansen，and Kenneth J. Singleton. 1988. "A Time Series Analysis of Representative Agent Models of Consumption and Leisure Choice under Uncertainty," *Quarterly Journal of Economics* 103: 51—78.

Ferson, Wayne E., and George M. Constantinides. 1988. "Habit Formation and Durability in Aggregate Consumption: Empirical Tests," reproduced, University of Chicago.

Grossman, Sanford J., and Robert J. Shiller. June 1980. "Preliminary Results on the Determinants of the Variability of Stock Market Prices," reproduced, University of Pennsylvania.

Grossman, Sanford J., Angelo Melino, and Robert J. Shiller. July 1987. "Estimating the Continuous-Time Consumption-Based Asset Pricing Model," *Journal of Business and Economic Statistics* 53: 315—327.

Hall, Robert E. 1988. "Spontaneous Volatility of Output in the Business Sector," Lecture 2 of the Okun Memorial Lectures presented at Yale University.

Hansen, Lars Peter, and Kenneth J. Singleton. 1983. "Stochastic Consumption, Risk Aversion, and the Temporal Behavior of Asset Returns," *Journal of Political Economy* 91: 249—265.

LeRoy, Stephen and C. J. LaCivita. 1981. "Risk Aversion and the Dispersion of Asset Prices," *Journal of Business* 54: 535—547.

Michener, Ronald W. 1982. "Variance Bounds in a Simple Model of Asset Prices," *Journal of Political Economy* 90: 166—175.

Shiller, Robert J. 1982. "Consumption, Asset Markets, and Macroeconomic Fluctuations," *Carnegie-Rochester Conference Series on Public Policy* 17: 203—238.

第20章　总体经济变化的最终根源[①]

宏观经济的任何实证模型都讲述对每年宏观经济变量变化负最终责任的外部冲击。对总体经济变化的这些根源的阐述十分重要。经济理论不能用于解释数据，除非我们知道哪个经济关系本身没有受到冲击，或至少除非我们知道有关冲击的一些因素。[1]

最近的模型在总体经济变化的这些最终根源的阐述上存在广泛的差异。菲恩·基雷兰和爱德华·普雷斯科特（Finn Kydland and Edward Prescott，1982）及其他人提出对宏观经济的唯一冲击是对技术的某种冲击的商业周期模型。罗伯特·巴罗（Robert Barro，1977）提出将美国1946—

① 改编自 *American Economic Review* 77（1987）：87－92. © 1987 the American Economics Association。

1973 年（修正的）失业率方差的 78%归因于货币存量、军事雇佣和最低工资变量的非预期变化的一个模型。戴维·里利恩（David Lilien，1982）证明了 20 世纪 70 年代美国失业率的大部分波动是由于“异常的结构转换”，如产成品相对于服务的需求变化。詹姆斯·汉米尔顿（James Hamilton，1983）证明了自第二次世界大战以来，除了美国的一次衰退以外，剧烈的石油价格冲击发生在所有衰退之前，而且这些石油价格冲击反过来又被伊朗资产国有化、苏伊士危机和石油与煤矿工人罢工这样的事件所加剧。

其他人已经提出的分析（未必主张撇开总体经济波动的主要根源）确实指出性质上非常不同的外部冲击可能相当重要：渴望的消费的变化（Robert Hall，1986）、借贷过程的断裂（Ben Bernanke，1981）、卡特尔的破裂或建立（Julio Rotemberg and Garth Saloner，1986）及对工会会员态度的变化（Olivier Blanchard and Lawrence Summers，1986）。此外，这些冲击的任何一个都可能在外国发生，并通过贸易关系传递到国内经济。有些分析甚至强调按基本逻辑看，有些确实应该与宏观经济无关的事情完全可能极大地影响宏观经济，如果人们认为它影响宏观经济（Michael Woodford，1987）。这种变量的潜在意义甚至可能比理论文献中一些论文提出的更重要，如果我们既考虑严格理性预期也考虑“近似理性预期”。

最近的证据（John Campbell and N. Gregory Mankiw，1987）提出实际国民生产总值（GNP）的新息没有显示什么随后被颠倒过来的趋势，GNP 趋势回复的明显倾向可能归结于伪趋势估计。在某种程度上，这是正确的，于是解释长期增长（和解释为什么美国比印度或中国富裕）的同样根源的变化也可能在解释短期变化中起作用。如果文化或制度因素影响知识的传播和应用是理由的话，那么这些因素的变化可能起作用。如果规模经济是决定国家间差异的一个因素，那么新行业的发现或这些经济获得的生产功能区域也可能起作用。其他可能的因素是“基础设施”建设上政府支出的变化、政府政策和其他鼓励或阻止创新的因素，或仅仅是人口增长和自然资源的发现和耗尽。

看来最终根源存在一系列令人尴尬的可能性。了解大体上它们都可能贡献极大是重要的。10 个不同的独立冲击每个可以贡献的标准差为总标准差的 32%（$=\sqrt{0.1}$）在技术上是可能的。因此，对这 10 个因素的每一个而言，可能常常存在非常重要而且偶尔控制总波动的证据。或者，可能 100 个独立因素每个贡献的标准差是总标准差的 10%。

我们自然被引导到想知道是否存在系统的方法决定什么是宏观经济变化的不同根源中相对重要的因素。

20.1 庇古的最终根源分析

A.C. 庇古的著名著作《产业波动》(*Industrial Fluctuations*, 1929)好像是直到现在提供这种最终根源系统分析的最新努力。他将这些根源分成三个大类。“实际原因”是“在实际产业条件和基于这些预期是真实的或有效的预期下已经发生或将要发生的变化”。他列举的主要实际原因是:(1)收成的变化;(2)发明;(3)产业争端;(4)时尚的变化;(5)战争;(6)外部需求和投资的对外开放。“心理原因”是“人们心理态度发生的变化,即以事实为稳定的基础,他们没有形成稳定的判断”。“自发货币原因”是影响货币如金矿发现或货币、银行政策变化的事件(p.35)。他认为排除自发货币或者心理原因可能使产业波动幅度大约降低一半。排除收成的变化可能使波动幅度降低四分之一。他认为其他实际原因如发明或罢工的影响要小得多。[2]

在上述根源中,好像只有心理原因没有大量地影响同时期的宏观经济,虽然可以理解为它以误差项的形式出现在一些宏观计量经济学模型中。庇古将乐观主义和悲观主义影响“自发”投资的摇摆基本上描述为他称为“实际原因”的相同因素的“心理反应”(p.73)。他强调由于“心理相互依赖”、“同情或流行性兴奋”或“心理暗示”,这种摇摆在许多人中同时发生(p.86)。[3]他否认我们现在所称的“理性预期”,因为存在“假想事实的不稳定性”,尽管他承认“如果每个事情绝对稳定,以完全相似的方式或按完全有规律的进程每年重复发生,人们不可能不知道相关的事实并形成正确的判断”(p.74)。

庇古有什么证据说明他列出的原因构成了重要的根源呢?虽然他应用了一些统计量,但他的方法包括看起来基于逸闻的历史证据的判断。事实上,这种方法可能对这个目的有一些用处。关于一些经济机制的部分粗略感觉暗示如果某些因素外生地改变,那么可能会产生重要的宏观经济后果。如果这些因素历史上确实有变化,那么剩下的唯一问题是这种变化是否可能纯粹是内生的,也就是说,这种变化最根本地是由其他经济变量引起的。于是,我们可以获得这些因素是否可能被其他经济变量可靠地决定的某种见解。

例如，考虑自发货币原因的情况。在同时期的环境下，我们知道联储能够而且确实改变了对经济有重要影响的利率。当然，当前联储宣布的目标是要稳定经济，而且他们的努力确实可以减少其他冲击的影响。但因为他们的方法是判断性的而且不精确，人们估计他们自己还应该起增加冲击的作用。通过类比，如果我们分析一个飞机在暴风雨天气的飞行，我们可能希望发现决定飞机飞行的因素最终归结于飞行员。

和庇古一样的方法是有启发性的，但我们可能希望有更客观和更定量的东西。

20.2　大规模宏观计量经济学模型的证据

凯恩斯传统经济学中的大规模宏观计量经济学模型好像是允许将产出变量分解成与庇古提出的一样宽泛的种种要素冲击的唯一足够详细的模型。在这些模型中，所有宏观经济波动最终都能够追溯到方程残差或外生变量。

瑞·菲尔（Ray Fair，1986）已经进行美国经济菲尔模型的随机模拟，以证明什么是对模型的重要冲击。菲尔模型类似于包括消费和投资函数、产生IS曲线的国民收入恒等式、产生LM曲线的货币供求方程的大多数的大规模宏观计量经济学模型。货币政策用联储反应函数建立模型，但财政政策被理解为外生的。

为了考虑外生变量的冲击，在他的模型中他将23个外生变量的简单自回归预测方程增加到30个结构方程中，得到一个基本上没有外生变量的53个方程的模型。将给定数据取至1981年第二季度，作基准模拟的随机模拟是应用53×53（分块对角，30×30一块和23×23一块）方差—协方差矩阵残差和向前1～8个季度现实的实际GNP方差（即1981年第三季度到1983年第二季度）进行的。接着他令53个方程中的每个方程8个季度的残差等于0，一次一个然后分组，再进行新的随机模拟。这些模拟中的任何一个实际GNP方差作为基准模拟的方差百分比，是对类似于庇古描述的相对振幅平方的残差重要性的衡量。

关于结果引人注目的是，提前1个季度模拟的结论和提前8个季度模拟的结论有极大的差异。例如，如果我们忽略存货投资方程中的误差项，实际GNP方差相对于提前1个季度模拟中的基准模拟下降了

29%。如果我们忽略所有投资方程的误差项（消费者耐用商品、住房、存货和商业固定投资），相应的数字是 50.6%和 13.4%。因此，预测投资的失败可以解释模型提前 1 个季度预测的大部分困难，但对长期预测中的困难解释得比较少。可变性的其他根源随时间范围增长得更快，以致关于投资的不确定性被淹没了。

菲尔模型讲述了一个复杂的故事，其中没有可变性的单个根源起主导作用。考虑实际 GNP 提前 8 个季度的模拟中百分比方差的下降。忽略所有外生变量的冲击降低 44%的方差，其余部分根据方程残差解释。外生变量的主要归类是政府支出和转移支付（联邦政府、州政府和地方政府），占 21%的方差，其后是出口占 19%的方差。内生变量中，忽略服务和非耐用品消费的残差降低 10%的方差，忽略工资和价格部门的残差降低 11%的方差，忽略进口需求的残差降低 7%的方差。而忽略联邦储备政策冲击只降低 3%的方差。

引起这些方差分解的菲尔模型背后是什么证据呢？建立模型的努力依赖于一大串变量是外生的假设。这些变量中的许多并非单纯地对模型是外生的，虽然我们可能假设它们与经济行为的关系在某些情况下是微妙、复杂和包含长滞后期的。建立模型的努力还依赖于广泛过度识别模型的系数的一组约束条件。由于这些过度识别的约束条件，简单形式的估计与仅仅将内生变量对外生变量和预先决定的变量回归时进行的估计根本不相同。例如，从 GNP 成分已经观察到的效应看，约束条件有时具有推断外生变量对 GNP 影响的效应。

这些过度识别的约束条件在模型描述中常常不是被明确地讨论的。它们的表述好像主要具有直观原因，正像应用庇古理论的情况一样。关于最终根源，我们可能希望在同行中找到更能达成一致的方法。

20.3 外部根源的部分表述

许多人质疑大规模宏观计量经济学模型的假设。但是，这些模型的有些假设一定应该是无可争议的。确实，有些变量（例如，天气）可能只被每个有关的人真实地判断为外生的。即使 x 很小，如果我们所有人能够在这种变量可以解释宏观经济变化的 x 个百分点上达成一致，那么事情可能会有进展。这种变量对实际 GNP 的原因的格兰杰或西姆斯原因检验可能会无法达成一致意见吗？

但考虑看起来对总体经济可能有巨大影响的任何单个可度量的明显外生的变量是困难的。例如，我们有丰富的精心分解的单个专利信息数据，每个专利都代表技术进步。但怎样将这些信息聚集成找到引起 GNP 变化原因的数据序列？我们不能将 GNP 对每个外生变量解释 GNP 一个要素的成百个外生变量进行回归，因为我们拥有的自变量可能比可用的观察值更多。

天气变量可能是确实地导致宏观经济总体发生变化的真实外生变量的最显而易见的候选者。解释单个庄稼收益的回归模型（例如 Wolfgang Baier，1977）说明天气变量解释一年一年庄稼收益的大部分可变性。R^2 常常超过 0.5。但为了达到单个庄稼这样的 R^2，研究人员应用集中的庄稼之间不同的天气变量，如“估计的 6 月份土壤水分蒸发损失总量”或“在生长阶段 0～100 厘米土壤深度平均湿度保持量（毫米）”这种变量。为了妥善地解释总体经济，这些天气变量应该对适应它们的特定庄稼在所有合适的时间和地点度量。为了解释天气对非农业生产行为的影响，可能还需要相当不同的天气变量；为了说明住房的有利条件，我们可以应用每年温度低于冰点的天数；为了说明宾馆的膳食，我们可以应用一年中恶劣天气的夜晚个数和城区的公路状况；为了说明电力需求，我们可以应用夏天温度超过 75°F 的非线性函数的平均值；为了说明供热燃料需求，我们可以应用冬天温度低于 60°F 的非线性函数的平均值。[4]要找到除 GNP（或其类似物）本身以外这些冲击的恰当的聚合指标并不容易。

20.4　作为聚合方程的模型

找到许多外部冲击的聚合指标意味着建立解释 GNP 的许多要素，并说明它们如何相互作用求得总数的高度分解的模型。如果模型被判断为聚合方程，那么可能认为模型是成功的，即使这些模型已经分辨出可能导致这些模型按常规标准被拒绝的结构缺陷。聚合模型可能是唯一朴素的或粗糙的模型。例如，我们可以建立庞大的里昂惕夫投入产出模型。技术创新、天气或其他已知的外部冲击的数据能够用于调整投入产出矩阵和要素投入要求的矩阵。我们可能发现模型中结构变化的指标成功地聚合起来（例如，GNP 的格兰杰原因），即使我们知道固定比例的假设是高度地受到限制的。

大规模宏观计量经济学模型表明，费力地处理细节可能获得可变性的根源。现有的大规模宏观计量经济学模型甚至被曾经对他们的理论发表过一些著名批评的人所接受看成已经显示出这种成功（Fair and Shiller，1987）。考虑到经济理论的发展和许多国家数据的完善，如果人们愿意在更细致的水平做更多的研究，期望沿着这些方法取得进一步的进展是自然的。

20.5 说　明

关于种种最终根源的任何一个根源的定量意义在同行中还没有达成一致。然而，根据我的判断，现有的文献确实提出极多的根源在起作用：偏好和技术的冲击、政府政策的冲击、人口统计冲击、对劳工或行业组织的冲击，以及庇古等人描述的那种“心理”冲击。

当前流行的方法推出了试图带有相当少的冲击运行的模型。这些模型作为特殊情况是有价值的，但还应该被理解成探究性实践。我们不应该把简化或降低外部冲击阵容看成研究的目标。当然，简明性是一个优点，但如果世界并不简单，简单模型就不能被看成一个目标。

注　释

[1] 彼得·加伯和罗伯特·金（Peter Garber and Robert King，1983）指出，当代欧拉方程估计方法常常假设冲击在模型的其他某个地方出现，但并不是对模型的每个方程都作出这个假设。

[2] 参看本书第 11 章。注意到庇古的分解否认因素的独立性：他认为消去一个因素可以降低另一个因素的影响。

[3] 关于这一点，比较 Woodford（1987）。

[4] 唐纳德·迪尔和杰弗里·米伦（Donald Deere and Jeffrey Miron，1986）将美国州和行业失业率对特定州的天气变量和其他变量进行回归。在大约 25%的回归中，天气变量在 90%的水平上显著，而且总体上非常显著。

参考文献

Baier, Wolfgang, 1977. "Crop-Weather Models and their Use in Yield Assessments," Technical Note No. 151, World Meteorological Organization.

Barro, Robert J., 1977. "Unanticipated Money Growth and Unemployment in the United States," *American Economic Review* 67: 101—115.

Bernanke, Ben S., 1981. "Bankruptcy, Liquidity, and Recession," *American Economic Review Proceedings*, 71, 155—159.

Blanchard, Olivier and Summers, Lawrence, 1986. "Hysteresis and the European Unemployment Problem," reproduced, MIT.

Campbell, John Y. and Mankiw, N. Gregory, 1987. "Permanent and Transitory Components in Macroeconomic Fluctuations," *American Economic Review Proceedings* 77: 111—117.

Deere, Donald R. and Miron, Jeffrey A., 1986. "The Cross Sectional Impact of Unemployment Insurance on Layoff, Employment and Wages," reproduced, Texas A&M University.

Fair, Ray C., 1986. "Sources of Output and Price Variability in a Macroeconometric Model," reproduced, Yale University.

Fair, Ray C., and Shiller, Robert J., 1987, "Econometric Modelling as Information Aggregation," reproduced, Yale University.

Gather, Peter M. and King, Robert G., 1983. "Deep Structural Excavation? A Critique of Euler Equation Methods," NBER Technical Working Paper No. 31.

Hall, Robert E. 1986. "The Role of Consumption in Economic Fluctuations," in Robert J. Gordon, ed., *The American Business Cycle: Continuity and Change*, NBER, Chicago: University of Chicago Press.

Hamilton, James D., 1983. "Oil and the Macroeconomy since World War II," *Journal of Political Economy* 91: 228—248.

Kydland, Finn E. and Prescott Edward C. 1982. "Time to Build and Aggregate Fluctuations," *Econometrica* 50: 1345—1370.

Lilien, David M. 1982. "Sectoral Shifts and Cyclical Unemployment," *Journal of Political Economy* 90: 777—793.

Pigou, Arthur C. 1929. *Industrial Fluctuations*, 2nd. ed., London: Macmillan.

Rotemberg, Julio J. and Saloner, Garth. 1986. "A Supergame-Theoretic Model of Price Wars during Booms," *American Economic Review* 76: 390—407.

Woodford, Michael, 1987. "Self-Fulfilling Expectations and Business Cycles," *American Economic Review Proceedings* 77: 93—98.

第21章 股票市场价格易变性的决定因素①

刻画普通股票价格指数的巨大而不可预测的波动的最熟悉的解释是价格变化代表“新信息”的有效贴现。可先假定从来没有确定这种信息与什么有关的这种流行解释是值得注意的。希勒（Shiller，1981，chapter 5）、斯蒂芬·勒劳伊和理查德·波特（Stephen LeRoy and Richard Porter，1981）最近的研究已经显示出股票价格指数可变性不能根据关于未来股利的信息解释的证据，因为股利看来没有变化得足够大以证明价格变化的合理性。这些研究接受常数贴现因子。在这一章，我们考虑股票价格的可变性是否能够归结于关于贴现

① 与 Sanford J. Grossman 合作。改编自 *American Economic Review* 71（1981）：222—227.

因子（即实际利率）的信息，反过来贴现因子又与现在和未来的经济行为水平有关。

适用于从今天起 k 年收到的股利的合适贴现因子是今天的消费和从今天起 k 期消费之间的边际替代率。我们应用1890—1979年人均消费的历史数据估计这些边际替代率的实现值。理论上，正如勒劳伊和C. J. 拉西维塔（LeRoy and C. J. LaCivita，1981）也已经独立地提出的一样，消费易变性可能导致变化量依赖于风险厌恶程度的股票价格易变性。

罗伯特·霍尔（Robert Hall，1978）也研究了这些边际替代率，并断定消费是随机游走。我们证明如果按霍尔的看法当前的消费和股利是未来消费和股利的最佳预测，那么适用于股票价格的贴现因子可能没有改变。股票价格易变性隐含着它们确实改变了，所以我们断定消费者应该拥有比仅仅应用现在的消费更好的方法预测未来消费（例如，消费者可能知道什么时候经济衰退）。

21.1　股票收益和边际替代率

考虑能够自由地购买或出售资产 i 并且效用能够写成未来年份的消费效用现在的贴现值的消费者，$U_t=\sum_{k=0}^{\infty}\beta^k u(C_{t+k})$，其中 $\beta=1/(1+r)$，而 r 是时间偏好的主观利率。假定消费者使他时间 t 的期望最大化，时间 t 这个效用函数的资产持有量最优的必要条件是

$$u'(C_t)P_{it}=\beta E[u'(C_{t+1})(P_{it+1}+D_{it+1})\mid I_t] \qquad (21—1)$$

其中，P_{it} 是资产 i 的实际价格（用单一消费品或“市场篮子”C_t 表示），而 D_{it+1} 是在时间 $t+1$ 支付给时间 t 的持有者的实际股利。术语 E 表示数学期望，这里以关于时间 t 经济主体占有的所有未来的信息 I_t 为条件。方程（21—1）的左边是用购买一单位资产放弃的现在消费计算的成本，而右边给出从股利和资产的资本价值推算的预期未来消费利益。这个关系在现代最优动态消费和组合决策的理论模型如罗伯特·卢卡斯（Robert Lucas，1978）的那些模型中起中心作用。

因为 $u'(C_t)$ 和 P_{it} 在时间 t 是已知的（与未知的 P_{it+1}、D_{it+1} 和 C_{t+1} 对照），我们能够将方程（21—1）改写成

$$1=E(R_{it}S_t\mid I_t) \qquad (21—2)$$

其中，$S_t = \beta u'(C_{t+1})/u'(C_t)$ 是现在和将来消费之间的边际替代率（通常测度值的倒数），而 $R_{it} = (P_{it+1} + D_{it+1})/P_{it}$ 是收益（或更确切地说，是1加通常计算的收益率）。注意到方程（21—2）以信息 I_t 为条件的期望总是等于1。由此，它不依赖于 I_t。因此，它等于无条件或绝对期望：

$$1 = E(R_{it}S_t) \tag{21—3}$$

因此，熟悉的两期图形的合理的随机解释是不确定的收益和不确定的边际替代率的预期乘积等于1。这意味着 $E(R_{it})$ 不必等于时间偏好的主观利率，所有资产的 $E(R_{it})$ 也没有必要都相同（“预期的盈利机会”可能存在）。而方程（21—3）表明权数相当于边际替代率的加权的收益期望对所有资产是相同的。低边际消费效用时期产生的收益（即消费高）分配较小的权数，因为根据效用看它们没有什么好处。高边际消费效用时期产生的收益分配大权数。应用两个变量的预期积等于它们平均值的积加协方差的事实，同样的表达式也能够写成另一种形式：

$$E(R_{it}) = E(S_t)^{-1} \cdot (1 - \text{cov}(R_{it}, S_t)) \tag{21—4}$$

方程（21—4）表明资产的预期收益取决于资产收益与边际替代率的协方差。如果一个资产的回报与 S 具有高的负协方差，该资产是非常“有风险的”。[道格拉斯·布瑞登（Douglas Breeden，1979）最近有说服力地论证了应用消费相关性作为风险的合适衡量。]

包含在方程（21—1）至方程（21—4）的每个表达式中的资产收益理论是相当有说服力的，因为它的应用范围非常广泛。它对任何资产或资产组合都成立。它对对投资股票有选择权的任何单个消费者成立（即使他选择不持有股票），因此它对总消费应该成立，只要有些人的消费被总消费完全代表。即使单个投资者对其他资产的选择是受约束的（例如，单个人不能用他的“人力资本”进行交易，单个人受住房投资中的制度因素约束，或者单个人不能借款），它也成立，只要这种约束没有通过股票购买或销售影响他改变储蓄率的能力。它加入了人们在进行投资决策时考虑的所有种类的不确定性，因为这些因素反映在消费中。模型对任何时间间隔成立，不论是1个月、1年还是10年。

21.2　精确预见的股票价格

通过反复类推方程（21—1），我们发现时间 $t<n$ 的价格 P_{it} 是股利和期末价格 P_{in} 用边际替代率贴现的预期的现在价值：

$$P_{it} = E\left[\sum_{j=1}^{n-t} \beta^j \frac{u'(C_{t+j})}{u'(C_t)} D_{it+j} + \beta^{n-t} \frac{u'(C_n)}{u'(C_t)} P_{in} \mid I_t\right] \quad (21—5)$$

定义精确预见的股票价格 P_{it}^* 是有用的，它是在消费者知道消费、股利和期末价格 P_{in} 的所有未来时间路径的假定下时间 t 的价格：

$$P_{it}^* = \sum_{j=1}^{n-t} \beta^j \frac{u'(C_{t+j})}{u'(C_t)} D_{it+j} + \beta^{n-t} \frac{u'(C_n)}{u'(C_t)} P_{in} \quad (21—6)$$

显然方程（21—5）表明 $P_{it} = E[P_{it}^* \mid I_t]$。进一步，我们假定 $u(C)$是常数相对风险厌恶形式：

$$u(C) = \frac{1}{1-A} C^{1-A},\ 0 < A < \infty \quad (21—7)$$

其中，A 是相对风险厌恶系数，它是效用函数的凹度或消费波动的负效用的衡量。

图 21—1 显示了 1889—1979 年的 P_t 图，其中，P_t 是年度平均标准普尔综合股票价格指数除以消费平减指数。在同一个图形上，我们应用方程（21—6）和方程（21—7）描绘了 $A=0$ 和 $A=4$ 的精确预见的实际价格 P_t^*，这里我们应用标准普尔序列真正实现的实际股利、库兹涅茨-肯德里克（Kuznets-Kendrick）美国 NIA 非耐用品和服务的人均实际消费与 $n=1979$ 的期末数据。对每个 A，我们产生一个像样本均值估计那样的 β 值，使得方程（21—3）成立。$A=0$ 的情况是有启示意义的；这是风险中性和常数贴现因子的情况。注意到带常数贴现因子的情况，P_t^* 恰好随股利的趋势增长；它事实上没有说明现实股票价格短期变化的任何情况。A 越大，P_t^* 的变化越大，这里还说明了 $A=4$ 的情况，因为对这个 A 而言，P 和 P_t^* 的变化量相当相似。在财富的唯一随机因素是股票收益的假设下，欧文·弗瑞恩德和马歇尔·布鲁默（Irwin Friend and Marshall Blume，1975）估计 A 大约等于 2。在股票收益和人力资本是财富的随机因素时，欧文·弗瑞恩德和乔伊

尔·哈斯布洛克（Irwin Friend and Joel Hasbrouck，1975）估计 A 大约等于 6。我们应用税后收益计算一个 P^* 序列。收入税一般不重要时，看起来它与这里显示的前半样本的 P^* 没有非常不同，而且看来在后半样本中没有将 P 拟合得更好。

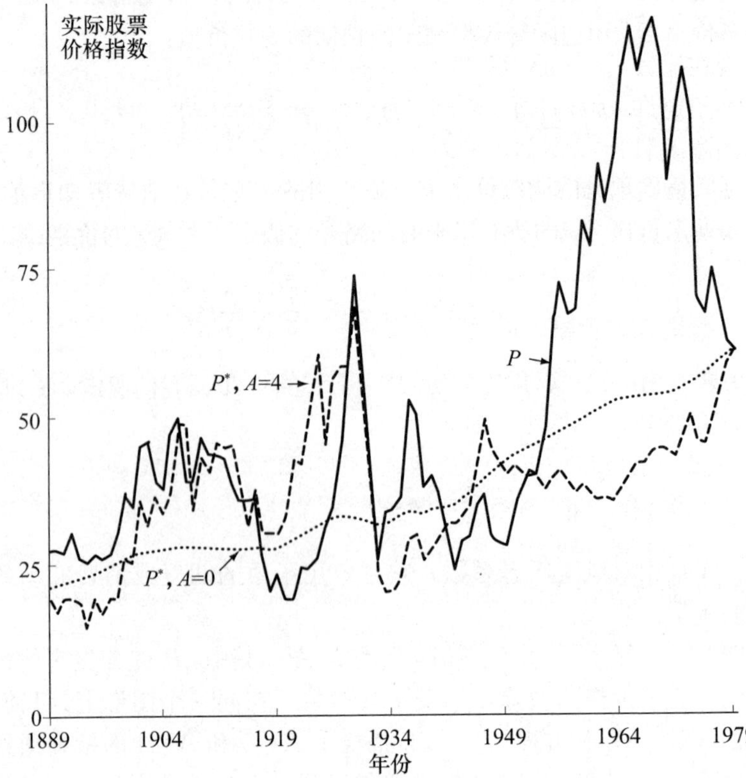

图 21—1

1889—1979 年，现实的和精确预见的股票价格。实线 P_t 是实际标准普尔综合股票价格指数平均值。其他曲线是：P_t^*［如表达式（21—6）和表达式（21—7）定义的一样］，应用 1979 年的现实股票价格作为期末价值的现实后续实际股利的现值。A＝0（虚线），贴现率是常数，而 A＝4 时（短横线）它们随消费发生变化。

P^* 和 P 之间的粗略对应性（除最近的数据以外）显示如果我们接受相对风险厌恶系数 4，那么甚至在未来价格变化确定无疑地知道的假设下，我们也能够在某种程度上使 P 的行为与经济理论一致。在确定的世界，边际替代率 S_t 可能等于 1 加实际利率 ρ_t 的倒数。由此，我们的均衡条件变成 $(P_{t+1}+D_{t+1})+P_t=1+\rho_t$。因此，可以证明在实际利率很高的时期，实际股票价格和实际股利稳定的其他资产的实际价格一样将剧烈地上升。当 C_{t+1} 相对于 C_t 高时，实际利率也会高，例如，在萧条时期 C_t 异常低。因此，它是 P_t 低（相对于 P_{t+1}）的一个均衡，否则为了维持他们的消费水平，人们将要求动用储蓄（例如，在时间 t 出售股票）。使要求的储蓄和现实的储蓄实现均衡必不可少的实际利率的变化将导致股票价格发生变化，即使股利不发生变化。正是这些变化出现在比较 $A=4$ 的 P^* 和 $A=0$ 的 P^* 的图形中。

在给定许久以前被许多人提到的商业周期中股票市场和总体经济行为的相关性时（例如，参看阿瑟·伯恩斯和威斯利·米切尔的著作），P^* 和 P 之间的相关性也许不是完全令人惊讶的。然而，P_t^* 不仅仅是时间 t 总体经济行为或消费的代表。作为一个近似，如果我们假定股利服从增长路径 $D_t = D_0\delta^t$，而且如果我们在方程（21—6）中令 $n=\infty$ 忽略期末价格，那么 $P_t^* = D_0\delta^t[C_t^A\sum_{k=0}^{\infty}(\beta\delta)^k C_{t+k}^{-A}]$。这表明 P_t^* 服从增长路径乘以 C_t^A 与未来 C^A 的加权调和平均值的比率。这个权数未来呈指数形式下降。因此，1907—1919 年 P_t^* 逐步下降不是因为消费下降，而是因为当前的消费和长期展望之间的差距扩大了，因为实际人均消费或多或少地保持在这个时期的水平上。换句话说，在这个时间 P^* 下降，因为精确预见的个体知道他的经济财富在战争时期以后最终可能改善，从而试图使这个时期的消费平滑。正如以前的学者研究的那样，通过单独考虑原始的股票价格和经济行为指数序列，一直没有看出来 P 和 C 之间有这种关系。另一方面，围绕 1893 年或 1907 年恐慌的这种情节，P 和 P^* 之间的短期对应性实际上被这些作者指出过。

我们的构造隐含着 P^*（P 也一样）是未来经济行为水平的先行指标，但它没有提出 P 和总体经济行为之间有几个月到 1 年固定的区间的常规观点。然而，这种固定的先行区间从来没有被定量地确定过（C. W. J. Granger and M. Hatanaka，1964）。

一旦我们忽略精确预见的假设，P_t 和 P_t^* 之间就未必存在这种密切的联系。如果消费者拥有关于 P_t^* 的信息，那么 P_t 将是一个常数，而 P_t^* 将变化。我们可以写成 $P_t^* = P_t + U_t$，其中 $U_t = P_t^* - E[P_t^* \mid I_t]$ 是预测误差。因为 P_t 在信息集 I_t 中，U_t 应该与 P_t 不相关，以致随机过程 $\{P_t^*\}$ 的易变性将比随机过程 $\{P_t\}$ 的易变性更大。进一步，如果我们考虑时间 t 的信息集的任何子集，比如 I_t^s，那么 $\mathrm{var}(P_t^* \mid I_t^s) \geqslant$

$\mathrm{var}(P_t \mid I_t^s)$。如果我们假设随机过程$\{P_t\}$和$\{P_t^*\}$的易变性能够根据已经观察到的$P_t$和$P_t^*$的样本易变性进行估计，那么图形能够给出支持$A$至少等于4的假设的一些证据。从图形看，显然$A=0$的方差不等式被反过来了：$P_t^*$比$P_t$变化少。这是反对贴现因子没有改变的假设的证据。一旦我们使A提高，比如$A=4$，那么贴现因子的易变性迫使P_t^*变化很大。A越大，消费路径变化导致的P_t^*的易变性越大。让读者能够明白贴现因子的易变性重要的另一种方法是应用上述$I_t^s=D_t$的方差不等式，那么我们可以得到$\mathrm{var}(P_t^* \mid D_t) \geqslant \mathrm{var}(P_t \mid D_t)$。如果贴现因子是常数，那么这表明相对于现在的股利预测加权的未来股利来说，现在的股利应该是现在的股票价格更好的预测指标。不定期的观察暗示这是错误的。现在的股利是未来股利的非常合适的预测指标，却是现在的股票价格糟糕的预测指标。一旦我们允许贴现因子改变，不等式真实的可能性要大得多，因为现在的股利是未来贴现因子的粗劣的预测指标。

如果我们接受贴现因子的易变性重要这个观点，那么我们能够应用这个观点提出反对霍尔消费的短期变化是消费者不可预测的主张的证据。为理解这一点，将求和式（21—5）的第j项写成$E(\beta^j u'(C_{t+j})/u'(C_t) \mid I_t)E(D_{t+j} \mid I_t) + \mathrm{cov}(\beta^j u'(C_{t+j})/u'(C_t), D_{t+j} \mid I_t)$。如果$\beta^j u'(C_{t+j})/u'(C_t)$的期望和与股利的协方差都是不可预测的（依赖于$I_t$），那么这一项将仅仅由于$D_{t+j}$期望的变化而改变，即由于股利的信息而改变。此外，如果$E(\beta^j u'(C_{t+j})/u'(C_t) \mid I_t)=\gamma^j$（可能像霍尔随机游走假设提出的一样），那么$P_t$等于$E(\hat{P}_t^* \mid I_t)$，其中$\hat{P}_t^* = \sum \gamma^j D_{t+j}$（加上归因于协方差的确定性项）。$\hat{P}_t^*$有一个常数贴现因子并与图21—1中$A=0$时的$P^*$成比例。因为$A=0$时的$P_t^*$使前面提到的方差检验失败，我们趋向于拒绝常数贴现因子的模型。因此，我们断定消费变化是可预测的。这隐含着预期实际利率发生变化［与尤金·法玛（Eugene Fama，1975）等人的主张相反］。

这个结论与罗伯特·霍尔（Robert Hall，1978）的主张并不矛盾：（ⅰ）对知道得没有消费者那么多的计量经济学家来说，边际消费效用是随机游走；（ⅱ）收入可能是已经证明消费对收入非常敏感的计量经济学模型中滞后消费的代表。股票价格随着消费而变化如此之大的事实暗示消费者拥有的关于消费的信息比当前消费中包含的关于消费的信息更多，而且这导致预期实际利率随着信息而变化。

21.3　进一步的研究

我们在估计 A 和 β 方面已经有了一些初步结果。两个参数的估计能够应用取股票和短期债券为两种不同资产的表达式（21—3）推导。不幸的是，最近子样本期 A 的估计好像高得不合情理。模型的失败反映了自20世纪50年代早期以来 P^* 和 P 之间的偏离，也反映了这个时期短期债券利率上极低的实际收益。那个时期股票价格存在不能用实现的股利或边际替代率的变化解释的巨大上涨。初步结果显示它也不能用税收解释。弗瑞恩德和布鲁默注意到这个时期相对于1890年到现在所有其他部分时期，股票对债券的超额收益极高。他们估计的风险的市场价格是1952—1961年的两倍，是任何其他10年中最高的。P_t 和 P_t^* 的偏离可以被认为是一个巨大的预测误差，关于为什么 $E(P_t^* \mid I_t)$ 应该变化这么大，我们没有任何头绪。

参考文献

D. Breeden. 1979. "An Intertemporal Asset Pricing Model With Stochastic Consumption and Investment Opportunities," *Journal of Financial Economics* 7：265—296.

Arthur F. Burns and Wesley C. Mitchell. 1956. *Measuring Business Cycles*, New York.

E. Fama. 1975. "Short-Term Interest Rates as Predictors of Inflation," *American Economic Review* 65：296—282.

I. Friend and M. Blume. 1975. "The Demand for Risky Assets," *American Economic Review* 65：900—923.

I. Friend and J. Hasbrouck. 1980. "Effect of Inflation on the Profitability and Valuation of U.S. Corporations," University Pennsylvania.

C. W. J. Granger and M. Hatanaka. 1964. *Spectral Analysis of Economic Time Series*, Princeton.

R. Hall. 1978. "Stochastic Implications of the Life Cycle-Permanent Income Hypothesis," *Journal of Political Economy* 6：971—988.

S. LeRoy and R. Porter. 1981. "The Present Value Relation：Tests Based on Implied Variance Bounds," *Econometrica*, forthcoming.

S. LeRoy and C. J. La Civita. 1981. "Risk Aversion and the Dispersion of Asset Prices," *Journal of Business*, forthcoming.

R. E. Lucas. 1978. "Asset Prices in an Exchange Economy," *Econometrica* 46: 1429—1445.

R. Shiller. 1981. "Do Stock Prices Move Too Much to be Justified by Subsequent Changes in Dividends?," *American Economic Review*, forthcoming.

第六部分

流行模型和投资者行为

第22章　概　　述

现在让我们回到导言中描述的主题：关于投机市场的流行模型的信息的系统收集，广大公众拥有的市场模型或理论。当然，并非只存在一个流行模型而是有一池这样的模型，而且这一池模型的任何给定模型出现的频率随时间发生变化。某些时候流行模型池的快照可以通过普通投资公众的问卷调查获得。这种问卷调查还能够给出有关投资者的行为参数，如帮助我们解释流行模型对经济变量影响的反应次数、通讯模式和信息来源的信息。获得这种信息后，就有可能尝试性地着手研究一些投机市场的动态模型，甚至投机泡沫的反馈模型。

22.1 市场参与者的调查

这一部分的两章应用调查性方法研究市场的社会心理可能特别重要的异常情况。第一，我写于1987年的第23章涉及1987年10月19日的股票市场崩溃；第二，与卡尔·E·卡斯合写的第24章涉及20世纪80年代房地产市场的局部繁荣。

股票市场崩溃是吸引公众注意力的全国性事件。它是因某些原因股票价格达到异常高度的繁荣时期后发生的。第23章的研究发现，初始的价格下降本身是触发崩溃的最重要的新闻事件；崩溃的时机没有被解释为对那个时候任何特定的新闻突变的反应。某些主题萦绕在广大投资者的心头，最值得注意的主题是股票定价过高，另一个主题是程序式交易已经使市场根本不同了，第三个主题是总体经济中存在太多的负债。崩溃的流行模型倾向于强调投资者心理。根据这个证据，崩溃的时机好像与已经在投资者心中建立的使投资者对价格变化作出异常反应的流行模型的主题有关。对日本机构投资者的调查（Shiller，Konya and Tsutsui，1988）说明，他们在许多方面与崩溃时候的美国投资者是类似的；他们也主要对价格变化作出反应，而且大多数反应根据投资者心理解释事件。

对这些调查的一个批评是，市场变化是由可能错过这种调查的相对小数目的相当强势的投资者导致的。总统的市场机制工作组，即布拉迪委员会（Brady Commission，1988）断定股票市场最大的15个出售者占10月19日“总交易量的大约20%”；期货市场最大的10个出售者占当天“非做市商总交易量的大约50%”[1]。然而，这未必意味着占交易量小部分的这种投资者在任何意义上都是崩溃的原因，也不意味着他们的行为根本不同于投资者更广泛的横断面的行为。《华尔街日报》报道这样的大角色是10月19日出售“将近10亿股股票”的富时基金。这些销售之所以出现是因为“投资者在周末用基金份额兑取现金促使富时基金抛售股票”[2]。

各种各样的研究（Brady Commission，1988；Chicago Mercantile Exchange，Miller，Hawke，Malkiel and Scholes，1988；Commodity Futures Trading Commission，1988；Securities and Exchange Commission，1988）已经推断出归因于组合保险的自动出售是市场崩溃的

一个重要原因。根据布拉迪委员会（Brady Commission，1988）的研究，“在接近210亿美元的纽约证券交易所的总交易量中，3个组合保险者的销售计划占到将近20亿美元……在期货市场，组合保险者的销售量达到相当于40亿美元的股票交易量或34 500个合约，除当地居民的交易以外，它超过期货交易量的40%。”[3]然而，占交易量小部分的组合保险出售只是对价格下降作出反应而进行的，其本身没有发动崩溃。此外，在寻找崩溃的最终原因时，我们不应当把组合保险看成像有时技术创新对社会的推动作用一样的外部事件。相反，组合保险本身应该被看成公众中某些流行模型传播的结果。我在其他地方（Shiller，1988）已经证明了这一点。

确实，在寻找崩溃根源时广大投资者、个人和机构的行为是应当考虑的一个因素。主要的研究（布拉迪委员会的报告除外）普遍承认研究者没有像我一样试图了解这种行为。

对我文章的另一个更集中的批评是大多数投资者认为崩溃前市场定价过高的结论是根据崩溃后对投资者的民意调查得到的。虽然崩溃前寻求意见时问到的问题非常明确，但他们的记忆受崩溃的影响显然是合理的。在崩溃使投资者的思想受到影响前，民意调查已经作过了，尽管我没有发现问过完全相同的问题。

理查德·B·霍伊（Richard B. Hoey）和他在得莱克斯大学（Drexel）的同事伯恩汉姆·拉姆伯特（Burnham Lambert）一直在对机构投资经理实施有规律的月度民意调查。他们问机构投资经理们是否认为从现在起3个月，市场将进入“牛市”、“中性阶段”或“熊市”。反应者在崩溃前的1987年9月是强劲乐观的：47.9%的人选择“牛市”，而24.5%的人选择“熊市”。他们在1987年崩溃前4年的大部分时间一直是类似乐观的。但崩溃后的第一次调查中乐观的比例急剧地下降：1987年11月只有19.9%的人选择“牛市”，而有42.4%的人选择“熊市”。[4]

乐观态度与我的市场被定价过高的调查中的看法一致吗？我认为可能是这样。市场舆论调查公司（Market Consensus Surveys）的威廉·菲尔塔斯（William Feltus）和我在1988年5月31日美国阵亡将士纪念日后的星期二——这一天股票市场出现非同寻常的巨大增长（道琼斯工业股票平均指数在一天里上升74.68点或3.82%）——以前的一周对投资行业进行电话调查。我们要求反应者预测此后1个月的道琼斯指数。通常的预期是实际上没有变化。然而反应者确实倾向于认为市场被超卖：54%的人认为市场被超卖；24%的人认为市场被超买；其余人无法确定。如果他们认为市场被超卖，为什么他们没有预期市场1个月后上升呢？显然，投资者对上涨反应敏锐，但直到5月31日股票市场价格上升的初期，显然没有新闻事件触发购买。（那天的媒体好像也没有报道过引人注意的其他新闻事件。）

另一个更早的研究断定投资者对价格变化的反应在崩溃中起重要作用。在1946年9月3日股票价格单日下跌6.1%的股票市场剧烈下跌后，证券交易委员会（SEC，1947）采访了交易大量普通股票的人。他们将主要的出售理由分成17类。选择最多的理由是43%的出售者选择的“9月3日价格的下降”。没有哪个理由的选择密集度和这个理由接近。归类第二多的另一个流行模型“道氏理论”只有13%的出售者选择。

第24章（和卡尔·E·卡斯的共同研究）是关于20世纪80年代后期加利福尼亚和80年代中期美国东北部的房地产繁荣的研究。从基础研究的角度看这些繁荣的局部特性是一个优势；因为这些繁荣地域集中，通过向其他城市发出调查问卷我们能够作出比较：在相同的历史时点向繁荣城市、后繁荣城市和经历价格不怎么波动的控制城市发出相同的调查问卷。因此，这一章的研究相对没有与崩溃前状态进行比较的关于股票市场崩溃的研究有优势。这个研究没有找到比股票市场崩溃的研究（突然的价格变化的最终根源仍然没有解释）更多的外部“触发”住房价格繁荣的证据。但它确实找到了强烈的投资动机和繁荣城市比控制城市更高的价格预期、反应者没有表现证明他们回答开放式问题合理性的任何能力的预期的证据。关于股票市场崩溃和加利福尼亚房地产繁荣的模型之间的重要差别是，只有前者的流行模型将价格变化阐述为主要归因于投资者心理。

股票市场崩溃和房地产繁荣这两个调查性研究推断出，价格变化对随后的价格变化的反馈可能是价格动态中的重要因素。在股票市场崩溃的情况下，反馈发生得相当迅速，因为向下的价格变化吸引人的注意力并在一天左右的时间里产生进一步的卖盘压力。在房地产繁荣的情况下，向上的价格变化吸引人的注意力，而且在1年左右的时期里为价格逐步增加的环境作贡献。

22.2 动态反馈模型

这两种情况的证据提出价格依赖于滞后价格变化、恶性循环中放大的价格变化的简单反馈模型在价格动态中起作用。这种证据提出价格部分地是由它的滞后值、有时倾向于促进进一步增长的价格增长决定的。正式地，这个恶性循环能够被描述为差分方程，但它不是参数随时间保持不变的差分方程。差分方程的参数取决于环境而且可能因时间或地点发生改变，取决于当时的流行模型。

尽管现实的反馈机制可能很复杂，考虑至少使我们认识到各种可能性的一些特殊情况是有益的。例如，参看德・龙等人（De Long et al.，1989）的研究。

应该被牢记在心的一个重要事实是反馈模型未必隐含价格变化的正的序列相关性。有些例子说明过去的价格变化对现在价格的反馈极大地增加了价格方差，但价格变化没有什么序列相关性甚至是负相关性。这一章末尾的附录将给出一个这样的例子。

反馈未必采取对价格作出反应的形式。还可能存在股票需求通过直接的人际交流创造更多需求的反馈环。约翰・邦德和我（John Pound and Shiller，1989）考虑过像克马克和麦肯德里克（Kermack and McKendrick，1972）用于阐述传染病传播的经典普通流行病模型一样的传染模型，这种模型也已经被用于建立谣言、态度或风尚的时间模式的模型（Bartholomew，1982）。传染模型是有吸引力的，因为社会心理的研究已经证明同类人之间的直接人际交流在促进态度变化中极为重要（McGuire，1969；Adler and Adler，1984）。

最简单形式的传染模型宣称传染的数目 I_t 按单位时间的数量等于传染速度 b_t 乘以传染的数目的方式增加，b_t 本身与易感染数 S_t 成比例。传染者以常数排除率 g 乘以感染数的速度失去携带疾病的能力。如果均衡被单一时间的冲击击中，I_t 可能显示首先上升然后下降的随时间变化的隆起形模式，或者感染数目稳定地下降的衰减形式。但单一冲击描述所提出的价格变化的正序列相关性不是这些模型的必要部分，同样也不是价格反馈模型的必要部分。如果流行的根源是序列不相关冲击的序列，按照传染数目看，在某些情况下结果可能像随机游走。

约翰・邦德和我直接从调查数据资料中获得传染速度和排除速度

的粗浅思想。但也许我们调查结果的最重要的结论只是传染程度上的一些证据。个人投资者和投资专业人员报告他们的人际交流影响他们而且好像还影响其他人。他们倾向于购买他们朋友正在进行投资的股票。对正在经历迅速的价格上涨的股票的大多数个人投资者和机构投资者而言，对特定投资的初步关注不是系统搜寻的结果，而是其他人促成的结果。

不管是否合适，反馈圈的所有重点不应该使投机市场中价格的重要成分由基本面驱动的事实模糊不清。第 1 章提到股票价格与盈利极大地相关。曼昆和威尔（Mankiw and Weil，1988）已经给出了人口统计对住房价格有影响的证据，虽然这种证据暗示市场不是有效的，因为它们没有预期出归因于人口老龄化的全国人口统计的可预测变化。此外，投机性价格有时确实像有效市场理论主张的那样表现出可以预期未来盈利如何发展的趋势。实际上，所有这些描述——反馈圈描述、对经济变量的直接反应和对信息的预期反应——可能是同时起作用的。

附　　录

上面宣称价格变化对随后价格变化的反馈在没有导致价格变化的大量序列相关性时可能增加波动性。

假定投资者的股票需求由 $D_t = a - bP_t + c\sum_{k=0}^{\infty}\rho^k \Delta P_{t-k} + V_t$ 给定，其中，$0 < \rho < 1$，而 V_t 是需求的外部冲击。我们还假定对系统的冲击 V_t 是一阶自回归过程，$V_t = \rho V_{t-1} + u_t$，u_t 是序列不相关的。假定股票供给是固定的（$S_t = 1$）并求解，我们发现这个模型与满足自回归系数为 $\lambda = (b\rho - c)/(b - c)$、误差项为 $u_t/(b-c)$ 的一阶自回归过程的价格一致。增加反馈系数 c 对降低自回归系数和提高误差项的方差有影响。价格的方差由 $\text{var}(P) = \text{var}(u)/((b-c)^2 - (b\rho - c)^2)$ 给定，而 ΔP_t 和 ΔP_{t-1} 的相关系数是 $-(1-\lambda)^2/(2-2\lambda)$。如果 $\rho = 0.98$、$b = 0.5$ 和 $c = 0$（没有反馈），那么 $\lambda = 0.98$，价格的方差是 101.0，而 ΔP_t 和 ΔP_{t-1} 的相关系数是 −0.010。如果 c 变成 0.2，使得存在正反馈，那么 λ 降低到 0.966，P 的方差增加到 169.5，而 ΔP_t 和 ΔP_{t-1} 的相关系数是 −0.017。我们知道反馈在没有导致很大的自相关性时极大地增加了价格的方差。相关系数实际上是负的（如果为了计算自相关性，数据以其他任何时间间隔抽样，相关系数也是负的）。

在这个例子中，泡沫的动态由过去价格变化需要的滞后长度决定。取这种随着滞后期增加逐步衰减的分布滞后形式是为了反映投资者记忆的衰减，或少数几个投资者将注意力集中于更长的差分间隔的倾向。

注 释

[1] Brady Commission (1988), p. 36.

[2] *Wall Street Journal*, "Black Monday: What Really Ignited the Market's Collapse after Its Long Climb", p. 1, col. 6., December 16, 1987。

[3] Brady Commission (1988), p. 36.

[4] Richard B. Hoey (1988), p. 8.

[5] 我要感谢默顿·米勒向我指出这个研究。

参考文献

Adler, Patricia A., and Peter Adler. 1984. *The Social Dynamics of Financial Markets*. Greenwich, CT: JAI Press.

Bailey, Norman T. J. 1975. *The Mathematical Theory of Infectious Diseases*. London: Griffin.

Bartholomew, D. J. 1982. *Stochastic Models for Social Processes*, 3rd edition. Chichester: John Wiley & Sons.

Commodity Futures Trading Commission, Division of Economic Analysis. 1987. *A Review of Stock Index Futures Trading on January 23, 1987*. Washington: Commodity Futures Trading Commission.

Commodity Futures Trading Commission, Division of Economic Analysis, Division of Trading and Markets. 1987. *Interim Report on Stock Index Futures and Cash Market Activity During October, 1987*. Washington: Commodity Futures Trading Commission.

Daley, D. J., and D. G. Kendall. 1965. "Stochastic Rumors," *Journal of the Institute of Math. Appl.*, 1: 42—55.

DeBondt, W. F. M. and R. Thaler. 1985. "Does the Stock Market Overreact?," *Journal of Finance* 40: 793—805.

De Long, J. Bradford, Andrei Schleifer, Lawrence H. Summers, and Robert J.

Waldman. 1989. "Positive Feedback Investment Strategies and Destabilizing Speculation," reproduced, Harvard University.

Hoey, Richard B., David Rolley, and Helen Hotchkiss, August 30, 1988. *Decision Makers Poll*. New York: Drexel, Burnham Lambert.

Kermack, W. O., and A. G. McKendrick. 1927. "Contributions to the Mathematical Theory of Epidemics," *Proceedings of the Royal Society*, A115, 700—721.

Mankiw, N. Gregory, and David N. Weil. 1988. "The Baby Boom, the Baby Bust, and the Housing Market," Cambridge, MA: National Bureau of Economic Research, Working Paper No. 2794.

McGuire, William J. 1969. "The Nature of Attitudes and Attitude Change," in Gardner Linzey and Elliot Aronson, eds., *The Handbook of Social Psychology*, 2nd edition, vol. III, Reading, MA: Addison Wesley.

Miller, Merton H., John D. Hawke Jr., Burton Malkiel, and Myron Sholes. 1987. "Preliminary Report of the Committee of Inquiry Appointed by the Chicago Mercantile Exchange to Examine the Events Surrounding October 19, 1987," Chicago: Chicago Mercantile Exchange.

Presidential Task Force on Market Mechanisms (Brady Commission). January 1988. Report, Washington: U. S. Government Printing Office.

Shiller, Robert J. 1984. "Stock Prices and Social Dynamics," *Brookings Papers on Economic Activity* II: 457—497.

Shiller, Robert J. 1988. "Portfolio Insurance and Other Investor Fashions as Factors in the 1987 Stock Market Crash," in Stanley Fischer, ed., *NBER Macroeconomics Annual* 1988, Cambridge MA: National Bureau of Economic Research.

Shiller, Robert J, and John Pound. 1989. "Survey Evidence on Diffusion of Interest and Information among Investors," forthcoming, *Journal of Economic Behavior and Organization*.

Shiller, Robert J., Fumiko Konya, and Yoshiro Tsutsui. 1987. "Investor Behavior in the October 1987 Stock Market Crash: The Case of Japan," Cambridge MA: National Bureau of Economic Research.

U. S. Securities and Exchange Commission. 1987. "The Role of Index-Related Trading in the Market Decline of September 11 and 12, 1986," Washington.

U. S. Securities and Exchange Commission, Trading and Exchange Division. 1947. *A Report on Stock Trading on the New York Stock Exchange On September 3, 1946*. Washington: Securities and Exchange Commission.

第23章　1987年10月股票市场崩溃中的投资者行为：调查证据①

1987年10月19日，星期一，道琼斯工业股票平均指数下降508点，一天里下跌22.6%。这个崩溃在股票市场历史上是史无前例的。道琼斯工业股票平均指数的第2大单日跌幅是1929年10月28日的12.8%。[1]在1987年10月19日的股票市场崩溃之前，道琼斯工业股票平均指数有三次下降，分别是10月14日星期三的95点、10月15日星期四的58点和10月16日星期五的108点。

有一段时间，我们一直在应用问卷调查的方法了解投资者行为。作为耶鲁大学投资者行为项目的一部分，约翰·邦德和我已经作了几个投资者调查以了解一般行

① 本章首次发表于1987年11月，作为NBER的第2446号工作论文。

为模式（Pound and Shiller，1986；Shiller and Pound，1987）。我们在几次严重的股票市场下跌后（Shiller，1987）立即实施了导向性的问卷调查，以弄明白关于这些下跌能够了解什么。我们已经发现目的在于收集有关个人行为的具体事实的问卷调查是有用的研究方法。在其他事情中我们了解到精心设计的开放式问题（要求反应者写出他们自己的回答）确实有助于我们了解一些从传统问卷调查中不能了解的信息。问卷调查的格式好像常常激发有创见的回答，正如常见的拓广性答案指出的那样。

为了试图理解 1987 年 10 月 19 日和在那前后几天发生的事情，我实施了四个不同的邮递问卷调查：两个小的导向性调查（导向性调查 1 和导向性调查 2），两个问卷都是在 10 月 19 日下午 5 点以前邮递出去的，于是成为一个重要的个人投资者调查（INDIV）（大部分在 10 月 21 日下午 5 点被寄出）和一个重要的机构投资者调查。所有的调查问卷是在 1987 年 10 月 23 日下午 5 点前邮递出去的，使得投资者能够在记忆清晰时收到这些调查问卷。总计有 3 250 份调查问卷送出并收到 991 份完整的调查问卷，总回答率为 32.8%（因 227 份收信人不详或废弃的返回卷而调整）。

在这一章，我报告总的调查结果，然后对 1987 年 10 月 19 日所发生的事情提出解释和猜想。[2]

23.1 前期导向性调查

10 月 19 日那一周发出的调查问卷的结构是根据此前市场下跌后的调查问卷充实的。那么，简单地指出从这些调查问卷中能够了解到什么是有用的。

1986 年 9 月 11—12 日

1986 年 9 月 11 日和 12 日，道琼斯工业股票平均指数总共下降 120.78 点，或 6.43%。9 月 11 日道琼斯工业股票平均指数 86.61 点的下跌是 1962 年 5 月 28 日以来用百分比衡量最陡峭的单日下跌。渴望弄明白是否能够从那些天的事件中了解一些事情，因而在市场下跌以后我立即向 175 个机构投资者和 125 位个人投资者发出简单的导向性调查问卷（后者来自抽样调查公司提供的对高收入美国人的随机抽样得到的名单，抽样调查公司根据前面的调查问卷指出这些人持有普通股票）。调查问卷询问其他事情："你能记得那些日子（9 月 11—12 日）考虑购买或出售股票的任何理由吗？（请努力回忆。不要给出你后来思考或谈论的事情。）"回答者中（被调查者的 38%），几乎全部没有任何"描述"市场下跌的回答，也就是说，除了市场下跌本身以外，几乎全部没有任何重复地提到那些天的具体新闻突破或谣言的答案。只不过 3 个回答者好像提到一种其他的经济理论或那些天的事实（Shiller，1986）。

1987 年 1 月 23 日

1987 年 1 月 23 日下午 1：30—3：00 之间，道琼斯工业股票平均指数下降 115 点然后上升 60 点。我想知道调查问卷方法是否能够把那 1 个半小时所发生的事情弄得清楚明白。考虑到股票经纪人可能对投资者关心的事情有一个良好的感觉，我这一次从全美国随机地选择1 000 个股票经纪人尝试做一个导向性调查。这一次的思想是将当天不同时间应用的"关键词"制成表格。我要求回答者将"那一天人们在不同时间的谈话中应用的谣言、故事、理论、名字、词语、事实或表情"列成表格。这个调查的回收率只有 8.2%，也许在某种程度上因为调查问卷难以回答或没有吸引力而且调查问卷在市场下跌后很晚才被邮递出去，使得他们记不起来了。然而，在 1：30—3：00 之间发现的唯一有价值的关键词是"程序性交易"、"利润提取"、"疯狂"和"购买恐慌"，而谈话中唯一重复的其他主题是对这种下跌上一次是多少年以前发生的估计。

这些导向性调查暗示对巨大的市场下跌没有具体的描述。开放式问题的答案暗示人们正在对价格变化本身作出反应，使得价格下降以恶性循环的方式促进价格下降。我花了一些时间考虑和征求如何写出提供关于市场下跌和相关现象的重要性和性质的调查问卷的意见。因此，围绕 1987 年 10 月 19 日的市场下跌，我准备了一个格式不同的调查问卷。

23.2　1987 年 10 月崩溃的四个调查

四个调查是：

1. **调查 1**：关于 10 月 14—16 日的导向性研究。在 10 月 14—16 日

股票市场急剧的下跌以后，这一次导向性调查问卷被邮递给 1986 年 9 月 11—12 日被询问过的同样的 125 位个人投资者。这些调查问卷是 1987 年 10 月 19 日早上邮递出去的。所有邮递出去的调查问卷中，收回了 51 份完整的调查问卷。

2. **调查 2**：关于 10 月 19 日的导向性研究。在 1987 年 10 月 19 日上午道琼斯工业股票平均指数的 200 点下降以后，显然那天早上邮递出去的调查问卷已经错过了一个大得多的股票市场下降，虽然 10 月 19 日的全部下降幅度仍然不知道。邮寄适应 10 月 19 日而不是 10 月 14—16 日的初步变化的调查问卷是一个简单的事情。这些调查问卷大约在 10 月 19 日市场收盘的时间被邮寄出去。共收回 51 份完整的调查问卷。

3. **INDIV**：对个人投资者的全面研究。在 1987 年 10 月 19 日市场收盘以后，崩溃幅度已经知道，我们决定进一步作一个重要的调查。考虑到当天的新闻和几个同事的建议，调查问卷作了修改。调查问卷在 10 月 20—22 日被邮寄给2 000位个人投资者。个人投资者名单来自 W. S. Ponton 并从全美国所谓的“高级多样化投资者”中随机选择。共收回了 605 份完整的调查问卷。

4. **INSTI**：对机构投资者的全面研究。我们准备了一个和 10 月 19 日个人投资者调查几乎相同的调查问卷，并邮寄给从《1987 年养老基金及其投资经理的货币市场名录》“按字母排序的投资经理”部分随机抽样的1 000个投资经理。共收回 284 份完整的调查问卷。

调查 1 和调查 2 的样本比其他调查更可能代表持有股票的高收入者，而且因为调查问卷很早就被发出，结果依赖更清晰的记忆。然而，样本规模较小。INDIV 样本应该是活跃富有的个人投资者的代表。INSTI 样本应该是投资管理团体中所有层次职员的代表，而不是特别瞄准庞大资产组合的经理。

23.3 结　果

购买者和出售者分类

INDIV 和 INSTI 调查问卷的回答者被问到他们是否是不同日期的净购买者或净出售者（参见表 23—1）。[3] 当然，机构投资者比个人投资者交易频繁得多。10 月 19 日，机构投资者和个人投资者净购买者的数量都近似等于净出售者的数量。对崩溃前的那个月，即 9 月 12 日—10

月 12 日来说，改变股票持有量的机构投资者普遍报告减少了他们的持有量，而个人投资者则增加持有量。10 月 19 日—10 月 20 日之间，这个状况被颠倒过来了，机构投资者购买而个人投资者出售。对其他时期而言，机构投资者和个人投资者报告按同样的方式改变持有量；当然，这种关于购买者和出售者数目对比的现象可能发生，即使所有购买者购买的价值量一定等于所有出售者出售的价值量。调查还遗漏了某些种类的购买者或出售者（例如，外国投资者和纽约证券交易所的专家）。

表 23—1　　购买者与出售者[a]

A. 1987 年 10 月 19 日，你是否购买或出售单个公司股票、股票指数期货或者股票期权？

	我购买（主要地）	我出售（主要地）	我没有购买或出售
INDIV（n=549）	2.9	2.3	94.8
	(0.7)	(0.6)	(0.9)
INSTI（n=277）	17.7	13.4	69.0
	(2.3)	(2.0)	(2.8)

B. 在 1987 年的每个时期（市场收盘时），你的股票持有量发生什么变化（按持股数量或合约数，而不是按价值判断）？

	持有量增加	持有量不变	持有量减少
a. 9 月 12 日—10 月 12 日			
INDIV（n=383）	18.0	72.3	9.7
	(2.0)	(2.3)	(1.5)
INSTI（n=262）	11.1	44.3	44.7
	(1.9)	(3.1)	(3.1)
b. 10 月 12 日—10 月 19 日			
INDIV（n=383）	4.4	85.6	9.9
	(1.0)	(2.2)	(1.5)
INSTI（n=262）	7.6	64.9	27.5
	(1.6)	(2.9)	(2.8)

续前表

c. 10月19日—10月20日			
INDIV（$n=383$）	4.7	85.9	9.4
	(1.1)	(1.8)	(1.5)
INSTI（$n=262$）	20.6	66.7	12.6
	(2.5)	(2.9)	(2.1)
d. 10月20日—本周后期			
INDIV（$n=383$）	15.4	76.7	7.8
	(1.8)	(2.2)	(1.4)
INSTI（$n=262$）	33.6	50.0	16.4
	(2.9)	(3.1)	(2.3)

a. 数字是百分比。括号中是标准误差。

其余表格中的所有结果像这一节描述的一样，在购买者和出售者之间划分。

没有明确的新闻反应

在直接评价人们正在对什么作出反应的努力中，我在这个调查中包括了媒体认为是1987年10月14—19日股票市场下降的可能的决定因素的一系列新闻描述，并要求回答者评价这些新闻描述的重要性。他们被要求用1～7级（1级完全不重要，7级非常重要）描述："1987年10月19日下列每则新闻对你个人有多重要……请说出你当时觉得这些新闻有多重要，而不是其他人考虑这些新闻有多么重要。"这里的问题不符合我前面问卷调查的格式，也不符合我这一次提出新闻描述的格式，而且仅仅对最后一类"其他"应用开放式问题的格式。

新闻项目显示在表23—2的问题A中；投资者好像认为几乎每个事情至少有点相关。个人投资者（INDIV）和机构投资者（INSTI）之间的结果存在广泛的相似性。10月19日上午道琼斯工业股票平均指数的200点下降对两个群体都是最重要的，而前一周的价格下降对两者是第二或第三重要的。国债收益达到10.5%对两者是第二或第三重要的。对两个群体而言，普瑞契特（Prechter）的出售信号被给出的重要性最低，生产者价格指数数字的重要性是第二低的，而美国对伊朗石油基地的攻击的重要性是第三低的。生产者价格指数发布被给出低重要性证实存在答案的精确性问题：价格指数发布根本不是非凡的新闻，而且不是重大的新闻；人们知道生产者价格指数。美国对伊朗石油基地的攻击被给出低重要性是值得注意的：它好像恰好是 10 月 19 日或周末公众知道的重要新闻事件的最佳候选者。[4]

表 23—2　　新闻事件的重要性[a]

个人投资者（INDIV）					机构投资者（INSIT）				
全体	购买者		出售者		全体	购买者		出售者	
	10 月					10 月			
	12—19 日	19 日	12—19 日	19 日		12—19 日	19 日	12—19 日	19 日
A. 在评估股票市场前景时，请说明你个人认为 1987 年 10 月 19 日下列新闻事件的重要性。请将这些新闻事件按重要程度分为 1～7 级，1 级表示这个新闻事件完全不重要，4 级表示该新闻事件的重要性为中等，7 级表示该新闻事件很重要。请说明你当时认为这些新闻事件有多重要，而不是其他人的判断。									
a. 1987 年 10 月 14—16 日美国股票价格的下跌									
4.54	5.29	5.12	5.13	5.38	5.23	4.85	5.18	5.77	5.83
(0.07)	(0.35)	(0.41)	(0.29)	(0.46)	(0.09)	(0.45)	(0.22)	(0.15)	(0.21)
b. 1987 年 10 月 19 日前日本股票价格或伦敦股票价格的下跌									
3.74	4.19	4.53	4.55	5.00	4.78	4.90	4.83	5.11	5.14
(0.08)	(0.47)	(0.45)	(0.32)	(0.47)	(0.09)	(0.33)	(0.25)	(0.18)	(0.25)
c. 1987 年 10 月 19 日星期一上午道琼斯工业股票平均指数下跌 200 点									
5.14	5.69	5.76	5.32	6.54	5.93	6.05	5.86	6.24	6.08
(0.08)	(0.36)	(0.39)	(0.30)	(0.26)	(0.08)	(0.23)	(0.19)	(0.13)	(021)
d. 1987 年 10 月 14 日星期三宣布的贸易赤字规模									
4.21	3.94	4.24	4.50	4.62	4.21	4.40	4.14	4.75	4.39
(0.08)	(0.43)	(0.33)	(0.30)	(0.46)	(0.09)	(0.33)	(0.24)	(0.19)	(0.28)
e. 1987 年 10 月 16 日星期五宣布的生产者价格指数									
3.26	3.13	3.47	3.13	3.23	3.17	3.00	3.22	3.38	3.03
(0.07)	(0.32)	(0.43)	(0.28)	(0.45)	(0.08)	(0.32)	(0.21)	(0.18)	(0.24)
f. 1987 年 10 月 14 日星期三上午普瑞契特的短期卖出信号									
2.17	2.07	3.00	2.49	2.45	2.59	2.80	2.37	3.10	2.94
(0.07)	(0.34)	(0.43)	(0.29)	(0.53)	(0.10)	(0.35)	(0.22)	(0.18)	(0.21)

续前表

个人投资者（INDIV）					机构投资者（INSTI）				
全体	购买者		出售者		全体	购买者		出售者	
	10月					10月			
	12—19日	19日	12—19日	19日		12—19日	19日	12—19日	19日
g. 1987年10月15日化学银行提高优惠利率									
4.14	4.18	4.00	4.58	4.77	3.95	4.25	3.82	4.51	4.28
(0.08)	(0.48)	(0.41)	(0.28)	(0.44)	(0.10)	(0.36)	(0.22)	(0.18)	(0.25)
h. 国债收益率达到10.5%									
4.27	4.56	4.41	4.46	4.46	5.57	5.85	5.84	6.01	5.64
(0.08)	(0.49)	(0.42)	(0.34)	(0.47)	(0.08)	(0.22)	(0.16)	(0.15)	(0.25)
i. 贝克尔认为美元应该进一步贬值									
4.04	4.50	4.05	4.11	5.31	4.84	4.45	4.67	5.41	5.39
(0.08)	(0.49)	(0.46)	(0.32)	(0.51)	(0.10)	(0.33)	(0.25)	(0.20)	(0.25)
j. 1987年10月19日星期一美国对伊朗石油设施实施攻击									
3.73	3.13	3.53	3.70	3.46	3.32	3.30	2.96	3.61	3.28
(0.08)	(0.49)	(0.39)	(0.31)	(0.39)	(0.10)	(0.33)	(0.25)	(0.20)	(0.25)
k. 其他新闻事件（自己填写） __________ __________									
B. 假定除价格下跌的新闻事件以外，和1987年10月19日相同的其他新闻事件都已经发生。你在1987年10月19日对股票市场的评价或购买与出售股票的决定会有很大的不同吗？									
18.3	12.5	37.5	29.7	53.9	34.0	40.0	48.0	39.1	40.0
(1.6)	(8.3)	(12.1)	(7.5)	(13.8)	(2.9)	(10.9)	(7.2)	(5.9)	(8.2)

a. 括号中是标准误差。对问题B而言，百分比数字表示给出“是”的答案，与那些回答问题的人有关。

两个群体中的任何一个都没有许多人在“其他”下面写答案。当他们写上答案时，填写的新闻事件是非常不同的。他们很少提到当前的新闻。“债务太多”主题好像是最常见的：他们指的是联邦赤字、国家债务、预算赤字或税收这类事情。在写上答案的90位个人投资者中，33.3%提到这样的主题；在 55 个机构投资者中，20%提到这个主题。

《巴伦》(*Barron*) 的调查 (Palmer，1987) 包括一个稍微有点相似的问题。给回答者朗读一系列“已经被提到的股票市场最近波动的可能原因的一些事情，尤其是 10 月 19 日 508 点的下跌的原因的事情”，并要求回答者评价每个事情的重要性。他们的问题和我的问题之间的重要差别是他们在寻求崩溃后人们持有的看法，但不要求他们回忆他们当时正在作出的反应。他们的问题也没有强调需要的是个人意见，而不仅是崩溃后媒体报道的提炼。根据他们的调查，最重要的项目是预算赤字、程序性交易和每个人对经济正在运行的方式同时感到紧张，伴随着贸易赤字、投资者投机和每个人对高涨的股票市场和政府经济政策同时感到紧张。他们的回答者根本没有认为银行宣布利率上升重要，而根据表 23—2 中我报告的结果，这一点有中等程度的重要性。《巴伦》的调查还发现美元价值下跌及最近的合并和接管行为不重要。

表 23—2 报告的结果中，购买者和出售者对新闻事件的评价没有什么差异，但也存在小小的例外：10 月 19 日购买者比其他人对财政部长贝克的美元可能进一步下跌的声明的印象稍微深刻一些，并且对优惠利率上升的印象更深刻一些。

表 23—2 除价格下降以外任何事情都不突出的结果可能被看作与我偏爱的前面调查的一般结论一致：在市场巨幅下跌的日子，投资者可能正在对价格变化本身作出反应，而没有对任何具体的新闻作出反应。然而，有些非价格新闻被评价为几乎与价格下降本身的新闻同样重要。此外，我写出的一个可能证实人们对价格变化作出反应的预期的问题没有像我预期的那样进行。我问道：“假如除价格下降的新闻外，与 1987 年 10 月 19 日同样的新闻已经发生。10 月 19 日你对市场的评价或购买/出售股票的决策会大大地不同吗?”只有 18.3%的个人投资者和 34.0%的机构投资者在这个陈述上达成一致（见表 23—2，问题 B)。也许问题太难以捉摸，还可能有其他种种解释。

其他证据也暗示人们没有对具体的新闻作出反应。在导向性调查 2 中，回答者被问道：“当时你从报纸读到的、来自咨询服务机构或其他任何人等的任何新闻，或周末或当天你脑海中的任何谣言成为了你当天购买或出售股票的理由吗?”在 48 个回答者中，9 个人或 19.7%的人说是，其他人说没有。于是，这些人被问道：“如果是，你能描述这个情节或传闻吗?（确信你正在描述当天听说的事情。请试图努力记下一些事情，但不要记下当时确实不在你心里的事情。)”只有 3 个人记下真实的新闻描述。其他人中有一个写道：“两周前一个做证券分析师的朋友告诉我，他已经将他的所有客户撤离市场”；另一个写道：“关于 1929 年‘恐慌’/‘自由落体’的新闻媒体描述等”；有一个写道：“我和我的经纪人在 10 月 15 日讨论过并决定保持镇静”；还有一个写道：“新闻评论员看上去坚强——可能试图不使人们发生恐慌”。在导向性调查 1 中，回答者被询问关于 10 月 14—16 日的同样的问题。这些回答者中，21.6%回答是，但没有几个人填写任何新闻，没有任何一致的事情出现。几乎所有的反应者不仅报告了新闻描述，而且报告了经纪人和朋友的建议，或者其他人对有关未来的市场进程作出的预测。

大量谈话、高度焦虑、不多的行动

调查揭示了个人投资者和机构投资者对股票市场引人注目的关注和牵连，但只有相当少的个人投资者和中等数量的机构投资者在 10 月 19 日实际上改变了他们的持有量。

回答问卷的个人投资者的随机样本 INDIV 中，几乎每个人（96.7%）都说他们在崩溃那天听说了市场崩溃这个事情。在这些回答者中，投资者知道“超过正常的股票市场下跌”的平均时间是东部白天时间下午 1:56，太平洋白天时区的人们仅在上午 10:56 就得知了这一消息，显然在全国个人投资者中知道得较早，INDIV 中只有 18.4%的个人投资者直到当地时间下午 5:00 以后才听说下跌（如果他们从晚间新闻中了解到这个事情，可能就是这个情况）。对机构投资者（INSTI）而言，他们知道市场崩溃的平均时间是东部白天时间上午10:32。粗略地说，当事件显露出来时，他们几乎全部知道了。

INDIV 中个人投资者报告崩溃当天平均向 7.4 个其他人谈论过，机构投资者平均向 19.7 个其他人谈论过。个人投资者当天平均查对 3.2 次股票价格。机构投资者当天平均查对 35.0 次股票价格。[5]

这些人中有许多从情感上卷入到市场中了。调查问卷询问关于回答者经历的焦虑的实际症状（参看表 23—3，问题 A)：注意力集中困难，手掌出汗，紧张、烦躁或心跳加速。足足有 20.3%的个人投资者和 43.1%的机构投资者在 10 月 19 日星期一那天回答是；临近的日子有绝大多数人回答是。总体中如此大比例的人同时报告具有实际焦虑的这些具体症状是引人注目的。

表 23—3　　投资者焦虑[a]

个人投资者（INDIV）					机构投资者（INSTI）				
全体	购买者		出售者		全体	购买者		出售者	
	10 月					10 月			
	12—19 日	19 日	12—19 日	19 日		12—19 日	19 日	12—19 日	19 日
A. 在下面哪个日子里，你经历了关于股票市场的异常焦虑的症状（注意力集中困难，手掌出汗，紧张、烦躁或心跳加速）？									
1987 年 10 月 14—16 日，星期三—星期五									
3.7	5.9	12.5	13.0	7.7	13.1	5.0	12.5	23.6	22.2
(0.8)	(5.7)	(8.3)	(7.4)	(7.4)	(2.0)	(4.8)	(4.8)	(5.0)	(6.9)
1987 年 10 月 17—18 日，周末									
3.3	5.9	12.5	0	23.2	15.0	5.0	14.6	31.9	30.6
(0.7)	(5.7)	(8.3)	—	(11.7)	(2.2)	(4.8)	(5.1)	(5.5)	(7.7)
1987 年 10 月 19 日，星期一									
20.3	17.6	18.8	31.6	30.8	43.1	30.0	45.8	51.4	44.4
(1.7)	(9.2)	(9.8)	(7.5)	(12.8)	(3.0)	(10.2)	(7.2)	(5.9)	(8.3)
1987 年 10 月 20 日，星期二									
12.3	5.9	18.8	23.7	30.8	30.3	25.0	37.5	37.5	27.8
(1.4)	(5.7)	(9.8)	(6.9)	(12.8)	(2.8)	(9.7)	(7.0)	(5.7)	(7.5)
1987 年 10 月 21—23 日，星期三—星期五									
7.0	5.9	12.5	13.2	7.7	29.2	25.0	39.5	34.7	30.6
(1.1)	(5.7)	(9.8)	(5.5)	(7.4)	(2.8)	(9.7)	(7.1)	(5.6)	(7.7)
B. 你认为 10 月 14—19 日你有从别人那里传染了恐惧的个人经历吗？									
23.0	31.3	35.2	31.6	53.9	40.2	42.1	44.9	47.1	45.7
(7.7)	(11.6)	(11.9)	(7.5)	(13.8)	(3.0)	(11.3)	(7.1)	(6.1)	(8.4)
C. 你记得 1987 年 10 月 19 日前的几天你考虑或谈论 1929 年股票市场崩溃这一事件了吗？									
35.0	17.6	31.3	42.1	46.2	53.2	55.0	61.2	54.0	63.9
(2.0)	(9.2)	(11.6)	(8.0)	(13.8)	(3.0)	(11.1)	(7.1)	(5.9)	(8.0)

a. 数字是选择该项目的回答者或回答这个问题的回答者回答是的百分比。括号中是标准误差。

此外，23.0%的个人投资者和40.2%的机构投资者报告了从其他投资者传染恐惧的经历。在10月19日出售股票的个人投资者中，53.9%报告经历过恐惧的传染。此外，35.0%的个人投资者和53.2%的机构投资者报告在10月19日前几天内谈论过1929年的事件。10月19日出售股票的人谈及1929年的比例甚至更高（参见表23—3，问题B和C)。

尽管有这些忧虑，但大多数人没有改变他们的股票持有量。正如我们从表23—1看到的一样，只有5.2%的被调查的个人投资者报告是10月19日单个公司股票、指数期货或股票期权实际上的净购买者或出售者。(更高比例的投资者报告在10月12—19日之间改变了他们的持有量。）经历焦虑症状的投资者几乎是其四倍。就机构投资者来说，10月19日31.1%改变了他们的持有量；稍低于报告经历焦虑症状的比例。因此，有许多谈论和焦虑，但鲜有行动。[6]

许多投资者认为他们知道市场会发生什么变化

我问了一个问题，目的在于发现投资者10月19日是否思考他们知道什么时候出现反弹（表23—4，问题A)。这个问题的主旨是了解当天购买者的动机。个人投资者中足有29.2%（或10倍于当天实际购买股票的人数）回答是。机构投资者中，28.0%报告是，完全超过当天购买的百分比。于是回答者被问道："如果是，什么事情使你认为你知道什么时候出现反弹?"许多个人投资者说"直觉"或"本能感觉"或勉强地"知道可能有反弹"。个人投资者常常提到"大"投资者正在应用的理论。市场在满足某些条件时会反弹的意见很常见，但技术分析只是偶尔被提及。机构投资者通常没有解释为什么它们预期出现反弹。当他们作出解释时，答案经常类似于个人投资者的回答，简单的直觉陈述："本能感觉"，"历史证据和共同的感觉"，"市场心理"。

机构投资者中这个问题答案的共同主题是下降的数量是反弹的确实有效的证据："下降太远太快以致不能不反弹"、"没有相应的向上反应时从来没有出现过这种下降的逻辑（也许是怀有希望的想法)"。73个解释为什么预期出现反弹的机构投资者中，37.0%自愿提供这种论据。主题是下降的数量，而不是下降建立的交易。在回答的机构投资者中，只有13.7%引证低价格本身作为预期出现反弹的理由。个人投资者中不太可能提到这两个主题的任何一个作为预期出现反弹的理由：

解释为什么预期出现反弹的 154 名个人投资者中，13.6%主动提出下降的数量本身是预期出现反弹的理由，而 8.4%引证低价格作为预期出现反弹的理由。

只有 1 个机构投资者和 1 个个人投资者提到组合保险，而且只有 1 个机构投资者在回答这个问题时提到指数套利。没有提到这些理由是令人惊奇的；我们可能期望这种程序性交易是反弹的理论推测的一部分，因为程序性交易被广泛地认为是股票市场下跌的原因。几个机构投资者提到股票市场下跌时下降的股票中包括许多优质股票，据说是反弹的征兆。几个机构投资者和个人投资者提到市场收盘可能消灭恐慌的心理理论。

表 23—4　　投资者的观点[a]

个人投资者（INDIV）					机构投资者（INSTI）				
全体	购买者		出售者		全体	购买者		出售者	
	10 月					10 月			
	12—19 日	19 日	12—19 日	19 日		12—19 日	19 日	12—19 日	19 日
A. 1987 年 10 月 19 日，在有些价格水平上你相当确定什么时候会出现反弹吗？									
29.2	23.5	47.1	31.6	46.1	28.0	25.0	47.9	28.2	16.7
(1.9)	(10.3)	(12.1)	(7.5)	(13.8)	(2.7)	(9.7)	(7.2)	(5.3)	(6.2)
B. 在崩溃前（1987 年 10 月 12 日左右）你有市场相对于基本价值定价过高的感觉吗？（努力回忆当时你考虑的问题。）									
71.7	76.5	88.9	62.2	91.0	84.3	89.5	87.0	85.7	88.5
(2.2)	(10.2)	(10.5)	(8.0)	(8.7)	(2.2)	(7.0)	(5.0)	(4.8)	(5.4)
C. 你认为 10 月 12 日（崩溃开始以前）你比其他投资者乐观吗？									
36.1	23.5	55.6	54.0	60.0	22.2	25.0	22.2	20.3	20.0
(2.4)	(10.3)	(16.5)	(8.2)	(15.4)	(2.6)	(9.7)	(6.9)	(4.8)	(6.8)
D. 10 月 19 日你的看法受 200 天股票市场下跌的移动平均线或类似的长期趋势线的影响吗？									
37.3	43.8	43.8	52.8	58.3	33.2	30.0	34.7	49.3	37.1
(2.0)	(12.4)	(12.4)	(8.3)	(14.2)	(2.8)	(10.2)	(6.7)	(6.0)	(8.2)

a. 数字是回答这个问题的回答者回答是的比例。括号中是标准误差。

导向性调查问卷还有一个相关的问题。在回答问题“在有些价格水平你觉得价格已经下降太多，而且交易条件已经成熟吗”时，48%的导向性调查1的回答者和74%的导向性调查2的回答者给出肯定的答案，后者远高于INDIV中认为他们相当确定反弹可能何时发生的个人投资者比例。也许答案的差别与INDIV问题中没有“相当确定”这个短语有关系。此外，“交易条件”没有隐含“反弹”，正如我们下一节将看到的一样，定价过高或定价过低的主张好像不是大多数交易的基础。

普通投资者认为崩溃前市场定价过高

足有71.7%的INDIV投资者和84.3%的INSTI投资者报告他们认为恰好在崩溃前的10月12日左右，市场相对于基本价值定价过高(表23—4，问题B)。问题是（10月12日）“努力回忆当时你考虑的事情”。当然，很可能他们自己过去的想法被10月12日后发生的事件增色。

与他们认为市场定价过高的报告一致，只有36.1%的INDIV投资者和22.2%的INSTI投资者将自己描述成那天相对于其他投资者是乐观的（表23—4，问题C)。

因此，INDIV和INSTI中没有几个人认为关于股票市场他们比普通人更乐观。好像人们没有认识到其他人有多少共同持有市场定价过高的观点。然而，这个观点显然没有阻止许多人购买股票。

关于他们的答案尤其有趣的是报告9月12日—10月12日之间净购买的那些人可能正好认为10月12日市场定价过高：当时购买股票的INDIV中68.1%的个人投资者和当时购买股票的INSTI中93.1%的机构投资者。有种种原因说明为什么有些投资者在认为市场定价过高时仍可能购买股票。例如，许多投资者明显认为他们能够选择市场时机，当市场仍然走高时买进。9月12日—10月12日之间一直增加持有量的一个机构投资者同意市场已经被定价过高但是自愿性的，“虽然我们认为这是真实的，但我们遵循‘趋势是你的朋友’的哲学。”另一个在那个月没有改变持有量的机构投资者写道：“没有预期到这种显著的下跌——预期接下来3～6个月有更低的价格出现。”有些人遵循股利再投资的策略。其他人可能遵循在固定的时间间隔购买相同资金量的流行的“美元—成本均摊”计划，它常常被描述成股票定价过高时使投资者购买更少的股票的严肃而负责任的计划。

周末效应

1987 年 10 月 19 日和 1929 年 10 月 28 日的两次崩溃都在前一周发生巨大的市场混乱后的星期一发生。下跌的数量与周末给人们时间作出星期一行动的决策的事实有关系是有点道理的。上面我们已经看到许多投资者将焦虑症状延伸到周末；在我们个人投资者和机构投资者的样本中，报告周末有这种症状的人数与星期一出售股票的人数大致相当。对 10 月 19 日出售股票的人而言，周末表现出焦虑的比例甚至更高，为个人投资者的 23.2%和这些机构投资者的 30.6%。而报告焦虑症状的相当显著；可能存在更多相当严肃地考虑市场而没有这种症状的人。

在导向性调查 2，问卷调查问道："在周末或 10 月 19 日，你认为价格可能不久要显著地下降吗?"在那些回答者中，39%的人说是。有些回答者的评论暗示这种周末效应。一个回答是的回答者写道："星期六是强打精神抵抗星期一可能要面对的绝对恐惧的一天。我们星期一卖完或安然度过?"回答不的投资者周末也常常焦虑；他们仅仅在关于市场可能的发展方向上有意见差异。一个回答不的投资者写道："我认为市场可能在星期一反弹!"

投资者认为投资者心理改变市场

投资者被问到："你能记得 1987 年 10 月 14—19 日关于价格下降的原因的一些具体推测吗?"回答这个问题所填写的推测总体上最普遍的主题是崩溃前市场定价过高。342 个写出推测的个人投资者中，有 33.9%提到这个主题；184 个写出推测的机构投资者中，有 32.6%提到这个主题。另一个重要的主题是制度止损主题（根据关键词识别机构的出售、程序性交易、止损或计算机交易）：22.8%的个人，33.1%的机构。[7]他们还提出了投资者暴躁主题（投资者疯狂或可归因于投资者恐慌或看法反复无常变化的下跌）：25.4%的个人，24.4%的机构。

问卷调查的下一个问题是："下面哪一个更好地描述了关于下跌的推测：关于投资者心理的推测，（或者）关于基本面如利润或利率的推测?"这里，个人投资者的 INDIV 样本的 67.5%（$n=530$）和机构投资者的 64%（$n=267$）说的是关于投资者心理的推测。这与前面机构投资者随机抽样获得的结果（Pound and Shiller，1987）形成对照，其中一个非常相似的问题不是指崩溃日的股票市场，而是指回答者正常日子持有的单个股票。机构投资者随机抽样的 79%说引导他们持有股票的理论是关于基本面的理论。

不幸的是，正如回答者写出的理论显示的一样，问题的解释稍微有点模棱两可。说崩溃前市场定价很高和需要与基本面更加一致的许多人把这个理论归入关于基本面的理论。然而，难以想象认为市场崩溃归因于重要的经济数据的坏消息的一些人可能将这个理论归入关于投资者心理的一种理论。这种偏差看起来反对投资者心理作为一个答案。

如此多的投资者认为市场心理是市场变化的原因与他们认为股票定价过高时仍持有股票一致。

技术分析起了作用

投资者被询问他们是否受200天价格下降的移动平均值或长期趋势线的影响。这个趋势线是技术指标的一个例子。个人（INDIV）和机构（INSTI）样本中大约1/3回答是（表23—4，问题D）。

在导向性调查2的问卷中，回答者被询问："你心里的某些技术因素与那天相关吗（凹槽、振荡、支撑水平等）?"在47个回答者中，17.0%说是。

因为关于基本面的重要新闻好像没有以每天的基准出现，每天价格变化的正式分析可能集中于以价格数据为信息的技术分析。这也是为什么像《华尔街日报》"道听途说"栏目这样的日常报道涉及这么多技术指标，以及为什么我们能够相信技术分析本身在市场变化中起作用。

组合保险仅是冰山一角

"你遵循明确的组合保险计划吗?"回答问卷调查的那些机构投资者中只有5.5%对这个问题回答是。组合保险计划是投资者可以用于限制损失的预先制定的规则。这个规则规定随着股票价格下降，会导致指数期货合约连续地被出售的指数期货的交易，因此使组合套期避免进一步损失。这个规则遵循具有某些优化性质的数学公式。

虽然应用明确的组合保险的比例较小，但有限制损失策略的机构和个人投资者比例大约有10%，在10月19日出售股票的那些人中，这个比例个人投资者接近40%，机构投资者接近20%（参见表23—5，问题A）。通过选择购买或出售的价格水平，即提前决定何时通过止损指令或卖方期权在现货市场出售或者在期货市场出售，我们能够在没有明确的组合保险计划时限制损失。

表 23—5　投资者策略[a]

个人投资者（INDIV）					机构投资者（INSTI）				
全体	购买者		出售者		全体	购买者		出售者	
	10 月					10 月			
	12—19 日	19 日	12—19 日	19 日		12—19 日	19 日	12—19 日	19 日
A. 到 1987 年 10 月 19 日为止，你有把损失控制到一定数量的投资策略吗？通过止损指令、购买看跌期权或其他形式的组合保险，提前决定在某个价格水平上卖出。									
10.1	6.3	17.7	31.6	38.5	10.2	5.3	16.3	18.3	18.9
(1.3)	(6.1)	(9.2)	(7.5)	(13.4)	(1.8)	(5.1)	(5.3)	(4.6)	(6.4)
B. 如果有，你是 10 月 19 日还是 10 月 19 日前不久采用了这种策略？									
44.4	—	—	69.2	50.0	28.0	0	10.0	40.9	50.0
(6.3)	—	—	(12.7)	(20.4)	(6.3)	—	(9.4)	(10.5)	(13.3)
C. 你在 10 月 19 日还是 10 月 19 日前不久放弃了长期投资的策略（价值投资、反向投资或类似策略）？									
13.2	12.5	24.6	27.0	38.5	6.6	0	4.3	19.4	27.8
(1.5)	(8.2)	(10.3)	(7.3)	(13.5)	(1.6)	—	(2.9)	(4.7)	(7.4)
D. 努力想象一下 6 个月前的星期一，你听到了与 10 月 19 日关于价格下降的完全相同的新闻，但没有其他新闻。你的反应不会这么强烈吗？									
19.9	11.8	12.5	26.3	23.1	22.2	20.0	22.5	23.1	29.4
(1.6)	(7.8)	(8.3)	(7.5)	(11.6)	(2.5)	(8.9)	(7.2)	(5.1)	(7.6)

a. 数字是回答这个问题的回答者回答是的比例。括号中是标准误差。

关于组合保险的普通错误观念是因为组合保险一般涉及计算机，所以它比其他止损手段快得多。然而，人们自身能够相对于市场下降当天在没有任何计算机的情况下（假定他们能够与他们的经纪人联系，而且使他们的指令得到执行）相当迅速地作出反应。此外，我们已经看到 10 月 19 日投资者确实发现最后创纪录的市场变化只是这些市场变化的一个因素。

对 1986 年 9 月 11—12 日的下跌（SEC，1987）和 1987 年 1 月 23

日的下跌（CFTC，1987）的研究和CFTC对1987年10月19日下跌的研究及初步的报纸报道（Cox，1987）一样，都断定组合保险并没有足够大的影响以解释那些天的许多下跌。CFTC专员罗伯特·戴维（Robert Davis）被引证说："这些行为不是例外，而且没有对总体股票市场产生太大影响"（Cox，1987）。

因为隐含在组合保险中的行为规则是精心定义的以致通过计算机是可以执行的，所以它是经济学家可以轻而易举地进行分析的。然而，相对于没有精确定义的行为，我们应当避免过分强调我们完全知道的行为的重要性的诱惑。

投资策略的变化

如果股票市场崩溃是由于投资者自身对价格下降作出的反应，那么我们可能预期他们在崩溃时比在其他时间反应更大。于是，这一点可以解释为什么那天崩溃是如此严重。我寻找情况是否如此的证据。我问他们崩溃前不久是否已经采取使损失保持到一定数量的策略。在采取这种策略的投资者中，44.4%的个人投资者和28.0%的机构投资者说是（表23—5，问题B）。那些说是的被询问什么时候采取这种策略：有些人记下年份，但这些个人投资者的46.4%和机构投资者的50%在崩溃前的1个月以内采取这种策略。[8]

回答者也被问到他们是否正好在崩溃前已经放弃长期投资的策略：13.2%的个人投资者和6.6%的机构投资者说是（表23—5，问题C）。在10月19日出售股票的人中，个人投资者的比例为38.5%，机构投资者的比例为27.8%。一个说是并在10月16日放弃长期投资策略的机构投资者写道："95点下跌是向下方向更大风险的确切指标。因为事实证明它是星期一大地震的预兆。"另一个声称10月19日放弃该策略的机构投资者写道："市场处于自由落体状态中，因此不能作出适当的投资决策。"

回答者还被问到如果下降在6个月以前发生，他们对价格下降的反应是否会缓和些（表23—5，问题D）。我认为也许会有许多人回答是，以表明投资者对现在的市场价格的高企的反应程度，但大多数没有回答是。也许如果问题没有详细说明"关于价格下降的相同的新闻"但详细说明"道琼斯工业股票指数下降30点"，更多人可能回答是。也许508点的下降是如此之大，以至于回答者认为他们在任何时候都可能强烈地作出反应。

23.4 解释与推测

有些事情在 1987 年 10 月 19 日一定是不同的，正是它们导致市场行为非常不同于其他日子。那天有什么不同呢？为了回答这个问题，我们应该寻找恰好在当天发生的一些事情，而不是描述许多天的一般考虑。因此，比如说“组合保险当天发生了”是不够的，因为组合保险已经存在多年。

有时巨大的市场变化与具体的可识别的新闻突破有关。然而，除了价格下降本身和投资者对这个价格下降和以前的价格下降作出反应的行为以外，调查没有找到 10 月 19 日或周末公开的对投资者确实重要的任何事情。当然，存在投资者群体——调查中遗漏或权数过低——对股票市场下降负责的可能性，而且存在这些投资者对比被调查的更广泛的投资者群体没有意识到的一些重要新闻事件作出反应的可能性。问卷调查没有直接针对外国投资者或专家，调查也没有按投资者规模据量结论的分量。

尽管股票市场下降时好像没有透露重要的新闻故事，我们仍然能够识别下降前相差许多天的新闻描述和投资者脑海里的新闻描述。机构投资者最关心利率的最新上升和财政部长詹姆斯·A·贝克尔 10 月 15 日推动美元价值走低以应对德国利率上升的威胁。个人和机构投资者都相信市场定价过高、担心程序性交易，而且他们关注国家债务和税收。这些关注和忧虑确实影响了 10 月 19 日的个人行为，但没有解释那天的事件。

在解释缺乏下跌的近似可识别原因时，应该记住质疑“有效市场”理论的文献正在增加，该理论认为所有的价格变化都可以用经济基本面的信息加以解释（如，Shiller，1984，chapter 1；Campbell and Shiller，1987，chapter 16；DeBondt and Thaler，1985；Fama and French，1986；Mankiw，Romer and Shapiro，1986；Poterba and Summers，1987；West，1986）。存在日益增加的统计证据表明，股票市场自身的生命周期在某种程度上可能与经济基本面无关。[9]

因为除市场外好像没有新闻描述或任何其他可辨认的事件要对市场崩溃直接负责，所以我们将求助于认为崩溃由投资者外生地决定的理论：崩溃的时机与投资者思考的内部动态、投资者对价格的反应和相互反应有关。调查结果给我提出了一些关于投资者帮助我们考虑这些投资者动态的信息。

价格下降导致进一步的价格下降存在两个途径：第一，价格—价格反馈途径——10 月 19 日投资者对价格变化作出反应；第二，社会—心理反馈途径——投资者相互之间直接作出反应。[10] 根据收集的关于 10 月 19 日投资者核对价格和相互交谈的频率的信息，两个反馈途径在广大投资者中足够迅速地起作用以致在市场每小时变化中起重要作用：交流迅速地进行，而价格以极高的频率核对。在 10 月 19 日为净购买者或净出售者的那些投资者中尤其如此。

交流程度和报告的焦虑数量暗示这个事件并非不像其他令人惊恐的抓住公众注意力的全国性事件，而且对关注的许多日常行为置之不理。这样，事件的重要性不应该唯一地根据市场下跌中财富损失数量的定量测度进行解释。个人洞察力的变化更重要而且可能持续下去，即使财富的下降趋势被扭转过来。

在 1987 年的崩溃前，投资者具有可能要发生像 1929 年那样的崩溃的预期，与 1929 年的崩溃进行比较是这个现象的不可分割的一部分。认为理解这个崩溃与这个历史比较产生的预期无关可能是错误的。在某种意义上，许多人正在再次上演他们完全知道的事件。

许多投资者认为他们能够选择市场时机。技术分析在他们的预测中起重要作用，因此在 10 月 19 日的需求下降中起重要作用。另一方面，没有几个投资者、机构投资者或个人投资者在他们回答开放式问题时主动提及技术分析。他们常常以“本能感觉”作为他们的预测方法，好像常常说他们正在猜测其他投资者的心理。投资者好像相信他们对市场方向或市场规模有内在感觉，而且投资者在这种方向感上高度对立。许多投资者认为他们 10 月 14—16 日价格下降的绝对量使星期一将出现反弹成为一个共同感觉。同时，许多其他投资者认为那些天出现的巨大下跌提出了市场可能朝 1929 年式崩溃迈进的问题。坚持这两种信念中的任何一个的大多数人什么也没做。少量做了的人中，“崩溃论”者碰巧在数量上超过“反弹论”者。

10 月 19 日实际的购买或出售决策好像与被投资者评价为重要的最近的新闻事件仅仅弱相关：购买者和出售者对新闻事件给出的重要性评价没有什么差异。这些过去的新闻事件如何转化成对 10 月 19 日市场价格变化的预测，回答者显然没有清晰的观点，然而许多回答者仍然有预测结果。因此，正如许多人已经做的那样，认为 1987 年 10 月 19 日的市场下跌应当被解释为关于一些基本的经济因素如对白宫或国会缺乏信心的公众意见的陈述可能是错误的。充其量，任何这种意见在崩溃中可能起作用，主要因为在巨大的压力下它们影响人们对价格继续或扭转的趋势或其他投资者对当前形势将如何作出反应的模糊直观评价。

附录：邮递名单的来源

导向性调查 1，导向性调查 2（高收入个人，每个 $n=125$）。

调查抽样公司，回归预测年收入70 000美元或更高的美国高收入投资者的随机样本。这是高收入个人而不是投资者的名单。在前面应用这个名单的调查中（Shiller and Pound，1986），我们实现了 59%的回答率（通过重复的连续邮递敦促迅速回答）。对那些回答的人，我们问道："你或你家里的人曾经购买过一个公司的普通股票（非优先股）吗?"在那些回答的人中，55%的人回答是。导向性调查 1 和导向性调查 2 的名单取自对这个问题回答是的那些回答者。

INDIV（个人投资者，$n=2\ 000$）

W. S. Ponton（5149 Butler Street，The Ponton Building，Pittsburgh，PA 15201）：从全美国随机选择的"高级多样投资者"。这个名单在邦特恩的《投资者名录》第Ⅷ卷，根据"三个或更多名单上的名字编排——净值一般超过250 000.00美元"（p. 4）。哈维·A·拉比诺维茨（Harvey A. Rabinowitz）（W. S. Ponton 的总裁）向我解释他们保留许多邮递投资者的名单。高级多样投资者名单由三个或更多暗示高收入、活跃的投资者名单上的人组成。名录上描述的大多数名单都应用了。名单来源包括"美国几乎每个日报与周报和宗教报纸的剪辑、法律杂志、商业名录和杂志、公共法庭记录、所有形式的商业和投资出版物的空白广告回执、投资论坛主办人、股票经纪公司和商业/金融及投资出版物的交流、几个公司股票持有人名单，以及从不再营业的投资公司购买的名单，以及许多私人和个人来源"（Investor List Catalog，p. 23）。然而，拉比诺维茨说没有应用更独特的名单构成的名录（赌博者、卑鄙的人或新电影投资者的名单）。拉比诺维茨认为高级多样投资者名单应该像所有高收入活跃投资者的随机样本。回答者的平均收入是136 700美元。

INSTI（机构投资者，*n*＝1 000）

“按字母排序的投资经理”，来自《1987 年养老基金及其投资经理的货币市场名录》。各种类别是投资顾问公司、美国银行与信托公司、美国保险公司、独立的房地产顾问。名字是没有考虑公司种类或公司内部的地位而从这个类别中随机选择的。

注　　释

[1] 1929 年 10 月 28—29 日总共下降 23.1%。

[2]《巴伦》的杂志在 10 月份的营业结束日也做了投资者调查(Palmer，1987)。他们的调查没有包括机构投资者。

[3] 导向性调查的回答者中，10 月 14—16 日 3.9%购买，5.9%出售；10 月 19 日 9.0%购买，5.9%出售。这些比例稍高于 INDIV 投资者，虽然统计的显著程度没有更高。差异可能归因于问题的措辞。在该间隔中既购买又出售的一些 INDIV 或 INSTI 回答者可能在调查问卷上写下“没有变化”，即使他们交易了。

[4] 攻击发生在东部白天时间大约上午 7:00。

[5] 数字是提供问题答案的人数；许多人没有回答但在空白处写下“很多次”或“连续交易”。

[6] 1986 年 11 月 17—18 日《华尔街日报》/NBC 新闻调查，询问了 271 个有股票经纪人账户的成年人。在这些人中，67%的人一年交易 3 次金融证券或更少，16%的人一年交易 4～10 次，10%的人一年交易超过 10 次，7%不确定 (*Wall Street Journal*，Nov. 5，1987，p. 2)。

[7]《巴伦》的调查询问个人投资者他们认为谁触发了股票市场崩溃。结果是机构投资者 56%，外国投资者 26%，个人投资者 9%(Palmer，1987)。答案中机构投资者占主导好像不符合我读到的开放式问题的答案，开放式问题的答案好像常常提到其他个人投资者。也许个人投资者会说当明确地询问关于机构投资者的问题时，机构投资者是极端重要的，但其他时候假想其他人像他们一样重要。

[8] 作为总回答者的比例，这些分别是 2.1%和 2.2%——不大的

比例。

［9］当然，这个观点也有一些批评者。例如，参见 Terry Marsh and Robert Merton（1987）。

［10］社会学和心理学领域对后一个途径提出了许多洞察之见，例如，参见 Adler and Adler（1984），Katona（1975），McGuire（1969）。

参考文献

Adler，Patricia A.，and Peter Adler，eds.，1984. *The Social Dynamics of Financial Markets*，Greenwich，Connecticut：JAI Press.

Campbell，John Y.，and Robert J. Shiller. 1987. "Cointegration and Tests of Present Value Models，" *Journal of Political Economy* 95：1062—1088.

Commodity Futures Trading Commission（CFTC），Division of Economic Analysis，"A Review of Stock Index Futures Trading on January 23，1987，" reproduced.

Cox，Paul. 1987. "CFTC Believes Futures-Related Strategies Had Limited Part in Stock Market Plunge，" *Investors Daily*，p. 35.

DeBondt，Werner F. M.，and Richard Thaler. 1985. "Does the Stock Market Overreact?" *Journal of Finance* 40：793—805.

Fama，Eugene F.，and Kenneth R. French. 1986. "Permanent and Transitory Components of Stock Prices，" Center for Research in Securities Prices，Working Paper No. 178，University of Chicago.

Katona，George. 1975. *Psychological Economics*，Elsevier.

LeRoy，Stephen，and Richard D. Porter. 1981. "The Present Value Relation：Tests Based on Implied Variance Bounds，" *Econometrica* 49：555—574.

Mankiw，N. Gregory，David Romer，and Matthew Shapiro. 1985. "An Unbiassed Reexamination of Stock Price Volatility，" *Journal of Finance* 40：677—687.

McGuire，William J. 1969. "The Nature of Attitudes and Attitude Change，" in Gardner Lindzey and Elliot Aronson，Eds，*Handbook of Social Psychology*，Addison Wesley.

Palmer，Jay. 1987. "What Do You Think? A Nationwide Poll of Reaction to the Crash，" *Barrons*，Nov. 9，16ff.

Pound，John，and Robert J. Shiller. 1987. "Are Institutional Investors Speculators?" *Journal of Portfolio Management*，Spring，46—52.

Shiller，Robert J. 1984. "Stock Prices and Social Dynamics，" *Brookings Papers on*

Economic Activity Ⅱ：457—498.

Shiller, Robert J. 1986. "Survey Evidence Regarding the September 11—12 Stock Market Drop," reproduced, Yale University.

Shiller, Robert J. and John Pound. 1987. "Survey Evidence on the Diffusion of Interest and Information Among Investors," reproduced.

U.S. Securities and Exchange Commission (SEC), Division of Market Regulation, 1987, "The Role of Index-Related Trading in the Market Decline of September 11 and 12, 1986," reproduced.

West, Kenneth D. 1987. "Dividend Innovations and Stock Price Volatility," *Econometrica* 56：37—61.

第24章 繁荣和后繁荣市场中住房购买者的行为①

美国单纯家庭住房市场的最新发展已经提供了研究住房价格的波动根源的理想实验室：价格已经在全国不同地区同时以显著不同的方式发生变化。住房价格的暴涨已经在加利福尼亚出现，从1987年后期到1988年中期许多城市住房价格上涨超过20%。正是在同一个时期，东北部存在后繁荣市场。1983年到1987年中期，纽约到波士顿的许多地方住房价格出现了显著的暴涨，在3年半时间里，住房价格增长了一倍多。由于1987年后期价格实际上下降，暴涨好像结束了。同时，在过去5年里没有出现繁荣迹象的中西部有可能观察到住房市场的繁荣。

---

① 与Karl E. Case合作。改编自*New England Economic Review*（1988）：29－46. © 1988 the Federal Reserve Bank of Boston。

通过应用调查问卷方法收集不同市场住房购买者行为的数据，我们研究这种可能性。同样的调查问卷被发送给1988年5月四个市场中购买住房的那些人：加利福尼亚州的亚纳西姆（橙县）和旧金山（两个“繁荣”市场）；马萨诸塞州的波士顿（“后繁荣”市场）；威斯康星州的密尔沃基（“控制”样本，代表更正常的住房市场状况）。因为调查问卷相同并且在同时发送出去，各城市答案的差异可能仅仅归结于当地住房市场的差异，而不归结于措辞或问题顺序的差异或全国的经济状况。

我们寻找可能帮助回答一些关于住房市场繁荣的原因和性质的使人烦恼的问题的信息。最根本地，什么因素导致住房市场突然和常常显著与持续的价格变化？虽然调查问卷方法从来没有提供过这种问题的确定性答案，但它们能够提供信息帮助我们着手了解变化过程：住房购买者正在考虑什么，应用什么样的信息来源决定支付多少钱购买一套住房？他们是怎样被投资考虑激发的，他们怎样评估投资潜力？使市场不稳定的投机影响住房价格吗？

第二，为什么超额需求状态倾向于在繁荣市场发生？据报道，繁荣市场的有些人在住房上市交易的当天排队出价，常常使竞价超过要价。为什么出售者直到过度需求消失才提高他们的要价？

第三，为什么过度供给状态好像在后繁荣市场出现？据报道，后繁荣市场的人们花费大量时间出售他们的住房。为什么人们不直接降低他们的要价以消除过度供给？

住房价格暴涨已经引起了许多忧虑。住房价格暴涨代表重要的财富再分配方式。拥有住房的那些人看到他们的股票上涨，而没有住房的那些人面临更高的房租，并且降低了拥有住房的可能性。这种再分配看起来反复无常而且对许多人不公平。有些人已经对高昂的住房价格使公司吸引劳动力到繁荣地区更加困难表达了忧虑。《哈佛商业评论》的特别报道提到一种已经开始影响美国商业的“美国住房市场骚动”[1]。该报道引用了已经经历过严重的招工问题的波士顿和纽约的公司的例子。结果许多公司选择在繁荣区域外重新选择地点。

其他人担心如果投机者暂时地推动住房价格上涨，那么随后住房价格可能会迅速下降，在住房所有者和住房建筑者及银行体系中制造混乱。1988年8月22日，《巴伦》的首页包含标题为“即将来临的住房价格崩溃”的住房从悬崖上跌落的一整页图。最近几年有几个城市事实上已经目睹了正在下降的住房价格。最著名的例子是休斯敦，现有的单纯家庭住房的中等价格在 2 年里下降 24%，这可归因于大的储蓄和贷款机构的破产和联邦储蓄贷款保险公司数十亿美元的花费。

虽然与住房价格上升和下降相关的问题很重要，但令人惊奇的是，人们对我们这里提出的问题鲜有研究。住房价格变化的大多数模型关注利率、收入和全国的人口统计趋势这样的宏观经济变量。但当全国大多数地方住房价格没有上升时，价格暴涨的显著例子在一些地区已经发生的简单事实暗示宏观变量只能给出部分解释。

我们仍然不了解这些价格暴涨的原因。我们之中一个人的研究提出住房市场繁荣不能归因于理性的基本因素。在 1986 年关于这个主题的一篇文章中，凯斯（Case，1986）利用经济基本面的数据试图解释波士顿的经历。他的模型包括需求方面的和供给方面的变量如人口增长、就业增长、利率（短期和长期）、建筑成本、收入增长、税率和类似的变量。利用 10 个城市超过 10 年的数据进行的估计，该模型只能解释波士顿住房价格观察到的增长的一部分。于是，凯斯提出繁荣基本上是被预期推动的猜想。

24.1 节描述调查的四个大城市地区的价格行为。24.2 节描述这个调查，包括样本和每个城市的回答率。24.3 节提出一些解释和猜想。

24.1　四个大城市地区的住房价格

调查（在 24.2 节描述）被发送给 1988 年 5 月购买住房或共住公寓的人。通过从狭窄的时间窗口选择购买者，我们寻求全国的宏观经济控制因素如利率和国民收入增长。四个大城市地区成为调查的目标。这四个地区被选择是由于从最近的价格行为中我们发觉有显著的差异。

表 24—1 给出了全国房地产经纪人协会 1983 年以来按季度列出的每个大城市地区现有单纯家庭住房的中等价格的数据，表 24—2 显示年度价格增长。图 24—1 描绘从同一时期的表 24—1 推算的指数。虽然在前面的研究中（Case and Shiller，1987）我们已经证明这种指数是对涨价的不那么完美的度量，但它们是允许这种跨城市比较的唯一足够一贯的原始数据资料。

表 24—1　　现有单纯家庭住房的中等价格，1983—1988 年　　单位：美元

年份	橙县	旧金山	波士顿	密尔沃基
1983 年	134 900	129 500	82 600	68 000
1984 年第一季度	133 500	126 600	89 400	69 800
第二季度	135 100	130 500	95 600	68 100
第三季度	134 900	132 600	102 000	69 600
第四季度	130 600	130 400	104 800	64 100
1985 年第一季度	132 100	134 500	108 600	66 600
第二季度	135 400	141 100	131 000	66 700
第三季度	137 800	143 800	138 800	66 700
第四季度	139 600	n. a.	144 800	68 100
1986 年第一季度	138 000	n. a.	145 600	67 600
第二季度	149 400	n. a.	156 200	71 000
第三季度	149 600	164 900	163 000	70 800
第四季度	152 400	164 800	167 800	69 200
1987 年第一季度	156 100	161 300	170 000	67 800
第二季度	167 300	169 900	176 200	71 700
第三季度	167 700	175 900	182 200	70 900
第四季度	174 500	176 000	177 500	70 800
1988 年第一季度	183 800	178 800	176 900	72 600
第二季度	204 000	196 300	182 900	71 500

n. a. =无法获得的数据。

资料来源：National Association of Realtor. *Home Sales*，monthly.

表 24—2　　单纯家庭住房中等价格的年度增长，1983—1988 年（%）

地区	1983—1984[a]	1984—1985	1985—1986	1986—1987	1987—1988
橙县	0.1	0.2	10.3	12.0	21.9
旧金山	0.8	8.1	8.5[b]	11.0[b]	15.5
波士顿	15.7	37.0	19.2	12.8	3.8
密尔沃基	0	− 2.2	6.6	1.0	−0.3

a. 除了 1983—1984 年的变化是 1983 年的年度数据到 1984 年第二季度的数据外，所有的变化都是第二季度到第二季度。

b. 旧金山 1986 年第二季度的数据无法获得；提出的变化量是估计值。

资料来源：National Association of Realtor.

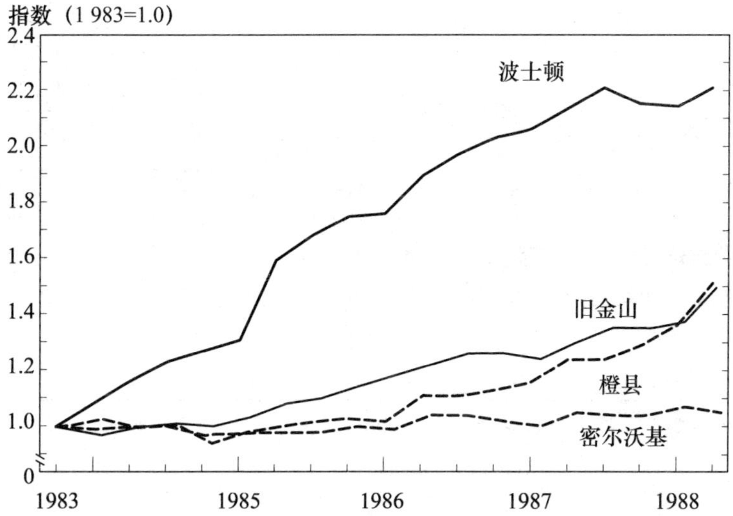

图 24—1 现有的单纯家庭住房中等价格的年度增长

资料来源：National Association of Realtor. *Home Sales*，monthly.

橙县和旧金山

这两个非常不同的加利福尼亚州大都会地区的经历一直是相似的。两个城市都经历了 20 世纪 70 年代后期住房价格的迅速上涨。这种迅速上涨在 1981 年结束。1984 年后期开始，旧金山的住房价格开始再次上涨；橙县则在 1986 年后期上涨。当 1987 年和 1988 年波士顿的住房价格平稳时，旧金山和橙县的住房价格开始暴涨。表 24—3 和图 24—2 说明了橙县住房价格上涨的模式，而且表 24—3 还给出加利福尼亚州其他几个地区的年度数据。

表 24—3 加利福尼亚州的住房价格、销售行为

地区	中等销售价格			6 月份的销售行为	
	1988 年 6 月（美元）	1987 年 6 月（美元）	价格上涨的百分点	从 5 月份开始价格变化的百分点	从 1 年前开始价格变化的百分点
橙县	211 038	170 163	24.0	＋25.2	＋18.6
洛杉矶	182 364	148 670	22.7	＋6.4	＋5.8
旧金山	209 687	173 098	21.1	＋9.4	－2.6

续前表

地区	中等销售价格			6 月份的销售行为	
	1988 年 6 月（美元）	1987 年 6 月（美元）	价格上涨的百分点	从 5 月份开始价格变化的百分点	从 1 年前开始价格变化的百分点
圣迭戈	147 605	125 488	17.6	+14.3	+15.1
萨克拉门托	92 708	87 276	9.7	+15.7	−8.5
里弗塞德/圣贝纳迪诺	108 567	96 922	12.0	+7.3	+15.8
文图拉	195 209	160 303	21.8	+2.6	−13.3
加利福尼亚	167 428	140 620	19.1	−7.8	+4.8

资料来源：California Association of Realtors as presented in the *Los Angeles Times*，July 26，1988.

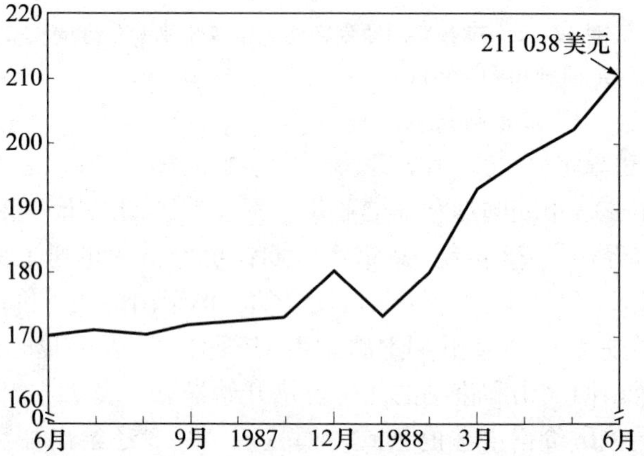

图 24—2　1987—1988 年加利福尼亚州橙县的中等住房再销售价格

资料来源：California Association of Realtors as published in *Los Angeles Times*，July 26，1988.

暴涨的高峰好像出现在 1988 年 5 月。在 5 月和 6 月之间仅仅一个月，加利福尼亚房地产经纪人协会报告旧金山单户住房的中等价格增加 10.2%，橙县上涨 4.1%。这一增长速度吸引了全国的注意力。1988 年 6 月 1 日，《华尔街日报》头版刊登标题为“购买者的恐慌席卷加利福尼亚单户住房大市场”的文章。该文章谈到“延伸到市场每个角落的购买疯狂”，并且描述了 150 辆汽车排队等着购买住房。描述房地产市场的文章每周超过四次刊登在《洛杉矶时报》和《旧金山记事》成为 1988 年夏季的平常事，这些文章带有“房地产市场正在变得如此狂热，未来的住房所有者正在提出超过要价的价格”的导语（Chronicle，7/6/88)。阿拉梅达市的房地产经纪人协会主席的话被引用在同一篇文章中：“市场比手枪还热……我昨天晚上参加弗里蒙特的已经进入市场 5 天的400 000美元住房的展示会。有 5 个出价，胜出的竞价超过要价。”

波士顿

波士顿住房价格暴涨始于 1983 年。最迅速的增长发生在 1984—1985 年之间，其年增长率接近 40%。凯斯（Case，1985）提出的综合销售数据证实 1984 年第一季度价格开始迅速上涨，1985 年第三季度达到高峰，1986—1987 年稳定地放缓。1984 年初到 1987 年中期之间住房价格翻了一倍。

1987 年第四季度和 1988 年第一季度波士顿的中等住房价格下跌。《波士顿环球报》大吹大擂地报道了这次下跌。1988 年 2 月 17 日，商业版刊登通栏标题“波士顿地区的住房价格下降 3 000 美元”。那篇文章还报道多样报价服务系统（大波士顿房地产委员会）出价销售的单户住房存货已经从 2 512 套增长到 4 814 套。在市场停留的平均时间已经从 58 天增长到 80 天……要价极高但住房购买者无论如何都会接受的日子已经远去了。[2]

密尔沃基

密尔沃基被选中是由于它引人注目的价格稳定记录。表 24—1 显示的波士顿中等住房价格序列具有34 743美元的标准差。同样统计量的密尔沃基序列标准差是2 210美元。自 1983 年以来，中等住房价格上升幅度平均每年不到 1%，仅从68 000美元上升到71 500美元。

24.2　调　　查

调查的整体、样本和回答率描述在表 24—4 中。1988 年 5 月购买住房的3 871个人的邮递名单是从亚特兰大的研究和市场营销公司数据人公司购买的。数据人公司根据公开的结账记录收集名字、地址和出售价格。数据可以按照 3 位数的代码获得。波士顿和密尔沃基的名单包括来自整个大城市地区的地址。加利福尼亚的代码适用于旧金山和橙县的阿纳西姆。

表 24—4　　调查整体、样本和回答率

城市/大都会地区（3 位数代码）	整体	样本	地址不详	退回不适用问卷[a]	净样本	回收被制成表格的问卷	回答率（%）
阿纳西姆（928）	576	500	21	12	467	241	51.6
旧金山（941）	1 297	530	18	6	506	199	39.3
波士顿（021）	1 383	500	67	12	421	200	47.5
密尔沃基（532）	615	500	36	7	457	246	53.8
	3 871	2 030	142	37	1 851	886	47.9

a. 退回不适用的问卷包括许多房地产刚好已经被再融资的票据；几种房地产在州外但房主住在本州的情况；三个土地交易；几个声称从来没有购买过住房的回答。

从整体看，500个人的样本随机地取自波士顿、阿纳西姆和密尔沃基；530个取自旧金山。调查沿用迪尔曼（Dillman，1978）的方法。样本中的每个家庭被发送一个带有两个作者手写签名的个性化信封的10页调查问卷。最初的邮递问卷调查于7月17日和18日发出。这个邮递的效果由于7月26日将带有明信片的纪念品邮递给整个样本而加强。寄给没有回答的人的第三次邮递问卷是于8月16日和17日发出的。第三次邮递包括复制的调查问卷（针对把第一个问卷弄丢的人）和一个新的个性化信封。作为对参与的鼓励，我们提出将调查结果发送给那些要求获得调查结果的人。

总共有142个调查问卷（7%）被邮局"试投—地址不详"退回。另外37个调查问卷被受领者送还但不适合用于调查。这些问卷中，有几个回答者仅仅对他们的住房再融资，有一些仅仅购买土地，其他人实际上已经购买州以外的房产，有几个人声称根本没有购买住房。排除这些情况，净样本规模是1 851。

总计886个回答被编上代码并制成表格。密尔沃基和阿纳西姆的回答率大约为50%，波士顿接近50%，旧金山39%。在特定的大规模连续而个性化的模式下，这个回答率与我们的预期大致相同。调查问卷很长而且相当详细，要花费将近半小时才能填完，但调查问卷的主题可能对最近的住房购买者有重要意义。

调查问卷

我们对我们样本中一些城市的小数目住房购买者作了一些预先测验式的采访。我们应用他们的回答作为增加调查问卷的问题的基础。

问题是用日常用语措辞的。有些情况下对经济学家来说问题好像定义糟糕或者暗含错误的概念。作为说明人们怎么表达自己的方法，我们有目的地包括这种问题。我们将分几部分讨论调查的结果。第一，关于繁荣期间投资潜力的高预期的传播，我们将探索这些回答暗示了什么。第二，我们将描述表面上看人们如何解释繁荣。第三，我们讨论向上的刚性和过度需求的问题。最后，我们着手过度供给和向下的价格黏性问题，焦点集中在出售者的行为。

表24—5给出对回答者的购买的简明描述。在密尔沃基和阿纳西姆两个城市，70%的房地产是单户住房。波士顿的比率最低为39.7%，而旧金山的百分比为55.9%。波士顿共住公寓和合住房的比例最高。不是单户住房、合住房或共用公寓的房产或者是供两家居住的住房，

或者是“其他”。列为其他的房产包括三层住房、三户和四户家庭住房、公寓和城镇住房。除旧金山以外的所有城市，将近90%的房地产主要是为居住而购买的。旧金山有相当数目的房产是为了租赁给其他人而购买的。

表 24—5　　回答者的住房购买调查的一般描述（回答的百分比）

描述	阿纳西姆	旧金山	波士顿	密尔沃基
单户住房	70.0	55.9	39.7	71.1
公寓或合住房	22.1	20.5	43.7	11.4
第一次购买	35.8	36.2	51.5	56.9
作为主要住处而购买的住房	88.4	72.7	92.0	88.2
租给别人而购买的住房	3.7	12.1	3.0	4.1

住房市场的预期和投资

毫无疑问，所有四个城市的住房购买者都考虑购买住房作为投资的决策。表 24—6 描述了使住房购买者被投资报酬激发的程度清楚明白的三个问题的表格。

表 24—6　　作为投资的住房（每一类回答的百分比）

问题	繁荣市场		后繁荣市场	对照市场
	阿纳西姆	旧金山	波士顿	密尔沃基
在决定购买房产时，你有购买住房作为投资的想法吗？				
	(N=238)	(N=199)	(N=200)	(N=243)
这是一个主要考虑	56.3	63.8	48.0	44.0
在一定程度上是	40.3	31.7	45.0	45.7
根本没有	4.2	4.5	7.0	10.3
你为什么购买你所拥有的住房？				
	(N=238)	(N=199)	(N=199)	(N=246)
严格地为投资目的而购买住房	19.8	37.2	15.6	18.7
今天在____购买住房包含：				
	(N=237)	(N=192)	(N=197)	(N=237)
巨大风险	3.4	4.2	5.1	5.9
有些风险	33.3	40.1	57.9	64.6
风险很小或没有风险	63.3	55.7	37.1	29.5

在加利福尼亚州的城市，超过 95%的人说他们认为至少在某种程度上他们购买住房是作为投资的。在波士顿，这个数字是 93.0%，在密尔沃基，这个数字是 89.7%。在旧金山这是一个令人惊奇的大数字，37.2%的人说他们购买房地产“严格地”为了投资目的。

明显地，偿付一个资产的意愿在某种程度上取决于察觉到的与此相关的风险程度。四个城市的任何一个城市中没有几个住房购买者认为住房市场包含巨大的风险。甚至在报纸上一直公开地推测崩溃的可能性的波士顿，37.1%的人说购买住房包含很小的风险或没有风险。觉察到的风险程度在繁荣市场显然最低。上涨的价格好像阻止了恐惧，而且这完全可能刺激价格暴涨。在阿纳西姆，有 63.3%的人说他们购买住房基本上是无风险的。

从一开始就记住样本是现实的住房购买者是重要的。也就是说，被调查的人是 5 月份出去购买住房的人。可以假定他们的预期可能引人注意地高于潜在的住房购买者总体。此外，他们的风险洞察力可能比潜在的住房购买者总体更低。我们没有而且也确实不可能在那些决定不购买住房的人中抽样，因为他们担心未来的损失和风险。

表 24—7 给出设计用于探寻购买者的实际价格预期的许多问题的回答。首先，事实上在加利福尼亚各城市的每个购买者和波士顿与密尔沃基的绝大多数购买者相信价格将上升。正如你可能预期的一样，繁荣城市的那些人比波士顿与密尔沃基的人更乐观。在加利福尼亚的 440 个回答者中，只有 2 个人说价格正在下跌，5 个人认为价格没有变化。

表 24—7　　当前的价格预期（回答的百分比——指明的除外）

问题	繁荣市场		后繁荣市场	对照市场
	阿纳西姆	旧金山	波士顿	密尔沃基
你认为____地区的住房价格在今后几年会上升还是下降？				
	（N=240）	（N=199）	（N=194）	（N=233）
上升	98.3	99.0	90.2	87.1
下降	1.7	1.0	9.8	12.9

续前表

问题	繁荣市场		后繁荣市场	对照市场
	阿纳西姆	旧金山	波士顿	密尔沃基
你预期今后12个月里你的住房价值会有多大的变化?				
	(N=217)	(N=185)	(N=176)	(N=217)
平均%	15.3	13.5	7.4	6.1
(标准误差)	(0.8)	(0.6)	(0.6)	(0.5)
你预期今后10年你的房产价值平均每年变化多少?				
	(N=208)	(N=181)	(N=177)	(N=211)
平均%	14.3	14.8	8.7	7.3
(标准误差)	(1.2)	(1.4)	(0.6)	(0.5)
下面哪种情况最好地描述了1988年1月以来____地区住房价格的变化趋势?				
	(N=239)	(N=196)	(N=198)	(N=230)
迅速上升	90.8	83.7	3.0	8.7
缓慢上升	8.8	12.8	34.3	53.0
没有变化	0.4	3.1	37.4	23.9
缓慢下跌	0	0.5	22.2	11.7
迅速下跌	0	0	3.0	2.6
因为将来住房价格可能上升，所以现在是买房的恰当时机。				
	(N=206)	(N=180)	(N=171)	(N=210)
同意	93.2	95.0	77.8	84.8
不同意	6.8	5.0	22.2	15.2
住房价格在暴涨，如果我现在不购买住房，我今后就不可能买得起房子了。				
	(N=200)	(N=167)	(N=169)	(N=194)
同意	79.5	68.9	40.8	27.8
不同意	20.5	31.1	59.2	72.2
最近的住房价格变化已经令大众出现了巨大的兴奋情绪。有时我认为我可能已经受到这种情绪的影响。				
	(N=230)	(N=191)	(N=181)	(N=233)
是	54.3	56.5	45.3	21.5
否	45.7	43.5	54.7	78.5

续前表

问题	繁荣市场		后繁荣市场	对照市场
	阿纳西姆	旧金山	波士顿	密尔沃基
在过去几个月里与朋友和同事的谈话中，讨论了住房市场的变化形势。				
	(N=238)	(N=195)	(N=198)	(N=235)
经常	52.9	49.7	30.3	20.0
有时	38.2	39.0	55.1	50.2
很少	8.0	9.7	12.1	25.1
从来没有	0.8	1.5	2.5	4.7

当问他们认为他们的房地产在未来 12 个月和未来 10 年里可能增值多少时，回答者的答案有巨大的不同。所有城市两个问题的答案在 5%、10%和 15%水平上存在值得注意的跟风。在加利福尼亚，在 10%、15%和 20%水平上存在值得注意的跟风。加利福尼亚购买者平均预期的年度增长率在 15%左右，而在密尔沃基与波士顿，该数字大致是它的一半这么多。

三个问题探索预期的价格增长是否实际上影响购买的决策。肯定答案好像是具有压倒性的。甚至在波士顿，77.8%的人报告是购买的好时机，因为价格将来可能要上涨。对密尔沃基来说，这个数字是 84.8%，而在加利福尼亚的两个城市，这个数字全部超过 90%。所有市场中至少 1/4 的购买者和至少 2/3 的加利福尼亚购买者表达了不能承担将来购买住房的恐惧。繁荣城市中超过一半的购买者担心他们可能已经受周围最近的住房价格变化的刺激的影响。

最后，繁荣城市表达的热情好像有社会基础。在被调查的加利福尼亚市场上，朋友和同事间明显地存在更多的讨论。

繁荣的解释

设计许多具体的问题是为了探索人们对改变他们看法的价格变化和可能触发器的解释。辨别大众心理、过度乐观和存在可靠的理由预期价格上升的状况是重要的。因为大多数人表达了强烈的投资动机，我们可能接受以市场基本面为基础的重要认识。有效市场假设假定资产购买者基于所有可获得的信息并基于基本的市场力量的一致的模型作出理性的决策。

调查揭示对价格变化的根本原因没有什么实际认识或对价格变化的根本原因没有达成什么一致。人们没有引证任何具体证据就退入了陈词滥调和意象。表 24—8 提出了两个重要的开放式问题。回答者被要求解释最近的价格变化，还被要求报告改变价格趋势的任何具体事件。差不多所有的回答者阅读这些问题时都要被询问同样的信息，所以我们将这些信息一起制成表格。

表 24—8　解释最近的价格变化时提到的流行主题
（按城市列出的所有制表的调查问卷的比例）

问题[a]	繁荣市场		后繁荣市场	对照市场
	阿纳西姆	旧金山	波士顿	密尔沃基
你认为什么因素可以解释____地区最近住房价格的变化？正在发生的事情背后的根本原因是什么？				
你认为过去两年发生的一些事情改变了住房价格的变化趋势吗？				
有关的基本经济因素				
全国性因素				
利率变化	31.7	39.5	24.5	27.0
股票市场崩溃	1.7	2.1	25.0	2.0
人口统计——婴儿出生潮	1.3	5.1	4.0	1.2
税法变化	1.3	4.1	3.0	2.0
其他的国民经济因素变化	1.7	5.1	8.5	2.9
地区性因素				
某地区是居住的好地方	16.7	17.9	6.0	2.4
移民或人口变化	20.4	8.2	11.0	2.4
亚洲投资者	2.9	27.2	0	0
亚洲移民	2.1	13.8	0.5	0
收入增长	2.5	1.5	2.0	1.2
反增长立法	10.8	3.1	0	0
土地资源有限	7.5	18.5	2.0	0.4
地方税收	2.9	0	4.0	9.8
正在增长的黑人人口	0.4	0	0	6.6
出租比率和空置率	0.8	2.6	6.5	2.0

续前表

问题[a]	繁荣市场		后繁荣市场	对照市场
	阿纳西姆	旧金山	波士顿	密尔沃基
交通拥挤	3.8	7.2	0	0
地方经济——总体	25.4	4.6	29.5	18.4
住房市场上的心理因素[b]	5.4	7.1	18.0	0.8
计量证据[c]	0	0	0	0
没有回答	15.8	17.9	20.0	18.4

a. 为了将这两个开放式问题制成表格，阿纳西姆和旧金山每个城市的 60 个调查问卷由两个编码器独立编码。此外，波士顿样本的 60 个调查问卷由三个编码器编码。编码器间的可靠性根据计算每类编码器回答的原始数据之间的简单相关系数进行检验。阿纳西姆的相关系数是 0.986，旧金山的相关系数是 0.969。对波士顿来说，计算得到的三个系数分别是 0.953、0.976 和 0.985。对可靠性检验中应用的城市而言，每类的最后结果是编码器之间的简单平均值。其余的调查问卷只由一个编码器编码。

b. 任何提到恐慌、疯狂、贪婪、冷淡、愚蠢、过度乐观、过度悲观或其他这类因素的问卷被编入这一类。

c. 要求编码器寻找所有涉及未来住房供给或需求的任何相关数字或专业预测。数字不必是已经提出过的，只要回答者好像涉及过这些数字。

在所有四个城市，利率变化被引证为一个主要因素。首先，利率实际上在每个地方都是相同的，而住房价格在海滨之间的地区一直是比较稳定的。其次，当利率一直有最新的向上的变化时，预测者在他们关于未来变化的预测中几乎不可能达成一致。最后，波士顿和密尔沃基的住房价格变化已经显著不同于加利福尼亚的价格变化。难以理解四个城市中的价格变化怎么可能是被利率驱动的。

综合次数处于第二的是关于当地经济的一般评论，如“强劲的当地经济”或“正在增长的区域经济”。这些事情没有一个引证经济上涨的任何具体证据或有关经济上涨的特征的任何细节。可能进一步探索对揭露更多的细节是必要的，但因为调查问卷上有足够的空白可供填写，我们应该在卷面作答。

这一节问题的回答给人留下了人们依赖观察到的价格变化形成他们的预期，然后到处寻找解释和强化他们信念的逻辑的强烈印象：“这是居住的好地方”，“亚洲人正在尽可能买进我们的土地”，“经济强劲”。形成鲜明印象的不相关描述倾向于被引用：“附近的交通太拥挤”。

最流行的陈词滥调是“这是居住的好地方”和“土地资源有限”。这些陈词滥调没有一个是新闻，也没有一个能解释突然的价格暴涨。我们还明确地问及价格暴涨是否归因于该地区是人们渴望居住的地方，实际问题是否是没有足够的可用土地（见表 24—9）。（我们问这些问题是因为我们已经在预先的测验性的电话采访中观察到了繁荣城市的人们倾向于这么回答。）繁荣城市的回答者对这些问题相当大量地回答是。我们慎重地在调查问卷开始安排开放式问题并在调查问卷末尾安排直率问题，以确保我们没有暗示问题的答案。此外，应该注意我们方法的力量之一是同样的调查问卷分发到不同城市。在密尔沃基，很少有人提到这些陈词滥调。

表 24—9　　购买者对最近事件的解释（回答的百分比）

问题	繁荣市场		后繁荣市场	对照市场
	阿纳西姆	旧金山	波士顿	密尔沃基
因为许多人想在这里居住，所以____的住房价格已经暴涨。				
	(N=210)	(N=178)	(N=181)	(N=193)
同意	98.6	93.3	69.6	16.1
不同意	1.4	6.7	30.4	83.9
____的实际问题只是没有足够的可用土地。				
	(N=197)	(N=174)	(N=168)	(N=192)
同意	52.8	83.9	54.2	17.2
不同意	47.2	16.1	45.8	82.8
当根本没有足够的住房可用时，价格变得无关紧要。				
	(N=197)	(N=165)	(N=171)	(N=193)
同意	34.0	46.0	26.9	20.7
不同意	66.0	59.4	73.1	79.3
下面哪种理论更好地描述了你关于____的住房价格的最新趋势的理论？				
	(N=226)	(N=180)	(N=188)	(N=215)
关于住房购买者和出售者的心理的理论。	11.9	16.7	21.3	10.7
关于经济或人口状况如人口变化、利率或就业变化的理论。	88.1	83.3	78.7	89.3

续前表

问题	繁荣市场		后繁荣市场	对照市场
	阿纳西姆	旧金山	波士顿	密尔沃基
在活跃的房地产市场上，房产出售者获得的收益常常高于其房产上市交易日的出价。有些房产的收益甚至超过要价。还有一些关于人们排着队等候出价的报道。最好的解释是哪一个呢？				
	（N=210）	（N=177）	（N=176）	（N=211）
出现了恐慌性购买，而价格变得无关紧要了。	73.3	71.2	61.4	34.6
要价已经缓慢地或迟缓地调整以适应增长的市场需求。	26.7	28.8	38.6	65.4

住房市场的大多数参与者没有将市场活动归结于其他投资者的心理。从表 24—8 我们看到“市场心理”被住房市场参与者提到的比例不到回答的 10%，波士顿除外，该数字是 18%。我们还明确地问回答者是否喜欢将他们自己关于最新趋势的理论说成关于心理的理论或关于经济基本面的理论（见表 24—9）。在所有四个城市中，低于 1/4 的人选择心理。这一点也与邦德和希勒（Pond and Shiller，1987）关于公司股票的机构投资者的证据一致，大多数机构投资者认为价格是由基本面驱动的，甚至价格已经暴涨并且有高价格—盈利比率的股票也是如此。然而，当 1987 年 10 月股票市场崩溃后向投资者提出类似的问题时，答案相当不同。美国大约 2/3 的个人和机构投资者认为崩溃归因于市场心理（Shiller，1987，chapter 23），而 3/4 的日本机构投资者认为崩溃归因于市场心理（Shiller，Konya and Tsutsui，1988）。也许流行的繁荣理论强调基本面作为向上的价格变化的原因（尽管存在非理性行为的事实），而认为突然的崩溃归因于恐慌。

表 24—8 中编码答案的一个尤其引人注目的特征是没有一个回答者提到与未来住房的供给或需求有关的明确的定量证据。我们没有明确地询问这种证据，但我们希望 886 个回答者中的一些人主动提供这种证据，如果它突出地表现在他们的观点中。

过度需求和要价的向上刚性

在繁荣城市，新闻报道以完全超过要价出售的住房的描述为特色，将这种现象解释为投资者疯狂或恐慌的证据。回忆我们讨论加利福尼亚当前繁荣的新闻报道的例子。正如表 24—9 最后一个问题表明的一样，过度需求是投资者恐慌的证据的观点在繁荣城市的市场参与者中也是很流行的。可能当地媒体在宣传价格超过要价是恐慌的证据的观点上有一些成功之处，因为这个观点在繁荣城市比对照城市要普遍得多。

新闻媒体好像夸大了超过要价的这种销售的重要性。事实上，住房销售价格超过要价在我们的城市也有报道，所以新闻记者能够找到这种例子的事实不是繁荣市场的大量证据。在繁荣城市这种销售的发生率比我们的对照城市高，但仍然只有大约6%～10%。这种例子的普遍性应用在辨别繁荣城市和后繁荣城市时更好；我们的样本中波士顿不到1%的住房以超过要价的方式出售。

我们还寻找为什么有些出售者没有把他们的要价再提高一点的证据（见表24—10）。那些认为他们可能已经要价过高的人常常同意内在价值或公平的观点在他们的决策中起作用。

繁荣城市的房地产代理人告诉我们，由于存在过度需求的情况，他们发现花费更多的时间列出住房价格表而不是把住房向潜在的购买者展示是有利可图的。对表24—10最后一个问题的回答主要证实房地产代理人像这个观点提出的那样行事。

表24—10　　要价的向上刚性（回答的比率——指明的除外）

问题	繁荣市场		后繁荣市场	对照市场
	阿纳西姆	旧金山	波士顿	密尔沃基
你最后的结算价格				
	（N=237）	（N=194）	（N=200）	（N=242）
超过要价	6.3	9.8	0.5	3.3
等于要价	38.0	26.8	23.5	22.7
低于要价	55.7	63.4	76.0	74.0
如果你的房产要价已经上调了5～10个百分点，结果会怎么样呢？				
	（N=89）	（N=64）	（N=61）	（N=43）
可能卖不出去	21.3	23.4	31.1	32.5
可能会卖掉，但可能要花很多时间	44.9	46.9	54.1	37.2
如果购买者不得不支付那么多，他们可能无法获得贷款（如果房产评估师不确定房产的价值，购买者就不能获得贷款）	7.9	9.4	0	9.3
可能会几乎一样快地卖掉	24.7	17.2	11.5	16.3
其他	1.1	3.1	3.3	4.7

续前表

问题	繁荣市场		后繁荣市场	对照市场
	阿纳西姆	旧金山	波士顿	密尔沃基
如果你回答可能几乎一样快地卖掉，下面哪种观点（你可以选择多于 1 个的说法）解释了你为什么没有把价格定得更高一些？[a]				
	(N=37)	(N=22)	(N=26)	(N=16)
房产根本就不值那么多	32.4	27.3	38.5	25.0
假定我付出了那么多；把价格定得那么高可能是不公平的。我已经为没住房获得足够多的贷款	16.2	22.7	15.4	31.3
我只不过犯了一个错误或接受了一个糟糕的建议：我应该要价更高一些	21.6	18.2	19.2	25.0
其他	29.7	31.8	26.9	18.8
在你开始将房产上市交易以前的六个月时间里，你接到过房地产代理人或有可能购买你住房的其他人主动打来的电话吗？				
	(N=89)	(N=61)	(N=62)	(N=48)
有	71.9	59.0	38.7	52.1
没有	28.1	41.0	61.3	47.9
接到的电话的近似数平均	8.7	5.0	3.9	2.7
（标准误差）	(1.2)	(0.3)	(0.4)	(0.2)

a. 有些回答者回答这个问题，即使他们没有回答前面的问题“可能已经几乎一样快地出售”。这个问题的所有回答已经包括在表格中。

过度供给和要价的向下刚性

住房市场行为的第三个重要方面是后繁荣市场或大体平稳的市场的出售者行为。像大多数股票市场暴涨结束于崩溃一样，也存在这些住房市场的暴涨将结束于崩溃的大量担忧。确实，如果我们在橙县和旧金山观察到的现象能够被合适地称为“泡沫”，它们会不可避免地破裂吗？

一种理论认为住房价格是向下刚性的，而且在不出现总体经济崩溃时这种刚性有可能防止严重的房地产崩溃。有一些重要的原因可以预示这种刚性。第一，住房市场非常不同于股票市场。在股票市场，人们可以迅速而几乎无成本地退出他们的股票头寸。住房市场中的国库券类似物正在向租金单元转变。对那些有相当多的股票的人来说，这可能意味着支付巨额的资本利得税与6%的经纪费，还要忍受价格变化的恶化。因此，交易成本巨大。

第二，投资者具有被指称为出售他们成功的投资（具有赚钱的满足感）和坚持失败的投资（避免懊悔的痛苦；参见 Shefrin and Statman，1985）的心理倾向。费瑞斯、豪根和麦克西贾（Ferris，Haugen and Makhija，1988）通过证明价值已经下降的股票的交易量低于价值已经增加的股票的交易量，找到了这种“倾向效应”的证据。

此外，大众的印象是过去的经历已经证明等待可以获得回报，也许最好的例子是 1981 年的加利福尼亚。4 年的暴涨期过后，住房价格停止上升。显然有些人在房地产市场亏损了，许多人简单地决定等这段时期过去；交易的数量下跌到很低的水平，中等价格用名义术语看从来没有下降过。自 1983 年以来，价格已经再次处于上升状态。

表 24—11 提出了过度供给市场的出售者行为的证据。所有回答者要求对表 24—11 的第一项陈述作出反应。差不多 70%的加利福尼亚回答者同意不活跃市场的最佳策略是坚持直到得到你想要的东西。波士顿和密尔沃基超过一半的人同意这个陈述。

其余的问题是问在购买住房前已经出售或试图立即出售房产的那些人。这个比较小的样本可能是所有购买者的有倾向性的样本。这些购买者是实际上购买新住房的人。如果出售者不能出售她的房屋，也不肯降低她的价格，最终决定不购买新住房，那么她不在我们的样本中。因此，那些无论如何有点灵活性的人可能是被过度表现的。

购买他们现在的住房前已经出售或试图出售一套住房的购买者占阿纳西姆总回答者的 39.6%、旧金山的 32.6%、波士顿的 32.8%、密尔沃基的 21.3%。因为这个群体的绝大多数（所有城市超过 90%，密尔沃基除外，只有 84.3%）实际上已经出售他们的房产，探索这个问题的唯一方法是应用假设的问题。我们问道：“如果你一直不能按你接受的价格出售你的房产，你会做什么？”只有很小一部分人说他们可能降低价格，直到他们找到买主——市场出清的解决办法。

每个城市都有值得注意的百分比（20%～40%之间）的出售者说他们可能一步一步地降低价格，寻找买主。然而，进一步研究时，所有城市里超过 3/4 的人报告他们可能降低价格的范围有一个极限：令人惊奇的是，波士顿和密尔沃基的这个数字最高，分别是 93.1%和 87.5%。他们大多数人好像对类似的房屋已经卖了什么价钱有些了解，而且他们不想卖得更少。

表 24—11 报告的第二个问题的“其他”类揭示了向下刚性的另外两个根源。几个回答者提到他们的雇主对不能销售的员工有一个出钱买下产权的计划。他们实际包含的意思是指不能按他们想要获得的价格出售的员工买下产权的计划。许多其他人简单地报告把他们的第一处房产租赁出去。

表 24—11　　过度供给和要价的向下刚性

问题[a]	繁荣市场		后繁荣市场	对照市场
	阿纳西姆	旧金山	波士顿	密尔沃基
因为住房价格不可能下降很多，在不活跃市场上的最佳策略是坚持直到收到你所要的房产价格。				
	（N=174）	（N=148）	（N=160）	（N=180）
同意	69.0	69.6	57.5	50.6
不同意	31.0	30.4	42.5	49.4
如果你一直不能按你接受的价格出售你的房产，你可能会做什么呢？				
	（N=88）	（N=62）	（N=61）	（N=43）
使价格保持不变并等候买主，完全知道这可能要花很长的时间	42.0	38.7	32.8	32.6
一步一步地降低价格希望找到买主	20.5	38.7	42.6	20.9
降低价格直到找到买主	4.5	3.2	4.9	7.0
将房产撤离市场	18.2	17.7	11.5	27.9
其他	14.8	1.6	8.2	11.6
如果你回答你可能降低价格，若你的房产还没有卖掉，可能降价的范围有一个极限吗？[b]				
	（N=33）	（N=38）	（N=29）	（N=16）
是	81.8	78.9	93.1	87.5

续前表

问题[a]	繁荣市场		后繁荣市场	对照市场
	阿纳西姆	旧金山	波士顿	密尔沃基
如果你对上述问题回答是，你能说明你怎样得出这个极限吗？（开放式问题）				
	(N=24)	(N=28)	(N=21)	(N=10)
根据我所支出的价格	29.2	21.4	19.0	30.0
根据另一个我想购买的住房的价格	33.3	35.7	38.1	20.0
根据其他类似的已经出售的住房的价格	37.5	42.9	42.9	50.0
假定你的房子没有卖掉，如果你把要价再降低一点，大概能够卖掉。如果你考虑了这种做法但决定不这么做，你能说明为什么吗？				
	(N=19)	(N=18)	(N=13)	(N=13)
我的住房价值比当时人们愿意支付的价值更高	15.8	11.1	7.7	38.5
我不能承受以更低的价格出售房产	26.3	33.3	23.1	15.4
坚持下去，我今后会获得更多的收益	31.6	44.4	15.4	7.6
其他[c]	26.3	11.1	53.9	38.5

a. 提得最多的“其他”类是公司购买产权条款和出售者可能将住房租赁出去。

b. 包括由于说他们可能已经降低价格而没有回答前面问题的那些人的回答。

c. 许多“其他”回答提到了时间，如“我一点儿也不忙”、“我不担心出售”或“我没有必要出售”。

最后，有一小群没有卖掉房产的出售者被问到为什么他们没有简单地降低价格。在上述向上刚性的研究中起作用的公平或内在价值的观点在这里好像也起作用。其他人说他们不可能负担得起出售的损失，而且其他人表达了他们最终能按更高的价格出售的乐观主义。

24.3　解释和推测

对时常出现在当地住房市场的暴涨的根源我们已经了解了什么？

这一章的证据支持暴涨的突然性必须根据投资者相互之间的作用、对过去的价格上涨或繁荣市场的反应而不是对经济基本面的反应来理解。当然，在这一章我们没有考虑基本面的数据，而且我们当中研究基本面对城市住房价格的影响的文章（Case，1986）一定不会是关于这个主题的最后定论。但是在这一章中，我们已经提供了住房市场的投资者不了解基本面的一些证据。他们倾向于根据道听途说、陈词滥调和偶尔的关注解释住房市场活动。此外，我们已经看到投资动机高居他们的激励名单前列，而且繁荣时的住房购买者仍旧希望住房价格更多地涨价且受将来住房市场定价的困扰。预期严重地影响价格确实是合理的，人们愿意在这些市场付出代价。因为除了作为过去价格变化的推断外，这些预期好像没有多大的意义，所以我们不能指望价格是被理性地决定的。

但什么启动住房价格暴涨；为什么它发生在这一年而不是其他年份？我们询问住房购买者他们认为正在发生什么事情，他们是否能够说出他们认为改变住房价格的行为的事件。所有城市大多数大众的答案是利率的变化，但利率在城市之间没有多大的不同，所以不可能是对有差别的价格行为的解释。此外，利率被引证为加利福尼亚繁荣的原因和波士顿萧条的原因。对大部分回答者而言，他们没有提出另一个事件。在阿纳西姆听起来最合理的事件（提出反增长立法）相当不同于旧金山听起来最合理的事件（亚洲投资者进入市场的大门），然而两个城市的价格变化模式是类似的。这些事件也可能是价格变化的理性化造成的，正像1987年10月的股票市场崩溃主要是在波士顿引发的，这对解释波士顿住房价格的暴跌是必要的。

触发器显然是大多数住房购买者没有观察到的事件或事件的后果。因为最终触发器不是投资者心目中的因素，它甚至可能是任何投资者没有观察到的一些事情，除了经由价格以外。例如，人口统计变化或收入增长可能导致住房购买者作出反应从而引起初始价格变化。也许1987年和1988年加利福尼亚的住房购买者听说了东北部的价格暴涨的故事，也更优先对价格上涨作出反应。

另一个谜团涉及价格暴涨的放缓：为什么暴涨持续多年，但没有加速和迅速地结束呢？我们的调查结果在关于这个问题的推测中只提供有限的帮助。有些投资者表达的他们被内在价值的观念和与过去价格的比较所促动的观点可能暗示对非常迅速的价格上涨存在心理抵抗。当然，单户住房市场上存在专业投机者占有和封锁盈利机会的障碍；

这就是为什么我们对前面发现住房价格有效性的研究中价格变化的持续性不感到惊奇（Case and Shiller，1989，chapter 18）。不是投资专业人员的普通个人估计在投资前会花费更多的时间。这种行动可能包括生活安排方面的变化，而且完全可能花费数月或数年。

回答者在报告他们的心理因素对价格暴涨负责的印象时稍微有点不一致。我们看到繁荣城市大约一半的回答者认为他们自身受社会兴奋情绪的影响，而且大多数人把超过要价的住房销售解释成恐慌的证据。然而表 24—8 和表 24—9 中的其他证据表明，大多数投资者没有认为市场心理是价格暴涨的最佳解释，而引证基本面是价格暴涨的最佳解释。也许我们应当断定社会心理是价格暴涨的传导的重要因素，而个人对其他人心理的感觉不如它这么重要。

所有城市中都有一些住房销售价格超过要价的情况。显然，报道以价格暴涨城市的这种描述为特色，因为人们察觉到这种情况与地区范围的价格上涨的大量描述有关。在没有经历这种价格上涨的城市，这种事件更可能被解释成确定要价时的简单误差，而不会被认为是特别有新闻价值。

如果这种事件反映一小部分出售者在确定要价时的错误，而一些出售者的价格调整迟钝，那么应当预期这种误差将在现在正经历价格上涨的城市更频繁地出现，也许销售价格超过要价的事件应当被理解为比其他事情提得更多。另一方面，表 24—10 报告的有些答案暗示，公平价格或内在价值的观点可能在价格变化的停滞中也起作用。卡尼曼、内茨契和塞勒（Kahneman，Knetsch and Thaler，1986）已经证明了公平的观点在许多经济决策中的重要性。在回答关于为什么那些出售住房有困难的人没有更多地降价的问题时，也出现了同样的公平观点。

价格刚性的证据好像在下跌的市场比上升的市场更显著。在后繁荣城市波士顿没有卖掉从前的房产的回答者中，只有大约 5%说他们可能继续降低价格直到找到买主。住房价格的向下刚性的一个可能解释来自于卡尼曼和特维尔斯基（Kahneman and Tversky，1979）的展望理论。在他们的理论中，损失和收益是被相当不同地看待的，个人衡量他们是否已经获得收益或造成损失的关键可能由吸引他们注意力的参照系决定。[3]

贝尔（Bell，1982）、卢米斯与萨格登（Loomis and Sugden，1982）的后悔理论具有类似的意义。然而，正如我们上面看到的，刚性可能还有其他解释。关于未来价格的可能进程的流行观念在这里也起作用。所有城市高比例的住房购买者认为住房市场没有什么风险的事实反映了人们不能在这个市场赔钱的流行观点；住房总是一个安全的投资，只要人们坚持足够长的时间。

那些不能出售房产的人选择的另一个原因是："我不能负担按更低的价格出售的损失。"因为所有回答的出售者后来都已经购买另一套住房了，可能这种判断中的重要因素是他们购买的其他住房的价格。如果所有房地产价格太高，人们可能发现难以降低他们自己住房的要价，因为人们不能使这个价格削减与希望购买住房的住房出售者协调一致。于是，住房价格向下刚性中的部分问题可能是经济理论家在其他文章中已经强调的那种协调问题。[4]如果我们都能同意立即降低我们住房的价格，我们可能都是快乐的，但我不能是第一个降低价格的人。

价格向下刚性的所有原因可能是互相关联的。如果协调问题阻止价格下降，就会建立起住房价格不应下降的观念从而形成人们坚持就有回报的观念；如果人们降低价格，这个观念就会增加后悔程度。

24.4　结　论

所有这些使人想起一个非常不同于文献中传统方法讨论和建立的模型的房地产市场。在一个完全理性的市场，价格可能被诸如收入、人口变化和国家经济状况这样的基本面决定。这种市场的投资者可能应用预测未来价格变化的基本面的潜在变化的所有可获得信息，使延长的价格摆动不可能和盈利机会稀少。包括进入流行地区的各种资源可能是有效地配置的。

这里提出的调查结果和现实的价格行为共同描绘出一幅非常不同的图像。当证据翔实，而且我们只能作出推测时，我们看到市场主要是由预期驱动的。人们好像以过去的价格变化而不是对基本面的任何认识为基础形成他们的预期。这一点增加了价格暴涨将持续下去的可能性，因为住房购买者实质上变成了没有稳定性的投机者。

我们还发现在没有严重的经济下滑时住房价格具有向下刚性的显著证据。结合向上的波动，这种刚性已经在一些有复杂的分配效应的价格暴涨城市中产生棘轮效应，因为房主以所有收入水平的非住房所有者的利益受损为代价获益。

在这一点上，我们不准备提出建议或思考可能的政策结论。我们仅仅希望进一步的研究会有助于使这个仍然让人迷惑的市场更加清楚明白。

注　释

[1] Dreier，Schwartz and Greiner（1988）.

[2] The Boston *Globe*，February 17，1988，p. B1.

[3] 卡尼曼和特维尔斯基写道："这个分析暗示一个没有平衡损失的人可能接受其他情况下他不可接受的赌博"（Kahneman and Tversky，1979，p. 287）。

[4] 例如，凯恩斯的萧条时期工资的向下刚性的理论是，"因为作为规则没有办法保证所有行业货币工资的同时而等幅的下降，在各自的行业抵抗工资下降符合所有工人的利益"（Keynes，1936，p. 264）。

参考文献

Bell, David E. 1982. "Regret in Decision Making Under Uncertainty," *Operations Research* 9：961－981.

Case，Karl E. 1986. "The Market for Single-Family Homes in Boston," *New England Economic Review* 79：125－137.

Case，Karl E.，and Robert J. Shiller. 1987. "Prices of Single-Family Homes Since 1970：New Indexes for Four Cities，"*New England Economic Review*，September，46－56.

Case，Karl E.，and Robert J. Shiller. 1989. "The Efficiency of the Market for Single-Family Homes," *The American Economic Review*，forthcoming.

Dilhman，Don A. 1978. *Mail and Telephone Surveys*：*The Total Design Method*. John Wiley and Sons.

Dreier，Peter，David C. Schwartz，and Ann Greiner. 1988. "What Every Business Can Do About Housing," *Harvard Business Review*，52－61.

Ferris，Stephen P.，Robert A. Haugen，and Anil K. Makhija. 1988. "Predicting Contemporary Volume with Historic Volume at Differential Price Levels—Evidence Supporting the Disposition Effect," *The Journal of Finance*，677－679.

Kahneman，Daniel，Jack L. Knetsch，and Richard Thaler. 1986. "Fairness as a Constraint on Profit Seeking：Entitlements in the Market," *The American Eco-*

nomic Review 76: 728—741.

Kahneman, Daniel, and Amos Tversky. 1979. "Prospect Theory: An Analysis of Decision Under Risk," *Econometrica* 47: 236—291.

Keynes, John Maynard. 1936. *The General Theory of Employment, Interest and Money*. New York: Harbinger, 1964 edition.

Loomis, Graham, and Robert Sugden. 1982. "Regret Theory: An Alternative Theory of Rational Choice Under Uncertainty," *The Economic Journal* 92: 824.

Pound, John, and Robert J. Shiller. 1987. "Are Institutional investors Speculators?" *Journal of Portfolio Management*, Spring, 46—52.

Shefrin, Hersh, and Meir Statman. 1985. "The Disposition to Sell Winners Too Early and Ride Losers Too Long: Theory and Evidence," *The Journal of Finance* 40: 777—790.

Shiller, Robert J. 1987. "Investor Behavior in the October 1987 Stock Market Crash: Survey Evidence." National Bureau of Economic Research Working Paper No. 2446.

Shiller, Robert J., Fumiko Konya, and Yoshiro Tsutsui. 1988. "Investor Behavior in the October 1987 Stock Market Crash: The Case of Japan." National Bureau of Economic Research Working Paper no. 2684.

第25章 总结性注释

民众容易被导引并可能被最小的力量所改变，以致他们的情绪波动与海洋的波动有着惊人的相似之处。

斯西皮奥（Scipio）[1]

投机性价格倾向于是大众的认识和基本价值的真相的混合体。价格变化可能是流行模型导致人们对一些经济指标反应过度时产生的看法变化的反映。我们在与股利或盈利的摇摆相联系的股票价格的巨大变化中看到了这种证据。价格变化或者可能由于投资者自身通过交流或经由对价格的相互影响产生的看法变化而发生。我们从上面研究的1987年的股票市场崩溃和20世纪80年代的住房市场价格暴涨中看到了这种证据。然而，价格变化可能由于关于未来股利或盈利的真实信息而发生。我们从上面债券市场的研究中看到了这种证据。此外，如果规定股票价格与有效市场模型一致，它们可能相当反复无常，但不像我们实际观察到的那样波动不居。[2]

25.1　看法的变化和市场无效

斯西皮奥在描述投机市场的看法变化时将其比作海洋看起来是恰当的。上面研究的股票市场崩溃和房地产价格暴涨好像与突然袭击古代航海者的海上风暴一样，不是一个能感觉得到的、可辨别的触发器。人们相互影响，风相互作用，创立了复杂的动态。今天发生的事情依赖于昨天发生的事情，依次依赖于前天发生的事情，依此类推。我们今天看到的事情是过去的冲击通过这些动态的累积，其中任何一个冲击可能看起来都是微不足道的。教训可能是我们建设性地从投机市场动态中学到的东西比从投机市场的最终根源中学到的东西更多。

但每个人通过以这些动态为背景的交易赚取投机性利润是不容易的；并非每个人都能富有。于是，按照这个意思，存在趋向于改变价格的可预测的力量，关于这些可预测的力量的信息也应该加入到价格中。不可否认这种简单的逻辑具有巨大的功绩，而且应当是纳入金融入门学生的第一课的内容。

巨大的风险一直在过度解释市场有效性的现有证据。有效市场理论是向寻找投机市场简单解释的人们自然反复地冒出来的极端观点。正如一些金融教科书上表示的意思那样，它基本上不是来自 20 世纪 60 年代芝加哥大学的复杂理论。它实际上是一个非常古老的理论。[3]

有效市场模型可能已经夸大了许多人的见解的重要性，只因为人们心中没有具体可选择的见解、其他恰当定义的描述。这里我试图提出一些具体的可选择见解。在第 1 章我证明了声称价格变化归因于关于未来股利的信息和关于“普通投资者”的未来需求的信息的简单模型[用方程（1—3）正式表达]。正如流行模型说明的那样，模型阐明即使这些普通投资者正在变化的行为是投机性价格变化的一部分，价格也确实加入了关于未来股利的信息。“机智钱”的存在没有起到消除风尚或见解变化对价格的影响的作用，但起到了降低价格变化的可预测性并使价格变化趋向于预期见解变化和现金流变化的作用。

其他正式模型在第 22 章讨论：价格变化对过去的价格变化作出反

应的简单反馈模型、人们相互直接作用的传染模型。这些模型也与投机性价格的近似随机游走行为一致。

这些简单模型是投机市场研究报告的那种发现的广泛描述。在三个市场——股票市场、债券市场和住房市场——的研究中，没有一个市场存在短期价格变化可预测程度很高的证据。"随机游走"模型符合所有三个市场的实际情况。然而，价格变化一般没有与任何关于基本面的信息完全联系起来。1987 年股票市场崩溃期间的投资者和最近房地产市场暴涨期间的住房购买者的调查证据表观出投资者基于以不严格直觉为基础的流行模型采取行动，并作为对其他投资者的行动导致的市场活动的反应的显著倾向。

25.2 流行模型的重要性

市场心理的重要性的流行描述经常应用"恐慌性的"或"欣快的"这样的词语描述投资者。

但思考中有广泛基础的失败并不是完全可以归结于投资者的这种出自本能的反复无常。相反，这些失败反映了缺乏系统性思考和对流行的或直观的经济模型的自动依靠。

第 23 章和第 24 章股票市场崩溃和房地产价格暴涨的调查发现，人们心甘情愿地承受忧虑并受其他人兴奋的影响。但这并非意味着他们的判断在那个时候特别糟糕；它可能意味着相反的结果——他们是异常注意和小心的。大多数人在任何一个时间甚至在金融"恐慌"时间表达的观点都常常不是明显不合理的。更可能地，人们可能提出的批评是这些观点是模糊的、凭印象的和受支配的陈词滥调。

尽管有这些事实，也只有 1929 年和 1987 年崩溃前的时期常常被描述为投资者过度乐观或欣快的时期。但可能一直不容易找到 1929 年或者 1987 年严格的市场定价过高的情况。确实，欧文·费雪的书（Irving Fisher，1930）（很大程度上应该是崩溃前一直在思考设计的，因为该书仅仅两个月后就出版了）提出了市场没有定价过高的一个非常复杂而有说服力的论断。费雪是当时具有最高学术声誉的人之一；没有人会因评价他的解释而受到责备。但他的论断的最终评价依赖于一些直观判断。没有客观的方法评价费雪的 20 世纪 20 年代的合并运动可能产生未来的规模经济，或新的科学管理方法可能激发 30 年代巨大的盈利增长的主张。投资者中的错误好像是反复无常的，使得费雪在 1929 年被广泛信任，而在之后不久算命盛行。尽管报纸上金融和房地产版面具有重要的影响，但人们好像没有摆脱对市场趋势的基本问题的稳定判断基础的任何认识。许多投资者的错误是过于顺从以致不能把对一个专家的信任转化为对另一个专家的信任。巨大数量的人群中这种判断的不稳定已经被认知社会学领域的学者如卡尔·曼西姆（Karl Mannheim）、爱米利·德克西姆（Emile Durkheim）、莫里斯·哈尔巴维奇（Maurice Halbwachs）和匹蒂瑞姆·索罗金（Pitirim Sorokin）研究过。

这种不稳定性可能导致第二部分讨论的对总体股票市场而言看起来如此引人注目的那种过度波动。但是，因为不稳定性是由于流行模型以及疏于关注造成的，它在没有吸引大众注意力的地方可能不起任何作用。因此，例如，研究者发现除了第一主成分外的主成分看起来没有显示出过度波动：人们没有像改变对工业股票指数和公用事业股票指数的任何一个水平值的看法一样，如此明显地改变他们关于工业股票指数和公用事业股票指数之间差幅的看法。相对于水平值而言，媒体对这种差幅确实没有表现出太大的关注。

影响巨大的股票聚类的相对小数目的噪音因素比大量独立冲击分别冲击单个股票更可能产生过度波动。如果后者是违背罗斯（Ross，1976）套利定价理论的情况，那么包含大量暂时定价过低的股票的组合可能倾向于一贯地比市场表现更好。受各自噪音因素影响的巨大股票聚类的构成是由流行模型决定的。

流行模型是仅仅考虑价格和其他客观因素数据的研究者没有观察到的。这些模型的重要性甚至可能被相当多的模型支持者所忽视，他们可能觉得这些模型仅仅是对真实情况客观地作出反应。社会科学家忽视这些模型招致的风险是将观察到的行为理解成反映基本的人类行为的一般模式。一个非常古老的例子将起到阐明作用。早期关于催眠术的研究——始于 18 世纪后期马奎斯·德·皮塞格（Marquis de Puysegur）的研究——的实验证据反复展示催眠与地球磁场有一定的关系。后来根据 19 世纪中期詹姆斯·布瑞德（James Braid）的研究才发现接受实验者对磁体作出反应，是因为他们拥有流行的模式，这种流行模式或者从广大公众对催眠术的感觉获得，或者从他们应该这样做的实验者的暗示获得。

25.3 投机市场的理论模型

所有这些都指出也许金融学的理论模型应该例行公事地阐述普通投资者（或噪音交易者）和“机智钱”。也许将投资者划分成两个性质截然不同的类别不是为理论化奠定基础的稳健思考的结果的看法，我认为理论家对这些模型存在抵抗心理。“理性的”和“非理性的”力量不可能在两个独立的投资者团体之间清楚地划分出来。如果稍加区别，偶尔的证据暗示所有投资者的行为中都有一些“机智钱”和“噪音”成分。但怎样为这种半理性行为建立模型呢？这就是为什么我认为我们应该从对人类行为的观察和阐述人类行为的流行模型出发，进一步建立模型的基础。建立模型的更完整的构造可能来自这种研究。我们不能预期这种构造可以采取的形式。

此外，将投资者分割成两个团体的简明划分还会获得一些重要的见解。德·龙、施莱弗、萨默斯和瓦尔德曼（De Long，Shleifer，Summers and Waldman，1987）最近的研究已经提出了一些有用的观点。他们应用社会最富裕的部分可能不是“机智钱”的事实；然而存在社会最富裕的部分是那些冒愚蠢风险的幸存者的某种倾向。他们的均衡模型提出许多关于收益中的风险溢价、资本配置和监管政策的根源的有用观点。坎贝尔和凯尔（Campbell and Kyle，1988）已经证明我们如何明智地获得金融市场中噪音交易的重要性的估计。

25.4 未来研究的基本原则

本书将理性预期模型和流行模型的研究并列提出是用根本不同的处理方法创造性地处理社会科学问题的一种努力。一种处理方法可以被称为定量的或经验主义处理方法（本书中理性预期模型的研究特征），而另一个处理方法是解释性的或解释学方法（本书中流行模型的研究特征）。仿照物理科学建立模型的前一种方法寻找原始、客观度量的数据的模式；在社会科学中，这些数据是人们行为的度量，而不是置于这些行为之上的解释。而后一种方法寻找社会意识和意图的网络数据。拉宾诺和萨利文（Rabinow and Sullivan，1979）已经证明前一种处理方法在许多社会科学中——人类学、政治学、心理学和社会学——已经被过度重视了，而且在“解释性社会科学”的旗帜下这些学科一直在进行纠正不平衡的运动。伯格（Berger，1988）一直在强有力地提出经济学的同样论断。

在理想状态下，调查研究可能在理解人类历史的许多方面起着重要作用。如果我们需要知道为什么人们做某些事情，询问他们为什么做这些事情是重要的，有巨大样本规模的慎重调查是谨慎地达到这个目标的唯一方法。不幸地，对过去的大部分历史而言，这个机会已经丧失了，或者因为没有调查，或者因为调查询问了错误的问题。

我喜欢称这个问题为研究中的“帽子问题”。为什么 50～100 年以前几乎所有人都戴帽子，甚至在温暖的天气也是如此，而现在没有几个人戴帽子呢？正如随机人群的旧照片显示的那样，我们知道几乎所有人过去常常戴帽子。如果帽子纯粹是时尚附属品，我们认为有一大部分人可能忘记随身带帽子。推测帽子的需求与健康问题如防止疾病有关是自然的。我们可能称这个是疾病起因的通俗模型。但当我们证明一些通俗卫生书籍因为这个理由建议戴帽子时，现在失去了找到人们戴帽子的确切真实原因的机会。从那个时期到现在活着的人们不能被人相信可以准确地记住过去的事情。过去可能对几乎每个人清楚明白的理由现在不会有任何把握地被观察到。我们永远不会毫无疑问地知道为什么那些人戴帽子，正如我们永远不会毫无疑问地知道什么导致 1929 年股票市场崩溃一样。

直接地收集人们拥有的关于投机市场的流行模型的信息和有关的投资者行为的信息是重要的。如果我们希望理解市场心理，仅仅了解社会心理的一般原理或通常的判断误差是不够的。投资者行为的直接证据可以或者通过实验方法或者通过观察实际投资环境中的投资者收集。两种方法都有它们的优势和缺陷。

实验方法能够创造我们设计的一种特殊环境，这种环境使得我们可以了解一些具体的行为参数。例如，弗农·史密斯、格里·萨切内克、阿灵顿·威廉姆斯（Vernon Smith，Gerry Suchanek and Arlington Williams，1988）进行了接受实验者被告知资产股利的真实客观概率分布的资产市场实验。因为他们知道这一点，不存在价格变化归结于关于一些潜在的但未被观察到的意外收益或灾难的信息的可能性，正如第 4、5 和 6 章美国股票市场环境下讨论的一样。虽然如此，当接受实验者开始相互交易时，“价格泡沫”常常出现。因此，实验的设计允许他们说明这种价格泡沫甚至在投资者知道可能没有潜在的意外收益或灾难时也能够出现。[4]

经济学中实验方法的缺陷是它们可能没有完全充分地复制金融市场的现实环境，以产生现实环境里发生的那种经济行为。接受实验者可能倾向于对流行模型无效不予理会，因为他们可能觉得他们是在一种异常的环境中。这个问题能够通过模拟现实世界的实验稍微得到改善。例如，安德里森（Andreassen，1987）做了一个实验，接受实验者被要求对有相关“新闻描述”的现实金融数据作出反应。接受实验者被允许用他们挣得的钱继续进行交易。而且，接受实验者可能与已经准备自己在金融市场采取行动的那些人不同。他们没有像自己选择投资的那些人一样亲自参与投资行为。更重要的是，他们可能并不熟悉流行模型，这些流行模型说明了研究期间资产的投资者社会关系中的那些人的判断。

观察现实投资环境中的实际投资者使我们能对他们的行为和这些模型认识得更深刻。如果我们关于他们的经历问投资者，我们当然会遇到这些模型众所周知的局限：答案可能不精确和不真实，而且在没有任何对照的实验时，我们也许不能判断偶然性。为了利用实验方法和调查方法的优势，两种方法都应该使用。

金融学术研究者中流行的看法一直是，无论是实验方法还是问卷调查方法都不可能是生产性的。本书讨论的有些问题可以作为情况相反的证据。在数据收集方面，看起来可能还有很多工作要做，正如关于正式模型如何影响经济发展的流行模型有许多工作要做一样。如果我们关于这些事情发展出重要的知识体系，我们有可能更深刻地理解投机性价格的历史变化，而且这种理解的结果甚至可能有助于使将来的这些价格理性化。

注　释

［1］在战争期间反对汉里巴尔（Hannibal）的演讲中，斯西皮奥宣称他能够发现他自己的一些战士的叛乱没有合理的理由（Polybius，Histories，XI.29.8）。

［2］约翰·坎贝尔和我断定（参见表8—2）股票收益的标准差应该介于它的1/4到1/2之间——小得多但仍然大。

［3］例如，乔治·吉布逊 100 年前写到，当“股票在公开的市场为众人所知时，它们实现的价值可以被认为是关注股票的最聪明的人的判断”（Gibson，1889，11）。

［4］卡默勒和威格尔特（Camerer and Weigelt，1986）在一个相当不同的实验中也得到了泡沫。

参考文献

Andreassen, Paul B. 1987. "On the Social Psychology of the Stock Market: Aggregate Attributional Effects and the Regressiveness of Prediction," *Journal of Personality and Social Psychology*, 53.

Berger, Lawrence A. 1988. "Interpreting the Crash," reproduced, Department of Finance, University of Iowa.

Camerer, Colin F., and Keith Weigelt. 1986. "Tests for Rational Bubbles in Experimental Markets for Infinitely-Lived Assets," University of Pennsylvania Department of Decision Sciences Working Paper.

Campbell, John Y., and Albert S. Kyle. 1988. "Smart Money, Noise Trading, and Stock Price Behavior," Technical Working Paper No. 71, Cambridge National Bureau of Economic Research.

De Long, J. Bradford, Andrei Shleifer, Lawrence Summers, and Robert J. Waldman. 1987. "The Economic Consequences of Noise Traders," Harvard Institute of Economic Research, Discussion Paper No. 1348.

Fisher, Irving. 1930. *The Stock Market Crash—and After*.

Gibson, George R. 1889. *The Stock Exchanges of London, Paris, and New York*, New York: G. P. Putnam's Sons.

Rabinow, Paul, and William M. Sullivan. 1979. *Interpretive Social Science: A Reader*, Berkeley: University of California Press.

Ross, Stephen A. 1976. "The Arbitrage Theory of Capital Asset Pricing," *Journal of Economic Theory* 13: 341—360.

Smith, Vernon L., Gerry L. Suchanelk and Arlington W. Williams. 1988. "Bubbles, Crashes and Endogenous Expectations in Experimental Spot Asset Markets," *Econometrica* 56: 1119—1151.

第26章　数据序列[1]

始于1871年的标准普尔综合股票价格指数的1月份年度数据序列用作第1、3、5、6、8、16和21章实证研究的基础。这个序列（表26—1，序列1）取自标准普尔统计服务部的《证券价格指数记录》，各种各样的数据来自标题为“月度股票价格指数——长期”的表。

对应于这个股票价格序列的股利和盈利序列是根据两个来源拼接的。始于1926年的名义股利序列是按当年最后一个季度指数调整的12个月移动加总的每股股利。始于1926年的名义盈利序列是按四个季度加总、第四个季度调整的每股盈利。这些数据都来自于标准普尔统计服务部《证券价格指数记录》标题为“盈利、股利和价格—盈利比率——季度数据”的表。

1926 年以前，标准普尔统计服务部没有发布股利或盈利序列：然而，1926 年以前，标准普尔的来源，考沃勒斯（Cowles，1939，pp. 388—389）编辑的一册书给出了对应于指数的股利序列 D_a-1，因基准年的变化，我用 1926 年的序列比率相乘进行调整。[2]

考沃勒斯面临的一个问题是缺乏标准普尔综合指数中许多股票的盈利数据。于是，他提出了序列 $P_{EA}-1$——“所有股票中，盈利数据可以获得的股票价格”，这些股票的盈利序列 $E-1$，以及“盈利—价格比率”序列的比率 $R-1$。这里的标准普尔综合盈利序列以 1926 年前计算为序列 $R-1$（Cowles，1939，pp. 404－405）乘以该年的年度平均标准普尔综合指数。拼接起来的股利和盈利序列呈现在表 26—1 的序列 2 和序列 3 中。

一些股票缺乏盈利数据对盈利序列的精确性有一些影响。通过比较序列 $P-1$（所有股票的考沃勒斯指数）和序列 $P_{EA}-1$（可以获得盈利数据的考沃勒斯股票价格序列），可以发现遗漏的潜在影响的迹象。1871—1925 年 $P-1$ 与 $P_{EA}-1$ 的比率介于 0.98 到 1.27 之间，最大的偏差出现在样本最早的年份。遗漏影响的另一个暗示是在指数中的考沃勒斯公司名单（Cowles，1939，AppendixⅡ，pp. 456－475）和公司盈利数据可以获得的年份。典型地，盈利数据的缺乏出现在孤立的年份（似乎报告的盈利有偶然遗漏的现象）或接近指数中包括的公司的开始或末尾的单个年份。

威尔森和琼斯（Wilson and Jones，1987）最近已经就精确性检查了考沃勒斯数据。他们在考沃勒斯累积收益的月度序列中（考沃勒斯数据隐含有些月份的股利为负）发现了一些明显的错误，并提出了试图纠正这些错误的替代性月度收益序列。他们断定“与原来考沃勒斯佣金数据相比，这些修正的总体影响是最小的”[3]。他们批评的考沃勒斯月度数据在这里没有使用；收益是在 1 月份到 1 月份基础上计算的，假定股利在当年没有再投资。

名义利率序列（表 26—1，序列 4）是在 1 月份以 1 月份的 4～6 个月优惠商业票据利率投资 6 个月（始于 1980 年 1 月的 6 个月）和以 7 月份的 4～6 个月优惠商业票据利率再投资 6 个月（始于 1980 年 7 月的 6 个月）的总收益。它的计算方法为 $100[((1-R_{1月}/200)(1-R_{6月}/200))^{-1}-1]$。始于 1938 年的数据来自于《联邦储备公报》。1938 年以前的数据来自麦考利（Macaulay，1939）著作第 A142～A160 页的表 10。

自从1978年生产者价格指数取代批发价格指数以来，美国劳工统计局（BLS）一直强调制成品价格指数而不是所有商品生产者价格指数（Early，1978）。制成品生产者价格指数应该是优越的，因为它不受影响所有商品生产者价格指数的中间产品和最终产品双重计算的影响。不幸地，可用的制成品生产者价格指数数据只能追溯到1947年。任何可能拼接到这个指数的更早的序列可能是与所有商品生产者价格指数可以比较的。因此，决定继续应用这里说明的所有商品指数，以月度为基础的数据BLS追溯到1913年都可以获得。

从1988年1月开始，BLS将生产者价格指数的参考基准年从1967年改变为1982年（"Producer Price Index—January 1988"，*News*，Bureau of Labor Statistics，Feburary 12，1988）。表26—2序列5是1月份生产者价格指数——所有商品，1982年为基准年，始于1913年。1913年以前的数据来自于沃伦和皮尔森指数（Warren and Pearson，1935，pp. 11－14）第1章表1的1月份数字除以1913年序列的比率。[4]

本书前面发表的文章应用更早的1967＝100的生产者价格指数序列（表26—2，序列6和序列7）。通过将更早的序列乘以后续序列第一个观察日的指数的比率，这些序列由各成分序列聚集起来了。

序列6是1月份的生产者价格指数。从1947年到样本期结束，序列是《当前商业概览》1967＝100的所有商品1月份生产者价格指数。1924—1946年的序列是《联邦储备公报》1926＝100的所有商品1月份批发价格指数除以1.933。1914—1923年应用的序列是《联邦储备公报》1913＝100的所有商品1月份批发价格指数除以2.949。1900—1913年的序列是华盛顿政府印刷办公室BLS149号公报的《批发价格》1890—1899＝100的所有商品的1月份批发价格指数除以4.161 3。1871—1899年的序列与序列7相同。

1947年到样本期末，年度平均生产者价格指数序列7是《当前商业概览》1967＝100的所有商品年度平均生产者价格指数。1924—1946年的序列是《联邦储备公报》1926＝100的所有商品年度平均批发价格指数除以1.984 3。1914—1923年的序列是《联邦储备公报》1913＝100的所有商品繁荣年度平均批发价格指数除以3.038。1891—1913年的序列是华盛顿政府印刷办公室BLS的320号公报的《批发价格》1913＝100的所有商品年度平均价格指数除以3.039 5。1871—1890年的序列是BLS114号公报附录Ⅰ1890－1899＝100的年度平均批发价格

表 26—1　　基本数据

年份	序列 1：1 月份股票价格[a]	序列 2：股利[b]	序列 3：盈利[b]	序列 4：利率（%）
1871	4.44	0.26	0.40	6.35
1872	4.86	0.30	0.43	7.81
1873	5.11	0.33	0.46	8.35
1874	4.66	0.33	0.46	6.86
1875	4.54	0.30	0.36	4.96
1876	4.46	0.30	0.28	5.33
1877	3.55	0.19	0.30	5.03
1878	3.25	0.18	0.31	4.90
1879	3.58	0.20	0.38	4.25
1880	5.11	0.26	0.49	5.10
1881	6.19	0.32	0.44	4.79
1882	5.92	0.32	0.43	5.26
1883	5.81	0.33	0.40	5.35
1884	5.18	0.31	0.31	5.65
1885	4.24	0.24	0.27	4.22
1886	5.20	0.22	0.33	4.26
1887	5.58	0.25	0.36	6.11
1888	5.31	0.23	0.26	5.02
1889	5.24	0.22	0.30	4.68
1890	5.38	0.22	0.29	5.41
1891	4.84	0.22	0.34	5.97
1892	5.51	0.24	0.37	3.93
1893	5.61	0.25	0.26	8.52
1894	4.32	0.21	0.16	3.32
1895	4.25	0.19	0.25	3.09
1896	4.27	0.18	0.21	5.76
1897	4.22	0.18	0.31	3.44
1898	4.88	0.20	0.35	3.55
1899	6.08	0.21	0.48	3.36
1900	6.10	0.30	0.48	4.64

续前表

年份	序列 1：1 月份股票价格[a]	序列 2：股利[b]	序列 3：盈利[b]	序列 4：利率（%）
1901	7.07	0.32	0.50	4.30
1902	8.12	0.33	0.63	4.72
1903	8.46	0.35	0.53	5.50
1904	6.68	0.31	0.49	4.34
1905	8.43	0.33	0.67	4.17
1906	9.87	0.40	0.76	5.47
1907	9.56	0.44	0.66	6.23
1908	6.85	0.40	0.58	5.32
1909	9.06	0.44	0.76	3.65
1910	10.08	0.47	0.73	5.26
1911	9.27	0.47	0.59	4.00
1912	9.12	0.48	0.70	4.35
1913	9.30	0.48	0.63	5.65
1914	8.37	0.42	0.52	4.64
1915	7.48	0.43	0.88	3.65
1916	9.33	0.56	1.53	3.64
1917	9.57	0.69	1.28	4.25
1918	7.21	0.57	0.99	5.98
1919	7.85	0.53	0.93	5.56
1920	8.83	0.51	0.80	7.30
1921	7.11	0.46	0.29	7.44
1922	7.30	0.51	0.69	4.58
1923	8.90	0.53	0.98	4.96
1924	8.83	0.55	0.93	4.34
1925	10.58	0.60	1.25	3.87
1926	12.65	0.69	1.24	4.28
1927	13.40	0.77	1.11	4.26
1928	17.53	0.85	1.38	4.64
1929	24.86	0.97	1.61	6.01
1930	21.71	0.98	0.97	4.15

续前表

年份	序列 1：1 月份股票价格[a]	序列 2：股利[b]	序列 3：盈利[b]	序列 4：利率（%）
1931	15.98	0.82	0.61	2.43
1932	8.30	0.50	0.41	3.36
1933	7.09	0.44	0.44	1.46
1934	10.54	0.45	0.49	1.01
1935	9.26	0.47	0.76	0.75
1936	13.76	0.72	1.02	0.75
1937	17.59	0.80	1.13	0.88
1938	11.31	0.51	0.64	0.88
1939	12.50	0.62	0.90	0.56
1940	12.30	0.67	1.05	0.56
1941	10.55	0.71	1.16	0.53
1942	8.93	0.59	1.03	0.63
1943	10.09	0.61	0.94	0.69
1944	11.85	0.64	0.93	0.72
1945	13.49	0.66	0.96	0.75
1946	18.02	0.71	1.06	0.76
1947	15.21	0.84	1.61	1.01
1948	14.83	0.93	2.29	1.35
1949	15.36	1.14	2.32	1.58
1950	16.88	1.47	2.84	1.32
1951	21.21	1.41	2.44	2.12
1952	24.19	1.41	2.40	2.39
1953	26.18	1.45	2.51	2.58
1954	25.46	1.54	2.77	1.80
1955	35.60	1.64	3.62	1.81
1956	44.15	1.74	3.41	3.21
1957	45.43	1.79	3.37	3.86
1958	41.12	1.75	2.89	2.54
1959	55.62	1.83	3.39	3.74
1960	58.03	1.95	3.27	4.28

续前表

年份	序列 1：1 月份股票价格[a]	序列 2：股利[b]	序列 3：盈利[b]	序列 4：利率（%）
1961	59.72	2.02	3.19	2.91
1962	69.07	2.13	3.67	3.39
1963	65.06	2.28	4.02	3.50
1964	76.45	2.50	4.55	4.09
1965	86.12	2.72	5.19	4.46
1966	93.32	2.87	5.55	5.44
1967	84.45	2.92	5.33	5.55
1968	95.04	3.07	5.76	6.17
1969	102.04	3.16	5.78	8.05
1970	90.31	3.14	5.13	9.11
1971	93.49	3.07	5.70	5.66
1972	103.30	3.15	6.42	4.62
1973	118.42	3.38	8.16	7.93
1974	96.11	3.60	8.89	11.03
1975	72.56	3.68	7.96	7.24
1976	96.86	4.05	9.91	5.70
1977	103.81	4.67	10.89	5.28
1978	90.25	5.07	12.33	7.78
1979	99.71	5.65	14.86	10.88
1980	110.87	6.16	14.82	11.37
1981	132.97	6.63	15.36	17.63
1982	117.28	6.87	12.64	14.60
1983	144.27	7.09	14.03	9.37
1984	166.39	7.53	16.64	11.11
1985	171.61	7.90	14.61	8.35
1986	208.19	8.28	14.48	7.31
1987	264.51	8.81	17.50	6.55
1988	250.48			

a. 1871—1988 年的数值根据标准普尔统计服务部的许可印刷。

b. 1926—1987 年的数值根据标准普尔统计服务部的许可印刷。

表 26—2　　基本数据（续表）

年份	序列 5：1 月份 PPI 1982＝100	序列 6：PPI 1967＝100	序列 7：年度平均 PPI 1967＝100	序列 8：消费平减指数	序列 9：实际消费
1871	15.39	44.10	44.10		
1872	15.62	45.70	45.70		
1873	15.98	45.40	45.40		
1874	15.27	43.40	43.40		
1875	14.21	40.60	40.60		
1876	13.39	37.60	37.60		
1877	13.51	36.70	36.70		
1878	11.40	33.20	33.20		
1879	10.22	31.80	31.80		
1880	12.33	35.50	35.50		
1881	11.63	34.40	34.40		
1882	12.57	35.00	35.00		
1883	12.33	33.10	33.10		
1884	11.40	30.10	30.10		
1885	10.22	27.80	27.80		
1886	9.87	27.30	27.30		
1887	9.87	27.50	27.50		
1888	10.34	28.30	28.30		
1889	9.87	27.30	27.30	19.30	0.73
1890	9.40	26.70	26.70	19.03	0.71
1891	9.63	26.30	26.30	18.48	0.74
1892	9.05	24.70	24.70	18.11	0.76
1893	9.75	25.30	25.30	18.24	0.76
1894	8.46	22.70	22.70	17.20	0.73
1895	8.11	23.00	23.00	16.89	0.80
1896	8.22	22.00	22.00	16.20	0.78
1897	7.99	22.00	22.00	16.48	0.82
1898	8.22	23.00	23.00	16.68	0.83
1899	8.34	24.70	24.70	17.01	0.90

续前表

年份	序列5：1月份PPI 1982＝100	序列6：PPI 1967＝100	序列7：年度平均PPI 1967＝100	序列8：消费平减指数	序列9：实际消费
1900	9.75	26.80	26.70	17.83	0.90
1901	9.52	26.00	26.00	17.55	1.00
1902	9.75	26.50	27.60	18.40	0.98
1903	10.69	27.90	28.30	18.32	1.03
1904	10.22	27.20	29.00	18.78	1.02
1905	10.46	27.40	28.30	19.07	1.05
1906	10.46	29.00	29.30	19.23	1.14
1907	10.93	30.70	30.90	20.13	1.15
1908	10.69	30.20	29.60	20.08	1.07
1909	11.04	29.80	31.90	20.92	1.15
1910	12.22	31.90	33.20	21.51	1.15
1911	11.40	31.00	30.60	21.20	1.19
1912	11.28	31.40	32.60	22.19	1.20
1913	12.10	33.90	32.90	22.07	1.22
1914	11.80	33.20	32.30	22.44	1.18
1915	11.80	33.20	33.30	23.21	1.14
1916	13.30	38.30	41.80	26.08	1.21
1917	17.60	51.90	58.30	32.59	1.16
1918	21.60	62.40	63.90	37.24	1.19
1919	23.20	67.50	67.80	37.17	1.20
1920	27.20	79.00	74.40	41.47	1.24
1921	19.60	57.70	48.40	35.82	1.33
1922	15.70	46.80	49.10	34.30	1.33
1923	17.60	52.90	50.70	35.15	1.40
1924	17.20	51.60	49.40	34.83	1.48
1925	17.70	53.50	52.20	35.71	1.39
1926	17.80	53.60	50.40	36.17	1.48
1927	16.40	50.00	48.10	35.03	1.50
1928	16.60	49.70	48.70	35.36	1.52
1929	16.50	50.20	48.00	35.09	1.59
1930	15.90	48.10	43.50	34.26	1.49

续前表

年份	序列 5：1 月份 PPI 1982=100	序列 6：PPI 1967=100	序列 7：年度平均 PPI 1967=100	序列 8：消费平减指数	序列 9：实际消费
1931	13.50	39.80	36.80	30.99	1.43
1932	11.60	34.80	32.70	27.61	1.30
1933	10.50	31.60	33.20	26.47	1.27
1934	12.40	37.40	37.80	28.58	1.30
1935	13.60	40.80	40.30	29.36	1.36
1936	13.90	41.70	40.70	29.67	1.46
1937	14.80	44.40	43.50	30.74	1.51
1938	14.00	41.90	39.60	30.21	1.48
1939	13.30	39.80	38.90	29.97	1.54
1940	13.70	41.10	39.60	30.30	1.58
1941	13.90	41.80	44.00	32.41	1.64
1942	16.50	49.70	49.80	36.25	1.67
1943	17.50	52.70	52.00	39.67	1.71
1944	17.80	53.40	52.40	41.91	1.75
1945	18.10	54.30	53.30	43.45	1.83
1946	18.40	55.40	61.00	46.44	1.95
1947	24.50	73.20	76.50	51.32	1.91
1948	27.70	82.90	82.80	54.37	1.91
1949	27.30	81.60	78.70	54.00	1.90
1950	25.90	77.60	81.80	54.76	1.94
1951	30.50	91.20	91.10	59.93	1.95
1952	30.00	89.70	88.60	60.84	1.98
1953	29.10	87.20	87.40	62.24	2.01
1954	29.40	88.00	87.60	63.41	2.01
1955	29.20	87.40	87.80	63.85	2.07
1956	29.70	88.80	90.70	65.18	2.11
1957	31.00	92.70	93.30	67.27	2.12
1958	31.50	94.30	94.60	69.08	2.13
1959	31.70	94.80	94.80	70.16	2.19
1960	31.60	94.70	94.90	71.69	2.22

续前表

年份	序列 5：1 月份 PPI 1982＝100	序列 6：PPI 1967＝100	序列 7：年度平均 PPI 1967＝100	序列 8：消费平减指数	序列 9：实际消费
1961	31.80	95.20	94.50	72.61	2.24
1962	31.70	95.00	94.80	73.69	2.29
1963	31.60	94.70	94.50	74.85	2.33
1964	31.80	95.20	94.70	76.11	2.41
1965	31.80	95.20	96.60	77.80	2.50
1966	32.90	98.60	99.80	80.57	2.58
1967	33.40	100.10	100.00	82.74	2.63
1968	33.80	101.10	102.50	86.34	2.72
1969	34.80	104.30	106.50	90.39	2.79
1970	36.50	109.30	110.40	95.08	2.84
1971	37.30	111.80	113.90	99.23	2.88
1972	38.80	116.30	119.10	103.26	2.98
1973	41.60	124.50	134.70	110.20	3.05
1974	49.00	146.60	160.10	121.88	3.04
1975	57.40	171.80	174.90	131.60	3.09
1976	59.90	179.40	183.00	138.95	3.20
1977	62.80	188.10	194.20	147.68	3.30
1978	66.80	200.10	209.30	158.38	3.40
1979	73.80	220.80	235.60	172.72	3.47
1980	85.20	254.90	268.80	190.51	3.49
1981	95.20	284.80	293.40	206.93	3.52
1982	99.70	298.30	299.30	218.52	3.54
1983	100.20	299.90	303.10	227.74	3.63
1984	102.90	308.00	310.30	236.55	3.73
1985	103.40	309.50	308.70	250.42	3.71
1986	103.20	308.90	299.80		
1987	100.50	300.90	307.70		
1988	104.50				

指数除以 4.161 3。

非耐用商品和服务的消费平减指数 1972＝100（表 26—2，序列 8）和实际人均消费（表 26—2，序列 9）应用于第 16 章和第 21 章，在希勒（Shiller，1982）和坎贝尔与希勒（Campbell and Shiller，1988）以前的著作中也应用过。数据来源见希勒（Shiller，1982）。

注　释

[1] 因为本书中的章节是在十几年的时间间隔里的不同时间写成的，从一章到下一章的基本数据序列并非总是严格相同。数据修正或重新确定基准时间不可避免地会导致一些变化。然而，许多序列在这个时间间隔基本上没有变化。

[2] 1871—1925 年的标准普尔综合指数与考沃勒斯所有股票（Cowles，1939，p. 66—67）的"普通股票指数"序列 $P-1$ 再乘以一个常数相同。同样书的更早版本（Cowles，1938）给出了一个稍微不同的股利序列，我在以前写的论文中应用过。

[3] Wilson and Jones（1987），p. 244.

[4] 曼昆、罗默和夏皮罗应用战前基准的 1890—1927 年的批发价格指数（华盛顿，GPO，1928）的 1890—1912 年月度序列。

参考文献

Campbell，John Y.，and Robert J. Shiller. 1988. "The Dividend-Price Ratio and Expectations of Future Dividends and Discount Factors，" *Review of Financial Studies* 1：196－228.

Cowles Alfred，III，and Associates. 1939. *Common Stock Indexes*，2nd Edition，Bloomington，In：Principia Press.

Early，John F. 1978. "Improving the Measurement of Producer Price Change，" *Monthly Labor Review* 101：7－15.

Macaulay，Frederic. 1938. *Some Theoretical Problems Suggested by the Movements of Interest Rates*，*Bond Yields and Stock Prices in the United States Since 1856*，New York：National Bureau of Economic Research.

Shiller，Robert J. 1982. "Consumption，Asset Markets，and Macroeconomic Fluctuations," *Carnegie-Rochester Series on Public Policy* 17: 203—238.

Warren, George F., and Frank A. Pearson. 1935. *Gold and Prices*, New York: John Wiley and Sons.

Wilson, J. W. and C. P. Jones. 1987. "A Comparison of Annual Common Stock Returns 1871—1925 with 1926—1985," *Journal of Business* 60: 235—258.

Market Volatility/by Robert J. Shiller

图书在版编目（CIP）数据

市场波动/希勒著；文忠桥，卞东译. —北京：中国人民大学出版社，2013. 12
（诺贝尔经济学奖获得者丛书）
ISBN 978-7-300-18571-2

Ⅰ. ①市… Ⅱ. ①希…②文…③卞… Ⅲ. ①市场经济-经济波动-研究 Ⅳ. ①F014. 3

中国版本图书馆 CIP 数据核字（2013）第 307093 号

诺贝尔经济学奖获得者丛书
市场波动
罗伯特·J·希勒　著
文忠桥　卞　东　译
Shichang Bodong

出版发行	中国人民大学出版社		
社　　址	北京中关村大街 31 号	**邮政编码**	100080
电　　话	010－62511242（总编室）		010－62511770（质管部）
	010－82501766（邮购部）		010－62514148（门市部）
	010－62515195（发行公司）		010－62515275（盗版举报）
网　　址	http://www.crup.com.cn		
	http://www.ttrnet.com（人大教研网）		
经　　销	新华书店		
印　　刷	北京昌联印刷有限公司		
规　　格	160 mm×235 mm　16 开本	**版　　次**	2014 年 1 月第 1 版
印　　张	28 插页 1	**印　　次**	2018 年 3 月第 3 次印刷
字　　数	438 000	**定　　价**	69.00 元